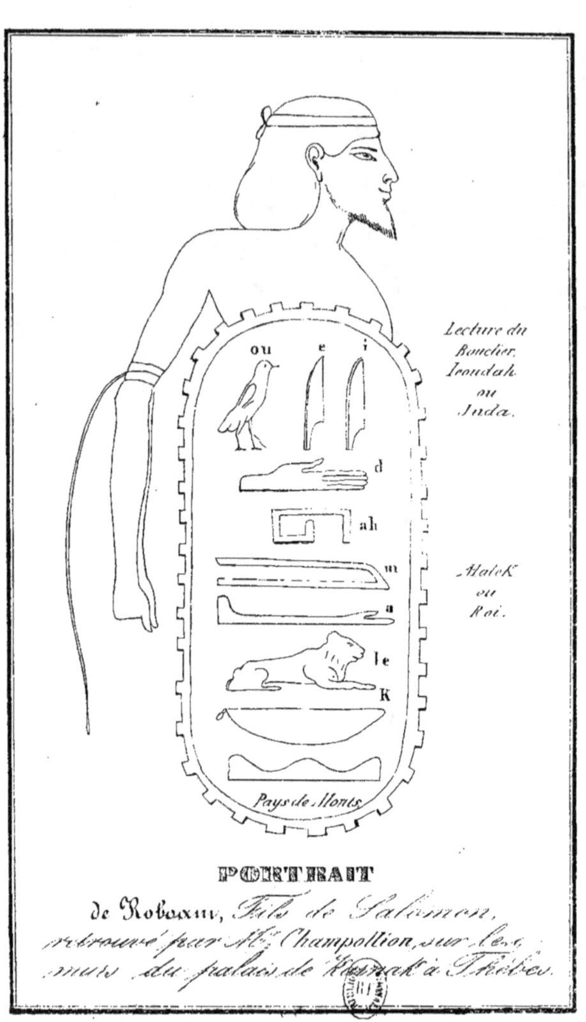

PORTRAIT

de Roboam, Fils de Salomon,
retrouvé par M.r Champollion, sur les
murs du palais de Karnak à Thèbes.

HISTOIRE

DES PEUPLES ANCIENS ET DE LEURS CULTES,

OU

LE MONDE PRIMITIF, HISTORIQUE ET MONUMENTAL,

OÙ

L'ARCHÉOLOGIE PRIMITIVE ;

PAR

M. l'abbé DESROCHES,

CURÉ DOYEN D'ISIGNY (DÉPARTEMENT DE LA MANCHE), MEMBRE DE L'INSTITUT DES PROVINCES DE FRANCE,
DE LA SOCIÉTÉ DES ANTIQUAIRES DE NORMANDIE ET DE PLUSIEURS AUTRES SOCIÉTÉS SAVANTES.

CAEN,

TYP. DE A. HARDEL, IMPRIMEUR-LIBRAIRE,

Rue Froide, 2.

1851.

HISTOIRE

Cet ouvrage n'a été tiré qu'à 140 exemplaires.

A MONSIEUR LE VICOMTE DE GUITON-VILLEBERGE,

MEMBRE DE PLUSIEURS SOCIÉTÉS SAVANTES DE LA FRANCE ET DE L'ÉTRANGER.

Monsieur le Vicomte,

Je vous prie d'accueillir ce nouvel ouvrage, marque de mon affection et de ma reconnaissance, avec lesquelles je suis très-respectueusement,

MONSIEUR LE VICOMTE,

Votre très-humble et très-obéissant serviteur,

DESROCHES,

Curé-doyen d'Isigny.

PRÉFACE.

Cette histoire du monde ancien, qui renferme les fondements de l'archéologie, science si recherchée aujourd'hui, et ceux de l'histoire de l'Église et des royaumes modernes, se recommande par la précision et la certitude au milieu des problèmes qui tourmentent l'esprit humain. Nous avons entrepris de l'écrire, parce que nous pensons que la plupart des livres historiques sont à refaire, et que les questions scientifiques, peu sympathiques au catholicisme, sont à réviser; nous apportons notre tribut.

Nous n'avons fait aucun usage des histoires anciennes imprimées; mais nous avons profité des découvertes et des travaux des savants de tous les pays; nous les avons choisis, comparés, interprétés, réfutés même quelquefois, c'est le fond de cette histoire. Nous avons examiné, pendant de longues années, les labeurs de ces savants des deux mondes, et quand notre tâche a été terminée, une chose nous a frappé parmi nos immenses matériaux, — l'air religieux de tous ces débris historiques (1) !!

Dans le siècle dernier, une philosophie railleuse proclamait, avec l'audace de l'ignorance, l'antiquité presque immémoriale de l'homme, dans le seul but de convaincre de mensonge son histoire religieuse. Les Français, alors corrompus par les mœurs adultères d'un siècle de désordres, et amenés, il faut le dire, par le besoin de régénération

---

(1) On sait ce qu'a écrit Benjamin Constant : « Mon ouvrage est une singulière preuve « de ce que dit Bacon, qu'un peu de science mène à l'athéisme, et plus de science à la « religion. C'est positivement en approfondissant les faits, en les recueillant de toutes « parts, et en me heurtant contre les difficultés sans nombre qu'ils opposent à l'incrédu- « lité, que je me suis vu forcé de reculer dans les idées religieuses....... »

sociale et politique, accueillirent avec empressement un système qui refaisait le passé et l'avenir de l'homme, d'après des principes nouveaux en harmonie avec leur corruption et leur orgueil. Les philosophes traitant avec une légèreté inconcevable, aujourd'hui si méprisée, la philosophie de l'histoire, se ruèrent sur la Genèse comme sur une proie facile à dévorer, interprétèrent, de la manière la plus ridicule et la plus extravagante, les faits et la chronologie conservés dans ce vénérable monument des âges anciens; et avec une ignorance grossière se moquaient du physicien de la Genèse, qui s'est permis de faire la lumière indépendante du soleil; ils lui demandaient avec une hardiesse, qui serait aujourd'hui une folie, sur quoi il avait pu alors écrire le Pentateuque, si Abraham avait existé, etc., etc... Et, ce qui était encore plus impardonnable, ce qui excitait leur rire inextinguible, c'était la simplicité si grande de Moyse, à leurs yeux, de dater le monde de six mille ans, c'est-à-dire d'hier!! Toutes ces conceptions du dernier siècle font aujourd'hui sourire de pitié. Le goût des études sérieuses a repris en France; de tous côtés, l'esprit humain s'est réveillé, et la jeunesse toute ricanant, se moquant des raisonnements et des professeurs philosophes, n'entend plus qu'ils lui dictent des raisons et lui imposent des croyances (1).

(1) On connaît ces vers de Gilbert sur le dernier siècle et sur les philosophes :

> Eh ! quel temps fut jamais en vices plus fertile ?
> Quel siècle d'ignorance en beaux faits plus stérile
> Que cet âge, nommé siècle de la raison ?
> . . . .
> Un plaisant, des dévôts Zoïle envenimé,
> Qui nous vend par essais le mensonge imprimé.

Gilbert parle de l'*Essai sur les mœurs des nations* par Voltaire. On connaît l'excellente critique de l'Histoire générale de Voltaire, par l'abbé Nonnote; il prouva qu'en cent endroits de cette histoire générale, Voltaire donnait dans de grossières méprises, y contredisait sans raison les historiens qui l'avaient précédé, était tombé dans des erreurs et des fautes sans fin. L'ouvrage de Nonnote eut sept à huit éditions. « Il ne faut que des connaissances « très-médiocres, dit Haller, pour découvrir que l'auteur (Voltaire) des objections contre la « Bible, ne s'est jamais donné la peine de s'instruire dans les langues grecque et hébraïque ; « qu'il a peu connu l'histoire et les erreurs des anciens peuples. » On voit, dans les ouvrages de Haller, que Voltaire n'admettait pas la construction de la tour de Babel, vu que, selon ce grand génie, les arts nécessaires pour la construire n'étaient pas inventés... qu'il traitait

de fable l'existence de Moyse... qu'il affirmait que chaque peuple tirait son origine du pays
qu'il habitait... que les hommes, dans leur origine, étaient ce que les peuplades errantes
de l'Amérique et de l'intérieur de l'Afrique sont de nos jours... que des singes et des pè-
lerins avaient transporté sur les montagnes ces couches immenses de coraux et d'animaux
marins qu'on y trouve (à ce sujet, Voltaire s'attira des railleries fort piquantes de la part
de Buffon), Voilà une assez belle somme d'erreurs!!

Gilbert disait de la poésie de Voltaire :

> On aurait beau montrer ses vers tournés sans art ,
> D'une moitié de rime habillés au hasard ,
> Seuls, et jetés par ligne exactement pareille ,
> De leur chute uniforme importunant l'oreille ,
> Ou bouffis de grands mots qui se choquent entr'eux
> L'un sur l'autre appuyés, se traînant deux à deux ;
> Et sa prose frivole , en pointes aiguisées ,
> Pour braver l'harmonie , incessamment brisée:
> Sa prose, sans mentir , et ses vers sont parfaits ,
> Le Mercure trente ans l'a juré par extraits ;
> Qui pourrait en douter ? moi.

Napoléon affirmait, en lisant le théâtre de Voltaire : « Voltaire n'a connu ni les choses ,
« ni les hommes, ni les grandes passions. » Mais celui qui fit connaître le mieux Voltaire ,
fut l'auteur des *Lettres de quelques Juifs à M. de Voltaire:* « Avec quelle énergie, disait
« le Journal des Savants, quelle solidité , quelle évidence ils dévoilent les erreurs , les
« méprises , les variations et les contradictions de leur adversaire ; par leur singularité ou
« leur multiplicité , ces bévues deviennent sans conséquence. » Trois volumes sont remplis
des bévues voltairiennes. Au milieu des injures de cet auteur contre les livres saints, on y
remarque des erreurs de ce genre : « Les Egyptiens , dit-il , peuple en tout méprisable .
« quoi qu'en disent les admirateurs des pyramides... les Egyptiens ne connurent les beautés
« et la richesse de l'architecture que du temps des Ptolémées... il levait, disait-il, les épaules
« de pitié, lorsqu'on voulait lui faire admirer leurs monuments..... »
Les savants ne savent pas si l'ignorance la plus crasse ou l'orgueil le plus stupide a
produit jamais un tel jugement. « Les Romains , continue Voltaire , ne persécutèrent
« personne, et adoptèrent tous les Dieux. » Et on sait qu'ils défendaient les cultes étrangers , par la loi des Douze-Tables; par Tite-Live (livre IX, n°. 30 : livre XXV, n°. 1er.;
livre XXXIX, n°. 16) ; par Dion Cassius (livre XLII) ; par Tacite (Ann. , livre II , n°.
85); par la Lettre de Pline à Trajan , et par tous les monuments et les historiens chrétiens.
Voltaire , après cette grande connaissance de l'histoire , dit d'Hérodote : « Un faiseur de
« contes, un conteur de fables ridicules, propres à amuser des enfants et à être compilées
« par des rhéteurs... des contes de ma mère l'Oie. » C'est ainsi qu'il traite la source de
l'histoire de l'Ancien monde ; aussi, forcé de rendre un passage d'Hérodote , il le traduit
sur une mauvaise version latine qui fourmillait de contre-sens, et prouve sa grande connaissance sur l'histoire d'Hérodote. Voltaire veut aussi parler de l'expédition de Sésostris;
il l'appelle : « une fable, un conte, une histoire de Picrocole... » il appelle Zoroastre : « un
« fou dangereux; Nostradamus et le médecin des urines sont des gens raisonnables en
« comparaison de cet énergumène. Ses écrits sont un fatras abominable, dont on ne peut

« lire deux pages sans avoir pitié de la nature humaine. » On a vraiment honte de raconter
la science historique de Voltaire. Il disait, en parlant des Assyriens : « Il n'y a pas eu
« plus de Ninus fondateur de Ninvah, nommée par nous Ninive, que de Bélus fondateur
« de Babylone : nul prince asiatique ne porta un nom en us. » Ninvah, nommée par nous,
dit-il, Ninive, est un trait d'érudition qu'on admirera sans doute ! « Il n'y a point eu de
« Pompée, parce qu'aucun général romain n'a porté de nom en ée, » lui répliqua un plaisant.
Voltaire affirma que, du temps de Moyse, les archives des villes de Phénicie, les registres
de leurs marchands, les livres de leurs écrivains, ceux de Sanchoniaton, de Job, de
Thot, etc., étaient écrits sur la pierre ; sans doute, disait un plaisant, pour la commodité
des lecteurs et la facilité du transport. Voltaire voulut aussi faire de la chimie, mais on
remarqua qu'il ne savait que la chimie des charlatans ; voyez toujours les mêmes *Lettres
de quelques Juifs* à M. de Voltaire. Cet homme de goût ne trouvait ni éloquence, ni poésie
chez les Hébreux !! Il affirmait qu'ils n'avaient appris à lire que depuis la transmigration à
Babylone !!!... « Pour s'égayer avec Voltaire aux dépens d'Ezéchiel et de la Genèse, il
« faut réunir deux choses qui rendent cette gaieté assez triste : la plus profonde ignorance
« et la frivolité la plus déplorable » (Benjamin Constant). « Quel est aujourd'hui le savant,
« dit M. de Férussac, qui ne sourirait de pitié aux argumentations scientifiques de Vol-
« taire contre la Genèse ! » Nous sommes aujourd'hui loin de la science et des ouvrages
de Voltaire.

LES HÉBREUX,

ou

LE PEUPLE DE DIEU.

Au commencement, dit l'historien sacré, Dieu créa le ciel et la terre, il peupla l'univers de mondes, comme il a semé le sable sur les rivages de la mer; il créa le ciel, et par ce ciel plusieurs anciens docteurs entendent le ciel du ciel, dont il est dit : cœlum cœli Domino, la maison de Dieu, sainte, intelligente, les saints anges, ces enfants de Dieu, ces astres du matin qui le louaient, lorsqu'il posait les fondements de la terre (1). Dieu lui-même a appris qu'il était loué par des créatures intelligentes lorsqu'il créa la terre; et ce sentiment est assez conforme au concile de Latran qui a décidé contre les Albigeois, espèce de Manichéens, que Dieu dès le commencement a tout créé ensemble, les esprits, les corps; que les anges et la matière ont été créés dès le commencement, et qu'ensuite les créatures humaines ont été formées (2).

(1) Ubi eras quando ponebam fundamenta terræ ? cum me laudarent simul astra matutina et jubilarent omnes filii Dei (Job).

(2) Qui sua omnipotenti virtute, simul ab initio utramque de nihilo condidit creaturam spiritalem et corporalem , angelicam videlicet et mundanam ac deinde humanam quasi communem ex spiritu et corpore constitutam.

Au commencement la terre était vide et sans forme et toute couverte d'eau; elle était pénétrée par l'eau qui tenait ses parties en dissolution, et voilà ce qu'a dû être la terre, non-seulement d'après les traditions des peuples, mais encore d'après les plus célèbres naturalistes (1). Terra autem erat inanis et vacua, et tenebræ erant super faciem abyssi, et spiritus Dei ferebatur super aquas.

On voit, d'après Moyse, que la lumière primitive n'est point une émanation du soleil; il voyait cependant, comme nous, que la présence de cet astre rend tous les objets visibles, et que tous les objets disparaissent avec lui. Il est incontestable qu'il n'a pu connaître ces vérités que par une révélation immédiate. Les Nébuleuses, écrivait l'ami de Newton, répondent pleinement à la difficulté que diverses personnes avaient élevée contre la description de la création donnée par Moyse, en disant : il est impossible que la lumière ait été engendrée sans le soleil. Les Nébuleuses montrent manifestement le contraire; plusieurs n'offrent en effet aucune trace d'étoile à leur centre. Ainsi la lumière existe indépendamment du soleil et des étoiles fixes qui sont autant de soleils. Les Nébuleuses sont composées d'une matière diffuse, continue, phosphorente, et ont un aspect tout spécial et indéfinissable (2).

La Géologie a trouvé imprimé dans la terre l'ordre dans lequel ont été successivement créés, suivant Moyse, tous les êtres organisés. Je regarde la cosmogonie de Moyse, dit le maître des Géologues, comme la seule conforme à la nature (3).

L'espèce humaine fut la dernière des créations; Dieu dit : faciamus hominem ad imaginem et similitudinem nostram. . faciamus ei adjutorium simile sibi.

L'homme se révolte contre la Sainte-Trinité : Adam quasi unus ex nobis factus est.

Dieu le punit lui et sa race, pour avoir touché à l'arbre du fruit défendu, et lui promet un libérateur. Alors les traditions et les livres annoncent la chute de l'homme, et la promesse d'un Dieu rédempteur; Dieu dit à l'esprit des ténèbres, en parlant de la femme qui avait été sa victime : ipsa conteret caput tuum. Moyse donne à l'ange des ténèbres qui tenta nos premiers pères, le nom de Harim; et celui qu'il appelle Harim, les Perses l'appellent Ahriman; il n'y a que la terminaison zende d'ajoutée. Alors les siècles ne cessent de désigner l'auguste victime de la réconciliation du monde; et cet objet révélé apparaît comme un point lumineux au milieu des ténèbres du paganisme, et est soutenu par l'existence entière du peuple de Dieu, et par le ministère de ses prophètes.

Les traditions primitives se trouvent consignées dans les livres sacrés des juifs, qui seuls renferment complètement, et coordonnent avec beaucoup de dignité et de clarté, tout ce dont nous ne trouvons ailleurs que des relations détachées, altérées, tantôt mesquines, tantôt fantastiques, semblables à des versions plus ou moins infidèles, trouvées en plusieurs langues, sur des feuillets séparés.

(1) Dolomieu, Pini, Saussure, etc.
(2) Arago, annuaire du bureau des Longitudes, 1843.
(3) Cuvier.

(3)

Les plus célèbres sources de l'Écriture Sainte, sont les textes samaritain et hébreu, et la version des Septante. La version des Septante fut faite par soixante-douze vieillards envoyés par le grand-prêtre des Juifs, Éléazar, en Égypte, vers le roi Ptolémée qui les avait appelés pour cet effet. On connaît les Samaritains, l'ancienne église samaritaine qui précéda la captivité des Juifs à Babylone; on se rappelle la conquête de Salmanasar, et les colonies tirées de divers lieux mêlées aux anciens habitants du royaume des dix tribus. Les Samaritains ont toujours possédé et possèdent encore aujourd'hui la loi de Moyse, le Pentateuque, en langue hébraïque, qui diffère de celui des Juifs, ou de l'Hébreu, par des variantes, le caractère d'écriture, et l'absence de signes propres à suppléer au défaut de voyelles, et à fixer la prononciation. Origènes et saint Jérôme réussirent à se procurer le Pentateuque samaritain; et depuis le VIe siècle on le croyait perdu et détruit avec la nation des Samaritains, lorsqu'au XVIe siècle on apprit que les anciens restes des Samaritains existaient encore à Naplouse, près des ruines de Samarie. Un savant, le premier orientaliste de nos jours (1) s'est mis en relation avec eux, et a découvert qu'ils conservent encore leur alphabet et leur Pentateuque : il a conservé les caractères dans lesquels il a été écrit, et il porte l'incontestable sceau de son authenticité.

Le texte hébreu est celui que saint Jérôme a traduit, et dont on se sert communément. C'est une chose connue de tous les catholiques, que le concile de Trente, en déclarant ce texte, la Vulgate, authentique, n'a prétendu déclarer qu'une chose, c'est qu'elle ne renferme aucune erreur touchant la foi ni les mœurs. Ce n'est point ici une opinion nouvelle; cette assertion a fait l'objet d'un traité spécial publié peu après le concile de Trente par le célèbre cardinal Bellarmin. L'église a laissé toute latitude aux discussions chronologiques, géographiques et philosophiques, et généralement à toutes les discussions scientifiques, qui n'ont pas pour but ou pour résultat de détruire la foi ou les mœurs.

Les deux premières périodes de l'histoire humaine d'Adam au déluge, et du déluge à la vocation d'Abraham, sont diversement comptées par le texte hébreu, le texte samaritain et la version grecque des Septante. Il s'écoula depuis Adam jusqu'au déluge 1656 ans selon le texte hébreu; 1307 selon le texte samaritain, et 2242 ans selon les Septante. Il faut remarquer que Noë n'avait que 500 ans quand il engendra, mais qu'il en avait 600, quand le déluge arriva.

Depuis le déluge jusqu'à la vocation d'Abraham, il s'écoula d'abord, d'une part, selon le texte hébreu 292 ans, selon le texte samaritain 942, et selon les Septante 1072; et d'autre part jusqu'à la vocation d'Abraham qui eut lieu à la mort de Tharé qui vécut 205, il y a encore 135 ans qu'il faut ajouter aux trois sommes précédentes, ce qui donne 427 pour le texte hébreu, 1077 pour le texte samaritain, et 1207 pour les Septante.

____

(1) M. Sylvestre de Sacy.

	AVANT D'ENGENDRER			APRÈS AVOIR EN-GENDRÉ.			TOTAL DE LA VIE.		
	Héb.	Sam.	Sept.	Héb.	Sam.	Sept.	Héb.	Sam.	Sept.
Adam.	130	130	230	800	800	700	930	930	930
Seth.	105	105	205	807	807	707	912	912	912
Enos.	90	90	190	815	815	715	905	905	905
Kainan.	70	70	170	840	840	740	910	910	910
Maleleel.	65	65	165	830	830	730	895	895	895
Jared.	162	62	162	800	785	800	962	847	962
Enoch.	65	65	165	300	300	200	365	365	365
Mathusala	187	67	167	782	653	802	969	720	969
Lamech.	182	53	188	595	600	565	777	653	753
Noé.	600	600	600				950	950	950
	1656	1307	2242						

	AVANT D'ENGENDRER			APRÈS AVOIR EN-GENDRÉ.			TOTAL DE LA VIE.		
	Héb.	Sam.	Sept.	Héb.	Sam.	Sept.	Héb.	Sam.	Sept.
Sem.	2	2	2	500	500	500		600	
Arphaxad.	35	135	135	403	303	330		438	
Cainan.	0	0	130	0	0	330		0	
Sala.	30	130	130	403	303	330		433	
Heber.	34	134	134	430	270	270		404	
Phaleg.	30	130	130	290	109	209		239	
Ragau.	32	132	132	207	107	207		239	
Saruch.	30	130	130	200	100	200		230	
Nachor.	29	79	79	119	69	125		148	
Tharé.	70	70	70				205	145	205
Abraham.									
	292	942	1072						

Voici donc les années écoulées depuis Adam jusqu'au déluge, Hébr. Samar. Sept.
1656, 1307, 2242.
Et depuis le déluge jusqu'à la vocation d'Abraham : 427, 1077, 1207.

2083, 2384, 3449.

Mais d'où vient cette différence entre ces trois chronologies, tandis qu'il ne se rencontre que des variantes si peu considérables sur tout le reste? Il faut regarder comme certain que, quant aux patriarches postérieurs au déluge, le texte hébreu a négligé d'exprimer, ou a sous-entendu 100 ans, quand il a marqué l'âge auquel ont engendré les six derniers patriarches qu'il nomme : car, d'un côté, les deux autres textes donnent à presque tous ces patriarches 100 ans de plus, quand ils marquent, comme le premier, l'âge qu'avait chacun d'eux au moment où il devint père. D'un autre côté, le texte hébreu ayant marqué le nombre centenaire pour le premier de tous ces patriarches, Sem erat centum annorum quando genuit Arphaxad, biennio post diluvium, a pu se dispenser de le marquer par la suite, comme nous disons nous-mêmes, tous les jours, par abréviations, 92 ou 93, au lieu de 1792, 1793. C'est aussi l'usage dans beaucoup de manuscrits, et notamment dans le Trésor des chartes de Gaignières, de se servir de ces abréviations. On sait d'ailleurs que les Hébreux étaient dans l'usage de mettre les calculs chronologiques par abréviations; et il faut aussi faire attention que les Septante, en énonçant, comme le samaritain, la centaine qui manque à l'hébreu qu'ils traduisaient, n'ont pu se porter à le faire que d'après le texte même qu'ils avaient sous les yeux; car l'antipathie qu'il y avait entre le samaritain et le juif s'oppose à la supposition du plagiat des 72 juifs, du texte des Samaritains qu'ils rejetaient avec horreur.

Annotat (Eusèbe) Samaritones ante diluvium numeros hebroïcis consentire, post diluvianas vero 70 interpretibus.

Ne serait-il pas honteux de supposer que 70 hommes de bien, instruits, choisis parmi leurs concitoyens, aient voulu corrompre la chronologie de leurs livres sacrés, sans raison, sans cause? que toute la nation juive ait reçu cette traduction sans réclamation, l'ait regardée comme authentique, et qu'on la voie employée par le Sauveur du monde, les Apôtres et les Evangélistes? On ne peut pas dire qu'il y ait eu en ce texte une corruption depuis; il était entre les mains de trop de provinces et de peuples divers; enfin, ce qui l'appuie encore, il n'est pas croyable que Noë ait vécu jusqu'à la naissance d'Abraham, Sem jusqu'au temps de Jacob; que Noë, Sem et Japhet aient vu bâtir la tour de Babel, ce qui ressortirait, si l'on suivait le texte hébreu !!!

Saint Augustin avait vu cette difficulté, il disait : fiunt anni a diluvio usque ad Abraham 1072 secundum vulgatam editionem, hoc est interpretum LXX. In Hebræis autem codicibus longe pauciores annos perhibent inviniri de quibus rationem aut nullam aut difficillimam reddunt. Ce savant ne pouvait concevoir que, 101 ans après le déluge, suivant les Hébreux, eût eu lieu la dispersion des peuples; d'autres voyaient encore un autre embarras dans cette chronologie : Sem avait vécu 500 ans après le déluge, et Abraham était appelé de Dieu 427 ans après ce grand événement !! Comment concevoir que Sem fût abandonné de Dieu !!!

Quant aux patriarches antédiluviens, il paraît également certain que les Septante ont ajouté sur le même principe le nombre de cent à l'âge auquel, selon le texte hébreu, engendrèrent six de ces patriarches.

Le père Tournemine confirme aussi toute cette interprétation que nous venons de donner : il dit que de la même manière que nous disons que Louis XIII est né en 1601, Louis XIV en 638, Louis XV en 710, en sous-entendant le nombre mille qui est ici le nombre capital, qu'il suffit d'avoir exprimé une fois; de même aussi quand il est dit dans les versets 10, 11 et 12 du chapitre XI de la Genèse, que Sem avait cent ans (et 2 ans) ou bien 2 ans et cent ans, lorsqu'il devint père d'Arphaxad, il y a lieu de penser qu'il faut sous-entendre, comme nombre capital, à l'égard d'Arphaxad, et des autres patriarches, le nombre de cent qui se trouve marqué à Sem.

Plusieurs raisons confirment encore cette explication si naturelle, pour les patriarches antédiluviens : Noë n'engendra qu'à l'âge de [500 ans; comment ces six autres peuvent-ils engendrer à 90, à 70 et à 65 !! Sem après le déluge n'engendra encore qu'à l'âge de 102, et les autres seraient devenus pères, à 29, à 30, à 32, à 34, et à 35 ans !!! Voici comme raisonne le Pline français (Buffon) :

« La gravité n'agissant que depuis peu sur la surface du globe, les matières terrestres n'avaient pu acquérir la consistance et la solidité qu'elles ont eu depuis. Ainsi les productions de la terre et le corps de l'homme conservaient plus long-temps leur ductilité et leur mollesse. Dès-lors toutes les parties du corps n'arrivaient à leur entier développement qu'après un plus grand nombre d'années. La génération ne pouvait s'opérer par conséquent qu'après l'accroissement pris en entier, c'est-à-dire à cent trente ans; et la durée de la vie humaine était proportionnelle à celle de l'accroissement, comme elle l'est encore aujourd'hui. Effectivement, l'âge de puberté est à la durée de la vie des patriarches dans le même rapport qu'il est actuellement. »

Il est remarquable que les calculs de ce grand naturaliste soient d'accord avec les tables chronologiques de la vie et de la puberté des patriarches avant et après le déluge, et viennent fortifier l'accord des chronologies des textes sacrés,

Ce qui est bien singulier et bien frappant encore, c'est que les payens, après leur siècle d'or (temps du premier homme et de la première femme), dans leur siècle d'argent (temps des enfants des premiers hommes), assuraient que l'enfance des hommes durait cent ans, et qu'ils ne parvenaient à la puberté qu'à cet âge !!

Si donc on rétablit les nombres centenaires dans le texte hébreu, qui ont été négligés, on obtient celui de 3283, qui ne diffère guère de celui des Septante 3449; la différence est de 166 ans qui vient de la vie du patriarche Caïnan qui se trouve dans les Septante et est omis dans le texte hébreu. Ce patriarche engendra à l'âge de 130 ans; ce nombre d'années, retranché de celui de 166, reste encore une différence de 36 ans qui prend sa source dans le nombre d'années du dernier patriarche Nachor que les Hébreux assurent avoir engendré à l'âge de 29 ans, et les Septante à l'âge de 79 ans; la différence entre ces deux derniers âges est à peu près de 36 ans, et on explique le reste en cette manière : utrum ad filiorum conceptionem an ad nativitatem sint referendi... præterea quis poterit divinare quot dies, hebdomadas aut menses important anni fracti aut incepti ?

Les historiens ecclésiastiques se sont presque toujours servi de la chronologie du texte hébreu restitué, ou des Septante : Jules Africain, Eusèbe, George le Syncelle.... LXX interpretum.. quam etiam huc usque omnes doctores ecclesiastici tenuerunt et in hac præcipue annorum supputatione secuti sunt (Julien, archevêque de Tolède). Jules Africain : incipit a mundi creatione apud Moysen usque ad Macrini imperatoris tempora, quo tempore ut idem affirmet hoc chronicon absolutum est, annorum scilicet quinquies mille septingentorum et viginti trium.

George le Syncelle : il parlait de la chronologie des Septante : usi sumus cum maxime quaqua patet universus terrarum orbis dilatata Christi ecclesia receptam eam habeat et Salvatoris nostri Apostolorum ac Discipulorum ejus authoritate usibus nostris a principio fuerit commendata.

Suivant saint Cyprien, Jésus-Christ était venu l'an du monde 5500.

Démétrius de Phalère, suivant saint Clément d'Alexandrie, comptait 5494 depuis la création du monde, jusqu'à la 4ᵉ année de Philométor, sixième roi d'Egypte, sous lequel il écrivait son histoire des rois de Judée; et il ne s'éloignait pas du calcul des Septante. Eupolème suivant le même historien, saint Clément, comptait depuis l'établissement du monde, jusque vers la 5ᵉ de Demétrius 5144. Alexandre Polyhistor dit dans son histoire qu'il s'était écoulé 3624 ans depuis Adam jusqu'à l'entrée de Jacob en Egypte.

Joseph l'historien, au commencement de ses antiquités judaïques, dans le prologue, déclare que l'histoire qu'il entreprend comprend l'espace de 5000 ans. La même chose apparaît dans son œuvre contre Apion. Il nous apprend aussi dans le premier ouvrage, que son histoire s'étend jusqu'à Artaxercès-Longuemain, et alors sa chronologie jusqu'à J. Ch. comprend 5400 ans au moins. De plus ce qui confirme encore ce calcul, c'est que dans sa chronologie, depuis le déluge, on le voit assigner à chaque patriarche, lorsqu'il engendre, l'âge centenaire et le surplus, comme les Septante et le texte samaritain, d'où au moins il emploie le chiffre ou nombre de 942; si donc on trouve la somme de 292 du texte hébreu, cela provient évidemment d'une erreur ou d'une corruption, dont il est évident qu'il ne faut pas tenir compte.

On lit dans Suidas : Phalec, voce prophetica dimidium dicit temporis Christi adventus. Ab Adamo enim usque ad diluvium Noë anni sunt 2242. A diluvio usque ad Phalec, anni 758 ut fierent anni ter mille. A condito enim mundo usque ad assumptionem Domini nostri J. Christi anni sexies mille. Il comptait donc 6000 ans depuis Adam jusqu'à l'Ascension de notre Seigneur J.-Christ.

Enfin l'Eglise romaine, toujours dirigée par l'inspiration divine, toujours la plus sage et la plus éclairée, a toujours suivi cette chronologie : Anno a creatione mundi, quando in principio Deus creavit cœlum et terram, quinquies millesimo centesimo nonagesimo nono; a diluvio verò anno bis millesimo nongentesimo quinquagesimo septimo; a nativitate Abrahæ anno bis millesimo quinto decimo; a Moyse et egressu populi Israël de Ægypto anno bis millesimo quingentesimo decimo; ab unctione David in regem anno millesimo trigesimo secundo; hebdomada sexagesima quinta juxta Danielis prophetiam; olympiade centesima nonagesima quarta; ab urbe Roma condita, anno septingentesimo quinquagesimo secundo... Jesus Christus nascitur (ex martyrologio romano).

Le cardinal Baronius dans ses annales fait le catalogue des anciens pères qui avaient compté, selon les Septante, les années depuis l'origine du monde jusqu'à la venue de J.-Christ, il ajoute : Profiteri et Romanam ecclesiam in suo martyrologio se annos supputare secundum eosdem interpretes; et Benoit Perer est obligé d'avouer : Non me fugit plerosque veterum, tam Græcorum quam Latinorum, chronologiam quæ est in translatione LXX interpretum sequi maluisse.

Pour ce qui regarde le patriarche Caïnan, ou Caïn second, il ne se trouve que dans les Septante. Bede dit : Sed quid horum sit verius aut utrumque verum esse possit Deus noverit. Le texte hébreu a pu dire que Arphaxad engendra Salé, en omettant Caïnan, comme dans la généalogie de saint Mathieu il est dit : Joram dicitur genuisse Oziam, quamvis proximè Ochoziam ille genuerit, Oziæ proavum; ita et dici potuisse ab Arphaxado genitum fuisse Salam , ut ab avo nepotem, intercedente proximo Arphaxadi filio Caïnane. Le cas est absolument le même. Mais pourquoi avoir passé Caïn second?

Plusieurs disent que Moyse a voulu : generationes quæ fuerunt ante et post diluvium ad duas tantum decades redigere, comme saint Mathieu lui-même a partagé en trois classes, de quatorze générations chacune, la généalogie de J.-Christ, et pour cela a omis trois rois. C'était cette considération qui faisait dire à Origène : Abraham a primo homine vicesimus natus est. Decem enim generationes ab Adamo sunt ad Noe, et decem a Noe ad Abraham. Le cas est encore absolument le même.

Salien fait une remarque fort sage : Potuisse illos septuaginta viros qui non meros agebant interpretes, sed prophetas, quique spiritum illum scripturarum authorem inhabitantem habebant, ut plerique sanctorum patrum scripto prodiderunt, non solum ea in græcum sermonem convertere, quæ in Mose repcrissent, sed supplere etiam quæ ab illo, justa quidem, parum tamen nobis explorata ratione, fuissent prætermissa.

George-le-Syncelle affirme : lectos per omnes Christi ecclesias sacros Geneseos libros Caïnan habere affirmans.

Quelques savants modernes prétendent « qu'on peut admettre dans bien des cas

« l'omission de personnages secondaires dans les généalogies de la Bible, qu'il faut
« tenir compte de la nature des récits dans les premiers chapitres de la Genèse,
« et des généalogies qui rappellent plutôt des peuples que des personnages... » Ce
système est fort inutile, ainsi que celui de Génébrard qui assurait : Inter Caath et
Amram et inter Amram et Moysem intervenisse alias personas prætermissas in libro
Exodi, et il cite aussi : Ephraïm et Manassès sont dits fils de Jacob, quoiqu'ils ne
le fussent pas, mais ses petits-fils.

On convient assez généralement de compter 430 ans depuis la vocation d'Abraham
jusqu'à la sortie d'Egypte sous la conduite de Moyse.

Des chronologistes modernes ne marquent depuis la sortie d'Egypte jusqu'à la
fondation du temple de Salomon que 430 ans, d'après le chapitre 6 du troisième
livre des rois : ab initio diei anno 480 ab egressu filiorum Israël ex Ægypto
cœptum domus Dei ædificium; c'est une erreur :

1° Voici ce que disent les interprètes : Aiunt interpretes initio capitis VI, lib.
III. regum legi oportere 580 a liberatione populi Israelitici ab Ægyptiaca servitute
ad inchoatum templi Salomonici opus, cum major annorum numerus confletur
supputatis seorsum annis erroris in deserto, distributionis terræ Chanaan, administrationis judicum, atque imperii regum. Id autem ex Pauli sermone, Act. XIII,
v. 20, utcumque colligunt, in quo apostolum dixisse putant : datos a Deo Israeli
judices quasi post quadringentos et quinquaginta annos, usque ad Samuelem;
quibus cum addant 40 annos erroris in deserto, 7 ferme bellorum in terra Chanaan
gestorum et sortitionis terræ, 40 administrationis Samuelis, regnique Saulis, 40
regni Davidici, et tres priores regni Salomonis, cujus anno quarto fundatum est
templum, commode efficiunt annos 580.

2°. Eusèbe nous assure, dans sa chronologie, avoir appris des Juifs de son temps
que ces 480 ans ne marquaient que les années qu'ils avaient été gouvernés par
des chefs, sans y comprendre celles qu'ils avaient passées dans la servitude; saint
Paul nous dit aussi que Dieu ayant distribué aux tribus d'Israël la terre de Chanaan, leur donna des juges pendant 450 ans ou environ; on peut donc dire, avec
Eusèbe, que l'écrivain sacré qui a composé le 3ᵉ livre des rois, n'a fait mention,
au chapitre 6, que des années que les Juifs n'ont point été soumis aux étrangers
depuis leur délivrance d'Egypte, et que saint Paul n'a point fait difficulté de les
comprendre avec les autres. En effet, on trouve environ quatre cent cinquante ans
depuis la division de la terre faite par Josué, jusqu'à la fin du gouvernement de
Samuel, c'est-à-dire jusqu'au second couronnement de Saül. C'est de là que
Melchior Canus dit : Josephus, quoniam non ea solum tempora, quibus Judices præ-
fuere, computare voluit, sed illa etiam quæ interreguis sine Judicibus fluxerunt,
vere summam 590 confecit annorum. Et auctor libri Regum, interregnorum annis
omissis, eos tantum redegit in numerum, quos intellexit, dum Judices adminis-
trarent, intercessisse. Anni ergo plures ab eo quo Israël excessit ex Ægypto, ad
Templi initia fluxere; sed ducum, judicum et regum non fluxere nisi 480.

3° Jephté étant près de faire la guerre au roi des Ammonites qui contestait plusieurs terres au-delà du Jourdain aux Israélites, lui fit représenter par ses ambassadeurs que ces terres ne lui appartenaient pas, et qu'il ne pouvait avoir aucunes prétentions sur elles, parce qu'elles n'avaient jamais appartenu aux Ammonites, mais que Moyse les avait conquises sur Sehon, roi des Amorrhéens, et que les Hébreux en avaient jusqu'alors joui paisiblement pendant trois cents ans, per trecentos annos. Joseph dit la même chose, l. 5 antiq.

La Bible de Vatable porte : Moses vita functus est anno ab exitu Ægypti.   40

A morte Mosis ad illud usque tempus quo allata est quies populo per Josue. .   6

Item ad alterum quo per Othonielem. 40

Item ad alterum quo per Aod. 80

Item ad alterum quo per Deboram. 40

Item ad alterum quo per Gedeonem. 40

Mortuo Gedeone aversi sunt filii Israël et fornicati sunt cum Baal (judic. 8. v. 33) aliquot annis puta. 9

Postea Abymelech præfuit annis. 3

Thola. 23

Jair. 22

Jephte.   6
$$\overline{}$$
309

Mais il faut remarquer que les conquêtes de Moyse sur les Amorrhéens ont lieu la 39e. année depuis la sortie d'Egypte, et que la guerre de Jephté eut lieu la première année de son règne; il faut donc retrancher, d'une part 39, et de l'autre 5, ce qui donne 44; et il faut diminuer cette somme de celle de 309, reste 265. De même, d'après le calcul d'Usserius, il s'écoula depuis la conquête de Moyse sur les Amorrhéens, 265 ans 6 mois jusqu'à la guerre de Jephté contre les Ammonites; or, ces deux auteurs ne tiennent point compte du temps de la servitude des Israélites sous les juges, ou les intervalles entre les gouvernements des juges.

Il est donc évident qu'il faut y avoir égard, et que leur chiffre 480 est trop faible. Il est donc certain qu'il s'écoula 580 ou 590 ans depuis la sortie d'Egypte jusqu'à la 4e année du règne de Salomon.

Maintenant voici le règne des rois de Juda, depuis la fondation du temple jusqu'à sa destruction :

Il faut d'abord remarquer que l'Ecriture-Sainte ne donne que 40 ans de règne à Salomon, et ne fait point mention du reste de ses années sur le trône qu'il passa dans l'impiété, à peu près comme elle dit que Saül n'a regné que deux ans, quoiqu'il ait été 20 ans sur le trône. Salomon commença à régner à l'âge de 12 ans, selon la tradition des Juifs et de Joseph l'historien, et dans sa vieillesse son cœur fut dépravé : cum esset senex, depravatum est cor ejus per mulieres. Il était donc vieux quand il commença à pécher, et l'âge de 52 ans à cette époque n'était pas un âge de vieillesse; d'ailleurs Roboam commença de régner après la mort de son père, immédiatement après, et il avait à cette époque 41 ans: quadraginta et unius anni erat Roboam, cum regnare cœpisset; Salomon l'eût donc eu à l'âge de onze ans, ce que l'on ne peut admettre; il est donc certain que le règne pieux et impur de Salomon dura plus de 40 ans. De là plusieurs l'ont fait régner 65 ans.

La fondation du temple ayant eu lieu la 4ᵉ année de son règne il reste. . . . . 61 ans ;

Roboam régna.	17	
Abia.	3	
Asa.	41	
Josaphat.	25	
Joram.	4	
Achazias.	1	
Athalie.	6	
Joas.	40	
Amazias.	29	
Azarias.	52	
Joathan	16	
Achas.	16	
Ezechias.	29	
Manassès.	55	
Amon.	2	
Josias.	31	
Joachas.	00	3 mois
Eliacim ou Joachim.	10	
Jechonias.	00	7 mois 10 jours
Sedechias.	11	
	449	10 mois 10 jours

Il s'écoula donc 449 ans 10 mois 10 jours, depuis la fondation du temple jusqu'à sa ruine entière sous Nabuchodonosor et la captivité de Babylone.

Il se présente quelques difficultés dans la suite des rois, et voici comme on y répond : Annus 36 regni Asa, quo dicitur in libro Paralipomenon prælium a Baasa suscitatum, non ab initio regni Asa supputatur, sed a divisione tribuum Israël et Juda, isque incidit in regnum 16 Asa regis, decem annis ante finem vitæ Baasa. Le sens était donc l'an 36 depuis la division des Tribus, pendant le règne du roi Asa...

Amri vero et anno 27 regni Asa, et anno 31 regnasse nihil omnino repugnat... anno quidem 27 Asa totus Israël conclamavit regem in castris ; contendit iste primum cum Zambri de principatu, eoque flammis incenso cum Tebni quem media pars populi sequebatur, divisum imperium habuit, quo pariter mortuo, solus Amri regnum Israël tenuit anno 31 Asa.

Josaphat rex Juda annos 25 populum rexit potestate regia ; iste anno 16 vel 17 cum esset initurus expeditionem Syriacam, filium Joram proregem constituit, qui, ipso absente, reipublicæ curam gereret ; senior vero factus, biennio antequam migraret e vita consortem imperii et successorem filium fecit, regnique habenas ei commisit. Quo constituto Joram frater Ochoziæ filiusque Achabi regnare cœpit in Israël anno 18 Josaphati regis Juda qui ipse erat secundus annus a data filio vicaria regni potestate ; atque iste Josaphati filius vicissim imperium exorditus est absolutum anno regni patris sui 22 vel 23 qui incidebat in annum quintum Jorami regis Israël. On peut expliquer aussi les passages du livre des Rois et des Paralipomènes où il est dit : Ochozias fuisse 22 annos natus dicitur cum regnum inchoavit, in altero 42 ; ce dernier nombre ne se trouve pas dans plusieurs manuscrits, et il a été corrigé. Dans un autre endroit, il est dit que l'an 27 de Jéroboam, roi d'Israël, régna Azarias ou Ozias, fils d'Amazias, roi de Juda, et ailleurs on trouve que, la 15e. de Jéroboam, Amasias finit sa vie ; on doit entendre que Azarias continuait de régner l'an 27 de Jéroboam, et ne commençait pas ; non quod regnare tunc inciperet, sed pergeret, ou bien qu'il y avait eu un interrègne à cause de l'enfance d'Azarias.

Il s'écoula donc depuis la sortie d'Egypte jusqu'à la captivité de Babylone :
590 ans
449 —
70 ans de la captivité qui finissent après deux ans de règne de Cyrus à Babylone, 536 ans avant Jésus-Christ, et ne doivent se compter que de la première année du règne de Nabuchodonosor, et la quatrième de celui de Joachim ; au lieu de 449, c'est donc 432 (en négligeant les 10 mois 10 jours) 590

432

70
______

total : 1092

536
______

1628

Il se serait donc écoulé depuis la sortie d'Egypte jusqu'à l'ère chrétienne 1628 ans.

Selon Génébrard il s'écoula 1420
  — Jacques Cappel. 1498
  — Ussérius. 1491
  — Scaliger. 1508
  — le P. Petau. 1531
  — Louis Cappel. 1557
  — Salien. 1959
  — Ganz et les Juifs. . . . . 1312 ou

environ. Ils varient, comme on peut le voir dans *Vorstius*, sur l'ouvrage de David Ganz, et ne marquent point cette époque dans leurs chronologies.

Rappelons donc ici toutes ces chronologies, si nécessaires pour l'histoire des peuples et des monuments !!

Depuis Adam jusqu'au déluge. . . . . 2242.
Depuis le déluge jusqu'à la vocation d'Abraham. . . . . 1207.
Depuis la vocation d'Abraham jusqu'à la sortie d'Egypte. . . . . . 430.
Depuis la sortie d'Egypte jusqu'à la fondation du temple. . . . . . 590.
Depuis la fondation du temple jusqu'à la captivité de Babylone. . . . 432.
Depuis la captivité de Babylone jusqu'à l'édit de Cyrus. . . . . . . 70.
Depuis l'édit de Cyrus ou plutôt depuis la délivrance des Juifs achevée jusqu'à l'ère chrétienne. . . . . 536.
                                                                    ———
                                                                    5507.

Tel est le calcul des savants modernes, 5507 depuis Adam jusqu'à l'ère chrétienne. Et depuis le déluge jusqu'à l'ère chrétienne, 3265.

Tous les peuples de la terre attestent que le monde a eu un commencement (1); toutes les nations conviennent de ce point. La division de la semaine en sept jours reçue chez tous les peuples de l'ancien monde, est encore une de ces vieilles traditions qui remontent à l'origine du genre humain (2). La longue vie des patriarches est attestée par l'histoire des nations anciennes; l'historien Joseph disait à ce sujet : mes témoins sont tous ceux qui ont écrit les annales antiques chez les Grecs et les Barbares; Manethon qui a écrit l'histoire des Egyptiens, Bérose qui nous a fait connaître celle des Chaldéens; et Moschus, Estius, Jérome l'Egyptien, qui ont écrit celle des Phéniciens, s'accordent avec moi sur ce point, et Isidore, Hécatée et Hellanicus, et Acésilas, et Ephore, et Nicolas, dans leurs histoires, font mention des anciens qui vivaient mille ans. Beaucoup d'autres historiens confirment ce récit : Hésiode dit que les premiers hommes vivaient jusqu'à mille ans (3); Varron, le plus savant des Romains, avait recherché la raison pour laquelle on disait que les premiers hommes avaient vécu jusqu'à mille ans.

Dix patriarches vécurent depuis la création jusqu'au déluge; la même tradition se retrouve chez les Perses. Sanchoniaton parle de même de dix générations de dieux, ou demi-dieux, placés entre Uranus et la race présente des mortels. Bérose le Chaldéen en compte le même nombre avant le déluge; les Tatars et les Arabes ont conservé le souvenir de ces dix générations, et donnent à plusieurs de leurs rois antédiluviens les mêmes noms qu'ils ont dans la Genèse. Les Tyriens comptaient dix

---

(1) Mémoires de l'Académie des belles-lettres, t. VI
(2) Diderot regardait cette tradition comme une preuve sans réplique du récit de Moyse.
(3) Opera et Dies, vers 108.

rois qui ont régné avant le déluge. De Hoang-ty, ou le Ty, le roi, le seigneur rouge-
jaunâtre (sens d'Adam en hébreu) à Chun, les livres de la Chine comptent neuf
générations de patriarches dont les noms sont donnés, et les actions indiquées; et
Chun est contemporain d'Yao, roi sous lequel arriva le déluge.

La vérité du déluge est prouvée par les faits géologiques. Saussure ne demande pour produire l'arrangement de la terre, tel qu'il est, qu'une cause unique,
une seule invasion de la mer (le déluge universel) , dont l'action aurait été modifiée
par une foule de circonstances locales. « Je pense, dit Cuvier, avec Messieurs Deluc
« et Dolomieu que, s'il y a quelque chose de constaté en géologie, c'est que la sur-
« face de notre globe a été victime d'une grande et subite révolution, dont la date
« ne peut remonter beaucoup au-delà de cinq à six mille ans. L'état actuel du globe
« ne peut remonter au-delà des époques assignées par Moyse; ce résultat est im-
« portant, l'un des mieux prouvés et des moins attendus de la géologie; résultat
« d'autant plus précieux qu'il lie d'une chaîne non interrompue l'histoire naturelle
« et l'histoire civile. »

L'historien Joseph cite plusieurs historiens qui parlaient du déluge : hujus vero
diluvii et arcæ memoriam faciunt omnes qui historias barbaricas conscripserunt.
Quorum unus est Berosus Chaldæus, Hieronymus Ægyptius qui antiquitatem
Phœniciæ noscitur conscripsisse. Sed et Manasseas Damascenus in nonagesimo sexto
historiarum libro.....

Manasseas et plusieurs autres, suivant Eusèbe, parlent du déluge universel et de
l'arche de Noé. Homère annonce que Zeus a mis l'arc-en-ciel dans les nues pour être
un signe aux hommes. A la mort du premier Bacchus que les Titans firent périr ,
Jupiter vengea ce crime par l'embrasement du monde qui fut suivi d'un déluge, dont
on peut voir les détails dans le poëme de Nonnus, chant VIe. Chez les Perses, la pluie
du déluge dura dix jours et dix nuits (Boudehesch); chez les Chinois le déluge arriva sous Ty-Ko et Yao son fils, et est décrit au premier chapitre du Chou-King, et
cité comme ayant eu lieu 2357 ans avant l'ère chrétienne; chez les Scandinaves, le
géant Ymus ayant été tué, il coula tant de sang de ses blessures que le genre humain fut submergé; Belgemer et sa famille furent les seuls qui se sauvèrent dans
une barque (Edda, et Rubbek de Atlantico, t. I).

La dispersion des peuples eut lieu du temps de Phaleg : nomen uni Phaleg eo
quod in diebus ejus divisa sit terra. La tradition primitive fut écrite en caractères
hiéroglyphiques, et ces tableaux furent emportés par chaque peuple en ses transmi-
grations; les Indiens, les Phéniciens, les Egyptiens , les Grecs la conservèrent; ensuite ces traditions hiéroglyphiques furent écrites à la manière alphabétique; mais,
parmi les nations qui conservèrent plus scrupuleusement les anciennes coutumes, on
compte les Chinois; ce détachement de la race primitive conserve en entier cette
multitude d'hiéroglyphes, que les Egyptiens tronquèrent, abrégèrent, et réduisirent
plus tard, comme toutes les autres tribus leurs voisines, en caractères alphabétiques
plus ou moins composés. A la Chine, comme en Egypte, un vase, une coupe sont

le symbole de noble, d'illustre... Le souvenir de la tour de Babel et de la dispersion des hommes est rappelé d'une manière frappante chez les Chinois : le signe d'une tour signifie s'en aller, se séparer, un fils qui quitte son père; expliquez ce fait sans la tradition !

On peut regarder Japhet comme le tronc originaire de la race blanche, ou arabe, indienne, celtique et caucasienne. Sem sera la tige de la très-nombreuse race jaune et olivâtre, ou chinoise, kalmouke, mongole et lapone. Comme les Américains paraissent être une branche émanée de ces grandes familles, on peut les regarder aussi comme la génération de Sem. Cham, maudit par son père, qui lui prédit qu'il serait l'esclave des descendants de ses frères, peut se reconnaître dans les races nègre et hottentote. Les Malais qui composent une quatrième race, paraissent être un mélange des générations de Sem et de Cham. Cet ensemble comprend donc tout le genre humain sous trois tiges originelles principales (1).

« Je ne vois, dit un géographe remarquable (2), sur la surface du globe, dans « l'espèce humaine que trois types ou divisions. Nous partageons l'opinion qui fait « remonter ces trois races à une même souche primitive et place leur berceau « commun dans le plateau central de l'Asie; c'est, dit-il, douze années d'études et « d'observations, et près de soixante mille lieues parcourues sur la surface du globe. »

Voilà que l'on vient de découvrir, sur toute la surface du pays habité par les Africains un certain nombre de nègres qui ont le nez aquilin, le menton prononcé, les lèvres minces, empreinte un peu effacée de la race arabe ou sémitique, variété qui ne forme point une caste séparée, mais intimement mêlée et dispersée dans la grande famille nègre, qui conserve les traditions sémitiques, celle du péché et du châtiment de la première famille humaine, appelle le soleil Jéhovah, conserve le culte de Moulruk ou Moloch... (Rapport fait à l'Académie des Sciences, mai 1849).

On a compté dans l'univers huit cent soixante langues, et plus de cinq mille dialectes. D'après les recherches des savants (3), il résulte que presque toutes les langues ont une connexité plus ou moins grande avec l'hébreu; que plus les peuples sont isolés ou sauvages, plus cette connexité est frappante, et que plus les peuples se civilisent, plus cette connexité s'affaiblit et se perd. Ils ont réduit les différents idiômes parlés aux trois classes suivantes : les langues simples, les langues par fluxion, et les langues par agglomération. Les faits recueillis jusqu'à présent sur toutes les langues connues, démontrent que l'ancien monde qui possède les trois classes d'idiômes, est aussi le seul qui ait les véritables langues par fluxion. Le nouveau monde offre d'un bout à l'autre de sa vaste surface, des langues par agglomération; le monde maritime ne présente encore, dans tous les idiômes connus, que des langues simples. De là cette ré-

(1) Hist. du genre humain, par M. Virey, t. III, et t. 1 édit. de 1825.
(2) M. Dumont-d'Urville.
(3) Atlas ethnographique du globe, par Adrien Balbi.

flexion remarquable, que nous trouvons justement dans l'ancien monde où Moyse nous représente l'origine des sociétés, et le berceau de tous les peuples de la terre, les trois classes essentiellement différentes auxquelles on peut réduire les formes grammaticales de l'étonante variété des idiômes connus. C'est ainsi que la science de la linguistique est venue aujourd'hui nous répéter comme la Genèse : « Toutes les langues sont dérivées d'une souche primitive; tous les idiômes du « globe ont de nombreuses analogies de formes et de racinés, qui raisonnablement « ne peuvent être attribuées au hasard; ils ont une connexité plus ou moins « grande avec l'hébreu; la civilisation primitive est dans l'Asie occidentale, là « où étaient les Hébreux, les Chaldéens, les Assyriens et les Arabes. »

Une autre remarque essentielle, c'est que la langue hébraïque renferme dans ses mots l'histoire primitive; d'un seul mot souvent, ou d'une racine modifiée on voit de grandes figures surgir, parler....!! La langue hébraïque est un monument de la chute de l'homme, de son orgueil, de sa punition : Ate signifie s'élever et faire le mal, iniquité; nsse exprime un oubli, un changement, il est aussi employé pour démon et mort; nss, tromper, séduire; nêss est le nom du serpent... Les peuples primitifs ne pouvaient prononcer les mots d'élévation, de grandeur, d'intelligence, et même le nom de l'homme, sans faire jaillir mille idées tristes, lugubres; et pendant qu'ils disaient : orgueil, intelligence !! ils rêvaient à chute, folie, séduction, mort... Ainsi la chute de l'homme se trouve dans les entrailles de la langue que les anciens peuples parlaient : Adam désigne l'homme beau, pur, parfait; Eve est la source de la vie; les noms de leurs enfants rappellent le péché originel; on sent aussitôt l'influence du péché originel, Caïn et Abel, tristesse et vanité; Enos signifie faiblesse, maladie; Mathusalé, mort et déluge; ce grand cataclysme arriva quand ce patriarche mourut. Nemrod est le rebelle, l'apostat; Babel, le souvenir de la confusion des langues : Héber, l'homme d'outre fleuve, et son fils Phalegh caractérise très-spécialement la dispersion des hommes; Abraham, père de la multitude; Agar signifie fugitive; Isaac rappelle le rire de Sara. Les mots de la langue hébraïque faisaient donc de l'histoire, servaient à la tradition; enfin nous dirons que chez les Hébreux, l'idée de bonne nouvelle et d'incarnation étaient liées l'une à l'autre dans le mot *bssr*.

Dans saint Clément d'Alexandrie, Mégasthène joint ensemble les Brahmanes des Indes et les Juifs de Syrie par rapport aux anciennes traditions sur l'origine des choses, que les uns et les autres ont conservées.

On peut se rappeler cet oracle d'Apollon admis par les payens, cité par Eusèbe, dans lequel les Chaldéens et les Hébreux sont déclarés avoir seuls en partage la vraie sagesse, comme n'adorant qu'un monarque suprême, qui tire son existence de sa propre source. George-le-Syncelle nous a conservé un fragment d'Alexandre Polyhistor, dans lequel cet écrivain attribue à la sibylle la tradition suivante : tous les hommes n'avaient qu'une langue, ils bâtirent une tour si haute, qu'elle semblait devoir leur servir de degré pour monter au ciel; mais les Dieux excitèrent une tempête qui la renversa, et ils donnèrent à ceux qui la bâtissaient des langues différentes, ce qui fut cause qu'on nomma Babylone la ville qui depuis a été bâtie en ce même lieu. La même tradition se trouve conservée dans un fragment d'Abydène qu'Eusèbe nous a transmis. Joseph l'historien rapporte d'Hestiée que les hommes se dispersèrent à Sennaar de Babylone. Un manuscrit arménien de Michel, patriarche Syrien (offert à l'Académie de Paris en 1838), donne des renseignements curieux : l'auteur raconte la construction de la tour de Babel sous la direction de Lamsour, de Nembroth et de Haïg, puis la confusion des langues et leur multiplication jusqu'au nombre de 72, savoir 15 pour les descendants de Japhet, 32 pour ceux de Cham, 25 pour ceux de Sem ; il dit que les Hébreux, après le passage de la mer rouge, commencèrent à parler une nouvelle langue différente du Chaldéen......

Eupolème assure qu'Abraham enseigna aux Phéniciens la révolution du soleil et des astres.

Hécatée (de Milet ou d'Abdère) avait écrit un livre sur ce qui concernait le patriarche Abraham ; et Cléodème parle des enfants qu'Abraham eut de Céthura, conformément à ce qu'en dit Moyse.

Diodore de Sicile dit que Moyse était un homme supérieur qui s'empara de la Judée.

Nicolas de Damas, contemporain de Diodore, rapporte ce qu'a dit *Moyse législateur des Juifs*, d'un homme qui se sauva dans une arche pendant le déluge.

Selon Alexandre Polyhistor, qui vivait avant l'ère chrétienne, le *législateur Moyse a écrit l'histoire des Juifs*.

Joseph, dans ses livres contre Apion, rapporte des passages formels de Manéthon, de Chéremon, de Lysimaque, d'Apollonius Melo, d'Appion, tous Egyptiens, qui parlent de Moyse comme chef et législateur des Hébreux.

Justin, qui a abrégé Trogue-Pompée que nous n'avons plus, dit que les Egyptiens s'étant mis à la poursuite des Hébreux, furent forcés par des tempêtes de retourner sur leurs pas.

Artapan, cité par Eusèbe, donne Merrhis pour épouse de Chénéphrès, qui est le nom altéré du Chéphren d'Hérodote ; il ajoute que cette princesse, étant stérile, prit pour son fils celui d'une Juive qu'elle nomma Moyse, et qui, étant devenu grand, fut appelé Musée par les Grecs.

Justin dit que Joseph, transporté en Egypte, devint très-savant dans la magie, tellement qu'il sut prédire des années de stérilité avant qu'elles arrivassent, et que Moyse, son fils, hérita de ses talents.

Longin cite quelques paroles de Moyse ; et Numénius, philosophe platonicien plus ancien d'un siècle que Longin, cité par Origène et Eusèbe, dit que lorsque les Juifs furent chassés de l'Egypte, Jannès et Mœmbrès, magiciens célèbres et savants dans les mystères sacrés, furent choisis par les Egyptiens pour s'opposer à Musée, chef des Juifs, dont les prières étaient puissantes auprès de Dieu, et pour faire cesser les fléaux dont il affligeait l'Egypte.

Strabon dit que Moyse, ne pouvant souffrir le culte grossier et superstitieux des Egyptiens, prit le parti de s'expatrier, et fut suivi par une foule d'hommes religieux.

Entre les diverses opinions que Tacite rapporte touchant l'origine des Juifs, après avoir dit que la plupart des auteurs les faisaient sortir d'Egypte, sous le règne de Céphée, où ils se trouvaient exposés à la haine, il ajoute que beaucoup s'accordaient à dire qu'il y eut en Egypte une maladie contagieuse, et que le roi Bocchoris ayant consulté l'oracle, pour y trouver quelque remède, en reçut l'ordre de purger son royaume de cette espèce d'hommes odieux, et de les transporter en d'autres contrées. Cette histoire est tirée de Lysimaque, et l'historien Joseph réfute ces injures, comme il les appelle, dans son livre contre Apion.

Pline, dans son histoire naturelle, met aussi Moyse au nombre des magiciens fameux.

Entre l'époque de la dispersion des Juifs sous Vespasien, et celle de la naissance de la secte des Sadducéens, grand nombre d'auteurs ont parlé du peuple juif. On en trouve quelque chose dans Dion Cassius, Pétrone, Rutilius Numatianus, Apulée, Martial, Perse, Juvénal, Horace et son commentateur Acron, Sénèque, Pausanias, Trébellius Pollion, Cicéron, Varron, Plutarque, Théophraste, Aristote, Tite-Live, Onomacrite.... Diodore de Sicile avait employé le XL'. livre de son histoire à traiter de l'origine des Juifs, mais il n'en reste que l'extrait conservé par Photius. On voit dans tous ces passages, comme les anciens auteurs payens ont toujours mêlé des fables à la vérité.

Les Nègres ont conservé le souvenir de Moyse qu'ils nomment Mousa, et de sa fuite jusqu'à la mer du Levant, Ghéif ou Pinkon; ces souvenirs de Moyse parmi un peuple antique, au centre de l'Afrique, sans aucun rapport avec d'autres peuples, ne s'étendent point aux autres actions de Moyse; après sa sortie d'Afrique, toutes ses actions leur sont restées inconnues, ce qui prouve en faveur de celles que l'Ecriture-Sainte lui attribue dans le royaume de Firaon, roi de Mesraïm, comme disent les Nègres.

On lit dans le prophète Jahel: quid mihi et vobis Tyrus et Sidon et omnis terminus Palæsthinorum ? Filias Juda et filios Jerusalem vendidistis filiis Græcorum ut longe faceretis eos de finibus suis. Les Grecs connurent donc très-anciennement les Juifs et leurs livres. Aristobule, ancien auteur juif, cité par Eusèbe, dit aussi positivement qu'avant le temps de Démétrius de Phalère (et par conséquent avant la traduction des Septante), même avant le règne d'Alexandre et celui des Perses, d'autres avaient traduit l'histoire de la sortie des Israëlites de l'Egypte.

On connaît les Livres saints: Dieu, le monde, l'homme, la vertu, voilà ce qu'ils traitent. Le Pentateuque fut le premier livre dans l'univers, écrit en caractères alphabétiques. Comparez la loi des deux tables données à Moïse avec les lois des Douze Tables des Romains; le Décalogue ou la loi des Deux Tables, gravées dans le cœur de l'homme, avec son caractère d'universalité, sans contradictions, sans erreurs, avec une assurance de ton et une simplicité de langage inconnues !!

Dieu y parle à tous les hommes; le mont Sinaï était tout en feu, un peuple immense à genoux; les tonnerres cessèrent, une voix majestueuse, comme de tout un peuple, se fit entendre.... Le Décalogue fut promulgué.

La loi des Douze Tables romaines fut publiée en l'an 446 avant l'ère chrétienne; elles étaient gravées sur des planches d'airain; il ne nous reste que des fragments; les unes contenaient le droit sacré, les autres le droit public, le plus grand nombre le droit particulier. Voici ce qui nous en reste :

Deos peregrinos ne colunto.

Convictam adulterii vir et cognati uti volent necanto.

Incestum summi pontifices supremo supplicio sanciunto.

Ast si plures erunt rei tertiis nundinis partis secanto.

Si plus minusve secuerunt se fraude esto.

Si volent uls Tiberim peregre venundato.

Vincito aut nervo aut compedibus quindecim nec majore pondo.

Si nox furtum faxit et im aliquis occisit jure cæsus esto.

Endo liberis justis jus vitæ necis venundandique potestas ei (patri) esto.

Si pater filium ter venunduit filius a patre liber esto.

Si injuriam alteri faxit xxv æris pœna sunto.

Si membrum rupit ni cum eo pacit talio esto.

Mulieres genas ne radunto, etc.

Ce furent les Décemvirs qui rédigèrent les lois des XII Tables; ces lois étaient pour la plupart les anciennes lois romaines. Quelle loi que celle qui permettait aux créanciers d'emmener le débiteur insolvable, de l'exposer en vente, et après le délai de quelques jours, de le couper par morceaux, et de s'en partager les membres sanglants. !!

C'est ainsi qu'entendaient cette loi Ast si plures.. les auteurs latins, Aulu-Gelle, Quintilien, Tertulien, etc.

Comparons encore avec les lois de Moyse le symbole de Pythagore, ce philosophe grec qui, suivant Joseph, surpassait tous les autres, sapientia et divina pietate. Anaximandre écrivit ce symbole que Suidas rapporte en grec et en latin.

Symbola Pythagoræ fuerunt hæc :

Ignem gladio ne fodica.

Stateram ne superes.

Modio ne insideas.

Cor ne edito.

Oneris neque deponendi neque imponendi adjutor esto.

Stragula semper colligata habeto.

In annulo Dei effigiem ne circum ferto.

Ollæ vestigium in cinere confundito.

Oleo sellam ne abstergito.

Ad solem conversus ne meiito.

Extra viam publicam ne ambulato.

Ne facile dextram injicias.

Contubernales hirundines ne habeto

Uncis unguibus prædita ne alito.

Segmentis unguium et pilorum nec immeiito nec insistito.

Peregre abiens in finibus ne respecta.

Acutum ensem avertito.

Telle était la sagesse de ce philosophe; on peut voir, dans Suidas, sa doctrine et y lire ces mots : O stultum et detestandum compendium ! quid enim prolixum et quid utile et eruditum !

Il n'est pas possible de parler dignement des livres saints ! il faut les lire !! nous avons dans l'ancien testament les écrits de seize prophètes. On trouve un assez grand nombre d'autres prophètes. Tous ont annoncé le messie, de grands événements qui intéressaient toutes les nations de la terre, les empires, la conversion des Gentils, et aussi des faits particuliers.

Nous allons nous borner à quelques prophéties envers l'Idumée, elles sont moins connues : « Mon glaive, dit le Seigneur par le prophète Isaïe, descendra sur l'Idu-« mée : sa désolation subsistera de race en race, et personne n'y passera dans toute « la suite des âges ; » et aucun voyageur n'a osé visiter ce pays, excepté un seul (1), où il y a plus de trente villes ruinées absolument désertes (2).

« Là se traîneront les serpents, ajoute le même prophète ; » et si quelquefois les Arabes se servent de ces ruines pour y parquer leurs troupeaux, le plus souvent ils les évitent à cause des énormes scorpions qui y abondent (3), et des vipères qui y fourmillent.

« Je te réduirai en désert depuis Théman, dit le prophète Ezéchiel; » et Théman est le seul endroit habité, dit le voyageur Burckhardt.

« Les épines et les orties couvriront les palais, les ronces croîtront dans les « citadelles, avait dit Isaïe ; » et dans l'Idumée, chaque bédouin porte à la ceinture une paire de petites pinces, pour arracher les épines qui peuvent lui entrer dans les pieds.

« Je te ruinerai, montagne de Séhir, avait ajouté Ezéchiel, je te livrerai aux soli-« tudes éternelles, et tes villes ne seront plus habitées. » « Edom, ton arrogance et « l'orgueil de ton cœur t'ont séduit, avait aussi dit le prophète Jérémie, parce que tu « habites les rochers et que tu résides dans les lieux les plus élevés, tu as dit en toi-« même : qui m'en fera descendre? Mais quand tu aurais élevé ton nid aussi haut « que l'aigle, je t'arracherai de là, dit l'Eternel, et l'Idumée sera déserte. Ainsi « parla le prophète. »

(1) M. Léon Delabarde, fils du membre de l'Institut.
(2) Volney.
(3) Id.

Dans le voisinage du mont Séhir, les vastes ruines d'une grande cité, des fragments de colonnes, des vestiges de rues pavées, couvrent une vallée enfermée de tous côtés par des rocs perpendiculaires, dont la hauteur varie de quatre cents à sept cents pieds, et dans lesquels sont creusées d'innombrables chambres qui s'élèvent par étages avec les rochers, au point qu'il paraît impossible d'approcher du plus élevé. Les colonnes s'élèvent au-dessus des colonnes, et ornent le devant des habitations; des coupures horizontales pour l'écoulement des eaux, sont pratiquées le long de la façade des rochers; des escaliers servent à y gravir, et sur quelques points, le sommet de ces hauteurs est couronné de pyramides taillées dans le roc.

C'est ainsi qu'il existe une identité frappante entre la description du Prophète et celle des voyageurs modernes. On voit aussi parmi ces ruines un grand nombre de mausolées et de tombeaux magnifiques. Il en est un, immense, colossal, qui contient une chambre de seize pas carrés, et de plus de vingt-cinq pieds d'élévation, dont la façade est ornée d'un rang de colonnes de trente-cinq pieds de hauteur, et couronnée par un fronton du travail le plus riche, etc., le tout taillé dans le roc.

La capitale de l'Idumée, aujourd'hui sans un seul habitant, présente aussi le même spectacle tracé par le Prophète : deux voyageurs français (1), dans une lettre datée de Petra, capitale de ces anciens peuples, parlent d'une rangée de colonnes gigantesques dont l'effet est au-dessus de toute description; rien n'est comparable à ces immenses édifices à deux ou trois étages de colonnes, à ce rocher d'une lieue carrée, dans lequel sont creusées ces magnifiques ruines; nous étions, disent ces savants voyageurs, dans une extase continuelle; le Kanet-Pharaon, ou trésor de Pharaon, composé de deux étages de colonnes semées des plus riches ornements, de bas-reliefs des plus curieux, et de grandes statues équestres, offrait le coup-d'œil le plus extraordinaire que nous eussions jamais vu, et dont le burin le plus habile ne pourrait donner qu'une idée bien faible.

Isaïe, Jérémie, Ezéchiel, Abdias et Malachie ont prédit la ruine de ce pays, avec toutes les circonstances les plus extraordinaires qui l'ont accompagnée.

____

(1) M. Léon Delaborde en est un.

NOTES.

Il faut remarquer que Mathusalé dut engendrer à l'âge de 187 ans, comme le porte le texte hébreu, et non à l'âge de 167 comme on le lit dans le texte grec ordinaire; car, sans cela, Mathusalé aurait vécu plus de 14 ans après le déluge; d'où le père Petau dit : pro 167 annis Mathusalem scribendi sunt 187. Ita fient ab Adamo anni 2262 quot Epiphanius numerat et Augustinus necnon Africanus, ut in chronico Alexandrino legitur. Saint Augustin dit aussi formellement : in codicibus antiquioribus et veracioribus non 167, sed 187.

Roboam avait 41 ans quand il commença à régner; cependant Abia dit que Jéroboam avait engagé à la séparation les dix tribus dans le temps que Roboam était encore jeune; mais nous savons que, dans l'Ecriture-Sainte, Benjamin, âgé de plus de 30 ans, est encore nommé puer parvulus; et que ceux qui conseillèrent à Roboam de refuser au peuple la relaxation des impôts, et avaient été élevés avec lui, sont appelés adolescentes... Le portrait de Roboam (après cinq ans de règne) retrouvé en Egypte, sur les murs de Karnac, n'est point celui d'un jeune homme.

Il y a des savants, qui disent qu'on ne peut régler une chronologie exacte et assurée sur l'Ecriture-Sainte; qu'il se peut faire que Moïse ait jugé à propos de ne faire mention que de dix principaux patriarches qui ont précédé le déluge, et de dix autres qui l'ont suivi jusqu'à Abraham, en omettant les autres pour des raisons qui nous sont inconnues, comme saint Mathieu a fait depuis dans la généalogie de Notre-Seigneur, l'auteur du livre de Ruth, ch. 4, et celui du premier livre des Paralipomènes, chap. 2 et 4, dans celles de David et des grands-prêtres; puisqu'il n'y a point d'apparence que six générations depuis Naasson, qui commandait à la tribu de Juda à la sortie d'Egypte, jusqu'à Salomon, et huit autres depuis Eléazar, fils d'Aaron, jusqu'à Sadoc, aient pu remplir l'espace de plus de cinq cents ans qui se sont écoulés jusqu'à la fondation du temple de Salomon, d'autant plus que l'on en compte dix-huit, depuis Coré qui se souleva dans le désert contre Moïse, jusqu'à Héman qui servait de chantre au Tabernacle du vivant de David. Joseph même nomme plusieurs des aïeuls de Sadoc dont il n'est fait aucune mention dans l'Ecriture-Sainte, et il assure que ceux qui se succédèrent à la charge de souverain sacrificateur depuis Aaron jusqu'au temps de Salomon, furent au nombre de treize.

On peut rejeter au-delà de l'œuvre des six jours, les faits dont l'intérieur de notre globe s'est trouvé le théâtre, et ce système met la Genèse à l'abri de toute discussion.

Ainsi, il n'est plus question des formations géologiques et de l'enfouissement des fossiles, produit du grand bouleversement dû au Déluge (il ne s'agit pas des effets du Déluge produits à la surface du globe), ni des faits géologiques qui ont leur histoire dans la Genèse, et sont le produit des six jours de la création, jour signifiant période de durée indéterminée; ni du système qui attribue les faits géologiques à la volonté de Dieu qui aurait créé d'un seul jet la terre avec tous les accidents de son intérieur, au lieu de les produire par l'action successive et prolongée des lois ordinaires (trois systèmes savants, mais un véritable système géologique est impossible, dit Cuvier).

Mais il est question de faits géologiques qui seraient dus à Dieu avant la création : Dieu aurait pris la terre alors dans le chaos, et l'aurait organisée pour l'homme, et ce serait de cette organisation que Moïse nous aurait fait l'histoire; cette histoire commencerait au verset : terra erat inanis et vacua, et passerait sous silence les créations antérieures comprises entre la création générale exprimée par le premier verset in principio creavit Deus cœlum et terram, et l'organisation de la terre de l'homme qui commence au second verset.

Ce système est soutenu par Wiseman, Buckland, etc. Il faut remarquer que Joseph, au commencement de son ouvrage, cite ce passage de la Genèse : et fuit vespere et mane dies unus : « Tel fut, dit-il, le premier jour, mais Moïse ne dit pas « ainsi, il l'appelle seulement un jour. J'en pourrais rendre raison, mais je me « propose de le faire dans un ouvrage spécial où je rendrai raison de beaucoup de « choses. » Joseph renvoie au livre des traditions judaïques l'explication de ce passage (il y avait des traditions originelles, orales, chez les Juifs, et il est impossible qu'il n'y en eût pas); mais ce livre, composé ou non, n'est pas parvenu jusqu'à nous. Il est néanmoins clair que cet historien fait entendre que Moïse n'a pas voulu nommer ce jour le premier de la création ; d'où il résulte que suivant Joseph il y a eu des jours, et, par conséquent, des créations antérieures à celle du premier jour de la Genèse. Ces traditions judaïques dont Joseph nous fait connaître l'existence, nous apprennent que Dieu organisa la terre dans son dernier état pour en faire le séjour de l'homme, et que la Genèse garde le silence sur les premières révolutions du globe, parce qu'elles n'ont aucun rapport avec notre histoire.

Jérusalem s'appuyait à l'est sur le torrent de Cédron qui coule du nord au sud dans une vallée profonde, appelée la vallée de Josaphat, entre la ville et la montagne des Oliviers, et va se perdre dans la mer Morte. Le torrent de Cédron est souvent à sec. La montagne des Oliviers se partage en trois collines ; celle du milieu domine les deux autres. Du sommet de cette montagne on jouit de la vue du panorama complet de la ville. Getsémani est un vallon situé au pied de la montagne des Oliviers, entre cette montagne et la ville de Jérusalem. Jérusalem s'appuyait au sud sur la vallée Ben ennom, appelée aussi Geenna, l'Enfer; les Israélites y rendirent un culte effroyable à Moloch, auquel ils sacrifiaient leurs enfants. On y voit aujourd'hui un grand nombre de tombeaux taillés dans le roc et couverts d'inscriptions. Cette vallée, courant du couchant au levant, rencontre, à l'extrémité du mont de Sion, la vallée de Cédron. A l'ouest, Jérusalem était défendue par les pentes des montagnes de Sion et d'Acra. Acra était une colline à pente douce et facile, et formait la ville basse; Sion, au sud d'Acra, avait une pente raide et formait la ville haute. Ces deux collines étaient séparées par une vallée où se trouvaient de nombreuses habitations. Dans la ville, vis-à-vis Acra, à l'est, une autre petite colline s'appelait Moria, de forme irrégulière, où fut bâti le Temple, mais il fallut soutenir par d'immenses constructions ses côtés. Un quartier de la ville de Jérusalem, au sud du mont Moria et à l'angle nord-est de Sion, s'appelait Ophel, et au nord de Moria un autre quartier s'appelait Bethzecha. La source de Siloé, au fond d'une ravine profonde, coupe au nord-est la partie inférieure de la montagne de Sion, se prolonge jusque sur le bord de la vallée de Cédron; et, à cette ravine aboutissait le vallon qui séparait Sion d'Acra. Ezéchias avait amené dans la ville, par un aquéduc, les eaux de Siloé. La piscine de Bethshaida était un réservoir dans la ville, et sa source sortait du rocher; on voit encore quelques murs qui la soutenaient et deux arcades qui donnent naissance à deux voûtes. Les maisons des grands-prêtres Anne et Caïphe étaient sur la montagne de Sion. Enfin Jérusalem était défendue, au nord, par de fortes murailles. Le Calvaire était situé en-dehors de Jérusalem, près de ses murs, à l'ouest, et au nord d'Acra.

LA PERSE.

La Bible, en remontant à l'origine des choses, est l'histoire, non d'un peuple en particulier, mais de tous les peuples en général; elle offre à chaque nation un intérêt qui lui est propre; vous y trouverez le fil de toutes les histoires, et dans l'origine d'un peuple l'origine de tous les peuples; c'est le livre de tous les temps et de tout l'Univers; nulle intelligence humaine n'en peut effacer un vers, une ligne!

Voici ce qu'elle nous apprend : il y a eu une révélation dès l'origine; sans cela l'homme n'eût point parlé, il n'eût point connu Dieu! il n'eût point connu l'âme humaine!!

La tradition et l'histoire primitive confirment cette révélation; et, d'accord avec l'observation, elles affirment que la nature humaine est viciée; elles affirment la chute de l'homme, ses suites, la promesse d'un libérateur, que le monde est sorti du chaos, le genre humain issu d'un seul couple, la lutte des deux principes , bons et mauvais génies en opposition ; le déluge est la cause d'une nouvelle révélation , d'un nouveau monde; les peuples se séparent dans l'Asie occidentale ; en descendant, le dogme n'est plus pur, le culte n'est plus simple, les traditions s'altèrent, l'histoire primitive se couvre de voiles, les mythes s'établissent; voilà ce que nous allons trouver dans l'histoire des nations que nous allons parcourir.

Avant Moïse, avant les auteurs des Védas, ceux du Zend-Avesta et de l'Y-King, ces grandes traditions circulaient dans le monde, et pouvaient être connues tout aussi bien sur le Gange que sur le Nil et le Jourdain; Moïse, cet écrivain inspiré , les dégagea de toutes les fables absurdes qui les changeaient, les défiguraient, les étouffaient, et qui pouvaient venir des montagnes de l'Inde tout aussi bien que des vallées de l'Egypte. Il fallait donc un écrivain inspiré de Dieu pour retrouver le simple et le vrai dans ces grandes chroniques traditionnelles du monde, qui sont contemporaines de la création, et par conséquent bien antérieures à tous les peuples, à tous les législateurs et à tous les auteurs.

La situation primitive de la race de Sem fut sur le revers méridional des montagnes de l'Arménie; Elam fut le premier chef de tribus qui l'abandonna; il émigra et descendit jusqu'aux bords du golfe persique. Aram suivit d'abord la même route, sans sortir de la Mésopotamie; et tandis que Assur, lui aussi de la race de Sem, fonde Ninive, sur la rive orientale du Tigre, Babylone est déjà fondée ; elle est la capitale de l'empire de Nemrod, le petit-fils de Cham. Arphaxad, autre descendant de Sem, s'échelonne dans les pays montagneux auprès de l'Arménie; Lud marche à l'occident vers l'Asie-Mineure; Aram passa le premier l'Euphrate et s'établit dans la Syrie; Hus, son fils aîné, devient le fondateur de Damas, tandis que son frère Hul va occuper la Cœlésyrie. La haute antiquité des Nègres est prouvée par les peintures trouvées dans les hypogées d'Egypte : c'est la race deux fois maudite de Chanaan et de Cham. Parmi les diverses branches de la généalogie de Sem, une des plus importantes est celle des Jectanides; ces descendants d'Arphaxad s'étendent sur les bords occidentaux du golfe persique, déplaçant et chassant devant eux les peuples de Cham : ils suivent et tournent les rivages de la Péninsule arabique, fondent le puissant royaume de Saba.

Le Zend-Avesta, le livre le plus remarquable de la Perse, fait mention des anciens rois de ce pays; il cite Kaïomorh, Meschiake, Hosching, Djemschid et son père Vivengham; Djemschid, selon les livres Zends, Pehlvis et Persans, est un des premiers rois des Perses. Les mêmes ouvrages font mention de Hom (Heomo en Zend) législateur célèbre du temps de ce monarque (plusieurs siècles après le déluge). Le palais que Hom habitait était sur l'Albordj, montagne de Géorgie. Les livres zends mentionnent encore Treteno (Feridoun) et Athvian son père, Tehmasp, Ke-Kaous, Ke-Khosro, Ke-Gustasp et ses enfants, Zoroastre et son père Potoschasp, Arasp son oncle, quelques-uns de ses aïeux, Mediomah son cousin, sa femme Houé, ses trois fils Orouertour, Essedevaster, Khorschidtcher, Djamasp, ministre de Gustasp et son frère Freschoster; les Palhlvans (héros) qui ont vécu sous les anciens rois de Perse, tels que Sâm, Guerschasp et son frère. Les irruptions des Arabes et des Touraniaus dans la Perse sont souvent rappelées dans les livres zends. Zohak (en zend Asdahak) Tazi, c'est-à-dire l'Arabe, Afrassiab et Ardjasp, rois des Touranians, sont représentés comme les ennemis irréconciliables des Iranians. Moïse de Chorène fait mention de cet Asdahak, surnommé Béwarasp; il l'appelle Byraspe Astyage.

Le livre des Rois par Firdousi (imprimé avec un grand luxe par l'ordre du Roi, 1838) est le poëme le plus célèbre de la Perse; l'auteur y raconte, à peu près comme Moyse, la création du monde, et celle de l'homme qu'il fait suivre.

Comme tous les autres peuples de l'Asie, il raconte l'histoire des rois par des listes généalogiques :

I. Kaioumors, premier roi de la Perse, son règne dura trente ans; il eut un fils nommé Siamek, qui périt par la malice du Div, fils d'Ahriman le pervers (c'est l'histoire d'Abel tué par son frère, corrompu par la malice de l'esprit de ténèbres).

Serosh (l'ange chargé de défendre les hommes contre les pièges des Divs) donne la victoire à Kaïmors contre les Divs (c'est la promesse d'un libérateur).

II. Roi Houscheng, petit-fils de Kaïmors, régna trente ans; il inventa l'art du forgeron, distribua les eaux, en régla le cours, sema et planta...

« Nos pères, dit l'auteur, avaient un culte, une religion, et l'adoration de Dieu « était en honneur; comme les Arabes se tournent dans leurs prières vers une pierre, « on se tournait alors vers le feu à la belle couleur » (Le feu était un emblême, et de là le soin religieux du feu chez les Perses).

III. Thahmouras, le vainqueur des Divs, régna trente ans; il était fils de Houschend. Il dit à son peuple : « Adorez Dieu, et rendez grâces au créateur du monde; « car c'est lui qui nous a donné le pouvoir sur les animaux. »

IV. Djemschid, son règne dura 700 ans (probablement sa dynastie). Son règne fut glorieux; il fit élever de superbes bâtiments, de hauts édifices; il parcourut les mers dans un vaisseau. Il fut un roi puissant; mais il se souleva contre Dieu : l'orgueil s'empara de lui, et il fut puni; il tomba dans la démence, s'enfuit et abandonna son trône.

V. Zohak, son règne dura mille ans; Zohak s'étant emparé du trône des rois, y resta mille ans; on livra les deux filles de Djemschid à ce monstre à la tête de serpent.

Telles sont les paroles de l'auteur. Les Persans, selon leur coutume, ont voulu rattacher à la famille de Kaïoumors la dynastie arabe représentée par Kohak.

A cette époque la terre chez les Persans comme chez les Indous, était divisée en sept parties, dont chacune correspondait à une planète.

VI. Feridoun, sixième roi. Son père Abtin, ou selon d'autres Atfial, était fils de Humaïoun, et petit-fils de Djemschid. Sa mère Firanek ou Ferireuk, était fille de Thehour, roi de l'île Besla, dans la mer Madjin. Ce puissant roi enchaîna sur un rocher Zohak (ou ses descendants); il régna cinq cents ans (probablement sa dynastie); il eut trois fils : il leur distribua la terre, le monde entier en trois parties; le plus jeune fut assassiné par ses frères.

VII. Minoutchehr, septième roi. Son règne dura cent vingt ans; il était petit-fils de Feridoun. Il fit venir son fils à son lit de mort, et lui donna de très-sages conseils : « le temps est venu, lui dit-il, où il faut aller dans l'autre monde..... »

VIII. Newder, huitième roi. Son règne dura sept ans; ce monarque mourut assassiné.

IX. Zew, neuvième roi. Il était fils de Thahmasp; son règne dura cinq ans.

X. Guerschasp, dixième roi. Il était fils du précédent; son règne dura cinq ans.

XI. Keïkobad, onzième roi. Son règne dura cent ans.

XII. Keïkaous, douzième roi. Il régna pendant cent cinquante ans.

XIII. Keïkhosrou, treizième roi. Son règne dura 60 ans.

Sous le règne de Keïkaous, dans l'épisode de Siawusch, l'auteur traite des événements par la suite desquels eut lieu le changement de dynastie qui transféra l'empire d'Orient entre les mains de la famille de Cyrus.

Cyrus, dit Xenophum, trouvant en Asie plusieurs nations sans maîtres, et marchant avec bien petite armée de Perses, conquit premièrement la Médie et l'Hyrcanie qui lui tendirent les mains sans résistance; puis, à force d'armes, il subjugua les Assyriens, Arabes, Cappadociens, la haute et basse Phrygie, Lydie, Carie, Phénicie et Babylone; dompta les Bactriens, Hindous et Ciliciens, ensuite les Sacques, Paphlagoniens, Megadins et beaucoup d'autres peuples de trop longue énumération; en outre, il assujétissait les Grecs qui demeuraient en Asie, l'île de Cypre et se fit seigneur de l'Egypte.

Il prit Babylone pendant un grand repas dans une nuit, selon Xénophon, et selon le prophète Daniel qui dit du monarque babylonien : Fecit grande convivium optimatibus suis mille; bibebant vinum et laudabant Deos suos; et une main écrivait Mané, Theqel, Pharès. Nous sommes de Babylone, disait à Cyrus un seigneur de sa Cour, et tenons tout en nos mains; ce nonobstant, il ne m'eût pas été possible, ainsi m'aide Mithra, approcher de vous... (Xénophon).

Un ouvrage de Bède De sex ætatibus mundi, manuscrit du Mont St.-Michel, et le canon de Ptolémée nous donnent les successeurs de Cyrus en cette sorte :

BÈDE :	PTOLÉMÉE :	
Cyrus.	Cyri	9
Cambises.	Cambysis.	8
Fratres magi.	Darii primi.	36
Darius.	Xerxis.	21
Xerses filius Darii.	Artaxerxis primi.	41
Artabanus.	Darii secundi.	19
Artaserses.	Artaxerxis secundi.	46
Xerses secundus.	Ochi.	21
Socdianus.	Arogi.	2
Darius nothus.	Darii tertii.	4
Artaserces.		
Ocus.		
Arses Ochi filius.		
Darius filius Arsami. Huc usque reges Persarum.		

Suivant Ctésias, voici les successeurs de Cyrus :

Rois.	ÉPOUSES.	ENFANTS.	RÈGNES.	MORTS.
Cyrus.	Amytis. .	Cambyses et Tanyoxarces.	30 ans. .	Ex vulnere in prælio accepto.
Cambyses.	Roxane. .	. . . .	18 ans. .	Casu ictus suomet cultello.
Sphendadates magus, Alii Smerdes.	. . . .	. . . .	7 mois. .	A VII conjuratis interfectus.
Darius Hystaspæ filius. .	Nitetis. . .	Xerxes.	31 ans. .	Post XXX dierum morbum.
Xerxes.	Amistris. .	Dariæus, Hytaspes, Artaxerces, Achæmedides, Artarius, Amytis, Rhodogune.	22 ans. .	Ab Artapano et Spamitre . peremptus.
Artapanus Xercæ percussor, hic inseritur et regnum obtinuisse.. .	. . . .	. . . .	7 mois. .	Eadem morte qua Artaxercem statuerat e medio tollere.
Artaxerxes Longimanus.	Damaspia..	Xerxes solus legitimus; spurii XVII inter quos Secyndianus et Ochus postea in regnum successerunt.	42 ans. .	Morte naturali.
Xerxes alter.	. . . .	. . . .	45 jours. .	Secyndianiet Pharnacie manu.
Secyndianus, aliis Sogdianus.	. . . .	. . . .	6 mois et 25 jours.	In cinerem conjectus.
Ochus qui et Dariæus. Darius Nothus aliis .	Parysatis..	Arsaces, Cyrus, Artostes, Oxendras et alii XIII qui cito vita abierunt. Amistris filia.	35 ans. .	Ex morbo, Babylone.
Arsaces, idemque mutato nomine Artaxerxes, aliis Memnon cognominatus.	Stateira. .	Adversus hunc Cyrus frater consurgens in prælio occubuit.	. . . . . .	Reliqua hujus dedit Plutarchus.

Suivant Ctésias, les Perses avaient connu long-temps avant Franklin l'art de diriger la foudre et de détourner les orages et la grêle, à l'aide de pointes métalliques; on trouvait du fer au fond d'une fontaine, disait Ctésias, et il assure qu'il en avait deux épées de ce fer; le roi Artaxercès Memnon lui avait fait présent de l'une ; et Parysatis, mère du roi, de l'autre. Si l'on fiche ce fer en terre, il détourne les nuages, la grêle et le tonnerre... Il dit encore que le roi en fit deux fois l'expérience, et que lui-même en fut témoin.

On sait que Darius, troisième du nom, fut détrôné par Alexandre-le-Grand, et que ce conquérant mit fin à l'empire des Perses. Après la mort d'Alexandre, l'armée arrêta que Antipater serait son général; Crater, tuteur du royaume d'Arridée, et

Perdiccas, tribun militaire à la place d'Hephestion. Arrien marque la division de l'empire par Perdiccas et par Antipater; l'historien Dexippe nous a aussi laissé le partage de cet empire; Justin et Quint Curce font mention de la division de l'empire par Perdiccas.

	ARRIEN.	ARRIEN.	DEXIPPE.	JUSTIN.	QUINTCURCE.
	Par Perdiccas.	*Par Antipater.*		*Par Perdiccas.*	*Par Perdiccas*
L'Egypte, la Lybye, une partie de l'Arabie.	A Ptolémée.	Id.	Id.	Id.	Id.
La Syrie.	Laomédon.	Id,	Id.	Id.	Id.
La Phénicie.	. . . . .	. . . . .	. . . . .	. . . . .	Laomedon.
La Cilicie.	Philotas.	Philoxène.	Philotas.	Philotas avec son fils.	Philotas.
La Médie jusqu'aux portes caspiennes.	Pithon.	Id.	Id.	A Acropates et à Alcetas.	Pithon.
La Cappadoce et la Paphlagonie , et dans le Pont jusqu'à Trébisonde.	Eumènes.	Nicanor.	Eumènes.	Id.	Id.
La Phamphilie et La Lycie et la grande Phrygie.	Antigone.	Id.	Id.	Antigone et Learche.	Antigone.
La petite Phrygie.	Leonnat.	Arridée.	Léonnat.	Id.	Id.
La Lycaonie.	. . . . .	Antigone.			
La Carie.	Cansandre.	Casandre.	Asandre.	Cassandre.	Cassandre.
La Lydie.	Ménandre.	Clitus.	Menandre.	Id.	Id.
La Mésopotamie.	. . . . .	Amphimache.	Archelaüs.	Archésilas.	
La Babylonie.	. . . . .	Seleucus.	Id.	Peucestes.	
La Susiane.	. . . . .	Antigène.	. . . . .	Synus.	
La Sogdiane.	. . . . .	Stasanor.	Philippe et Orope.	Scythée.	
La Perse.	. . . . .	Peucestes.	Id.	Neoptolême.	
La Carmanie.	. . . . .	Tlepolème.	Neoptolême.		
Les Parthes.	. . . . .	Philippe.	. . . . .	Nicanor.	
L'Arie.	. . . . .	Stasandre.	Stasanor.	Stasanor.	
La Drangiane.	. . . . .	Stasandre.	Stasanor.	Axiarches.	
La Gédrosie.	. . . . .	. . . . .	Sibyrte.		
L'Hyrcanie.	. . . . .	. . . . .	Rhadapherne.	Philippe.	
La Bactriane.	. . . . .	Stasanor.	. . . . .	Amyntas.	
L'Arachosie.	. . . . .	Sibyrte.	Sibyrte.		
L'Arménie.	. . . . .	. . . . .	. . . . .	Phratafernes.	
Le pays entre l'Indus et l'Hydaspes.	. . . . .	Porus.	Porus.	Taxiles.	
Le reste de l'Inde indi reliqui; quæ ad Hydaspen flumen pertinet.	. . . . .	Taxiles.	Taxiles.		
Les colonies dans les Indes, colonias in Indiis conditas.	. . . . .	. . . . .	. . . . .	Pithon , fils d'Agénor.	
Indorum finitimi exceptis Paramisadibus ea ora quæ Parapamisadis adjacet.	. . . . .	Pithon , fils d'Agénor.	Pithon.		
Populi subjecti montibus caucaseis Indis proximi Parapamisadæ dantur.	. . . . .	Oxyarte.	Oxyarte de Bactre père de Rhoxane.		
Fines Caucasi montis.	. . . . .	. . . . .	. . . . .	Parapomène.	

Les Pélages.	. . . .	. . . . .	. . . . .	Artous.
La Thrace, la Cher-sonèse, et les pays voisins de la Thra-ce jusqu'à Salmi-dessus du Pont-Euxin.	Lysimache.	. . . . . Lysimache.	Lysimache.	Lysimache.
La Macédoine, l'E-pire, la Grèce, l'Illyrie, le pays des Agrianes et des Triballes.	Crater.	. . . . . Antipater.		

On vient de voir que Peucestes fut envoyé pour gouverner la Perse ; c'était un homme très-remarquable : Nobilissimus inter duces erat. Antigone, un des généraux d'Alexandre, parvint à se rendre maître de l'Asie, et ôta à Peucestes la satrapie de la Perse, et la donna à Asclépiodore. Antigone prit le titre de roi l'an 305 avant l'ère chrétienne. Séleucus le prit également, et se fit reconnaître roi de la Babylonie et de la Médie. L'an 281, il y avait trente-quatre capitaines d'Alexandre de morts, il n'en restait plus que Lysimache et Séleucus. En cette même année, Lysimache périt, et Séleucus mourut sept mois après, en l'année 280 ; ainsi, quarante-trois ans depuis la mort d'Alexandre, il ne restait aucun de ses capitaines.

L'an 256, les Parthes, sous la conduite de leur chef Arsace, secouèrent le joug des Macédoniens. Arrien raconte que les Perses et les Parthes se révoltèrent ensemble. Il veut que les Parthes soient venus originairement de la Scythie : Narrat Parthos, Sesostridis Ægyptiorum regis tempore, et Iandusi Scytharum, ex Scythia in eum quem nunc tenent locum demigrasse. La Parthie ne fut long-temps qu'une province de l'empire des Mèdes, et ensuite de l'empire des Perses. Arsace fut le chef d'une dynastie appelée de son nom les Arsacides. Il n'eut d'indépendance que deux ans, dans les montagnes de la Parthie, et mourut l'an 254 ; il eut pour successeur son frère Tiridate, qui prit le titre de roi l'an 248. L'an 210, Artaban Ier. régnait, et l'an 207, il faisait un traité avec Antiochus-le-Grand, dont les succès arrêtaient les progrès des Arsacides. Priapatius était roi des Parthes en 195 ; et l'an 190, Antiochus-le-Grand était défait par les Romains ; les Arsacides contenus dans d'étroites limites, sortirent de cette servitude. L'an 180, Phraate Ier. soumit les Mardes placés sur la route de l'empire des Seleucides, et eut pour successeur, l'an 170, Mithridate Ier. Depuis ce dernier jusqu'à Orode, il s'écoula 150 années et les rois furent : Phraate IIe., Artaban IIe., Mithridate IIe., Arsace X^e. inconnu (tous ces rois portaient le nom d'Arsace), Sinatræces, Phraate IIIe., Mithridate IIIe. et Orode.

Mithridate Ier. s'empara de Babylone l'an 153 ; l'an 139, Phraate IIe. régnait ; il est décoré du titre de défenseur de Zoroastre. Après la mort de Mithridate, il y eut des troubles en cet empire ; les princes Arsacides ayant appelé à leur secours contre les rois de Syrie, des tribus de Scythes, tombèrent victimes de ces dangereux auxiliaires. Phraate IIe, et son oncle Artaban IIe., périrent en les combattant. L'honneur de repousser les Scythes était réservé à Mithridate IIe. Orode fut vainqueur de Crassus. On a trouvé plusieurs médailles de ces divers rois ; une corne de taureau accompagne la thiare de Phraate IIe., et rappelle celle dont la tête du fondateur de la monarchie des Séleucides est ornée sur les médailles. Pacorus, fils d'Orode, fut tué dans une bataille l'an 39 avant l'ère chrétienne ; quatorze ans auparavant, le même jour de l'année, son père, Orode, avait tué Crassus. Phraate IVe., autre fils d'Orode, fit périr son père Orode, et lui succéda, l'an 37 avant l'ère commune. Il remporta, l'an 32, une victoire sur Antoine, ce qui le rendit insolent et cruel ; ses sujets le chassèrent et élurent à sa place Tiridate ; mais l'an 30 Phraate IV fut vainqueur de son compétiteur Tiridate ; et l'an 23, par le secours des Scythes, il fut rétabli dans son royaume. L'an 2, abandonnant la société qu'il avait faite avec les Romains, il se jeta sur l'Arménie (Florus, Velleius Paterculus, Tacite, Dion).

L'historien Joseph rapporte que Phraate, IVe. du nom, mourut l'an 4 (de l'ère chrétienne) et attribue sa mort à son épouse Thermusa et à son fils illégitime Phraate (V[e]. du nom).

Les Parthes se voyant sans prince, en élisent un, appelé Orode, dont ils se défont ensuite, ils envoient des députés à Rome pour avoir un prince du sang des Arsacides ; Phraate IVe. y avait envoyé ses fils légitimes ; l'Empereur romain leur envoie Vonon, un de ces princes.

L'an 16 de l'ère chrétienne, Vonon ou Vonone est dépouillé de la couronne des Parthes par Artabane, roi des Mèdes et de la race des Arsacides.

L'an 16, Artabane donne l'Arménie à son fils appelé Orode, et l'an 35, à son fils nommé Arsace.

L'an 46 Artabane, roi des Parthes, meurt vers ce temps-ci ; Gotarze, son fils parricide, règne à sa place ; pendant quelque temps, Bardane, frère de celui-ci, occupe le trône : Agnoscentes Parthi Bardanis voluntatem et quia contra Romanos bellum suscipere decrevisset, illum quidem extinxerunt ; principatum vero Gotarzi ejus germano contradiderunt.

L'an 50 meurt Gotarze, roi des Parthes ; Vonone, prince des Mèdes, lui succède, meurt bientôt et a pour successeur Vologèse, qui donne le gouvernement des Mèdes à Pacorus, son frère, et l'Arménie à Tiridate, son autre frère.

L'an 55, Vardane se révolte contre son père Vologèse ; Vologèse donne des ôtages à Néron pour entretenir la paix.

L'an 72, les Alains font une irruption dans la Médie, et en chassent le roi Pacorus ; ils passent ensuite dans l'Arménie, et le roi Tiridate accourant à leur rencontre, pene in ipso prælio captus.

L'an 81. En ce temps-ci, Artabane régnait sur les Parthes, au lieu de Vologèse.

85. Les Sarmates et les Suèves entrent dans la Pannonie, et y défont les Romains.

103. Pacorus pouvait être roi des Parthes en ce temps-ci.

106. Trajan part d'Italie au mois d'octobre, pour aller en Orient combattre Cosroès, roi des Parthes, et Exédare, roi d'Arménie. Cosroès fait Parthamasiris, son frère, roi d'Arménie; celui-ci soutient ses droits et est tué dans une guerre; Trajan, maître de l'Arménie, en fait une province romaine; il conclut un traité avec Cosroès.

115. Trajan passe le Tigre à la vue des Parthes, demeure maître de l'Adiabène, de l'Assyrie et de Ctésiphon, et va voir les restes de Babylone; il réduit en provinces romaines la Mésopotamie et l'Assyrie.

116. Trajan fait Parthamaspate roi des Parthes, à Ctésiphon.

117. Adrien abandonne l'Arménie qui prend un roi, la Mésopotamie et l'Assyrie; il donne d'autres états à Parthamaspate, et Cosroès recouvre la couronne des Parthes.

119. Les Sarmates pillent la Mésie.

130. Adrien renvoie à Cosroès sa fille, prise par Trajan.

134. Les Alains ou Messagètes courent, vers ce temps-ci, la Médie, l'Arménie et la Cappadoce.

161. Vologèse, roi des Parthes, déclare la guerre aux Romains, chasse le roi Soëme de l'Arménie, y taille en pièces Sévérien avec son armée, et entre en Syrie.

162. Lucius Vérus est envoyé contre les Parthes; il se rend maître de l'Arménie et y rétablit Soëme.

164. Cassius poursuit Vologèse, prend Ctésiphon, pille Séleucie; les Parthes cèdent aux Romains la Mésopotamie et l'Adiabène.

166. Marc-Aurèle et Lucius Vérus triomphent des Parthes.

170. Les Scythes du Tanaïs font en ce temps-ci la guerre à Leucanor et à Eubiote, rois du Bosphore, et à d'autres barbares du Nord.

177. Les Goths occupaient apparemment dès ce temps-ci les bords du Danube, vers la Basse-Mésie.

184. Guerre des Romains contre les Sarmates.

192. Guerre des Romains contre les Sarrasins.

194. Les peuples de l'Osrhoène et de l'Adiabène se révoltent contre les Romains, et assiègent Nisibe.

195. L'empereur Sévère fait quelques guerres dans l'Arabie, dans l'Osrhoène et contre les Parthes.

196. Sévère fait quelques conquêtes vers le Tigre.

197. Sévère part de Rome, peu après y être venu, et retourne en Orient contre Vologèse, roi des Parthes, qui s'était rendu maître de la Mésopotamie, hors Nisibe.

198. Sévère marche contre les Parthes sur la fin de l'été, prend Ctésiphon d'assaut, et la saccage peu avant l'hiver. Vologèse, roi des Parthes, s'enfuit. Sévère est appelé Parthicus Maximus.

215. Caracalla fait la guerre aux Goths jusqu'alors peu connus des Romains, aux Daces, aux Sarmates. (Maximin fit aussi la guerre aux Daces et aux Sarmates, l'an 236.) Vologèse meurt vers ce temps-ci ; ses enfants se font la guerre pour la couronne ; Artabane l'emporte.

217. Artabane vient attaquer Macrin, qui est défait deux fois vers Nisibe, après le 23 août et achète la paix. Dans une sanglante bataille contre les Romains, Artabane ayant perdu l'élite de ses forces, Artaxercès, perse d'origine, en profite pour rétablir la monarchie des Perses.

Artabane, le dernier roi des Parthes, fut vaincu et tué par Artaxercès, roi des Perses. Artaxercès est ainsi appelé par Hérodien, Agathias l'appelle Artaxare.

226. Artaxercès rétablit la monarchie des Perses sur la fin de 226, et devient le chef de la dynastie des Sassanides.

229. Artaxercès, roi des Perses, assiège vers ce temps-ci Atra, et est repoussé ; il subjugue les Mèdes, et est battu dans l'Arménie. L'an 232, il pille la Mésopotamie ; et l'an 233, il est défait par Alexandre. Il règne 10 ou 14 ans.

241. Sapor, son fils, règne 31 ans. Il chasse vers l'an 256 Tiridate, roi d'Arménie, et met à sa place Artabasde. Vers l'an 257, les Perses prennent Nisibe, Carres, et même Antioche ; les Scythes Borans descendent à Pityonte, et en sont repoussés par Successien ; l'an 258, les Borans descendent dans le Pont, prennent Trébizonde, etc. ; l'an 259, ces mêmes Scythes passent le Danube durant l'hiver, entrent en Asie, y pillent diverses villes, brûlent Nicomédie et Nicée. Valérien vient jusqu'en Cappadoce pour les chasser ; ils s'en retournent en leur pays. Avec une armée affaiblie par la famine, Valérien donne la bataille aux Perses ; il est vaincu ; il demande à traiter, et est pris en voulant conférer avec Sapor. Les Perses victorieux pillent la Mésopotamie et la Syrie, prennent de nouveau Antioche, et ensuite Tarse en Cilicie, et Césarée en Cappadoce. Sapor méprise Odenat, prince de Palmyre, qui s'unit à Baliste, général romain, et ils obligent les Perses à se retirer.

261. Les Scythes entrent dans la Bithynie et brûlent *Nicomédie* ; Odenat reprend Carres et Nisibe, entre en Perse, assiège Ctésiphon.

262. Gallien triomphe des Perses vaincus par Odenat ; cette même année, les Scythes ravagent l'Asie-Mineure, où ils pillent le temple d'Ephèse.

263. Les Scythes sont chassés de l'Asie par les Romains.

264. Odenat est fait par Gallien empereur d'Orient.

266. Les Goths pillent l'Asie, et même la Galacie et la Cappadoce. (On croit les Goths originaires de Suède, où l'on trouve encore aujourd'hui les provinces de Gothie et d'Ostrogothie ; en 250, ces peuples étaient déjà établis sur les bords du Niester.)

267. Odenat est tué ; sa femme Zénobie lui succède ; les Goths pillent la Mésie, et les Hérules l'Asie et la Grèce. Les Hérules étaient une de ces nombreuses peuplades qui couvraient la Germanie.

269. Les Goths, au nombre de 320 mille, viennent piller la Trace, l'Asie et la Grèce ; Claude II les défait entièrement près de Naïsse ; l'année suivante, il achève de les ruiner dans le mont Hæmus. Les Scythes ravagent la Pannonie où ils demandent la paix.

271. Les Vandales sont défaits dans la Pannonie et obtiennent la paix. Sapor, roi des Perses, meurt vers la fin de 271.

272. Hormisdas, fils de Sapor, lui succède, et règne un an et dix jours. Aurélien défait Cannabaud, roi des Goths, au-delà du Danube, et assiège Zénobie dans Palmyre.

273. Vararane Ier. succéda à Hormisdas, décédé à la fin de 272 ; Vararane règne trois ans et trois mois. Zénobie est prise en se retirant en Perse, et Palmyre rasée.

275. Les Scythes viennent par la Colchide et se répandent jusqu'en Cilicie ; ils sont défaits en Asie l'année suivante par Tacite et Florien, son frère.

276. Varavane Ier. meurt vers mars ou avril 276 ; son fils, Vararane II lui succède et règne 17 ans.

279. L'empereur Probe vient en Asie, arrête un peu les courses des Isaures, défait les Blemmyes ; il fait la paix avec les Perses ; il revient en Thrace, donne des terres aux Bastarnes et divers autres barbares.

283. Carus remporte de grands avantages sur les Perses, prend Ctésiphon ; il est tué du tonnerre sur le bord du Tigre ; après sa mort les Perses se rendent maitres de la Mésopotamie ; ils l'abandonnent en 286.

290. Dioclétien va en Syrie et y défait les Sarrasins.

291. Hormisdas se soulève contre son frère Vararane II, roi de Perse, qui meurt l'an 293, et qui a pour successeur Vararane III, son fils, qui règne un an ou seulement quatre mois.

294. Narsès, petit-fils de Sapor, succède au royaume de Perse à Vararane III, et règne sept ans et cinq mois.

295. Toute la nation des Carpes se soumet aux Romains qui leur donnent des terres dans la Pannonie.

297. Galère, défait par Narse dans la Mésopotamie, le défait dans l'Arménie, prend ses femmes et ses enfants, et l'oblige à céder aux Romains cinq provinces sur le Tigre pour avoir la paix qui dure quarante ans.

302. Hormisdas II, fils de Narse, lui succède, et règne aussi sept ans et cinq mois.

305. Galère fait la guerre aux Sarmates.

310. Sapor II : Hormisdas meurt en 309 ou 310. Les Perses mettent en prison Hormisdas, son fils, et déclarent roi Sapor II, avant qu'il soit né ; il règne environ 70 ans.

380. Artaxerce, frère de Sapor II, lui succède en 380 et règne quatre ans.

384. Sapor, fils d'Artaxerce, règne cinq ans.

389. Vararane IV, surnommé Cermasas, règne onze ans.

400. Isdirgerde, fils de Sapor, règne vingt-un ans.

Dans le IV. et V. siècles, les Huns venus des frontières de la Chine, heurtent et déplacent les Alains, établis au-delà du Tanaïs sur les bords de la mer Caspienne ; les Alains s'arrêtèrent d'abord en Pannonie, mais se joignirent bientôt à une horde innombrable conduite par Radagaise. Ceux qui échappèrent à la défaite de celui-ci en Italie traversèrent le Rhin, et tournèrent vers la Gaule qu'ils parcoururent, et pénétrèrent au-delà des Pyrénées, en Espagne, où ils s'établirent dans la partie orientale ; ils y furent défaits bientôt après, et leur existence et leur nom disparaissent devant les Visigoths, leurs vainqueurs, venus de la Gaule sous la conduite de Wallia, leur chef.

Les Huns, dans leur marche, dissipent aussi la monarchie des Goths, fondée au nord du Danube, par le vieux Hermanrick ; ce roi périt avec l'empire qu'il avait fondé, victime de cette irruption soudaine ; le nom de Goths est la dénomination générale de plusieurs hordes barbares, sorties d'une même famille; tels sont particulièrement les Visigoths, les Ostrogoths et les Gépides. Les Visigoths, défaits et poursuivis par les Huns, obtinrent de la cour de Constantinople la permission de passer le Danube, et de s'établir dans la Thrace; mais à peine y eurent-ils mis les pieds qu'ils se révoltèrent, exterminèrent l'empereur Valens et son armée sous les murs d'Andrinople. L'empereur Théodose-le-Grand les soumit; à sa mort, ils se révoltèrent de nouveau sous la conduite du fameux Alaric, s'établirent ensuite dans le Midi de la Gaule ; ils fixèrent le siège de leur empire en Espagne. Les Ostrogoths, d'abord conquis par les Huns, recouvrèrent leur indépendance à la mort d'Attila, traversèrent le Danube et s'établirent dans la Mésie.

Les Gépides, qui avaient fondé au nord du Danube un royaume, furent exterminés par les Lombards ; ceux-ci, qu'on dit être originaires des bords de la Baltique, pénétrèrent en Italie, où ils fondèrent une monarchie remarquable; les Lombards exterminèrent aussi dans leur marche les Hérules.

Les Huns sous la conduite d'Attila fondent un empire immense, du Danube à la Baltique, et des rives du Rhin aux bords de l'Océan oriental. Après sa mort son empire fut dissous, et les Huns se mêlèrent et se perdirent parmi les différentes hordes qu'ils avaient subjuguées.

Les Bourguignons, les Suèves et les Vandales quittèrent leurs rives natales de la mer Baltique au commencement du V. siècle : les Bourguignons s'établirent dans la partie orientale de la Gaule ; les Vandales se fixèrent en Afrique, après avoir traversé la Gaule et l'Espagne ; les Suèves s'établirent en Espagne, où ils fondèrent une monarchie qui fut détruite par les Visigoths.

Les Avares, chassés de l'Asie par les Turcs, arrivèrent vers l'embouchure du Danube, vers le milieu du VI. siècle. Les Turcs étaient une tribu d'origine barbare, dont on vient de découvrir le berceau dans l'Asie ; ils commencèrent leurs incursions dans ce VI. siècle ; pendant le X. et jusqu'au XII., ils furent les auxiliaires des Sarrasins.

Satrape des Turcs en 1280 , Osman ou Othman a donné son nom aux Ottomans.

421. Vararane, fils d'Isdigerde, règne 20 ans.

444. Isdigerde II, fils de Vararane, règne 17 ans 4 mois.

459. Peroze règne 24 ans.

483. Hobalas, frère d'Isdigerde, règne 4 ans.

487. Cabadès règne d'abord 11 ans.

498. Zamasphès, fils de Peroze, règne 4 ans.

502. Cabadès règne une seconde fois 30 ans.

532. Chosroès règne 48 ans.

580. Hormisdas , dans le temps duquel écrivait Agathias.

Selon Théophane, les règnes des rois de Perse qui suivirent, eurent la durée ci-après :

Hormisdas règne 15 ans.

595. Chosroès règne 39 ans.

634. Siroès règne 1 an.

635. Adeser, fils de Siroès, règne 7 mois.

635. Sarbarazas règne 2 mois.

636. Borane, fils de Chosroès, règne 7 mois.

636. Hormisdas fut le dernier des rois de Perse; il fut privé de son royaume et de la vie par les Sarrasins (il mourut l'an 647).

L'an 636, les califes Ommiades, successeurs de Mahomet, s'emparèrent de la Perse; peu d'années suffirent pour détruire l'empire persan ; le succès de la conquête arabe avait été très-grand et très-rapide ; l'ancienne religion fut abolie, la plus grande partie de la population embrassa l'islamisme ; la littérature persane disparut, et elle fit place à la littérature arabe. Le Califat paraissait assis d'une manière inébranlable sur son double trône spirituel et temporel. Cependant une famille de Dihkans, une classe de l'ancienne noblesse de la Perse avait survécu ; Jacoub, fils de Leis, le fondateur de la famille des Soffarides, fut le premier prince de race persane qui se détacha entièrement du Califat; et l'an 260 de l'Hégire, par ses ordres, parut le Livre des Rois, traduit en persan, ce qu'un ancien auteur Dihkan avait écrit en Pehlewi. La famille de Jacoub ne garda pas long-temps le pouvoir : vers la fin du IIIᵉ. siècle de l'Hégire, année 297, ses possessions tombèrent entre les mains des Samanides, princes descendant de la famille des Sassanides. Cette nouvelle dynastie s'occupa avec ardeur des anciennes traditions persanes. L'empire des Samanides tomba au pouvoir et aux mains des Ghaznévides; le second roi de cette dynastie, Madmoud, fils de Sebekteghin, en 997 de notre ère, jusqu'à 1030, se sépara encore plus du Califat que n'avaient fait ses prédécesseurs; c'était le plus grand guerrier de son temps, et c'est sous son règne, que Firdousi composa son poème du Livre des rois de Perse. Ce malheureux pays, après les Seldjoucides, devint la conquête des Turcs; au commencement du XIIIᵉ. siècle, il fit partie du vaste empire de Tchen-Ghis-Kan (Gengis-Kan), ensuite subit, à la fin du XIVᵉ. siècle, le joug de Tamerlan; après

une longue anarchie, au XVIe. siècle, Ismaël-Chah releva le trône de Cyrus et fonda
la dynastie des Sophis. En 1732, Thomas-Kouli-Kan ravit la couronne à la dynastie
des Sophis et étendit ses conquêtes jusque dans l'Indoustan; et afin qu'aucun conquérant extraordinaire ne manque à la Perse, Aurengzèbe, cet empereur indien si
renommé, était un prince descendant de Tamerlan.

Les localités de la Perse moderne, où il existe des monuments d'antiquités plus ou
moins considérables, appartiennent à deux époques principales, celle des Achéménides, les successeurs de Cyrus jusqu'à Alexandre, et celle des Sassanides; ces
localités sont: Téhéran, Ispahan, Hamadan, Kirmanschah, Kengavar, Bisutun,
Serpoul-Zohab, Mader-i-Souleiman présumé le site de l'ancienne Pasargadæ, Istakhr
l'ancienne Persépolis, Tschel-Minar siège du palais des rois Achéménides, avec les
localités voisines de Nachschi-Radjab et de Nachschi-Roustam, Chiraz, Schapour,
Firouzabad, Fessa, Darabgerd, et Selphistan.

1°. Huit bas-reliefs tout-à-fait nouveaux, sans compter plusieurs autres complétés,
dans leur partie inférieure, au moyen des dernières fouilles en 1840, sans compter
encore un taureau, seule sculpture de ronde-bosse sortie des ruines de Persépolis,
ont été trouvés dans les ruines des palais de Persépolis, et de la localité voisine de
Nachshi-Roustam.

2°. A Mader-i-Souleiman est un tombeau. Tout autour de ce monument sont des
tombes ou pierres tumulaires avec des inscriptions cufiques et persanes, faites avec
les pierres des monuments antiques. Pline disait : Inde ad orientem Magi obtinent
Passagardas castellum in quo Cyri sepulchrum est. Arrien dit aussi qu'au centre
des jardins royaux de Passagardes, s'élevait un tombeau où était le corps de Cyrus
dans une arche d'or : c'était un édifice dont la base, assise carrément sur de grandes
pierres, soutenait une voûte sous laquelle on entrait avec peine par une très-petite
porte. Les ruines comprises dans la plaine de Mader-i-Souleiman, sont les palais et
les tombeaux de Passagardes. Ces ruines s'étendent de 1000 mètres de long sur 400
de large; une petite rivière passe auprès du tombeau de Mader-i-Souleiman.

3°. Les ruines d'Istakhr, ou l'ancienne ville de Persépolis, sont dans la vallée que
traverse la rivière de Morgaub ou Mourgab; elles occupent toute la largeur de cette
vallée, et peuvent avoir une heure et demie de circuit. Vers le pied de la montagne
sud, sont des constructions en grosses assises de pierre qui accusent la porte principale de l'ancienne ville. A l'extrémité de la vallée, et au détour de l'angle sud-ouest
de la montagne, à une demi-heure des ruines d'Istakhr, sont les trois bas-reliefs
de Nakschi-Rajab, sculptés sur un groupe de rochers où coulait une source d'eau
qui est maintenant tarie. Le bas-relief du nord représente le vaillant, l'intrépide
Radjab à cheval, suivi de huit personnages dont trois ont la main sur leur épée ; et
là se trouvent des inscriptions pehvis de trente-une lignes ; c'est un monument sassanide : on y lit le nom du roi Chapour (Sapor), le mot Airan; il y a roi des Arian,
et des Anarian.

Au nord et à une heure de distance des ruines d'Istakhr, sont celles de Nakschi-

Roustam, taillées et sculptées sur la face d'un rocher à pic ; ces antiquités consistent en quatre tombes royales, sept bas-reliefs, un grand édifice de forme quadrangulaire, deux autels, et le fragment d'une colonne. La décoration extérieure des tombes royales offre un portique de quatre colonnes engagées avec base dorique, ayant pour chapiteaux deux demi-taureaux, et surmontés d'un entablement avec denticules. Ce sont probablement les sépultures royales que mentionne Arrien, et qui furent destinées aux successeurs de Cyrus. Les bas-reliefs sont l'ouvrage des Sassanides.

4°. Les ruines majestueuses de Takt-Djemchid (le trône de Djemchid), ou les palais de Persépolis, sont situés à l'est d'une grande plaine marécageuse où serpentent deux rivières et plusieurs canaux d'arrosage, avec un grand nombre de villages, à une heure un quart au sud de Nakschi-Roustam, et de l'ancienne ville d'Istakhr. Un plateau de 473 mètres de long sur 286 de large, s'élève au-dessus de la plaine de 10 mètres environ, et est adossé contre une montagne aride, de roche calcaire noire et dure. Ce plateau est entouré d'un mur construit en grosses pierres et formé de 45 angles rentrants et saillants ; on monte à ce plateau par un grand escalier à double rampe, ayant 106 marches de 10 centimètres de haut sur 38 de large. Sur ce plateau s'élèvent un portique orné de sphinx, sept palais, et une grande colonnade ; trois tombes royales sont taillées sur la face ouest du rocher. Le portique, orné de sphinx, est formé de quatre grands piliers entre lesquels sont encore debout deux colonnes et deux bases ; les deux pilliers à l'ouest ont deux sphinx-taureaux, et ceux de l'est deux sphinx à tête d'homme avec barbe, et coiffés d'une couronne, le restant du corps en taureau ailé, d'une dimension colossale, ayant 5 mètres 90 centimètres de haut sur 6 mètres de long.......

A droite du portique, on voit un bassin taillé dans le rocher ; ensuite quatre rampes d'escaliers de trente-une marches chacune, précédant une grande colonnade de soixante-douze colonnes, où figurent toujours dans les chapiteaux, des taureaux ou têtes de taureaux. Dans quelques-unes, le chapiteau, au lieu de têtes de taureaux, a des têtes de monstres. Le mur au nord, où sont les quatre escaliers, est couvert de bas-reliefs ; les angles des rampes sont remplis par le lion qui dévore le taureau, et une file de fleurs de lotus. Cet escalier à quatre rampes contient six cents douze figures ; la longueur de cet escalier est de 83 mètres sur 3 mètres de hauteur. De toute la colonnade, il ne reste que treize colonnes debout et cinquante-deux bases plus ou moins mutilées. Au sud de cette grande colonnade se voient les ruines d'un palais où l'on arrive par deux perrons à deux rampes, chaque rampe ayant vingt-trois marches ; le sol de ce palais est à 3 mètres 30 centimètres, au-dessus de celui de la grande colonnade ; sur la porte principale, le roi debout, tenant de la main droite sa canne, et la fleur du lotus de l'autre ; derrière-lui deux officiers... A la porte de l'est, le roi combat le lion ; à la porte en face de celle-ci, le roi combat un monstre à la queue de serpent... Ce palais est l'un des mieux conservés.

Un autre palais à l'angle sud-ouest, présente des ruines où l'on voit encore des fragments d'inscriptions et de bas-reliefs, et des figures du lion et du taureau...

Un autre palais, contigu aux deux précédents, offre un portique orné de six colonnes de face sur deux de profondeur, terminé par deux antes..... Il précède une grande salle ornée de trente-six colonnes, et divers autres appartements ; en avant du portique était une grande terrasse ayant un escalier à quatre rampes à l'est, et un escalier à deux rampes à l'ouest. Le sol de ce palais est au même niveau que le premier. Les deux escaliers sont ornés d'inscriptions et de bas-reliefs. On a découvert, à l'angle de l'escalier de l'est, la sculpture d'un taureau en ronde-bosse.

Un quatrième palais, toujours sur le même plateau, offrait un portique de quatre colonnes de largeur, deux de profondeur, une salle de seize colonnes ; à la porte de l'est, le roi combattant le monstre à la queue de scorpion (c'est toujours Mithra avec les insignes de la royauté).

Un cinquième palais, le plus grand de tous, 91 mètres de long, 75 de large, 10 colonnes de face au portique sur deux de profondeur ; pour antes il y a deux de ces animaux symboliques pareils à ceux du portique. La grande salle avait cent colonnes ; les bas-reliefs représentent toujours des lions, des taureaux, le roi symbolique combat le monstre à la queue de scorpion.....

Deux autres palais offrent encore de même des portiques, des colonnes, des animaux symboliques, des taureaux.

On trouve sur ce même plateau des aqueducs souterrains, les uns taillés dans le rocher, les autres construits avec de grosses assises.

Sur la face du mur, au sud du plateau, sont quatre grandes inscriptions cunéiformes: ΥΥ (, figures à la tête de clou.

Les trois tombes royales sont sculptées et taillées sur la face du rocher à l'est ; la première tombe n'a qu'un seul sarcophage, vide aujourd'hui ; la seconde contient deux sarcophages ; la troisième n'a jamais été terminée. Ces tombes contiennent des rampes, des voûtes, des chambres, des plate-formes.

Tels sont les restes des palais des Achéménides, anciens rois de Perse.

Tels sont les renseignements des savants voyageurs français. Un autre voyageur, le major Rawlinson (1839) nous donne aussi des renseignements précieux d'après les inscriptions cunéiformes de Bisitoon. Dans la province de Kurdistan, près de la route de Bagdad à Hamadan, qui correspond comme l'on sait à Babylone et à Ecbatane, est une plaine fertile entre des montagnes escarpées ; l'une de ces montagnes s'appelle Bisuthon, et paraît être celle que Diodore nomme Bagitan. Ce mont d'une hauteur de 1500 pieds, offre à sa base une plate-forme qui semble avoir été destinée à porter un édifice, et sur ses flancs un grand bas-relief avec des inscriptions. La première inscription renferme les titres et la généalogie de Darius qu'elle fait passer par Veshtasp, Arsham, Ariyaremen, Tacshpaish et Hekhamenish, l'Hystaspe, l'Arsame, l'Ariarame, le Teispes et l'Achœmène d'Hérodote ; elle énumère ensuite les royaumes soumis à Darius renfermant au-delà de vingt provinces ; elle porte que

Cambyse, de la race d'Amakam, avait un frère nommé Berjeye, qu'il tua dans une bataille ; à son départ pour la conquête de l'Egypte, l'empire est troublé ; un mage, appelé Gumat, déclara qu'il était ce Berjeye qu'on croyait mort, fils de Cyrus, et s'empara de l'empire en l'absence de Cambyse qui meurt en ce temps dans l'Egypte.

Gumat attaque les Susiens que Berjeye avait gouvernés ; les Susiens découvrent que ce Gumat est un imposteur, et lui résistent ; bientôt Darius le reconnaît aussi comme tel ; et après qu'on a ôté la vie à cet usurpateur, Darius monte sur le trône de la Perse. L'inscription mentionne la révolte de la Susiane sous Atin, l'Otanès des Grecs, la révolte de Babylone sous Nejetebir, qui prétendait être le Nebugedrecher, le Nabuchodonosor de la Bible, et qui fut défait et fait prisonnier par Darius. Les deuxième et troisième colonnes font le récit de la soumission de la Parthie..... Il y a aussi des figures avec ces inscriptions : une figure prosternée de Gumat, le mage ; une figure de Atin, l'usurpateur de Suse ; celle de Phraortes ; celle de Chitretekem, qui se fit roi des Sogartii révoltés.

La religion. On remarque d'abord :

Les symboles des ruines de Tschel-Minar, la taille colossale de celui que le voyageur français appelle un roi, sa longue robe, sa chevelure attachée avec un diadème, sa longue barbe pointue et étagée ; ce roi symbolique plonge sa large épée dans le ventre d'un monstre représenté de diverses manières dans ces palais : tantôt c'est un lion-griffon, l'emblème du premier animal impur ; tantôt c'est un autre monstre à jambes de lion, ou griffon à queue de scorpion, ou griffon à jambes de lion... Ces combats font évidemment allusion au mythe principal de l'ancienne religion des Perses ; ils représentent le combat de Mithra contre Ahriman, l'esprit de ténèbres.

Tout le monde convient que les Perses se sont moins écartés de la religion primitive du genre humain que la plupart des autres peuples. Zélés pour la doctrine de l'immortalité de l'âme, ils n'hésitèrent pas même sur la résurrection des corps. D'un héros mort, ils n'en firent jamais un dieu, et leur religion fut toujours exempte de ces absurdités grossières qu'on reproche aux nations idolâtres.

Dans leurs livres, on trouve la cosmogonie primitive, l'origine des deux principes et leurs combats, la création du monde, celle des génies bons et mauvais, la promesse et l'existence d'un Dieu libérateur...

Les livres zends ne furent faits que d'après ces opinions et ces traditions générales et primitives. Les Perses eux-mêmes parlent de divers livres célèbres et beaucoup plus anciens que Zoroastre, dont il aura certainement profité, tels sont les dix sophs ou livres sacerdotaux attribués à Abraham ; tel est le Giavidan Chrâd, ou la Sagesse Éternelle, ouvrage attribué à Hùshang, un des anciens rois Mèdes, livre qui existe encore, et où l'on reconnaît l'existence d'un seul Dieu.

Les livres zends font mention d'un premier législateur qui vivait au XXIIe. siècle avant Jésus-Christ (c'est le premier Zoroastre) : « il est la voie à tout bien ; il est

6

« le gardien placé sur les eaux ; il a annoncé la loi sur les montagnes : son occu-
« pation est de réciter l'Avesta ; il détruit les serpents à deux pieds , et enseigne
« aux hommes les moyens de résister aux mauvais génies (Zend-Avesta). »

Zâeré, son surnom, aura été pris pour le nom de Zoroastre. Il s'appelait Hom ,
suivant les livres zends : « La loi de Hom, dit Anquetil, loi simple, ne reconnaissait
« qu'un seul être suprême auteur de deux principes subalternes. »

Pour Zoroastre, il vivait dans le VI°. siècle avant Jésus-Christ. Dans son expédi-
tion contre les Grecs, Xerxès était accompagné d'un disciple de Zoroastre, nommé
Osthanes , dont plusieurs anciens auteurs ont parlé (1). Ils disent qu'il apprit aux
Grecs les principes de la magie. Darius, père de Xerxès, vit sous son règne
Zoroastre. Les livres zends donnent à Zoroastre 70 ans de vie , ce qui fait croire
qu'il a existé sous plusieurs des prédécesseurs de Darius. Les témoignages combinés
de Pline, d'Ammien-Marcellin et d'Agathias, prouvent que Zoroastre a paru sous
Hystaspe, père de Darius; ce sentiment reçoit une nouvelle force de ce qu'Apulée
rapporte de la rencontre de Zoroastre avec Pythagore (2). Hérodote ne parle pas
de Zoroastre , mais il dit : les Perses ont coutume de sacrifier à Jupiter (il appelle
dans son langage et dans son culte Jupiter, le dieu des Perses) sur les plus hautes
montagnes (comme les Juifs); ils ont depuis, ajoute-t-il, sacrifié à Vénus-Uranie
qu'ils appellent Mithra , et ont appris ce sacrifice des Assyriens et des Arabes.

Il semblerait que ce nouveau culte fût tout nouveau, ou du moins peu ancien,
ce qui s'accorde assez avec l'époque de Zoroastre.

Zoroastre, qui se donnait pour disciple du premier législateur Hom, profita de
cette première loi, et aussi des dix sophs ou livres sacerdotaux attribués à Abraham;
la réputation de Zoroastre fit donner à l'autre le nom de premier Zoroastre.

L'ouvrage de Zoroastre est le Zend-Avesta; il se composait primitivement de
vingt-un livres ou Nosks; nous ne possédons en entier qu'un seul des vingt-un
Nosks de l'Avesta, et nous n'avons des vingt autres que quelques fragments ou
portions (3). Cependant, il n'est pas dit dans les ouvrages persans qu'il se soit
perdu aucun chapitre des huit, neuf et dixième Nosks. Une tradition reçue chez
les Perses, porte que Alexandre-le-Grand, après avoir fait traduire en grec les
vingt-un volumes de la loi apportée ou rédigée par Zoroastre, les condamna au feu.

Si, dans le calendrier religieux ancien des Perses, le soleil équinoxial était en
conjonction avec la constellation zodiacale du Taureau, le Zend-Avesta devrait au

(1) Minutius Félix nous apprend de quelle manière Osthanes s'exprimait au sujet du Dieu suprême,
des anges ses ministres , et des démons ennemis du genre humain.

(2) Les livres zends répètent souvent l'éloge de Gustasp (Veschtape en zend), le représentent comme
vivant.

(3) Abu Mohammed Mustapha, dans la vie de Gustasp, rapporte que Zoroastre partagea ses
ouvrages en douze tomes, et chaque tome, fait de peaux de taureau, était la charge d'un veau.
Bundari marque le nombre des peaux, lorsqu'il dit que Zoroastre écrivit ses ouvrages sur 1,2000 peaux
de vache, et ce récit est confirmé par le Tavarik-maadjem (journal des Savants , 1769).

moins remonter à l'an 2266 avant l'ère chrétienne ; car , à cette époque , le soleil sortit de la constellation zodiacale du Taureau , et fit sa conjonction avec celle du Bélier à l'équinoxe du printemps ; et quand Jésus-Christ naquit, le soleil équinoxial était sorti de la constellation zodiacale du Bélier, depuis plus d'un siècle, et avait fait sa première conjonction avec les Poissons.

Le Viraf-Namèh a été publié en anglais d'après des versions guzaratie et persane , faites sur l'original pelhvi, qui fut , dit-on , composé vers le commencement du IIIe. siècle de notre ère, sous le règne et par l'ordre d'Ardeschir, fils de Babec et fondateur de la dynastie des Sassanides. Ce prince se prétendait issu de la race des anciens rois qui avaient régné en Perse, jusqu'à l'époque de la conquête de cet empire par Alexandre. Il parvint au trône de ses ancêtres, après avoir vaincu et tué Artabane, le dernier roi de la dynastie des Arsacides. Resté fidèle, comme sa famille, à la religion de Zoroastre, il voulut rendre à cette religion son ancienne splendeur, et ramener les mœurs de ses sujets à leur pureté primitive. Dans ce dessein, il fit composer par les Mages du royaume un écrit propre à exciter le zèle religieux du peuple, en faveur des dogmes du Zend-Avesta, les plus immédiatement en rapport avec la morale publique. L'ouvrage reçut le titre de Viraf-Namèh, le livre de Viraf, parce qu'il contenait le récit de tout ce qu'était censé avoir vu et appris, pendant une vision céleste qui avait duré sept jours et sept nuits, un jeune homme nommé Viraf.

Le Boun-Déhesch , espèce de compilation encyclopédique abrégée, qu'on peut croire avoir été composée durant les premiers siècles qui suivirent la conquête de la Perse par les Arabes, nous a conservé des traits qui se rapportent à la narration de Viraf, qui probablement avaient été puisés à la même source, c'est-à-dire dans un des livres perdus du Zend-Avesta ; cet ouvrage est rempli d'extraits de ces anciens Nosks.

Le Zerduscht-Namèh est une compilation biographique faite en l'honneur de Zoroastre, à l'époque comprise entre le XIIe. et XVIe. siècle (il avait été traduit d'un livre pelhvi).

Le culte de Mithra ;

Zoroastre conserva les vérités primitives révélées sous des symboles :

Les premiers objets qu'offrent aux regards curieux des voyageurs et à leur admiration les ruines de Tchéhel-Minar, sont les deux figures colossales, sculptées en ronde-bosse , qui décorent, comme nous l'avons dit , les faces latérales du premier et grand portique : l'une représente un taureau debout, couvert de riches ornements; l'autre nous montre un buste humain, uni au corps ailé d'un taureau , également debout, composition conçue dans cet esprit synthétique qui se révèle dans la langue de Zend-Avesta, comme sur tous les monuments figurés des Perses.

Selon le Zend-Avesta, Ormuzd ou plutôt Auramazda, comme on lit dans plusieurs inscriptions persépolitaines, est l'être absorbé dans l'excellence; après avoir accompli l'œuvre de la création, Auramazda chargea Mithra du soin de présider à la reproduction des êtres créés et à la conservation du monde. Le ciel est appelé Gorotman ou Albordj, séjour d'Auramazda, de Mithra et des âmes bienheureuses ; c'est là qu'elles sont appelées sous les auspices de Mithra, leur juge, leur médiateur, leur sauveur ; c'est là qu'elles doivent jouir d'un bonheur éternel. Le premier être créé par Auramazda fut le *taureau premier*, *donné unique*, *double*, *pur*, *lumineux* ; et de ce corps naquit le premier homme au moment où l'animal symbolique fut tué par Ahriman. Ahriman, c'est le nom que Moïse donne (Genèse III, 1), à l'ange des ténèbres qui tenta nos premiers pères ; il l'appelle Harim ; en ajoutant la terminaison zende, on retrouve Ahriman. Il faut observer que les mots zends, qui, dans le texte, servent à désigner ce premier taureau et ce premier homme, sont gaya ou guêiê, qui signifie à la fois vie ou âme et taureau, et gaya-mêrêta, mot synthétiquement formé, et dans la composition duquel on trouve avec gaya taureau ou vie, le mot mêrêta auquel appartient la double signification d'homme et de mortel ; de sorte que, dans l'acception vulgaire, le mot gaya offrait le seul sens de taureau, et gaya-mêrêta le seul sens de taureau-homme, tandis que, dans l'acception symbolique, le premier présentait l'idée générale de vie, et le second l'idée particulière de vie mortelle ou vie humaine ; et il est facile de voir sous ces emblêmes les vérités primitives ; le taureau premier, donné unique, double, pur, lumineux, ou la vie donnée unique à Adam, double à cause de son épouse tirée d'une de ses côtes, pure, lumineuse avant sa chute, et perdue (ou éteinte) par l'esprit des ténèbres à la naissance d'Adam ou du premier homme sorti de ce premier couple.

On voit que Zoroastre, ou l'ouvrage qu'on lui attribue, avait bien représenté la nature du premier être créé.

Des mots zends gaya et gava se sont formés les mots pehlvis et persans gaïo et gâo, taureau, et le verbe persan zaden, vivre ; et de mêrêta s'est formé le mot persan mard, qui signifie également homme ou mortel.

Mais les auteurs orientaux modernes n'ayant pas connu la véritable signification du mot zend composé gaya-mêrêta, en ont fait, sous la forme de Gaïomard ou Kaïomorts, le nom propre du premier roi des Perses, ce qui se trouve encore, en quelque sorte, être vrai ; car le premier homme, Adam, était bien le premier roi ; mais ce qui est le plus affligeant, c'est que de ce symbole du taureau ou de la vie, les nations soient tombées à adorer réellement un taureau !

« Un des principes fondamentaux de la théologie des Perses, dit M. Anquetil, est la création du premier taureau, ou première vie, d'où le genre humain, les animaux et les végétaux sont sortis... Il est toujours question dans leur théogonie et dans toutes leurs prières de ce premier taureau... Dans le Zend-Avesta, le mot gaya-mêrêta est appliqué au premier homme, né du taureau ou de la vie ; le Zend-Avesta dit aussi que la mort est une production d'Ahriman. »

Maintenant pour ce qui regarde Mithra :

Mithra avait les surnoms de médiateur, Dieu tout-puissant, père et créateur de toutes choses, seigneur ou maître de la génération, que lui donnent les textes sacrés des Perses, les inscriptions, les bas-reliefs et les traditions. Dans le Zend-Avesta, de triples fonctions lui sont assignées, comme roi du ciel mobile, roi de la terre ou des vivants, et roi des enfers ou des morts. Il présidait au mouvement du soleil, de la lune et des planètes, à la distribution de la lumière, de la chaleur, des saisons, des mois de l'année... Médiateur entre Auramazda et les mortels; protecteur et sauveur des âmes, Mithra se montre partout accomplissant le sacrifice de la rédemption, et combat sans relâche, dans les trois régions, Ahriman, l'ennemi d'Auramazda et du genre humain, Ahriman, principe du mal, auteur des ténèbres et de la mort.

Le Zend-Avesta appelle Ahriman l'*ancien serpent infernal qui a deux pieds*, couleuvre ennemie de Mithra. Mithra juge aussi les morts; quelquefois il immole un taureau; le sacrifice de la vie est offert à Auramazda : c'est le sacrifice de la rédemption du genre humain.

Une idée religieuse qui domine encore dans la théologie des Perses, est le sacrifice offert par Mithra à l'être principe de tout, pour les âmes tombées dans les voies de la génération (pour le péché du premier homme, pour la rédemption du genre humain).

On voit donc à l'origine du monde le taureau ou la vie, le serpent ou le démon, et les autres vérités primitives révélées.

Les monuments de divers peuples nous représentent Mithra avec deux assesseurs ou anges (Serosch en est un) qui présentent les âmes. D'autres fois, à la place des deux assesseurs qui portent chacun un flambeau ou renversé ou allumé (représentant la vie et la mort originelles, ou la vie et la mort de chaque âme d'après ses actions), on voit deux arbres de l'espèce de pommier (ce qui rappelle les pommes du Paradis terrestre, et Auramazda disant à Zoroastre : « j'ai donné un lieu de délices et d'abondance), » l'un couvert de feuilles sans fleurs ni fruits, l'autre couvert de feuilles et de fruits. Au tronc du premier sont liés une tête de taureau et un flambeau allumé « c'est l'arbre de la vie, » le scorpion et le flambeau renversé sont attachés au tronc du second pommier couvert de pommes (l'arbre de la mort; le premier homme cueillit une pomme à la parole du serpent et perdit la vie).

Dans les bas-reliefs, dans les monuments de Mithra, on voit souvent le scorpion ou serpent; il empoisonne la génération : il saisit avec ses pinces les testicules du taureau mourant. Le corbeau joue un grand rôle dans les mystères de Mithra : on connaît l'histoire si naturelle du corbeau, lors de la ruine du genre humain par le déluge, et de la conservation de la famille de Noé. L'aigle, dans le Zend-Avesta, est appelé le gardien des deux portes du monde; il porte quelquefois un foudre dans ses serres; il rappelle que Mithra, entre le ciel et la terre, est le maître du tonnerre; il rappelle encore cette épée de feu destinée à empêcher le premier homme de rentrer dans le paradis terrestre qu'il avait perdu.

Le scorpion est bien l'emblème d'Ahriman, ainsi que le lion et le loup qui paraissent souvent dans les monuments mithriaques ; le loup, emblême impur : Tertullien disait contre Marcion : *Sunt aridæ et ardentis naturæ sacramenta leones Mithræ philosophantur.* Un lion se précipite quelquefois sur l'ouverture du cratère ou l'emblême des sources, il tarit les sources et les fleuves : alors la constellation est aussi l'emblême de l'esprit dévastateur ; le symbole de l'esprit mauvais est aussi représenté dans le ciel parmi les constellations. Le taureau et le lion offrent une opposition constante : Mithra combat tous les maux physiques ou moraux qui sont aux ordres ou sous la direction d'Ahriman.

Mithra est souvent représenté comme un roi symbolique, ou comme le soleil toujours jeune, ou comme un jeune adolescent sur le char du soleil ; quelquefois il parait donc jeune, imberbe, mais quelquefois plus vénérable. On le voit aussi figuré sous l'emblême de la lune trainée par deux taureaux. Le commentaire inédit d'Olympiodore sur le Gorgias de Platon, fait également mention de l'usage où l'on était dans l'antiquité de représenter la lune trainée par deux taureaux. Jean Lydus rapporte dans son traité sur les mois un oracle dans lequel Séléné, ou la lune, s'applique à elle-même l'épithète curieuse de *à œil de taureau.* Les gâteaux que dans les sacrifices on devait offrir à Artémis, à Séléné, avaient des cornes et s'appelaient des taureaux. Comme Mithra présidait à toute la nature physique, il paraissait sous tous les emblêmes propres à caractériser les mois, le printemps, l'été, l'automne, la lumière, la chaleur, la vie, la production...

Il était représenté aussi sous un autre mythe, tantôt sur un char attelé de quatre chevaux, tantôt sur un char attelé de deux chevaux, ou dans une barque ou nacelle qui a la forme de croissant ; enfin, les livres zends nous représentent Mithra parcourant sans cesse le monde, armé de son arc, de ses flèches, de sa massue, de son poignard, et combattant sans relâche Ahriman dans tous les maux qu'il fait aux hommes.........

Les vérités révélées, cachées sous ces emblêmes, étaient faciles à comprendre. « Zoroastre, dit Eubule, fut le premier qui consacra en l'honneur de Mithra, « créateur et père de toutes choses, une grotte naturelle ornée de fleurs et arro- « sée par des sources. Elle était située, non loin de sa demeure, dans les mon- « tagnes de la Perside, et elle avait été disposée de manière à être l'image du « monde ; on y voyait, séparés par des intervalles égaux, les symboles des éléments « et des régions du monde. Depuis Zoroastre, l'usage s'est aussi conservé partout « de célébrer les initiations et les mystères dans des antres ou des grottes soit « naturels, soit artificiels. »

Il y avait loin de là au culte des astres !!

Dans cette grotte, il y avait sept autels ou pyrées pour représenter les sept planètes, et ils servaient aussi d'autels pour le culte, et dans les bas-reliefs paraissent toujours ces emblêmes.

Dans la suite des temps, on attacha des acceptions philosophiques et physiques à ce culte de Mithra si simple, si naturel. Des philosophes en firent même un culte astronomique. Ils oublièrent que Manilius, l'un d'eux, avait dit avec discernement : d'après l'ordre admirable de l'univers et l'harmonie des cieux, le monde est conduit par une intelligence divine, et semble être un dieu lui-même.

Marcien-Capella nous a conservé une hymne au soleil très-curieuse, et qui nous apprend combien le culte de Zoroastre était alors dégénéré : l'intelligence alors en était perdue : « Force suprême du père inconnu, son premier né, principe du « sentiment et de l'intelligence, source de lumière, règne de la nature, gloire des « Dieux, preuve de leur existence, œil du monde, éclat de l'Olympe resplen- « dissant, auquel seul il est permis de voir le père placé au-delà du monde et de « considérer le grand Dieu ; vous qui, dans vos immenses tours, gouvernez « l'univers et ses révolutions, car vous en parcourez le milieu, donnant seul aux « mondes supérieurs une chaleur tempérée, et dictant vos lois aux astres sacrés « des Dieux, parce que vous êtes placé dans le quatrième orbite, et que votre « nombre vous a été assigné par la droite raison, en sorte que, dès le commen- « cement, vous nous donnez un double tetrachorde. Le Latium vous appelle « *Soleil*, parce que *seul* vous êtes après le père, la source de la lumière. Douze « rayons couronnent votre tête sacrée, parce que vous formez autant d'heures. « Quatre coursiers sont attelés à votre char, parce que vous seul domptez le « quadrille formé par les éléments. Comme en dissipant les ténèbres, vous mani- « festez la lumière des cieux, on vous appelle Phœbus qui découvre les secrets de « l'avenir, et Lyéus, parce que vous dissipez les mystères de la nuit. Le Nil vous « adore sous le nom de Sérapis; Memphis, sous celui d'Osiris; dans les fêtes de « l'hiver, vous êtes appelé Mithras, Pluton, le barbare Typhon; on vous révère « aussi sous le nom du bel Atys, de l'enfant chéri de la charrue. Dans la brûlante « Lybie, vous êtes Ammon, et à Biblos, Adonis. Ainsi, l'univers entier vous « invoque sous des noms différents. Je vous salue, véritable face des Dieux, « image de votre père, vous dont trois lettres qui valent en nombre, 608, forment le « nom sacré, le surnom et le présage. Accordez-nous, ô père, de monter dans « les assemblées éthérées de l'esprit, et de contempler à la face de votre nom « sacré, le ciel étincelant de flambeaux. »

C'est ainsi que du temps de Marcien-Capella, on n'entendait plus la religion de Zoroastre, et que l'idolâtrie était formelle. Le livre de Viraf, qui fut une révélation nouvelle, ne contribua pas peu aussi à corrompre la religion du Zend-Avesta : Viraf raconta qu'il avait vu une échelle mystérieuse, et avec le secours de Sérosch, il parcourut les sept planètes qu'il appelle des cieux, dans lesquels il trouve des âmes dont les actions leur ont valu l'entrée dans ces divers cieux........

Le Boun-Déhesch ne paraît pas avoir apporté grand changement dans les récits primitifs : recueilli d'après les anciennes traditions, il remonte à l'origine des choses; il parle de Meschia, qui, avec Meschiané, sa femme, est l'origine de tous les hommes, et d'un second Meschia, second père du genre humain, sous lequel le Boun-Déhesch place la distribution des eaux : ce livre enseigne que notre globe fut créé dans l'espace de six époques, que l'homme fut le dernier des ouvrages de la création, que Ahriman sauta du ciel en terre sous la forme d'une couleuvre; il fait périr le taureau...... De la semence du taureau, purifiée par la lumière de la lune, naissent les plantes et les arbres, tandis que de la semence de l'homme-taureau, purifiée par la lumière du soleil, naît un arbre qui représente un homme et une femme unis, d'où viennent Meschia et Meschiané. « Le ciel, dit le Boun-Déhesch, « était destiné à Meschia et à Meschiané, à condition qu'ils seraient purs et humbles.. « Mais Ahriman les trompa. »

Le dernier chapitre de cet ouvrage traite de la fin du monde, de la résurrection générale et du jugement qui l'accompagnera. Théopompe qui vivait : Tempore monarchiæ Atheniensis, olympiade 93, disait aussi que, selon les Mages, Ahriman périrait, et que les hommes revêtus de corps transparents jouiraient d'un bonheur inaltérable.

L'ARMÉNIE.

On sait communément que l'Arménie est désignée par la tradition biblique comme le lieu où Noé et ses enfants descendirent de l'Arche sur les montagnes d'Ararat.

Le premier chef politique ou premier roi, nommé Haïg, trouva, lorsqu'il vint prendre possession de ce pays, une race peu nombreuse, il est vrai, mais toute différente de la sienne, et déjà maîtresse du sol qu'elle cultivait. Quelle est cette race primitive? Les anciens documents historiques ne jettent aucune lumière sur ce fait qu'ils indiquent en passant.

C'était, sans doute, le reste d'une tribu de la famille de Noé, établie en ce lieu; mais ces premiers habitants ne peuvent être considérés comme faisant partie de la nation arménienne, dont le nom ne convient proprement qu'à la race conquérante, amenée de Babylone, par Haïg, fils du patriarche Thorgom ou Thergama, fils de Gomer ou Gamer, et petit-fils de Noé. Haïg, poursuivi par Bélus, lui livra bataille près du lac Arsini ou Thonitis, aujourd'hui lac de Van, et tua Bélus.

Après la réunion en corps de peuples par Haïg, Armaïs, un des fils de Haïg, fonda Armavir, la plus ancienne ville d'Arménie, au bord de l'Araxe, et qui fut le e siége des souverains jusqu'au premier siècle de l'ère chrétienne; mais ce fut Aram, fils d'Arma, qui eut la gloire de soumettre tous les peuples environnants; il leur donna le nom d'Arméniens, et constitua le royaume d'Arménie.

Les historiens d'Arménie racontent les conquêtes d'Aram sur Parcham, souverain d'Assyrie, la guerre d'Ara, vaincu et tué par Sémiramis; cette reine soumit l'Arménie, tout en conservant une espèce de souveraineté aux descendants d'Aram;

elle fonda la ville de Sémiramocerte (Chamiram-Gherd), qui fut depuis appelée Van, du nom d'un prince d'Arménie.

Aram avait eu pour fils Ara, d'où peut venir le mot d'Ararat, montagne au pied de laquelle coulait l'Araxe, au bord duquel les rois de la race Haïgienne fixèrent leur résidence.

L'Arianie pourrait être aussi le pays d'Aram et d'Ara, les sixième et septième successeurs d'Haïg. Les Arméniens ont conservé le nom d'Araméan chez leurs propres écrivains, et ils étaient de cette grande famille des Aris ou Ariens, dispersés sur le plateau, qui s'étend des rives du Kour et de l'Euphrate, jusqu'à celles du Gihon et de l'Indus. Le premier siège des Arméniens fut le pays d'Arran, resserré entre l'Araxe et le Kour, et appelé par la première race Aghovans ou Arovan ; l'Arran était séparé par l'Araxe du pays des Mèdes ; la réunion de toutes les provinces de l'empire des Ariens s'appelait l'Iran, nom national et unique, que les Persans donnent encore actuellement à leur patrie.

La religion primitive de l'Arménie, comme celle des autres peuples, fut pure et exempte des erreurs que l'ignorance ou la corruption du cœur y apportèrent par la suite. Basée sur la tradition que Thorgom tenait des premiers patriarches, elle consistait dans l'adoration du vrai Dieu, dans le repentir de la déchéance primordiale et dans l'attente du divin Rédempteur. Le culte, dans ces temps antiques, était simple, reposant sur la prière et le sacrifice, et surtout le sacrifice sanglant ; le père de famille fut long-temps pontife et roi.

La colonie amenée de Babylone par Haïg conserva long-temps les vérités primitives ; les Assyriens vinrent porter la guerre en Arménie ; le roi Anouschavan fut vaincu, et son royaume demeura soumis à l'empire assyrien jusqu'au temps de Baroïr, l'espace de dix siècles ; ce fut pendant ce long cycle d'années, que la religion et le culte des Chaldéens ou Assyriens se propagèrent dans l'Arménie. Moyse de Chorène, le plus ancien historien, et qu'on peut appeler, à juste titre, l'Hérodote arménien, nous apprend que ce même Anouschavan offrait des sacrifices sous les platanes de l'antique Armavir, sa capitale, et que le frémissement des feuilles, agitées par un vent léger ou impétueux, servait ensuite aux prêtres à tirer des pronostics heureux ou défavorables. Bien qu'il ne soit pas dit que Anouschavan lui-même soit tombé dans ces superstitions, néanmoins, comme ces mêmes arbres conservèrent dans les âges suivants un caractère sacré, il est probable que la religion primitive avait déjà perdu quelque chose de sa pureté ; on peut donc fixer à cette époque le commencement de la superstition et de l'erreur.

L'ancienne croyance fut sans doute conservée dans quelques vallées de l'Arménie ; mais la religion officielle, après la conquête des Assyriens, comme c'était l'usage, fut celle des monarques vainqueurs. Le roi imposait ses temples et ses dieux ; et, lorsque Nabuchodonosor, après avoir emmené les Juifs à Babylone, en contraignit quelques-uns d'émigrer en Arménie, nous savons que Sempad, chef de l'ancienne famille des Pagratides, étant venu se présenter devant Erovan Ier., celui-ci le persécuta cruellement, parce qu'il refusait d'adorer ses idoles.   7

La chute de l'empire assyrien rendit au peuple arménien son indépendance politique; mais, sous le rapport religieux, il fut entraîné dans le mouvement de l'Assyrie
et de la Babylonie, conquises par Cyrus; le culte de Zoroastre y fut implanté. Comme
le zend était la langue sacrée de ce culte, elle se retrouve dans la langue arménienne,
imposée dans les objets religieux comme dans les mots qui expriment les noms de
Dieu, de sainteté, de feu, de culte, etc. ; c'est ce que la comparaison des deux
langues démontre. Xénophon nous apprend que le roi d'Arménie devait un tribut
aux rois des Mèdes, et, d'après le récit qu'il nous fait, il ne paraît pas que ce fût
un puissant monarque; il se retirait dans les montagnes , quand il avait quelque
chose à craindre. On dit, ajoute Cyrus, dans la bouche de l'historien, que ces montagnes sont spacieuses et couvertes de forêts... En ce temps , le roi d'Arménie
n'avait pas encore achevé de clore sa ville capitale d'une forte et grande muraille,
commencée en intention de soutenir la guerre et de repousser les Mèdes; mais
il fut pris par Cyrus avec toute sa famille, et le conquérant lui tint ce discours :
N'avez-vous pas été en guerre autrefois contre Astyages, mon aïeul? Oui, répondit
le roi. Vaincu par lui, continue Cyrus, n'avez-vous pas accepté ces conditions ;
que vous lui envoieriez un tribut annuel et que vous l'accompagneriez à la guerre
contre quiconque il l'entreprendrait, et que vous n'auriez nulles forteresses? Le roi
en convient. Pourquoi donc, lui dit Cyrus, n'avez-vous envoyé ni le tribut ni les
gens d'armes que vous deviez fournir, et pourquoi avez-vous commencé de bâtir
des forteresses? On voit par la suite du discours que l'Arménie n'avait en temps de
guerre que huit mille hommes de cavalerie et quarante mille hommes de pied ; on
voit aussi que les Chaldéens, leurs voisins , faisaient la guerre aux Arméniens.
« Cyrus s'enquit de Tigrane, fils aîné du roi d'Arménie, de quelles montagnes
« partaient ces Chaldéens qui venaient fourrager l'Arménie; Tigrane les lui ayant
« montrés, il demanda encore si ces montagnes étaient désertes pour lors; nulle-
« ment, dit-il, car les Arméniens y ont toujours des gens de guet, qui donnent
« avis aux autres de tout ce qu'ils découvrent, et alors tous accourent au haut des
« montagnes pour garder les passages. » Après ces mots, Cyrus continuant sa
marche avec sa troupe, remarquait en divers endroits que la guerre avait rendu
stérile et dépeuplée une partie de l'Arménie; « Mes amis, dit-il à ses gens d'armes
« de Perse et de Médie, ces montagnes que nous voyons sont aux Chaldéens; si
« nous en sommes les maîtres, et de la forteresse bâtie à leur sommet, de nécessité
« les Arméniens et les Chaldéens nous obéiront.... Mais voilà que les Chaldéens
« donnèrent l'alarme partout par de grands cris, et s'assemblèrent incontinent; ils
« portaient des boucliers et chacun deux javelots; au reste, ils sont estimés les
« plus belliqueux d'entre les montagnards; aussi servent-ils à qui plus leur donne ,
« parce qu'ils sont pauvres et bien dressés à la guerre, enfermés en un quartier
« de montagnes les plus infertiles. Les gens de Cyrus se saisirent du sommet des
« montagnes d'où ils découvrirent les pauvres habitations des Chaldéens.... Cyrus fit
« appeler les principaux d'entre les Chaldéens et ajouta à leur province des terres

« non cultivées encore en Arménie, et fit bâtir une forteresse pour entretenir la
« paix entre ces peuples, » mais aussi pour les contenir les uns et les autres.
Tigrane, dont il est ici question, régna en Arménie après son père, et eut un fils
nommé Vahakn, célèbre par sa valeur. Des chants populaires conservés par les
montagnards, et qui remontent peut-être à son époque, vantent ses hauts faits :
« Les douleurs de l'enfantement tourmentaient le roseau rouge, et de son extrémité
« s'échappait une fumée, et bientôt la flamme parut, et de cette flamme s'élançait
« un jeune homme à la chevelure blonde; la flamme entoura ses boucles et volti-
« geait autour de sa barbe; ses yeux et ses paupières étaient deux soleils.... »

Vahakn reçut le nom d'Aramazt, qui a du rapport avec celui d'Ormuzd et avec
celui d'Ahriman; la doctrine de Zoroastre avait été acceptée en Arménie.

Lorsque Alexandre-le-Grand se jeta sur l'Asie, la religion des Grecs qui était si
variable ne renversa point le culte intellectuel de la Perse; l'Arménie resta presque
totalement attachée à celui-ci. Les Romains voulurent y imposer leur culte après la
conquête, et ne réussirent qu'à jeter de la confusion dans les noms; les termes,
pour désigner la divinité et son culte, furent perses et romains.

La grande Arménie avait été réduite en province romaine par l'empereur Trajan
au commencement du second siècle de l'ère chrétienne, 50 ans après que la petite
Arménie était de même devenue une province romaine sous Vespasien; mais il y
avait déjà plus de deux siècles que les Romains faisaient sentir en Arménie toute
l'étendue de leur puissance; sous Antiochus-le-Grand, l'Arménie avait été divisée
en grande et petite, et depuis Alexandre, elles avaient appartenu aux rois de Syrie;
on sait que l'Arménie était, avant Alexandre, soumise aux Perses depuis Cyrus.

Strabon a observé que les Arméniens avaient emprunté presque tout leur culte aux
Perses.

LES CHALDÉENS, LES MÈDES, LES BABYLONIENS, LES ASSYRIENS.

L'Euphrate et le Tigre conservent encore aujourd'hui parmi les naturels du pays
qu'ils arrosent, le nom que Moyse leur a donné dans la Genèse; en effet l'historien
sacré appelle le premier Hu-pherat ou seulement Pherat, et le second Hid-Dakkel,
noms qui subsistent toujours, à une légère variation près, puisqu'ils se prononcent
Ph'rat, et Deghel Dejel.

Ces deux fleuves se réunissent à Khorna, à la distance d'environ 24 lieues du
golphe Persique, où ils se jettent. Chus, fils aîné de Cham, s'établit à l'orient du
bas Tigre, et est l'origine du peuple qui est encore aujourd'hui nommé Chusitan;
et le bas Tigre est appelé, comme il l'était anciennement, fleuve des Arabes ou
fleuve de Chus.

Ces deux fleuves ont leur source dans les montagnes d'Arménie.

L'Euphrate, après avoir roulé majestueusement dans une large vallée, au sud de Kerkisiéh, entre dans les immenses plaines de Sennaar... Le Tigre doit son nom à la rapidité de sa course.

Xénophon dit que « Cyrus-le-Jeune, suivi de toute son armée, passa l'Euphrate sans qu'aucun de ses soldats fût mouillé plus haut que la poitrine, et les habitants de Thapsaque affirmèrent que jamais homme n'avait passé ce fleuve à pied qu'alors; on ne le traversait que par bateaux. » Cet historien raconte qu'il passa le Tigre sur 37 bateaux joints les uns aux autres; et qu'en s'en revenant, ils repassèrent l'Euphrate sans se mouiller plus haut que jusqu'à la ceinture; mais la source de ce fleuve n'était pas loin de là.

L'Assyrie donna son nom à un grand empire; comme les premiers royaumes n'étaient que de grandes familles, dont le père était le chef et le roi, celui d'Assyrie fut de ce nombre: Assur ou Assour, fils de Sem, et petit-fils de Noé, en fut le premier fondateur; cette province était sur le Tigre à l'est, et sa capitale fut Ninive.

La Mésopotamie, renfermée entre les fleuves du Tigre et de l'Euphrate, avait Haran ou Carran ou Carre, où résida Abraham, et Edesse et Nisible.

Le nom de Madaï, troisième fils de Japhet, est l'origine de celui des Mèdes; Ecbatane et Ragès en furent les capitales.

Les Chaldéens durent leur origine à Arphaxad, selon l'historien Joseph : Arphaxad filius Sem Arphaxadæos nominavit qui nunc Chaldæi vocantur cum princeps eorum esset. Aram vero Aramenos instituit, ce sont les Syriens; Elam si quidem Elamitas qui Persarum sunt principes dereliquit; tel est l'auteur des Perses. Pour la Babylonie : Porro, Chus ou Couch genuit Nemrod; ipse cœpit esse potens in terra; fuit autem principium regni ejus Babylon et Arach et Achad, et Chalanne (1) in terra Sennaar. De terra illa egressus est Assur et ædificavit Niniven et plateas civitatis et Chale, ou Kalakh, Resen quoque inter Niniven et Chale, hæc est civitas magna.

Dans une prophétie d'Isaïe, il est fait mention d'une ville appelée Kalno; Amos écrit ce nom Kalné; enfin on lit Kanneh dans le prophète Ezéchiel. Isidore de Charax parle de la province de Chalonitis, et d'une ville qui y était appelée Chala. La ville de Kalah était la capitale de la province de Calachène, ou Chalonitis, dont Strabon parle en plusieurs endroits. Ptolémée la nomme Kalakiné. Elle paraissait située sur la rive orientale du Tigre, où M. Ross a trouvé des ruines antiques d'une grande étendue.

Les deux Thargums chaldaïques, celui de Jérusalem et celui de Pseudo-Jonathan, Eusèbe, St.-Jérôme, St.-Ephrem, Abou'l farad, ont pensé que la ville de Kalneh répondait à celle de Ctésiphon.

La ville, nommée Larissa chez Xénophon, n'est autre que Resen, ville postdiluvienne; Resen est rendu dans la version samaritaine par le nom Lachissa.

A douze lieues à peu près au nord de Mossoul, le vice-consul de France (1845)

_____
(1) Ou Erech, Akad et Calné.

a découvert sur le sommet d'une montagne des bas-reliefs, dont le style, les insignes et les symboles ont le caractère des dessins et des sculptures de Khorsabad,
toutefois avec le cachet d'une époque où l'art était plus rude et plus primitif. La
montagne avoisine la petite ville de Dhohc, nom dans lequel il n'est point impossible de retrouver un vestige de celui de Dhohac, ce cinquième roi de la dynastie
Phichadienne des Perses. Des informations locales nous ont appris qu'autrefois ce
lieu était appelé Ras-al-aïn par les Arabes, dénomination dans laquelle on reconnaît
aussi le Resen de la Genèse.

Les premiers rois qui ont régné avant le déluge dans l'Asie occidentale, nous ont
été conservés sous ces noms par Apollodore :

    I Alorus.
    II Alasparus ou Alaparus.
    III Amilon ou Amélon.
    IV Amenon.
    V Metalarus ou Mégalarus.
    VI Daorus ou Daonus.
    VII Aedorachus ou Evedorachus.
    VIII Amphis.
    IX Otiortès ou Otiartès.
    X Xixuthrus.

Bérose, l'historien des Chaldéens, raconte que le déluge arriva sous Xixuthrus;
et voici cet antique fragment traduit par Volney : « Xixuthrus fut le dixième roi
« (comme Noé fut le dixième patriarche); sous lui arriva le déluge. Kronos lui ayant
« apparu en songe, l'avertit que le quinze du mois Dœsius ou Dæsius, les hommes
« périraient par un déluge; en conséquence il lui ordonna de prendre les écrits qui
« traitaient du commencement, du milieu et de la fin de toutes choses; de les enfouir
« en terre dans la ville du soleil appelée Sisparis ou Sippara; de se construire un
« navire, d'y embarquer ses parents, ses amis, et de s'abandonner à la mer. Xixuthrus
« obéit. Il prépare toutes les provisions, rassemble les animaux quadrupèdes et vo-
« latiles, et puis il demande où il doit naviguer; vers les dieux, dit Kronos, et il
« souhaite aux hommes toutes sortes de bénédictions. Xixuthrus fabrique donc un
« navire, long de cinq stades, et large de deux; il y fit entrer sa femme, ses en-
« fants, ses amis, et tout ce qu'il avait préparé. Le déluge vint, et bientôt ayant
« cessé, Xixuthrus lâcha quelques oiseaux, qui, faute de trouver où se reposer,
« revinrent au vaisseau ; quelques jours après il les envoya encore à la découverte;
« cette fois les oiseaux revinrent ayant de la boue aux pieds; lâchés une troisième
« fois, ils ne revinrent plus. Xixuthrus concevant que la terre se dégageait, fit une
« ouverture à son vaisseau; et comme il se vit près d'une montagne, il y descendit
« avec sa femme, sa fille et le pilote; il adora la terre (ou il s'y prosterna), éleva
« un autel, fit un sacrifice, puis il disparut, et ne fut plus vu sur la terre avec les
« trois personnes sorties avec lui. »

Le nom de Xixuthrus, comme celui de Noé, signifie repos, consolation.

Le dieu poisson Oannès des Assyriens rappelle aussi la tradition du déluge ; et dans les ruines de Babylone on vient de découvrir un monument où figure un sacrifice, une offrande à un poisson ; l'autel ressemble à un trépied ; le poisson y est placé et surmonté d'une grande étoile et d'un croissant, indiquant l'époque précise du sacrifice. A droite et à gauche, un prêtre et une princesse sont assis sur une espèce de pliant, tenant une coupe à la main, qu'ils semblent offrir au poisson. La suivante de la princesse est debout derrière elle. Ces analogies avec le déluge indien où figure un dieu poisson, qui sauve la race des hommes, sont remarquables et pleines d'intérêt.

Les hommes, après le déluge, étant descendus des montagnes de l'Arménie où l'arche s'était arrêtée, on les retrouve ensuite dans les plaines de Sennaar.

« La sybille Bérasienne, dit Moyse de Corène, donne trois fils à Xisuthrus, « Sim ou Zérouan, Titan et Yapetosthe ; ils se séparèrent et se partagèrent le « monde. »

La même Sybille, ajoute Moyse de Corène, en parlant des hommes illustres nés de ces trois chefs, dit : « Ils étaient terribles et brillants, ces premiers des Dieux ; « d'eux vint la race des géants au corps robuste, aux membres puissants, à l'im- « mense stature, qui, pleins d'insolence, conçurent le dessein impie de bâtir une « tour. Tandis qu'ils y travaillaient, un vent horrible et divin, excité par la co- « lère de Elohim, détruisit cette masse immense et jeta parmi les hommes des « paroles inconnues qui causèrent le tumulte et la confusion. Parmi ces hommes « était le japétique Haïk, célèbre et vaillant gouverneur, très-habile à lancer des « flèches et à manier l'arc » (Volney).

Ces hommes, conduits par Nemrod, bâtirent la ville et la tour de Babylone : Nemrod était habile chasseur, et tout ce pays prit le surnom de la terre de Nemrod ; du temps du prophète Michée on disait encore : Et pascent terram Assur in gladio et terram Nemrod in lanceis ejus ; de cette même région sortit Assur pour aller fonder Ninive.

Les Babyloniens commencèrent dans les temps de Nemrod leurs observations astronomiques ; d'après Porphyre, Calistènes envoya à Aristote des observations faites par eux qui remontaient à 2200 ans avant J.-C. ; c'est ce que rapporte Simplicius (lib. 2. de cœlo), 600 ans après Aristote ; il est vrai qu'Aristote n'en dit rien, et qu'aucun véritable astronome n'en a parlé. Ptolémée rapporte et emploie dix observations d'éclipses véritablement faites par les Chaldéens ou Babyloniens, mais elles ne remontent qu'à Nabonassar, 721 ans avant l'ère chrétienne ; elles sont grossières, le temps n'y est exprimé qu'en heures et en demi-heures, et l'ombre qu'en demi ou en quart de diamètre.

Il faut attribuer aux Babyloniens l'invention des signes du Zodiaque. Chez les Orientaux le premier mois de l'année commençait avec le printemps, et le signe zodiacal de ce mois était Taurus, ce qui venait du culte qu'on rendait au taureau,

et alors le signe du taureau répondait à l'équinoxe du printemps, 2266 ans avant
l'ère chrétienne. Chez les Babyloniens le taureau était le symbole de la primauté,
et il était désigné par le mot Aleph; le mot Gemini, donné au deuxième mois, doit
se rapporter au nombre deux. L'écrévisse de mer appelée Homard chez nous,
Gamarus chez les Latins, et chez les Grecs Gammaros, représente le gamma, troisième lettre de l'alphabet, et troisième lettre numérique; ce signe est encore désigné aujourd'hui par la lettre G dans le zodiaque persan et l'antique assyrien. Le
Lion est le signe du quatrième mois dans le zodiaque assyrien où il était marqué
par la lettre D, comme il l'est encore dans le persan; or, le Lion est appelé Aré dans
la langue assyrienne, et le nombre 4 est appelé Arebo, et Are dans le principe.

Là 4e. heure, ou le nombre 4, exprimée en sémitique et en grec par un D, ou
par la 4e. lettre de l'alphabet, comprend, chez les Chinois, de 5 à 7 heures du
matin de nos heures. Cette 4e. heure était celle où s'ouvraient les portes du jour et
celles des maisons, des villes, des écuries, et dans l'Hébreu la 4e. heure est marquée
par le daleth qui signifie porte. Les Hébreux disaient porte pour marquer la 4e.
heure, c'est-à-dire nommaient la figure même que les Chinois employaient pour
marquer leur 4e. heure; car il y a un rapport évident entre le D sémitique et le
signe hiéroglyphique des Chinois qui figure les portes.

La Vierge est le signe du cinquième mois dans le zodiaque assyrien où il est
marqué par la lettre E, ainsi que dans le persan : le mot assyrien Emes signifie cinq,
il signifie aussi une servante, une jeune fille, etc.

Sextus Empiricus attribue aux Chaldéens (ou Babyloniens) la première division
de l'Ecliptique en douze parties égales, et même il indique le moyen grossier dont
ils se sont servi.

On sait que les Grecs ont pris des Chaldéens de Babylone le cadran solaire et la
division du jour en 12 heures, c'est aussi à eux qu'ils doivent les noms divins des
cinq planètes qu'ils distinguaient du soleil et de la lune. Il est constant également
qu'ils tirèrent de la Babylonie la notion du zodiaque. Nous savons par Diodore de
Sicile que dans le système uranographique des Chaldéens de Babylone la bande
zodiacale coupait obliquement la sphère; elle comprenait le cours du soleil, de
la lune et des cinq planètes connues; elle était divisée en 12 parties ou signes.
Outre cette division en dodécatémories, il y en avait une autre en 36 parties. Au-
dessus et au-dessous de la bande zodiacale, il y avait dans la sphère chaldéenne,
les deux régions du Nord et du Midi, et chacune d'elle était coupée par 12 cercles
horaires répondant aux signes du zodiaque, et déterminant la position des para-
natellons de ces signes; en sorte que la sphère chaldéenne, telle qu'on peut la conclure du célèbre passage Excursus de Diodore sur les Chaldéens, était absolument
semblable à celle qui résulterait du parapegme ou calendrier de Géminus.

M. Ideler croit que dans les sphères des Chaldéens, Hindous, Chinois, Egyptiens,
les constellations n'étaient désignées que par des noms, qui sont dus aux Chaldéens,
et que les figures sont de l'invention des Grecs.

Les livres indiens qui parlent du zodiaque, se servent de dénominations étrangères à la langue sanscrite, de dénominations grecques pour désigner les constellations du zodiaque solaire et pour indiquer certaines particularités du cours des planètes; le zodiaque n'est donc pas original dans l'Inde. Quelques indianistes pensent que les passages, où se montre la notion d'un zodiaque solaire, ont été interpolés.

M. Letronne, dans son ouvrage sur l'origine grecque des zodiaques prétendus égyptiens, et dans ses leçons au collége de France, a réfuté de la manière la plus péremptoire le système de Dupuis.

Nous avons vu que Aschour fonda Ninive, et que Nemrod établit le siége de son empire à Babylone. Suivant Jules Africain, sept rois primitifs gouvernèrent en premier lieu le royaume d'Assyrie ou de Babylonie, et le premier roi fut Evechous; à cette dynastie de rois indigènes, dont la durée fut de 225 ou 224 ans, succédèrent six rois arabes pendant 216 ans. Les historiens payens n'assignent pas de rois plus anciens que Bélus et Ninus. Le chapitre 14 de La Genèse nous apprend que du temps d'Abraham il y avait un roi de Schinar (Sennaar) nommé Amraphel.

Au chapitre III des Juges, nous lisons, verset 8 : la colère de l'Eternel s'alluma contre Israël, il les rendit aux mains de Kouschan-Rischataïm, roi d'Aram-Naharaïm (Mésopotamie); les enfants d'Israël servirent Kouschan-Rischataïm huit ans.

Au quatrième livre des Rois, chapitre XV, v. 19, est ensuite mentionné un roi de Ninive et des Assyriens nommé Phul ou Pul. L'expédition de ce roi dans le royaume de Manahem, eut lieu l'an 770 avant Jésus-Christ, au commencement du règne de Manahem sur Israël. (Manahem avait commencé à régner l'an 771.)

Du temps du monarque assyrien Phul, le prophète Jonas se rendit à Ninive : Dieu dit à Jonas, fils d'Amathi : Levez-vous et vous en allez publier dans Ninive, cette grande ville, que la voix de leurs péchés s'est élevée jusqu'à moi... et Ninive était une grande ville, *itinere trium dierum*. Le roi d'Assyrie fait pénitence et s'écrie : *Quis scit si convertatur et ignoscat Deus!* Le Seigneur dit à Jonas qui se fâchait de la clémence divine : *Et ego non parcam Ninive civitati magnæ in qua sunt plus quam centum viginti millia hominum qui nesciunt quid sit inter dexteram et sinistram suam.*

Sardana-Pal ou plutôt Sardana-Pul, ainsi surnommé de son père Pul, régna après celui-ci pendant 20 ans. Tels sont les renseignements historiques sur l'Assyrie, fournis par l'Ecriture-Sainte.

Voici maintenant la liste des rois d'Assyrie de l'ancienne dynastie, telle qu'elle nous a été conservée par Moyse de Khorène et par Georges le Syncelle :

Moyse de Khorène, Georges le Syncelle (d'après Eusèbe et Jules l'Africain).

Bélus	règne 55	ans.
Ninus	52	
Sémiramis	42	
Ninyas ou Zamès	38	

Arius	Arius	30
Aralius	Aralius	40
Sosares	*manque*	*manque*
Kseskser	Xerxès	30
Galeus	*manque*	*manque*
Armamitreus	Armanithres	38
Belochus	Belochus	35
manque	Balœus	52
Altadus	*manque*	*manque*
manque	Sethos	32
Mamithus	Manithus	30
Maschaleus	Aschalius	22
Spharus	Sphœrus	28
Mamylus	Mamylus	30
Sparethus	Sparthœus	42
Scatades	Ascatades	38
Amyntes	Amyntes	45
Belochus	Belochus	25
Balotores	Baletores	30
Lamparites	Lamprides	30
Sosarès	Sosares	20
Lambares	Lampraes	30
Panias	Panyas	45
Sosarmus	Sosarmus	22
Mitreus	Mithrœus	27
Teutamus	Teutamus ou Teutanès	32 (Prise de Troie, suivant Eusèbe).
Teuteus	Teutœus	44
manque	Arabelius	42
—	Chalaus	45
—	Anebas	38
—	Babius ou Teutanès II, ou Tithonus par les Grecs	37
Tineus	Thinœus	30
Dercylus	Dercylus	40
Eupalmus	Empacnes	38
Laosthenis	Laosthenes	45
Pritiadis	Pertiades	30
Ophrates	Ophrathœus	21
Phratinis	Ephecheres	52
Acrazancs	Acraganes	42
Sardanapalus	Sardanapalos	15.

8

Ces deux listes accréditées à une époque fort ancienne, sont bien voisines l'une de l'autre. Fréret pense que le catalogue d'Eusèbe et de Georges-Le-Syncelle doit avoir été copié de celui qu'avait donné Ctésias ; et il faut remarquer qu'à en juger par un passage de l'historien Céphalon, malheureusement fort altéré, et copié par Eusèbe dans sa chronique grecque, d'où Le Syncelle l'a transcrit, la liste des rois d'Assyrie, tirée de Ctésias et admise du temps de Céphalon, ne différait guère de celle que nous avons dans Eusèbe et dans Georges-Le-Syncelle.

Céphalon, dans son histoire en neuf livres, *Historica epitome*, que nous n'avons plus, commençait son récit à Ninus et et à Sémiramis, et le continuait jusqu'à Alexandre-le-Grand ; il assurait qu'il en avait composé le premier livre d'après 570 autres, dont il citait trente et un auteurs dans ce premier livre.

Sardanapul fut le dernier de cette dynastie : Arbace, satrape de Médie, Mediæ præfectus, conjura avec Bélésis, le Babylonien, cum Beloso Babylonio. Vaincu dans trois combats, il en livre un quatrième où les Bactriens passent de son côté ; il remporte une victoire complète, et s'empare du camp où commandait Salemen, beau-frère de Sardanapul ; Salemen est vaincu dans deux combats et son armée détruite. Les conjurés assiègent Ninive ; Sardanapul envoie ses trois fils et ses deux filles avec de grandes richesses dans la Paphlagonie, vers Cotta le satrape (præfectum), et se prépare à soutenir un siège : la troisième année de ce siége se voyant près d'être pris par ses ennemis, il se fit brûler dans son palais avec ses femmes et ses trésors ! Le Tigre s'était enflé et avait abattu une partie des murailles de Ninive ; par cette brèche les conjurés entrèrent, et, maîtres de la ville, ils y proclamèrent Arbace, roi (Diodore, l. 2 ; Athénée, l. 12, d'après Ctésias).

Arbace délivra ainsi les Mèdes du joug des Assyriens.

Bélésis ou Nabonassar commanda dans Babylone.

SECOND EMPIRE DES ASSYRIENS.

L'empire des Assyriens, réduit à ses limites propres, resta à Thilgam ainsi nommé par Elien, et Thilgath Phalnasar par les livres saints ; il prit le nom de Ninus-le-Jeune, causa melioris auspicii, régna 19 ans, et jusqu'à l'an 728. Il est question de ce roi dans le second livre des Paralipomènes, ch. 28, et dans le quatrième livre des Rois, ch. 15 et 16.

Le roi Sardanapul et sa ruine ont été connus de tous les historiens anciens. Le Syncelle nous a conservé un fragment de Castor (qui vivait environ cent-cinquante ans avant l'ère chrétienne) ; celui-ci dit qu'en compulsant les anciens historiens, il a trouvé que de Ninus Ier. à Ninus II, successeur de Sardanapul, il y a eu un intervalle de 1280 ans.

Ctésias, contemporain de Xénophon, eut à sa disposition les archives royales de Perse, y puisa tous les matériaux d'une histoire assyrienne, dont Diodore nous a conservé des fragments. Diodore nous donne, comme provenant de cette source, les renseignements suivants : « Trente générations s'écoulèrent de Ninyas à Sardanapul, sous lequel l'empire d'Assyrie passa aux Mèdes. Ninyas avait eu pour père Ninus, et pour mère Sémiramis ; Ninus fut un roi fainéant, et ses trente successeurs ne valurent pas mieux que lui. Teutamus, vingtième successeur de Ninyas, était sur le trône, et l'Assyrie était florissante depuis plus de mille ans déjà, lorsque ce prince envoya un secours aux Troyens, sous la conduite de Memnon, fils de Tithon. L'empire assyrien avait subsisté plus de 1360 ans lorsqu'il fut renversé. »

Hérodote (lib. 1, ch. 95) dit que Ninus, fils de Bélus, fonda l'empire d'Assyrie, et que cet empire subsista 520 ans, jusqu'à la révolte des Mèdes qui devinrent alors les maîtres de la Haute-Asie ; il n'en fait remonter l'origine qu'environ huit siècles avant lui ; il parle aussi de Sardanapale.

Velléius Paterculus affirme que la suprématie des Assyriens sur la Haute-Asie a duré 1070 ans, et que cette suprématie a pris fin 770 avant le consulat de Vinicius ; or, celui-ci était consul en l'an 30 de Jésus-Christ ; c'est donc en 740 avant Jésus-Christ, pour Velléius Paterculus, que Sardanapul, trente-troisième successeur et descendant direct de Ninus et de Sémiramis a été détrôné et tué par le mède Pharnacès.

Æmilius Sura, cité par Velléius Paterculus, compte depuis Ninus jusqu'à la réduction de l'Assyrie en province romaine, qui eut lieu 63 avant Jésus-Christ, 1905 ans.

Moyse de Khorène dit que Barouïr, fils de Sgaïorti, roi d'Arménie, aida puissamment Varbace le mède, dans sa révolte contre Sardanapul ; voici encore ses propres paroles : « Ainsi, Varbace s'emparant des états de Sadarnapale commande à l'Assyrie, à Ninive ; mais il y établit des gouvernants et transporte aux Mèdes l'empire des Assyriens. »

La différence de dates de tous ces historiens n'est pas considérable et ne détruit nullement leur témoignage.

L'an 728, Salmanasar succéda à Tiglath Pileser ou Tilgath Phalnasar, ou Ninus-le-Jeune, qui avait régné dix-neuf ans, comme le rapporte Castor. Osée fut obligé de reconnaître la suprématie assyrienne et de payer un tribut annuel à Salmanasar. Comptant sur l'assistance du roi Sevek ou Sabakon, il refusa bientôt de le payer, et la guerre éclata. Osée fut fait prisonnier et Samarie succomba : ses habitants furent transportés dans l'empire d'Assyrie ; c'était la sixième année du règne d'Ezéchias, roi de Juda. L'an 727, Ezéchias mentionne la défaite des Israélites et l'invasion du prédécesseur de Salmanasar : « Jéhovah, dit-il au peuple Israélite, reviendra vers le reste, qui, parmi vous, a échappé de la main des rois d'Aschour » (ch. 30, verset 6). On sait que Salmanasar honora Tobie.

Salmanasar eut pour successeur Sennakhérib ou Sankhérib. Hérodote appelle Sennakhérib (l. 2) roi des Arabes et des Assyriens. L'an 713 eut lieu l'expédition

de ce roi de Ninive contre Ezéchias ; c'était la quatorzième année de ce roi de
Juda à la fin de la huitième du règne de Mardocempad, l'an 4,000 de la période
julienne, la trente-quatrième année de l'ère de Nabonassar.

Tartan était général en chef de l'armée de Sennakhérib (IV*. livre des Rois, ch. 18,
v. 17); Isaïe l'appelle général du roi Sargoun, roi d'Assyrie (Isaïe, ch. 20, v. 1). Sargoun
et Sennakhérib étaient donc un seul et même personnage ; d'ailleurs on sait par
Tobie que Sennakhérib, fils de Salmanasar, lui succéda immédiatement (1), et on
sait par Isaïe que Asarhadoun fut fils et successeur de Sennakhérib ; il n'y eut
donc pas de roi d'Assyrie du nom de Sargoun précédant Sennakhérib, comme
le veut Gésénius. Il faut encore considérer que le Tartan, général de Sargoun
vivait du temps de Sennakhérib et d'Ezéchias ; car il assiégea Aschdod ou Azot qui
avait été réduite au pouvoir du saint roi Ezéchias, suivant le quatrième livre
des Rois, (ch. 18, v. 8), et suivant Joseph (livre 9), à la fin du quatorzième
chapitre.

Nous lisons dans Tobie que le roi Sennakhérib étant revenu de la Judée, d'où il
avait été contraint de s'enfuir en suite de cette terrible plaie dont Dieu avait frappé
son armée, à cause de ses blasphèmes, sa fureur contre les Juifs le porta à en
faire tuer plusieurs, et Tobie les ensevelissait, ce qui lui ayant été rapporté, il
commanda qu'on le fit mourir et que l'on confisquât tout son bien. Tobie en ayant
été averti, s'enfuit avec sa femme et son fils, sans emporter chose quelconque,
et il trouva des personnes qui le retirèrent et le cachèrent, parce qu'il était
extrêmement aimé de plusieurs. Quarante-cinq jours après, les propres fils de
Sennakhérib le tuèrent, et alors Tobie retourna chez lui.

On voit, d'après ce récit de Tobie, qu'il faut compter les quarante-cinq jours
depuis la ruine de Tobie et non depuis le jour de la rentrée de Sennakhérib dans
sa capitale. Voici au reste ce que nous apprend l'historien Bérose : « Reversus autem
Sennacherib a præliis Ægyptiorum, ad Hierosolymam cum venisset, exercitum
quem cum Rapsace dimiserat, invenit in periculo pestilentiæ constitutum ; Deus
enim morbum populo ejus immiserat, ita ut prima nocte eorum qui obsidebant
deperirent centum octoginta quinque milia viri cum judicibus et tribunis. Propter
hanc calamitatem in nimio terrore et angustia constitutus, de cuncta jam militia
metuens, fugit cum sua manu ad proprium regnum in civitatem quæ appellatur
Ninive. Et dum modicum tempus ibidem commoratus fuisset dolo a senioribus filiis
Adramelech et Selensaro est peremptus in proprio templo quod dicitur Arasci. Et

______

(1) « Sub chirographo dedit illi memoratum pondus argenti. Post multum vero temporis mortuo
Salmanasar rege, cum regnaret Sennakherib filius ejus pro eo, Tobias consolabatur.... » Tobie prête
une somme d'argent à Gabélus sous promesse ; assez long-temps après, le roi Salmanasar mourut et
Sennakhérib, son fils, lui succéda... Il ne faut pas traduire, comme un savant moderne l'a fait :
long-temps après la mort de Salmanasar, le trône d'Assyrie était occupé par son fils Sennakhérib....
On voit bien que c'est une traduction faite pour trouver une place à Sargoun avant Sennakhérib.

illi quidem pro cæde patris effugati ad Armeniam discesserunt. Successit autem in ejus regnum Asaracoldus. »

On voit par ce passage que Sennakhérib, à peine rentré dans ses états, fut assassiné par ses deux fils aînés. Néanmoins Gésénius, dans son lexique, après avoir parlé de Sennakhérib et de la perte de son armée dit : « Il retourna dans sa patrie où ensuite (l'an 696) il fut tué par ses deux fils dans le temple de Nisroch. » Le témoignage d'un fragment retrouvé de Bérose est invoqué en faveur de cette assertion. Bérose ne peut se contredire, c'est donc la manière de calculer, qui donne des dates différentes ; ou il est permis de douter de l'authenticité du fragment en question (1), ou Gésénius a voulu concilier sa chronologie avec Bérose.

On admet assez généralement que Sennakhérib périt l'an 713, et qu'en cette même année il eut pour successeur Asarhadoun ; il faut remarquer que celui-ci ne monta sur le trône de Babylone que l'an 680 ; il régna donc à Ninive d'abord pendant trente-trois ans. Ce long règne s'explique assez facilement : on voit qu'après l'assassinat de Sennakhérib il y eut une révolution qui chassa les meurtriers, et qui fit passer la couronne sur la tête de leur frère puîné. Celui-ci était jeune, et le commencement de son règne fut incertain ; il est toujours constant qu'il succéda à son père Sennakhérib. Il profita aussi des révolutions qui avaient eu lieu à Babylone et que font connaître la série si courte des règnes et les interrègnes qui avaient lieu à cette même époque ; ce pays fut à l'état permanent de révolution pendant une trentaine d'années. Asarhadoun régna donc tout à la fois à Ninive et à Babylone, l'an 680 ; la race royale de Babylone étant éteinte. Les astronomes chaldéens de Babylone ont inscrit au canon de leurs rois cet Asarhadoun, en ne lui attribuant pour règne que les années pendant lesquelles il est resté maître de leur ville, après en avoir opéré la conquête.

L'empire de Ninive ou des Assyriens se rétablit dans presque toute sa gloire ancienne ; mais il est nécessaire de rappeler les rois de Babylone qui avaient précédé Asarhadoun.

Le canon des rois de Chaldée ou de Babylone est un document inappréciable, parce que son exactitude, basée sur des calculs astronomiques, ne saurait, par conséquent, être révoquée en doute. On peut vérifier ce canon de Ptolémée par les éclipses de lune observées par les Chaldéens de Babylone. Les trois plus anciennes ont été observées dans les années 1 et 2 du règne de Mardokempad, vingt-septième et vingt-huitième années depuis Nabonassar : ces éclipses calculées rigoureusement tombent au 19 mars 721, au 8 mars et au premier septembre 720. Les chiffres des quatre premiers règnes fournis par le canon de Ptolémée sont rigoureusement exacts, puisque la première et la deuxième année de Mardokempad

---

(1) On sait que le docteur Gésénius professe ouvertement le rationalisme et est très-célèbre parmi les protestants d'Allemagne, mais ce n'est pas un très-grand titre de recommandation.

tombent sûr les années 721 et 720 (1). Nous connaissons encore une éclipse de la cinquième année de Nabopolassar, cent vingt-septième de Nabonassar, laquelle eut lieu dans la nuit du 22 avril 621 (2). L'avénement de Nabopolassar eut donc lieu vers 626. La somme des années des règnes antérieurs à celui de Nabopolassar, fournis par le canon de Ptolémée, nous amène à 625; et comme nous devons tenir compte des années forcément incomplètes, réparties entre ces différents règnes, nous pouvons considérer cette concordance comme très-réelle jusqu'à Nabopolassar, donc l'exactitude du canon est vérifiée. Enfin, nous avons une éclipse du 16 juilllet 523 (3), qui appartient à la septième année de Cambyse, deux cent vingt-cinquième de Nabonassar; la somme des règnes du canon de Ptolémée nous fournit jusqu'à la septième année de Cambyse, le chiffre 225, qui, retranché de 747, nous donnerait la date 522 qui est exacte. On peut donc suivre avec sûreté les dates fournies par le canon de Ptolémée.

Nabonassar, appellé aussi Bélésis ou Béladon, fut le chef de la dynastie chaldéenne de Babylone, après la défaite de Sardanapul, comme nous l'avons vu. Il régna quatorze ans, de 747 à 733. On doit écrire son nom Nabou-Natzar; l'Ecriture-Sainte l'appelle Béladon; Diodore et Ctésias, Bélésis; Moïse de Khorène, Barouïr; et Agathias, Bélessus.

Le canon de Ptolémée nomme ensuite pour roi de Babylone Nadios ou Nabios, ou Nabi; il régna deux ans. Deux princes du nom de Khinzer et Por ou Pyr régnèrent ensemble pendant cinq ans. Le canon porte ensuite le nom d'Iloulaï qui régna cinq ans; il régna aussi à Tyr, du temps de Salmanasar, un prince appelé Eloklaï, et par les Tyriens, Pyas, suivant Ménandre.

Mérodakh-Béladon (ou Mardokempad) régna douze ans, de 721 à 709. Il était fils de Béladon, et il succéda aux précédents qu'on soupçonne avoir été une dynastie d'usurpateurs; ils auront écarté du trône pendant douze ans Mérodakh, fils de Béladon ou de Bélésis. On sait que Mérodakh envoya des ambassadeurs au saint roi Ezéchias, « ut interrogarent de portento quod acciderat super terram...... » De 709 à 704, le trône de Babylone fut occupé par un prince appelé Arkean.

On voit dans le canon un interrègne de deux ans, de 704 à 702. Un roi de Babylone, dont le règne fut de trois ans, est nommé Belel, ou Beleb ou Belithou. Un prince nommé Aparanad ou Apronad régna ensuite à Babylone six ans.

Le trône fut occupé un an par Ireghêbal, ou Ireghêbel ou Regebel, ensuite pendant quatre ans par un prince du nom de Mesisi Mérodakh; après celui-ci, il y eut à Babylone un interrègne de huit ans, au bout desquels eut lieu l'asservissement de cette ville royale; Asarhadoun régna à Babylone treize ans, de 680 jusqu'à 667. Son successeur Saôsdoukhin, souverain tout à la fois de Ninive et de Babylone, régna

---

(1) Ptolémée, (libro 4 magnæ syntaxeos, cap. 6 et 7).
(2)   Id. libro 5.
(3)   Id. Ib.

vingt ans, de 667 à 647. Ce fut pendant le règne de celui-ci qu'eut lieu la captivité à Babylone du roi Manassès. Les mauvaises actions de ce roi de Juda étaient écrites in libro sermonum dierum regum Juda, qui est perdu; mais le livre des Paralipomènes nous donne un extrait de ce livre et nous apprend que ce prince, chargé de chaînes, fut conduit à Babylone, et, qu'après sa pénitence, il fut rétabli sur le trône de ses pères. Le prophète Nahoum prophétisa aussi dans ce même temps, au temps de Manassé, fils d'Ezéchias, comme il est dit dans le Seder Olam. Le prophète s'adresse à Ninive, il lui demande « si elle est meilleure que Nô-Amoun, assise parmi les canaux, ayant de l'eau autour d'elle, dont le Nil est la force, qui a le Nil pour muraille? Couch (l'Ethiopie), était sa force, et les Egyptiens, les Pouts et les Loubim étaient ses soutiens; elle aussi en exil est allée en captivité. Ses enfants aussi sont brisés au coin de toutes les rues; on a tiré sur ses plus illustres, et tous ses grands ont été chargés de fers. » Il s'agit de la ville de Thèbes, la demeure d'Amoun. Le Prophète peint d'une manière encore plus terrible la ruine de Ninive au chapitre 2ᵉ.

Saosdoukhin eut pour successeur Khin-âl-Adan, appelé aussi Sarac par Alexandre Polyhistor, et Nabuchodonosor par l'Ecriture-Sainte, « quasi communi regum Babyloniorum nomine. » L'Ecriture nous apprend qu'il était roi des Assyriens et qu'il régnait à Ninive (Judith, cap. 1). Arphaxad, roi des Mèdes, avait soumis plusieurs nations à son empire, et lui-même éleva une ville très-puissante qu'il appela Ecbatane; il n'en avait pas jeté les fondements; c'était son père, selon Hérodote, qui appelle Arphaxad Phraortès. Le Phraortès d'Hérodote se trouve nommé Aphraartès dans Eusèbe et Le Syncelle, et Arphaxad dans l'Ecriture-Sainte.

Khin-âl-Adan ou Nabuchodonosor, dans la douzième année de son règne, combattit contre Arphaxad ou Phraortès, et obtinuit cum. C'était l'an 635, selon Hérodote et les autres historiens; or Khin-âl-Adan était monté sur le trône, suivant le canon de Ptolémée, en 647; et de 647 à 635, il y a tout justement les douze ans dont parle le livre de Judith; voilà une coïncidence tout-à-fait remarquable, qui ne peut être un simple effet du hasard, et qui recommande le livre de Judith. Le fils d'Arphaxad ou d'Aphraartès ou de Phraortès, nommé Cyaxare, s'empresse de venger son père, en déclarant la guerre au roi de Ninive (Hérodote). Cyaxare avait commencé de régner en 635; il fut long-temps occupé à refouler les Scythes, qui avaient fait irruption dans ses états; les uns disent huit ans, les autres vingt-huit ans. Les Scythes étaient partis des Palus-Méotides, chassant devant eux les Cimmériens, et laissant le mont Caucase à leur droite, ils pénétrèrent dans la Médie. Diodore, d'après Ctésias, nous a laissé une description d'un monument élevé à Zarina, reine des Saces : c'était une statue colossale en or placée au faîte d'une pyramide à base quadrangulaire. Les Saces étaient une nation limitrophe de la Sogdiane et de la Scythie, et formaient un de ces empires qui soutinrent contre la Perse de longues et sanglantes guerres. Zarina vivait du temps de Cyaxare. Diodore nomme Stryangée le gendre de Cyaxare, qui vainquit Zarina, reine des Scythes-Saces, et en devint épris et l'épousa. Cyaxare établit satrape de son

empire, son fils Astyages, et pour assurer le succès de ses armes contre les Assyriens, il gagna Nabopolassar que Khin-âl-Adan avait nommé satrape de Babylone et
général de ses armées.

Nous lisons dans Le Syncelle: Alexandre Polyhistor , dit-il , nous apprend que
Nabopolassar ou Nabou-pala-Atzer demanda et obtint pour son fils Nabuchodonosor
la main d'Amyte ou Ariote , fille d'Astyages , satrape de la Médie. Alors (gagné par
cette alliance) ce Nabopolassar mis à la tête de ses troupes par Sarac , roi des
Chaldéens , s'en servit contre Sarac lui-même et contre la ville de Ninive. Sarac ,
épouvanté à l'approche du rebelle , mit le feu à son propre palais et périt dans les
flammes. Nabopolassar , père de Nabuchodonosor , s'empara de la sorte de l'empire
des Assyriens et de Babylone.

Comme Cyaxare, roi des Mèdes, vivait à cette époque, Hérodote n'attribue pas à
son fils le satrape cette conquête , mais au roi Cyaxare lui-même.

Khin-âl-Adan avait régné 22 ans depuis 647 à 625. Ninive fut donc ruinée l'an
625. Naboupolassar commença son règne en cette même année 625, et régna 19
ans, jusqu'en l'an 606 , plus deux ans simultanément avec son fils.

Nabopolassar , qui régna à Babylone l'an 625 (avant l'ère chrétienne), paraît y
avoir appelé les Chaldéens. C'était un peuple, dont on vient de retrouver les descendants au centre de l'Asie occidentale , dans les montagnes qui étendent leurs
innombrables rameaux entre Mossoul , Diarbekir, Van et Suleimania; ils se nomment
eux-mêmes et sont appelés par les Arméniens, leurs voisins, Childam ou Assori , et
Makin par les Kurdes. Il est inutile d'insister sur l'analogie qui existe entre le
premier de ces noms Childam et les noms Chaldée et de Chaldéens ; leur Makin est
une dérivation du persan mage, titre que les Arméniens ont de tous temps donné à
la nation chaldéenne. Quant à l'appellation d'Assori , elle s'explique très-facilement
par l'occupation de la part des Chaldéens du royaume d'Assyrie. On sait que Xénophon indiquait aussi les montagnes voisines de l'Arménie comme l'habitation primitive des Chaldéens , et il raconte comment Cyrus établit la paix entre les montagnards Chaldéens et les Arméniens. Il faut aussi faire rentrer dans le sein de cette
grande famille les Corduiens et les Chalybes du Pont.

Ces peuples nomades se répandirent comme un torrent sur les contrées méridionales. Nous les voyons dominer à Babylone sous Nabuchodonosor, fils de Nabopolassar , et la Babylonie fut appelée Chaldée ; même pour les temps antérieurs on
appelle les Babyloniens Chaldéens; mais cette dénomination n'eut lieu que dans les
temps où ces deux peuples n'en formaient qu'un , et qu'on ne les distinguait plus.

Depuis long-temps les Chaldéens primitifs paraissaient éteints; M. Boré dit:
« La société chaldéenne défendit sa nationalité attaquée successivement par l'Empire
« romain idolâtre, par la Perse, et par les Arabes et les Turcs ; elle fut refoulée,
« mais elle ne céda point le poste inabordable de ses montagnes natales, où elle
« vit, rude, pauvre et inculte , il est vrai, mais libre et indépendante. Nous l'avons
« surprise dans la vallée occidentale de l'ancienne Médie, près du pays des Kurdes,
« et notre joie a été grande ! »

Après cette narration de M. Boré, ajoutons :

Du temps de ces anciens Chaldéens ou Chalybes, fut fondée la ville de Pharnacie (contrée et ville du Pont) qui avait le double avantage de tirer, du côté de la mer, une abondante pêche de Pelamydes, et du côté de la terre, de l'argent, par l'exploitation des mines voisines, d'où l'on extrait aujourd'hui du fer.

Des érudits allemands ont pensé que ces anciens Chaldéens ou Chalybes s'étaient transportés du Pont à Babylone, où ils établirent une race Babylonienne.

Toutefois l'émigration, si commune en ces anciens temps, ne fut pas générale chez les Chaldéens ; c'est un fait constaté par les découvertes de M. Boré, au témoignage duquel se joignent ceux des anciens auteurs : « La Chaldée est une contrée de l'Arménie » (Ménippe dans son voyage des deux Ponts). Etienne de Bysance dit: « Il y a encore dans le voisinage de la Colchide des peuples chaldéens..... les Cha- « lyves (Chaldéens) de Pont (ainsi nommés pour les distinguer des Chaldéens de « l'Assyrie) habitant le long du fleuve de Thermodon, et dont Eudoxe fait mention.. » « Homère dit que Odios et Epistrophus des Alizones étaient venus du fond des A- « lyves, et les nomme après les Paphlagoniens; Alyves est le nom le plus antique des « Chalyves ou Chaldéens. »

Naboupalaatzer eut pour successeur son fils Nabuchadnesar ou Nabuchodonosor ou plutôt Nabokhodrosor. Ce roi régna quarante-cinq ans, dont deux ans avec son père. Le prophète Ezéchiel (ch. 1) parle du cinquième jour du quatrième mois d'une trentième année (ère nouvelle sans la désigner) , avec laquelle il fait coïncider le commencement de la cinquième année de la captivité du roi Joachin. Le roi Joachin avait donc été pris dans la vingt-sixième année de cette ère inconnue. Or, le roi Joachin fut pris dans la huitième année du règne de Nabuchodonosor (quatrième livre des Rois, chap. 24, v. 12); comptant donc sept années écoulées avec les vingt et une années du règne de Nabopolassar, père de Nabuchodonosor, on a vingt-huit ans; retranchant les deux années du règne commun de Nabopolassar avec son fils , on a les vingt-six ans qui datent du commencement de son règne (sept et dix-neuf formant vingt-six ans); de là il résulte, que l'ère d'Ezéchiel commençait à l'avénement de Nabopolassar au trône de Babylone, que ce monarque avait régné dix-neuf ans, et que Nabuchodonosor en régna quarante-trois, comme le porte le canon de Ptolémée, et deux avec son père, que Ptolémée attribue à celui-ci et l'Ecriture-Sainte à Nabuchodonosor. Bérose raconte que Nabopolassar donna à son fils, de son vivant, un grand pouvoir : « Filium suum Nabuchodonosorem cum multa potentia; » qu'il le mit à la tête des armées destinées contre la Syrie, la Phœnicie et l'Egypte, et qu'il mourut dans le temps des succès de son fils.

On sait que Nabuchodonosor, suivant l'Ecriture-Sainte et l'historien Bérose, emmena les Juifs en captivité à Babylone. Diodore et Quinte-Curce disent qu'un roi d'Assyrie, qu'ils ne nomment point, fit ériger les jardins suspendus de Babylone, pour consoler sa femme des regrets qu'elle éprouvait au souvenir des montagnes verdoyantes de son pays, dont le sol de Babylone était entièrement privé; Diodore ajoute que cette princesse était de Perse, et, suivant Joseph , elle était née en Médie. Bérose les attribue également à Nabuchodonosor. Ils étaient situés dans l'agrandissement et embellissement de la partie de la ville qu'il lui attribue (où ce roi plaça des captifs juifs) , et qui sont reconnus l'ouvrage de rois de race Chaldéenne.

Suivant les historiens de Babylone , Nabuchodonosor eut pour successeur son fils Evilmérodakh ou Eouilmérodakh. Nous lisons dans le quatrième livre des Rois, (chap. 25, v. 27), que Joachin était depuis trente-sept ans en captivité à Babylone, lorsque Evilmérodakh, roi de Babylone, au commencement de son règne, le délivra. Joachin ayant été pris dans la huitième année du règne de Nabuchodonosor et trente-sept ans de captivité, cela donne les quarante-cinq ans du règne de Nabuchodonosor (1). Il suit du passage du livre des Rois et du canon de Ptolémée que Evilmérodakh fut le successeur immédiat de Nabuchodonosor. Le prophète Jérémie confirme le même fait (chap. 52 , v. 31).

Nous trouvons dans le prophète Baruch une mention du roi Nabuchodonosor et de son fils Baltasar (ch. 1er., v. 11 (2).

Nous lisons dans Xénophon, que, Cyrus ayant alors seize ans, Evilmérodakh , fils du roi des Assyriens, sur le point de se marier avec Nitocris , pour chasser et piller, fit une excursion avec un grand nombre d'hommes à cheval et à pied, sur le territoire des Mèdes, et que Astyages, roi des Mèdes , avec son fils Cyaxare et son neveu Cyrus, accourut défendre son territoire et repoussa victorieusement les Assyriens. Bérose nous apprend la cause de la mort de Evilmérodakh : « Evilmerodach propter iniquitates et libidines passus insidias a marito sororis suæ Neriglissoroore peremptus est , quum duobus regnasset annis; » ce prince fut donc tué à cause de sa mauvaise conduite.

Nériglissoroor ou Nériglissor ou Nergelsaratzer.

Nériglissoroor régna quatre ans , d'après Bérose et le canon de Ptolémée. Xénophon nous apprend la cause du peu de durée du règne de Nériglissoroor, et qu'il fut tué dans une bataille contre Cyrus, dans laquelle Crésus fut aussi mis en déroute avec son armée.

Le fils de Nériglissoroor lui succéda : il s'appelait Laborosardoch.

Laborosardoch ou Labousarakh ou Labosaroch.

Bérose nous dit : « Hujus filius Laborosardochus principatum quidem tenuit puer existens mensibus novem; insidias vero passus eo quod nimis appareret malorum esse morum, ab amicis extinctus est. » Ce jeune prince fut donc étouffé, et les conjurés , d'un commun accord, lui donnèrent pour successeur Nabonnid, « qui erat ex Babylone, ex eadem gente, » nous dit encore Bérose. Le canon de Ptolémée ne fait

---

(1) Ou si l'on ne compte pas les années commencées, cela donne les quarante-trois ans de son règne personnel.

(2) La fréquence du nom Belsatzer est nettement indiquée par Daniel qui reçut lui-même ce nom , et qui a rapport à Bel , le dieu des Babyloniens ; c'est comme le nom commun de Nabuchodonosor.

point mention de cet enfant royal qui n'a pas régné une année entière, et son règne éphémère est nécessairement englobé dans celui de son père.

Nabonnid ou Nabounahed :

Bérose nous apprend donc que ce prince était de Babylone, de la même race que ses prédécesseurs. Hérodote dit la même chose : il appelle ce prince Labynète, il dit qu'il était fils aussi de Labynète et de la reine Nitocris; ce prince était donc fils de Evilmérodakh et de Nitocris, et petit-fils de Nabuchodonosor. Laborosardoch était aussi petit-fils de Nabuchodonosor, fils de la fille de ce roi et de Nériglissoroor.

Les Israélites furent esclaves à Babylone sous tous ces fils de Nabuchodonosor : « Servivit regi et filiis ejus » (deuxième liv. des Paralipomènes, chap. 36, v. 20). Jérémie avait aussi annoncé cette filiation de Nabuchodonosor : « Et servient ei omnes gentes, et filio ejus, et filio filii sui » (ch. 27, v. 7), L'Ecriture-Sainte nous apprend encore que Nabonnid, qu'elle appelle Baltazar ou plutôt Balsatzer, était aussi babylonien : « Baltassar rex chaldæus; » mais s'il est appelé fils de Nabuchonosor, c'est parce que tous ces rois portaient ce nom, et saint Jérôme dit : « Sciendum est non hunc (Baltassar) esse filium Nabuchodonosor ut vulgo legentes arbitrantur; » et Isidore Clarius ajoute : « Quod Balthasaris patrem Scriptura Nabuchodonosor vocat, non facit errorem scientibus Scripturæ Sacræ consuetudinem qua patres omne proavi et majores vocantur. »

Balsatzer fut le dernier roi de cette nation : « Interfectus est, et Darius Medus successit in regnum annos natus sexaginta duos; » (Daniel, chap. 5, versets 30, 31). Daniel raconte encore que son royaume fut divisé et donné aux Mèdes et aux Perses. Bérose dit aussi que Cyrus sortit de la Perse avec une grande armée, et ayant conquis toute l'Asie, fit une irruption contre la ville de Babylone; Nabonnid accourt pour faire lever le siège, est vaincu dans un combat, et va se renfermer avec peu des siens dans la ville de Borsippe; Cyrus voyant la force et la difficulté de prendre Babylone, l'abandonne et retourne assiéger Borsippe; mais le roi de la Babylonie n'attend point le siège, a recours à la clémence de Cyrus qui lui donne une habitation dans la Carmanie : « Narbonidus itaque reliquum vitæ tempus in illa provincia conversatus est. » Ce récit est contraire à celui de tous les historiens, et est emprunté à Mégasthènes, historien grec, qui écrivait vers l'an 292 avant l'ère chrétienne, une histoire des Indes. Cet historien est peu sûr, et on ne peut suivre ses renseignements sur les faits des Babyloniens; il raconte de Nabuchodonosor : « Herculem fortitudine et actuum magnitudine præcessisse; » il dit que ce monarque soumit l'Espagne et la plus grande partie de l'Afrique; il rapporte un oracle de Nabuchodonosor : « Ce monarque monté un jour sur son palais fait entendre ces paroles : Moi Nabuchodonosor, ô Babyloniens, je vous prédis une calamité imminente que ni les prières de Bélus, mon aïeul, ni celles de la reine Beltis ne pourront détourner; il viendra de la Perse un mulet, qui, avec l'aide de vos démons, nous imposera un joug pesant : la cause de ce malheur sera aussi un Mède, autrefois l'orgueil des Assyriens. Plût à Dieu qu'avant de traiter ainsi mes concitoyens, il pérît dans le gouffre de Charybde ou dans tout autre!.... Pour moi, avant qu'il ait un dessein si impie, puissé-je avoir un sort plus heureux! Après avoir ainsi prophétisé, Nabuchodonosor disparut du milieu des hommes. »

Ce n'est pas de fables semblables que se compose l'histoire. Bérose qui lui emprunte le fait dont nous venons de parler n'est pas un historien plus sûr; on connaît ses faux calculs et ses faits fabuleux; ce prêtre du Temple de Bélus dédia son histoire de Chaldée à Antiochus II qui commença à régner l'an 261. Comment aussi concilier Bérose avec le texte persépolitain de la fameuse inscription trilingue de Bisitoun? Voici à quel propos : Darius, fils d'Hystaspe, y raconte tous ses hautsfaits, et il dit qu'un babylonien nommé Natitabirus, fils d'Oena, s'étant emparé de la couronne, en se donnant faussement pour Nabokhodrosor, fils de Nabonide, il envoya une armée contre lui. Natitabirus fut battu, d'abord sur les bords du Tigre, puis sur les bords de l'Euphrate, enfin dans Babylone qui fut assiégée et prise ; le faux Nabokhodrosor fut mis à mort. La même inscription nous apprend qu'un peu plus tard, et pendant que Darius était en Perse ou en Médie, un nouvel imposteur arménien nommé Araccès se fit passer pour Nabokhodrosor, fils de Nabonide, et releva l'étendart de la révolte; peu après il fut tué, et la Babylonie rentra dans le devoir.

On voit par cette fameuse inscription, d'abord ce que nous avons dit, que Nabuchodonosor était un nom commun aux rois de Babylone, comme l'emploie l'Ecriture-Sainte; et, c'est ce qui donne une solution à plusieurs difficultés. Ne voit-on pas aussi dans ce passage que ces usurpateurs ne viennent pas de la Carmanie ? Si Nabonide y eût vécu, est-ce qu'il n'en serait pas question? Est-ce qu'on n'eût pas parlé de sa mort, et de sa vie et des efforts qu'ils eût fait pour rentrer en ses états? Est-ce qu'il eût été question d'un Babylonien?... Ainsi tout s'oppose au récit de Bérose ou de Mégasthènes.

Xénophon nous apprend que Cyrus alla prendre Sardes, capitale du roi Crésus; il nous raconte l'histoire de cet infortuné monarque, ensuite la défection de Suse, du roi des Babyloniens, les exploits de Cyrus, et tout ce récit s'accorde avec l'Ecriture-Sainte, avec Hérodote, Plutarque, Polyhistor, Charon de Lampsaque et les autres. Ils racontent, avec Hérodote, que Cyrus, après de vastes conquêtes, conduisit son armée contre Nabonide ou Labynite (Hérodote, l. 1, chap. 178 et 188). L'alliance et la réunion des Perses et des Mèdes engagent Cyrus à aller assiéger Babylone; un combat se livre contre Nabonide ou Labynite à la tête des Babyloniens; ils sont mis en fuite, se sauvent à Babylone et y sont assiégés (Hérodote, l. 1, ch. 190). Il est donc certain que Babylone fut assiégée, et ce récit s'accorde aussi avec Jérémie (ch. 51, versets 27, 28, 29 et 30), qui nomme les nations qui allèrent l'assiéger. Les assiégés, se fiant dans leurs approvisionnements qui devaient durer plus de vingt ans, et sur quelques peuples de l'armée de Cyrus, qu'ils se flattaient leur être attachés, méprisèrent ce siège ; ainsi le racontent

Hérodote et Xénophon. Cyrus détourna le fleuve qui faisait la force de Babylone, et ces travaux sont mentionnés par Hérodote (livre 1ᵉʳ., chap. 190, 191, et chap. 1); et par Xénophon (livre 7); et par le prophète Jérémie (chapitre 51, versets 32 et 36). Nabonide, dans un repas pendant la nuit, oubliait les dangers et les combats, et ce repas est mentionné par Hérodote, Xénophon et le prophète Jérémie (ch. 51, versets, 39, 57), et par le prophète Daniel (ch. 5); Babylone était si considérable que ceux du milieu de cette ville ignoraient encore que Cyrus en fût le maître lorsqu'il y était établi (Hérodote, l. 1ᵉʳ., ch. 191; et Jérémie, chap. 51, verset 31).

L'empire de Nabonnid (après 17 ans de règne) passa aux Mèdes et aux Perses d'après les historiens, et d'après le prophète Daniel : « Datum est Medis et Persis ; » il n'y a que Darius le Mède et Cyrus le Perse qui accomplissent cette prophétie. Joseph dit aussi que le roi Baltasar, nommé Nabonaded, ou Naboandel par les Babyloniens, se vit déclarer la guerre par Cyrus, roi des Perses, ligué contre lui avec Darius, roi des Mèdes. Le prophète Daniel mentionne ces deux règnes : « Porro Daniel perseveravit usque ad regnum Darii regnumque Cyri Persæ » (ch. 6, v. 28).

Mais quel était ce Darius le Mède (ch. 5, v. 31), fils d'Assuérus, de la race des Mèdes, « Darii filii Assueri de semine medorum » (ch, 9, v. 1)?

ROIS DE MÉDIE.

D'après Clésias, copié par Diodore, et en partie par Eusèbe et Le Syncelle.

Nous avons vu que l'empire de la Haute-Asie passa aux Mèdes par la ruine de Sardanapul.

Arbaces règne 28 ans. Il est appelé Varbakes par Moyse de Khorène.

Maudaces, 50 ans ou 20, suivant Eusèbe et Le Syncelle (appelé Modakès par Moyse de Khorène).

Sosarmus, 30 ans.

Artycas, 50 ou 30 suivant Eusèbe et Le Syncelle (appelé par Moyse Artikès).

Suivant Ctésias.		Suivant Hérodote.	
	Arbianes, 22.		Déjocès, 53.
	Artée, 40.		Phraortes, 22.
	Artynes, 22.		Cyaxare, 40.
	Astybaras, 40.		Astyages, détrôné par Cyrus, 35.
	Aspades, détrôné par Cyrus, 35.		

Cet Aspades ou Astyages fut Assuérus, et il eut un fils appelé Cyaxare d'après Xénophon, et Darius le Mède d'après les livres saints (1).

____

(1) Que Cyrus ait succédé à Astyages à la mort de ce monarque, comme le raconte Daniel (ch. 13, vers. 65), cela se conçoit par la nullité du règne de Cyaxare II, comme on le remarque dans Xénophon, et par le règne si réel de Cyrus à la tête de tous les Mèdes, du temps de son grand père Astyages.

Depuis Arbianes jusqu'à Aspades, il s'écoula 159 ans ; et depuis Déjocès à Astyages, 150 ans ; la différence n'est pas grande ; Ctésias fait régner les premiers à Suse, et Hérodote, les autres à Ecbatane; c'étaient les deux capitales de la Médie. On a vu d'après Alexandre Polyhistor, que Astyages (ou Assuérus) avait une fille qui fut donnée en mariage à Nabuchodonosor, qu'il était satrape de la Médie, et que avec Nabopolassar il assiégea Ninive.

Ils prirent Ninive, comme il est constant par le fragment d'Alexandre Polyhistor, rapporté par Le Syncelle. Tobie le père qui avait été pris par Salmanasar, qui avait vu la déroute de Sennachérib (liv. 1), vécut 102 ans, et à sa mort annonça la ruine de Ninive : « Prope erit interitus Ninive, » ce qui s'accomplit sous Tobie le jeune, et d'après les prophéties de Nahoum et d'Isaïe; Ézéchiel écrivit le tableau de la destruction de cette ville (ch. 31).

On sait aussi que Néchao, roi des Egyptiens, ayant rassemblé des troupes, se dirigea vers le fleuve d'Euphrate pour faire la guerre aux Mèdes et aux Babyloniens qui avaient renversé l'empire des Assyriens (Joseph).

La guerre déclarée entre les Mèdes et les Lydiens fut terminée à cause d'une éclipse de soleil qui épouvanta les deux armées ; Thalès l'avait prédite, et elle arriva du temps de cette guerre entre Cyaxare, roi des Mèdes, père d'Astyages, et Halyatte, roi des Lydiens, père de Crésus, suivant Eudème dans son histoire astronomique, et il est fait mention de cette éclipse dans les tables de Ptolémée, qui sont les mêmes que celles d'Hypparque, sous le règne de Cyaxare, la quatrième année de la quarante-cinquième olympiade, l'année 147 de Nabonassar (1). Cette guerre fut encore terminée par une alliance. Le roi de Lydie Halyatte, père de Crésus, et époux de Carice, donna sa fille Arienne en mariage à Astyages, fils de Cyaxare, l'an 604 (Hérodote, liv. 1, ch. 74).

Astyages de ce second mariage eut d'Ariène, l'année suivante, Cyaxare II, qui est Darius le Mède (600).

Astyages (son père, Cyaxare, était encore vivant) donna sa fille Mandane, issue de sa première femme, en mariage à Cambyse, fils d'Achémène, roi des Perses, d'où naquit, l'année suivante, Cyrus, 599 (Xénophon).

Cyaxare II était donc plus vieux que Cyrus, d'où on lit dans Xénophon : « Cyro senior existens, æquum est ut sermonem ego incipiam, » disait Cyaxare ; et Cyrus lui écrivant : « Consilium autem tibi do, quanquam ipse junior. »

Astyages, après la mort de son père Cyaxare Ier., régna dans la Médie 35 ans, d'après Hérodote. Il est le même que l'Assuérus de l'Ecriture-Sainte. Nabuchodonosor lui enleva la province d'Elymaïde avec Suse sa métropole. Les Elamites joignirent dans la suite leurs forces avec celles des Mèdes contre les Babyloniens (Isaïe, ch. 21, verset 2), et contribuèrent à la ruine de Baltasar; aussi nous voyons le prophète Daniel à Suse la 3e. année de Baltasar (ch. 8, v. 2), et l'année de la

(1) D'autres disent que cette éclipse eut lieu l'an 597 avant l'ère chrétienne.

mort de ce roi, il était à Babylone; les Elamites s'étaient ainsi révoltés sous le règne de ce monarque. Suse devint sous Cyrus la métropole de son empire, comme on le voit dans le livre quinzième de Strabon.

Assuérus ou Astyages était très-puissant; son empire s'étendait jusqu'aux Indes; les Mèdes avaient alors la suprématie sur l'Asie, et venaient de détruire une seconde fois l'empire d'Assyrie. On ne peut reculer l'existence d'Assuérus à Darius . fils d'Hystaspe, comme l'ont fait Bossuet et dom Calmet, parce qu'il est dit que Mardochée avait été emmené en captivité avec Jéchonias : les deux versets 6 et 7 , ch. 11 , commençant par Qui, se rapportent à Mardochée; on ne peut pas les séparer et en attacher un au mot Jemini ou Cis, et faire précéder l'autre du mot Mardochée; il est visible qu'ils ont tous deux le même antécédent; et cela étant ainsi, on ne peut reculer l'époque d'Assuérus à Darius, fils d'Hystaspe, sans donner à Mardochée une vie d'une longueur démesurée.

Il y a diverses narrations sur Cyrus, sur ce prince si remarquable et dont l'histoire aurait dû être si connue, si populaire; Hérodote, qui ne vivait que cent ans après lui, avoue qu'il existait déjà trois sentiments; en effet, les anciens historiens ne sont nullement d'accord.

Un passage de Cicéron nous donne quelque éclaircissement, et nous fait connaître un auteur de l'histoire des Perses appelé Denys, qui écrivait avant le règne d'Alexandre-le-Grand : Qu'ai-je besoin, dit Cicéron, de raconter comment les Mages, au rapport de Denys, dans son histoire de Perse, interprétèrent un songe de Cyrus ? Ce prince, dit cet historien, avait songé que, voyant le soleil à ses pieds, il avait inutilement essayé par trois fois de le saisir avec les mains, et que le soleil roulant toujours lui avait échappé. Les Mages, qui étaient les sages et les docteurs de la Perse, lui dirent que, de ce qu'il avait étendu la main par trois fois pour saisir le soleil, il résultait qu'il règnerait 30 ans; ce qui eut lieu en effet, car il mourut à l'âge de 70 ans, et il en avait 40 lorsqu'il commença à régner (De divinatione, l. I).

Cyrus, né l'an 599 , fut mis à la tête des Mèdes en 559, comme le rapporte aussi Xénophon; son oncle, Cyaxare, était roi des Mèdes, mais Cyrus commandait partout par son mérite et sa valeur; l'autorité de Cyaxare était nulle, et Hérodote et Ctésias n'ont pas fait difficulté de dire que son père (grand-père de Cyrus) était aussi détrôné par Cyrus, probablement parce que celui-ci était à la tête des Mèdes dans ses campagnes victorieuses.

Eusèbe nous apprend, d'après Jules Africain , que tous les chronologistes et tous les historiens, Polybe, Castor, Thallus, Diodore, Phlégon, etc. , s'accordent à mettre le commencement du règne de Cyrus sur les Mèdes à la première année de la cinquante-cinquième olympiade, 559 ans avant Jésus-Christ. (Fréret ajoute que tous les chronologistes modernes ont regardé comme parfaitement assurée cette date de l'avénement de Cyrus au gouvernement des Mèdes.)

Xénophon raconte néanmoins que Cyaxare suivait son neveu, qu'ils guerroyèrent contre Nériglissoroor (celui-ci fut tué l'an 555), et contre Baltasar, l'an 538. Cette dernière année, il reçut l'empire des Babyloniens des mains de Cyrus (Daniel, ch. 5, v. 31, et ch. 9, v. 1).

L'expression, dont se sert le prophète, ne s'entend que d'une chose offerte et que l'on accepte.

Suivant Xénophon, Cyrus lui fit préparer une maison royale et lui réserva les palais de Babylone (Xénophon, l. 8). Cyrus ayant mis de l'ordre dans Babylone, partit pour se rendre, par la Médie, en Perse, vers son père et sa mère qui vivaient encore. Il revint ensuite en Médie où il épousa la fille unique et héritière de Cyaxare, et reçut pour dot la Médie. Etant venu à Babylone, il envoya des satrapes dans les provinces soumises. Cyaxare avait aussi reçu des mains de Cyrus victorieux des forteresses et des pays conquis, et y envoya aussi des satrapes; Xénophon le raconte de Cyrus, et Daniel de Cyaxare. Cyrus se remit en campagne ; c'était vers la fin de la deuxième année depuis la prise de Babylone; pendant ce temps, son père Cambyse mourut en Perse, et son beau-père Cyaxare II en Médie, de sorte que le règne de Cyaxare dura deux ans, et que Cyrus n'eut la monarchie universelle que l'an 536 (1).

Les historiens ne conviennent pas du genre de mort de Cyrus; mais Xénophon a encore raison contre eux; il le fait mourir en Perse d'une mort paisible, et son tombeau y fut connu des anciens, et a été retrouvé par les modernes. Si l'on ajoute à l'année 536 les soixante-dix ans de la captivité de Babylone, cela nous reporte à la première année du règne de Nabuchodonosor (avec 45 ans de règne) ; et selon Jérémie, il vint, pour la première fois, devant Jérusalem dans la première année de son règne, la quatrième du roi Joakim (ch. 25, vers. 1); Daniel dit que c'était la troisième année de Joakim; il avait donc régné 3 ans, et la quatrième ne faisait que commencer : « Unde incidisse primum Nabuchadnesaris annum in desinentem annum tertium Joakim, et incuntem quartum recte concludit Tremellius. »

La fin de la captivité de Babylone arriva donc l'an 536 : le livre deuxième des Paralipomènes raconte que les Juifs servirent d'esclaves à Nabuchodonosor et à ses fils jusqu'à l'avénement du royaume de Perse : « Servivit regi et filiis ejus donec imperaret rex Persarum : » ce qui s'exécuta à la lettre. L'acte de la délivrance des Juifs, donné la première année du règne de Cyrus, fut exécuté dans toute sa teneur, l'an 536 (2). Les Juifs retournèrent donc dans leur patrie, et rebâtirent leur ville et leur temple. Mais il n'en fut pas de même des dix tribus emmenées

(1) Daniel a pu dire qu'il avait vécu jusqu'à la première année de Cyrus, qui fut la troisième de son règne, mais la première de sa monarchie universelle, et confondre l'une avec l'autre (ch. 1, vers. 21, et ch. 10, vers. 1.)

(2) Le prophète Baruch avait annoncé que la captivité durerait « usque ad generationes septem.» Dix ans était donc à cette époque une génération ; et ce calcul n'avait-il point quelque analogie avec l'histoire racontée par Cicéron, où Cyrus avait essayé de prendre trois fois le soleil dans son songe, ce qui signifiait trois fois dix ans de règne.

par Salmanasar. Nous lisons dans Esdras que ces dix tribus, après avoir erré quelque temps, arrivèrent dans un pays appelé Arsareth ; les meilleurs historiens persans disent que les Afghâns sont descendus des Juifs ; les traditions des Afghâns parlent de cette origine, et quoiqu'ils aient grand soin de la tenir cachée, depuis qu'ils ont embrassé l'islamisme, on assure que leurs familles sont distinguées par les noms des tribus juives. Un territoire considérable, qui appartient aux Afghâns, s'appelle Hésârêh ou Hézâret, ce qui est le même mot que celui dont se sert Esdras. Deux savants anglais ont publié depuis peu une histoire des Afghâns Rohyllahs, qui, outre ces renseignements, ne laisse aucun doute sur leur origine hébraïque ; parmi ces anciens habitants de Samarie, il y en a beaucoup qui s'appellent Béni-Israël ; ils étaient soumis aux rois d'Israël et non aux rois de Juda.

Cyrus, comme on vient de le voir, fut donc réellement le maître des empires d'Assyrie, de la Babylonie, des Chaldéens, des Perses et des Mèdes ; il régna 9 ans. Nous avons vu les successeurs de Cyrus et d'Alexandre.

Séleucus, un des capitaines d'Alexandre, se fit, l'an 305, reconnaître roi, non seulement de la Babylonie, mais encore de la Médie, de la Bactriane, et des autres nations jusqu'au fleuve de l'Indus (Justin, Appien, Ammien-Marcellin, Ussérius).

Antiochus Soter Ier, fit en 280 de magnifiques obsèques à son père Séleucus, dans la ville de Séleucie ; il régna 19 ans. Antiochus Soter mourut à Antioche.

Son successeur Antiochus Theus fut empoisonné par Laodice ; il régna 15 ans. Le fils de Laodice et d'Antiochus, nommé Séleucus Pogon ou Callinicus, régna 20 ans. Son fils, Séleucus Céraunus, régna trois ans ; il finit sa vie par le poison ; nous voyons dans les auteurs payens et dans les Livres Saints les guerres d'Antiochus-le-Grand contre les Romains ; il fut vaincu par eux ; néanmoins ils lui laissèrent la Syrie, la Judée, la province de Comagène (Memnon) et encore les régions au-delà de l'Euphrate, la Babylonie, l'Assyrie, la Susiane et plus bas la Cilicie. Son fils et successeur fut Séleucus Philopator qui régna 12 ans. Celui-ci eut un fils appelé Démétrius Soter ; mais à Séleucus Philopator succéda Antiochus Epiphanes qui mourut misérablement, comme le livre des Macchabées le rapporte (liv. 11, chap. IX); il régna 11 ans. Son fils Antiochus Eupator lui succéda et régna 2 ans. A cette époque, Démétrius, fils de Philopator, avait 23 ans ; il se plaignit aux Romains de l'usurpation de son royaume et demanda « ut in regnum patrium, a patrui sui Antiochi Epiphanis filio injuste occupatum. » Démétrius Soter succéda donc au précédent. Démétrius Soter eut deux fils Démétrius Nicator et Antiochus Sidétès, appelé également Evergète. On sait que les Macchabées portèrent secours à Alexandre, qui se disait fils d'Antiochus Epiphane et soutenait ses droits au trône, et que, dans une bataille, Démétrius Soter perdit la vie après 12 ans de règne, 150 ans avant Jésus-Christ. Alexandre régna alors à Ptolémaïde, ville de Phénicie, c'était la capitale de son royaume de Syrie. Démétrius Nicator ou Nicanor succéda à Alexandre, tué dans une bataille l'an 146, après environ 5 ans de règne. On sait qu'Alexandre (surnommé Bala) laissa un fils nommé Antiochus, que Triphon, un des généraux d'Alexandre, soutint, et ensuite empoisonna pour régner à sa place. Démétrius Nicanor étant captif chez les Parthes, à qui il avait déclaré la guerre, son frère Antiochus Sidétès soutint la guerre contre Triphon ; il déclara aussi la guerre aux Parthes, et les repoussa dans leurs limites ; mais, dans un autre combat, il fut vaincu par les Parthes ; les Juifs de Jérusalem écrivirent alors à leurs frères d'Egypte, et racontèrent comme cet Antiochus avait péri misérablement en Perse, assassiné dans le temple de la déesse Nanée ou Nahit, où les prêtres l'avaient fait entrer pour épouser cette divinité. Des médailles de ce prince, portant les dates 185 et 186 de l'ère des Séleucides, prouvent qu'il existait encore alors, et que Eusèbe et Porphyre se sont trompés pour l'année de sa mort ; l'ère des Séleucides commençait l'an 312 avant l'ère chrétienne, correspondant à la première année de la 117e. olympiade et l'an 4402 de la période Julienne ; Antiochus Sidétès vivait donc encore l'an 126 avant Jésus-Christ. D'autres médailles de l'an 187 furent frappées pour son successeur Antiochus Grypus. Celui-ci était fils de Démétrius Nicanor. Il faut noter ici que Démétrius Nicanor parvint à régner après sa captivité de la Perse ; que Porphyre assure que son fils Séleucus régna un an ; que cet historien parle encore d'Alexandre Zébina ainsi que Diodore de Sicile ; Alexandre Zébina, compétiteur d'Antiochus Grypus, fut tué par ce rival. Grypus régna 8 ans selon Justin et Appien. Dans l'an 112 avant Jésus-Christ, il eut pour successeur son frère Antiochus Cyzique ; mais un an après ils partagèrent l'empire : Cyzique eut la Cœlésyrie, et Grypus la Syrie.

Antiochus Grypus est tué l'an 97 ; il laisse cinq fils : Séleucus qui lui succède, Antiochus, Philippe, Démétrius Eucer, et Antiochus, surnommé Denys. Séleucus, fils de Grypus, fait la guerre à son oncle Cyzique, qui, l'an 94, se tue dans une bataille. L'année suivante, Antiochus Eusèbe ou le Pieux, fils de Cyzique, chasse de la Syrie Séleucus ; Antiochus et Philippe soutiennent la guerre, et Antiochus « quidem equo in Orontem e pugna fugiens in flumine submersus est. » Philippe continua la guerre contre Antiochus-le-Pieux, et contre ses frères Démétrius Eucer et Antiochus Denys. Les Syriens, fatigués de ces guerres interminables, rejettent la race des Séleucides, et se donnent à Tigrane, roi d'Arménie, ainsi que l'indique Justin.

L'an 89, Mithridate fait société avec Tigrane et déclare la guerre aux Romains ; il appelle à son secours les Cimmériens, les Sarmates et les Bastarnes ; il fait venir aussi une armée de Scythie (Justin) ; il avait prêts à suivre ses ordres « omnes qui Tanaïm et Ister paludemque Mæotidem accolunt... » ; il appelle « multas circumvicinas gentes, inter eas Colchos gentem bellicosam » (Appien) ; il possède le pays, « quæ Haly fluvio determinatur usque ad Tibarenos et Armenios, atque inter Halyn usque ad Amastrin ac Paphlagoniæ quasdem partes ; » il ajouta à son Empire « oram maritimam versus occasum usque ad Heracleam ; » il avait sous son empire 25 nations.

Tigrane donna à trois cent mille hommes des terres en Arménie, pour s'y fixer et les cultiver.

Antiochus-le-Pieux avait laissé deux enfants, Antiochus l'Asiatique et son frère. Ils gouvernèrent une partie de la Syrie que Tigrane n'occupait pas ; et après la défaite de ce roi par les Romains, Antiochus l'Asiatique gouverna la Syrie, ce que permit Lucullus, et ce que fit finir Pompée.

Dans l'espace compris entre l'Euphrate et le Tigre, le territoire, qui fait partie de la province Irak-Arabi, est l'Ancienne Babylonie, la plaine de Sennaar. L'on rencontre d'abord, dans un lieu appelé Akar-Couf, un monticule artificiel (semblable à ceux sur lesquels sont bâtis tous les monuments attribués à Sémiramis), surmonté d'un amas informe de briques cuites au soleil, et haut de 125 à 130 pieds, qui est la base d'un temple. L'aspect gigantesque de ces débris, leur vétusté, ont fait penser aux voyageurs que ce temple avait été fondé par Nemrod, et cela se trouve justifié par la ressemblance des noms. Il est dit dans la Genèse de Nemrod : « Il établit d'abord « son Empire à Babel, à Erek, à Akkad et à Kalne, dans la terre de Sennaar. » Il est à remarquer aussi que le père de Nemrod s'appelait Kousch; et ces mots présentent une analogie frappante avec Akar-Couf.

Plus loin on voit près de l'Euphrate, dans un lieu appelé Boursa-Gisara, jadis Borsa ou Borsippa, un autre monceau de ruines. Cette ville était autrefois le siége d'un célèbre institut de prêtres de la Chaldée, et d'une fabrique importante de ces étoffes peintes que l'Inde a produites plus récemment; c'est dans ses environs que l'on a recueilli le plus grand nombre de ces cylindres gravés, les plus précieux monuments de l'art babylonien, qui soient parvenus jusqu'à nous.

De Borsa à Babylone, la route présente encore d'autres monuments qui ont aussi leur intérêt, et qu'on peut voir dans les relations des voyageurs modernes.

La plaine qu'occupent les ruines de Babylone, resserrée de plus en plus par le désert, est cependant couverte dans une étendue de dix-huit lieues, de débris, de monticules à demi renversés, d'aquéducs, de canaux à demi comblés; ces ruines commencent à un lieu nommé Escanderia, mot dans lequel on retrouve le nom d'Alexandre qui, comme Nemrod et Sémiramis, représente un âge de l'art babylonien. On rencontre des monceaux de briques qui, à mesure que l'on avance, deviennent plus fréquentes, et enfin l'on voit de toutes parts, et à perte de vue, des chaînes de petites collines surmontées de briques qui, seules, peuvent indiquer les détours et les embranchemens des rues anciennes. Sur les deux rives du fleuve sont des ruines colossales : la plus grande est sur la rive occidentale : c'est le monument appelé communément Birs-Nemrod, c'est-à-dire palais de Nemrod, du phénicien Birtha. Ce vaste édifice situé à un mille un quart du fleuve, et compris cependant encore dans l'enceinte de Babylone, est de forme oblongue, irrégulière, de 2082 pieds de tour. Sa hauteur est inégale et varie de 50 à 60 pieds à l'occident jusqu'à près de 200 à l'orient. Cette immense terrasse est surmontée d'un reste de muraille de briques cuites, haut de 35 pieds, et divisé en trois étages; par sa construction et ses matériaux il indique des appartements intérieurs. De l'examen de cette ruine, des monceaux de briques, des pans de murailles entiers, qui se sont détachés de l'ancien monument et qui jonchent le terrain, il résulte que ce monument était construit en pyramide et s'élevait à une très-grande hauteur. C'était là la tour de Babel : tous les voyageurs ont remarqué, avec un vif étonnement et une profonde émotion , d'immenses masses de briques vitrifiées comme par l'action d'un feu violent, symptômes éclatants de quelque grand désastre , signes évidents de la foudre qui a détruit ce monument. Le voyageur anglais Mignan a dessiné et fait graver pour son ouvrage une de ces masses vitrifiées, haute de 12 à 13 pieds. Ces traces évidentes du feu du ciel indiquent la tour de Babel.

Lorsqu'en quittant le Birs-Nemrod, on se dirige vers le fleuve , on rencontre bientôt le quartier le plus populeux de l'ancienne Babylone, et le point où les deux parties de la ville étaient jointes par un pont que Sémiramis avait jeté sur le fleuve; il avait cent quatre toises de long , sur trente pieds de large ; au sortir du pont sur la rive orientale, on se trouve au milieu du quartier le plus riche de la ville; aussi les ruines se multiplient plus larges et plus imposantes ; des lignes infinies d'édifices se prolongent ; le sol se jonche de fragments précieux, de morceaux de briques vernies, de vases d'albâtre, de nacre, de perle et de verre. Le premier grand monceau de briques, que l'on rencontre, est une tour de forme carrée, bâtie de briques cuites au four , et couvertes d'inscriptions cunéiformes , et surmontée encore de restes de constructions; elle présente une circonférence de 200 mètres ; le temps n'a pas été la seule cause de la ruine de cet édifice; il a été, depuis la destruction de Babylone par Cyrus, pour tous les peuples qui se sont succédés, un ample magasin de briques , une carrière inépuisable de matériaux; néanmoins la position des ruines, leur aspect général , la richesse des débris qu'on y trouve, tout fait penser que c'est là la tour carrée sur laquelle était bâti le grand temple de Bélus ; une ancienne idole babylonienne, d'après la tradition , avait été enterrée près de ces ruines; en creusant, on y a trouvé un lion en granit gris, grossièrement sculpté, une statue d'homme aussi en granit gris , haute de neuf pieds, et large de trois, et qui, par son style barbare, semble remonter à une haute antiquité. Un passage d'Hérodote a trait à ces deux magnifiques ruines du Palais et du Temple : « Au mi-
« lieu de chaque enceinte de la ville de Babylone , on voit un enclos de murailles
« dont l'un enferme le palais du Roi, et l'autre le temple de Jupiter Bélus.... Il y
« a au milieu de ce temple une tour solide, qui a un stade d'épaisseur et autant de
« hauteur ; sur cette tour une seconde; ainsi il y en a jusqu'à huit les unes sur les
« autres. On monte à chaque tour par des degrés qui vont en tournant par le de-
« hors, et au milieu de chaque escalier il y a une retraite et des siéges de repos.
« Dans la dernière tour, il y a un temple où l'on voit un lit de parade, et auprès
« une table d'or. »

Il y avait un tunnel, bâti par Sémiramis suivant Diodore, et par Nitokris suivant Hérodote, qui allait d'un palais à l'autre, en passant sous le lit du fleuve. Le sable emcombre aujourd'hui les bords de l'Euphrate. Ctésias dit aussi que des deux palais qui décoraient la ville de Babylone, le plus grand et le plus magnifique était situé sur la rive occidentale; puis il ajoute que le jardin suspendu était placé auprès de la citadelle, et que cette citadelle était renfermée dans l'enceinte du palais occidental.

Le prophète Isaïe (chap. XIII), au moment de la plus grande splendeur de Babylone, en annonça toutes les ruines : la prédiction et l'accomplissement sont sous nos yeux (tels sont les renseignements de M. Raoul-Rochette). D'autres savants ajoutent que le Birs-Nemrod, dont les murs sont renversés et vitrifiés par les feux célestes, répond bien exactement et bien certainement à l'ancien emplacement de Babel; car le Pentateuque samaritain appelle Lilaq l'ancienne Babel, et, non loin de cette tour de Nemrod, et dans l'enceinte même de Babylone, existe encore une petite ville nommée Ilaq.

La tour de Bélus fut commencée à une époque très-reculée; elle était altérée par les siècles lorsqu'elle prit sa forme définitive sous Nabuchodonosor (606-561 avant Jésus-Christ).

A l'orient de l'Euphrate était situé un autre palais de l'ancienne Babylone, où Alexandre mourut; les ruines de ce monument subsistent encore aujourd'hui dans une prodigieuse masse de décombres qui porte le nom de Kassr, c'est-à-dire palais.

Polybe nous a laissé un tableau détaillé du temple d'Ecbatane, ville célèbre, qui, sous Déjocès, fut la capitale des Mèdes, et sous les successeurs de Cyrus, partagea avec Suse et Persépolis l'honneur d'être le siège de tout l'empire mède. Ce palais, dit Polybe, a une étendue telle que sa circonférence est de sept stades, et la magnificence des travaux de chaque partie démontre la richesse de ceux qui en ont jeté les fondements : toute sa charpente est en cèdre et en cyprès, et cependant rien n'en reste à découvert; mais les poutres, les lambris et les colonnes, dans les portiques et dans les péristyles, sont revêtus de lames d'or ou d'argent, toutes les tuiles étaient d'argent. On y voyait aussi les peintures symboliques. Dans le système médique, on voit, comme dans le système des Babyloniens, les sept couleurs signifiant les sept planètes, et elles se retrouvent dans les initiations aux mystères de Mithra.

Ecbatane, l'ancienne capitale des Mèdes, s'appelle aujourd'hui Hamadan; « Je « ne m'étais pas attendu, dit sir Porter (1818) à retrouver l'Ecbatane du temps « d'Alexandre; mais quand je la découvris d'une distance de deux milles et du « sommet de la dernière des hauteurs qui coupent le pays, j'observai à regret que « je m'étais flatté sur cette ville sans le savoir. La vue de ses restes me fit l'effet de « celle d'un cadavre substitué au corps languissant, mais vivant encore, à la ren- « contre duquel on m'aurait préparé. La magnificence de l'Oronte ou Elwund et « la richesse du feuillage des arbres, qui revêtent cette montagne, la plus haute « des alentours, me frappaient d'admiration, mais le vide de sa base, jadis occupé « par Ecbatane, me causait une tristesse profonde; le seul moyen d'en sortir « était de considérer le pays adjacent, cette plaine immense d'Hamadan, semée « de villages en forme de châteaux, et ses collines qui s'étendent à perte de vue. « Les jardins, vergers et bosquets contigus qui remplissaient la plaine, les formes « agréablement diversifiées que présentait le haut pays, les innombrables végétaux « dont j'admirais l'éclat, et respirais les délicieux parfums, les ruisseaux limpides « dont le cours précipité par les vents indiquait les sentiers des montagnes, et qui

« réfléchissaient la splendeur du soleil, paraissant sortir à son lever de la crête
« rocheuse de l'Oronte. Les maisons d'Hamadan, au nombre d'environ 9,000,
« forment par leur teinte sombre, la seule opposition de ce riant tableau. Tels sont
« les enchantements naturels que, privée de ses palais, offre la magnifique contrée,
« où Astiage tint sa cour, qui vit Cyrus adolescent, et qui fleurit sous son sceptre
« d'or. Des rues ou allées bourbeuses et des bazars en ruine, voilà l'Ecbatane de
« nos jours; toutefois, j'observai sur un ou deux points, des plates-formes en
« larges pierres, dont quelques-unes étaient ornées d'arabesques d'un travail su-
« périeur, et portaient de plus des inscriptions en caractères arabes. Les habitants
« juifs d'Ecbatane prirent un vif intérêt aux questions que je leur fis sur le tombeau
« d'Esther et de Mardochée, dont le dôme s'élève au-dessus des chétives habitations
« de ce pauvre reste d'Israël, encore sur son ancienne terre de la captivité. Le
« rabbin, gardien de ce sépulcre, me conduisit pour le voir : nous traversâmes la
« ville en passant sur beaucoup de ruines et de décombres, avant d'arriver à un
« certain clos, plus élevé qu'aucun de ceux du voisinage, au milieu duquel est le
« tombeau juif, bâtiment carré, en briques, de la forme d'une mosquée, terminé
« par un dôme un peu allongé. La porte du monument, suivant l'ancien style sé-
« pulcral du pays, est fort petite, et d'une seule pierre très-épaisse; la clef est tou-
« jours entre les mains du chef des Juifs d'Hamadan, et sans doute elle n'a pas cessé
« d'y être depuis l'enterrement d'Esther. Le tombeau actuel occupe la même place
« que l'ancien qui fut détruit par Tamerlan (1). »

Sir Porter, monta l'Elwund, derrière la ville, et rencontra en chemin une plate-
forme jadis consacrée au culte du feu, et atteignit le plus haut pic oriental de
cette montagne, où il vit un immense bloc de granit rouge, du poids de plusieurs
milliers de tonneaux, fort beau et presque sans pores; il offrait, sur trois colonnes,
des caractères à pointes de flèche parfaitement conservés ; ces inscriptions primitives jetteront un grand jour sur les premiers âges d'Ecbatane.

NINIVE.

Les antiquités de Ninive ont été en partie déposées à Paris et à Londres; de précieux restes sont dus à la sage activité de M. Botta, consul de France à Mossoul.

De l'autre côté du Tigre, en face de Mossoul, sur la rive orientale du fleuve,
s'étend une plaine bossuée de monticules, et semée de détritus de briques, c'est là
que fut Ninive. Dans un pli du terrain, elle a disparu, l'énorme ville avec ses temples
démesurés, ses palais géants, ses superpositions de tours, ses escaliers de terrasses,
du haut desquelles, accoudés et rêveurs, les rois étalaient leurs barbes frisées sur un
pectoral de pierreries, avec ses pylones faits d'un seul bloc, ses colosses de granit
rose, ses éléphants de basalte soufflant l'eau et le feu par leurs trompes redressées, ses
piscines où l'on descendait par cent degrés de porphyre, ses viviers pleins d'eaux
amères où sautent et reniflent les monstres de l'Océan, ses toits de marbres d'où

____

(1) On vient de découvrir, à Hamadan, le tombeau d'Ephestion.

les Mages épelaient, la nuit, dans l'alphabet d'étoiles du ciel, et ses profondes cités mortuaires où , couche par couche , comme les feuilles d'automne , se déposent les générations tombées de l'arche du temps. Tout cet immense entassement de richesses, de puissance et d'orgueil , ce prodigieux amas dont les dentelures déchiraient les nuées au passage , n'est plus maintenant qu'une plaine aride et bossuée de monticules. Qui aurait jamais cru que de nos jours nous verrions de nos yeux, que nous toucherions de nos mains des fragments de la ville anathématisée par le prophète, que nos pieds fouleraient le seuil qu'ont foulé Assur, fils de Sem , Ninus, fils de Bélus, Sardanapale , Téglath-Phalasar et Salmanasar , tous ces rois embaumés dans les versets de la Bible?

M. Botta fit attaquer un monticule au village de Khorsabad, qui, à peine éraillé, laissa voir un palais Ninivite , palais gigantesque, tout plaqué de bas-reliefs et d'inscriptions cunéiformes , peuplé de colosses d'albâtre aux aspects étranges et symboliques. Un incendie avait dévasté l'édifice ; et sur le plancher gisaient les poutres carbonisées du plafond , parmi les cendres mêlées des restes d'un enduit bleu , car cette architecture était coloriée, suivant l'usage de l'antiquité. Quelques-uns des bas-reliefs trop profondément mordus par la flamme s'exfoliaient ou s'effritaient au contact de l'air. M. Botta s'efforçait de conserver un croquis de ces révélations du passé.

Le gouvernement français envoie M. Flandin au secours de M. Botta; alors ils constatent qu'il subsiste de ce palais quinze salles avec quatre façades; la totalité du terrain qu'occupait ce palais est de quarante-cinq mille mètres carrés, et la moitié de cet espace , environ vingt-deux mille mètres carrés, a donné des sculptures. Beaucoup de portions avaient été moins maltraitées et purent être détachées des murailles pour être embarquées sur le Tigre et envoyées à Paris. Alors, découverte abrutissante, qui confond tout raisonnement, et ouvre d'immenses perspectives ! on s'aperçut que sur l'envers des bas-reliefs étaient gravées d'interminables inscriptions cunéiformes, creusées avec le soin le plus méticuleux, et que nul œil n'avait jamais pu lire , puisqu'elles regardaient la paroi de la muraille, et qu'elles étaient noyées dans la maçonnerie. Ainsi, ce n'était pas assez d'orner des salles de bas-reliefs du travail le plus fin et le plus soigné, et qui, mis bout à bout, formeraient une bandelette de plusieurs kilomètres; il fallait encore que la face perdue, le côté aveugle de ses frises sculpturales, dans lesquelles se déroule la vie d'un peuple, fût sillonné de légendes cryptiques. Quelle armée d'artistes infatigables et habiles on a dû employer à l'exécution de ces travaux incompréhensibles ! Et qu'espérait-on de ces inscriptions qui ne pouvaient être lues qu'après la dévastation et la ruine des monuments qui les voilaient !!

Outre ces bas-reliefs, M. Botta fit embarquer , après qu'on les eut sciées en plusieurs morceaux, car leurs monstrueuses dimensions ne le permettaient pas avec les ressources dont il disposait, quatre colosses qui formaient les jambages d'une porte, et dont les proportions, l'aspect grandiose et le travail admirable frappent d'étonnement et de stupeur, et font se demander si, depuis trois mille ans, le genre humain a fait un pas, et si le progrès n'est pas un vain mot dont se berce l'orgueil de chaque génération. D'autres colosses du même genre furent réenterrés par les soins de M. Botta.

Parmi les bas-reliefs apportés à Paris, il y en a qui offrent des scènes maritimes d'un grand intérêt. Une mer capricieusement ondée et constellée d'animaux caractéristiques, tels que tortues, crabes, poissons, hydres, porte une grande quantité de barques, manœuvrées par de petits bons hommes, d'un mouvement très-vif et très-vrai; dans l'un, il s'agit de l'attaque d'un port, dans l'autre d'un armement naval. La conformation des barques est assez singulière; leur proue est faite d'une tête de cheval emmanchée d'un long col où viennent s'accrocher des cordages comme des rênes, ce qui donne aux matelots un air d'écuyer assez étrange. Des bas-reliefs représentent des combats livrés à des ennemis de nations différentes, si l'on en juge par la diversité des costumes, et des assauts donnés à plus de vingt forteresses; le roi préside du haut de son char à neuf batailles différentes. Parmi ces ennnmis, on en voit à cheveux crépus, et dont l'absence de la barbe se fait remarquer.

LES COLOSSES.

Représentez-vous deux taureaux ailés à tête humaine, d'une beauté monstrueuse, d'une grâce grandiose, d'une sauvagerie coquette, où le symbolisme, l'ornementation et la vérité se fondent dans des proportions étranges et dont rien ne peut donner l'idée. La tête humaine a des traits d'une noblesse et d'une régularité parfaites; le nez prend une courbe aquiline, et l'œil, sous un sourcil épais, s'allonge avec la longueur des paupières orientales; la bouche s'épanouit dans une barbe frisée qui commence par des tire-bouchons, et finit sur la poitrine par plusieurs étages de nattes cannelées et striées; les cheveux ondés et frisés également à leur extrémité s'étalent en s'arrondissant sur les premières plumes des ailes, qui s'insèrent aux épaules. La coiffure est une mitre terminée par un rang de palmettes et semée de petites rosaces. Quatre cornes qui se recourbent en avant, et des oreilles de taureau enjolivées de pendeloques, complètent l'ornement d'une richesse à la fois efféminée et barbare. Les ailes se composent de cinq rangées de plumes disposées symétriquement; les trois premiers rangs partent du poitrail et montent jusqu'à l'articulation de l'aile, formant une espèce de zône imbriquée ou papelonnée, si l'on nous permet d'emprunter au blason ce terme significatif; les deux autres sont composées de pennes ou longues plumes placées horizontalement. Tout le poil qui hérisse le bas du ventre, les reins et le contour de la croupe, est tordu en petits frisons de même que celui de la queue terminée par une houppe à trois étages. Entre les jambes de devant de ces taureaux, sont gravées très-finement et très-précieusement des inscriptions cunéiformes; ces colosses remplacent les pieds droits d'une porte; ces taureaux à tête humaine, aux ailes d'aigle, étaient les emblèmes du culte de Mithra.

Il y avait aussi des géants dompteurs de lions, qui se tenaient debout à côté des taureaux : ils ont bien cinq à six mètres de haut et sont exécutés avec une minutie, qui contraste avec leur caractère grandiose ; le haut du corps est de face jusqu'aux genoux ; le reste se présente de profil avec un mouvement de torsion hardie. Ces personnages, de la tête desquels s'échappent plusieurs rouleaux de nattes, et dont la barbe descend sur la poitrine par cinq rangées de spirales, sont nus jusqu'à mi-corps; à partir de leurs reins, serrés par une ceinture dont le bout flotte entre leurs jambes, s'allonge une espèce de pagne historié de grecques et de franges qui bride assez étroitement. Des bracelets enserrent leurs poignets et leurs biceps. Le premier est composé de rosaces ou boutons étoilés : le second d'un cercle coupé brusquement à ses deux bouts, et s'enroulant trois fois sur lui-même. Ces bracelets sont du style le plus élégant. Chacun de ces géants tient à la main une arme, espèce d'épée; l'autre bras comprime, avec la tranquillité de la force, un lion. Ces lions se débattent avec une énergie admirable : leurs mufles se contractent, leurs nerfs se tendent, leurs griffes sortent de leurs étuis rétractifs, et l'on voit, dans leurs jarrets en arcs-boutants, les efforts qu'ils font pour se soustraire à la pression qui les étouffe.

Tels sont les quatre colosses qui formaient la porte du palais du roi de Ninive.

M. Botta remarqua aussi des inscriptions, et ce sont les plus longues, sur les larges dalles qui formaient le pavé de toutes les portes des palais de Khorsabad; et en avant, et de chaque côté de toutes les portes, de petites idoles qui rappellent le culte de Mithra.

Un autre voyageur, M. Layard ou Layrard, a découvert parmi les ruines de Ninive, non dans le village de Khorsabad, mais sur un autre point, la ville de Nemroud, à six heures de Mossoul, sur la rivière; ces monticules portent le nom traditionnel de Nemrod; ils s'élèvent sur les limites d'une ancienne ville. Nemroud occupe un grand espace, dix fois aussi considérable que celui de Khorsabad, et composé de monticules artificiels dont le plus grand a environ dix-huit mille pieds de longueur, neuf cents de largeur, et soixante à soixante-dix de hauteur. M. Layrard a mis à découvert, en creusant ce monticule, des chambres en marbre blanc dépourvues de sculptures, mais couvertes d'inscriptions cunéiformes: le premier morceau qui s'offrit ensuite à ses regards était un taureau gigantesque, à tête humaine ; venaient ensuite deux grands lions ailés ; puis apparurent des bas-reliefs représentant des scènes de chasse et de combats. Le roi est monté sur un charriot traîné à toute vitesse par trois chevaux que guide un cocher; il envoie une flèche à un lion, qui s'apprête à se lancer sur le charriot; un second lion, frappé de plusieurs traits, est foulé sous les pieds des chevaux. Dans des tableaux de bataille, le roi et ses guerriers se montrent sur leurs chars; quelques-uns des chevaux sont blessés, les autres se cabrent ou vont au grand galop. Deux charriots portent des étendarts; sur un troisième, on voit une tour mobile sur ses roues, et un bélier poussé contre les murs d'un château fort, défendu par des guerriers dans des attitudes différentes. Le roi est au nombre des assiégeants; ici, le roi reçoit des captifs; là, il est triomphant, entouré de musiciens, d'eunuques et de guerriers; il fait des libations sur un lion mort.

11

M. Layrard a envoyé en Angleterre celle des pièces ou des appartements qui pouvait être enlevée avec le plus de facilité.

Dans une lettre à la date du 27 juillet 1846, il annonça qu'il avait ouvert dix chambres, trouvé des lampes, des poignards, des idoles, des ornements en cuivre, en un mot, une collection presque pompéienne... seize petits lions en bronze trouvés tous ensemble sous un grand taureau renversé. Le 26 décembre 1846, il mit au jour deux palais d'époques différentes, l'un contemporain des édifices de Khorsabad, et l'autre d'une date antérieure, treize paires de lions et de taureaux gigantesques ailés avec des têtes humaines, un obélisque noir d'environ sept pieds de hauteur, qui contient 20 bas-reliefs, et porte une longue inscription contenant plusieurs noms de personnes et d'endroits, monument de conquête, et présentant 80 figures au moins, admirablement dessinées. D'après les interprétations de M. Rawlinson, des inscriptions, qui ne varient que peu, attribuent à Nabuchodonosor, fils de Nabopolassar, la fondation de Babylone (c'est la fondation sur la rive occidentale qu'il faut lui attribuer).

M. Layrard dit aussi qu'il partage l'opinion de M. Rawlinson, et reconnaît les noms des premières dynasties assyriennes, dans les inscriptions des plus anciens bâtiments de Nemroud, et les noms des rois des secondes dynasties dans celles de Khorsabad. Du 11 janvier 1847 : on cite parmi les fouilles mentionnées à cette époque, une immense portion de palais ou de temple divisé en grand nombre d'appartements ; de nombreuses statues aux proportions colossales tapissent tous les murs de ces appartements; tantôt elles représentent des divinités avec un corps de lion ou de taureau surmonté d'une tête humaine, mais imposante et terrible ; tantôt elles ont un corps humain et une tête d'aigle. La physionomie de ces rois est toujours la même; ces statues sont d'une rare beauté et prouvent d'une manière incontestable que la sculpture assyrienne, quoique plus ancienne, est supérieure à l'art égyptien !

De Khorsabad jusqu'à Nemroud, il semble qu'il existe une suite non interrompue de souterrains et de ruines; il est probable que tout cet espace formait l'emplacement de l'ancienne Ninive (1).

LA VILLE DE CTÉSIPHON.

Bâtie, suivant Pline et Ammien Marcellin, par les rois parthes, elle ne présente maintenant que des ruines d'une étendue d'une heure et demie de long, en longeant le Tigre, du Nord au Sud, et de trois quarts d'heure environ de l'Est à l'Ouest. Cependant ce lieu était déjà célèbre, et sous le nom même de Ctésiphon, avant que ces pays eussent passé des Macédoniens aux Parthes; aussi Joseph l'appelle une ville grecque, et Ammien reconnaît que le nom même de Ctésiphon est grec, de sorte qu'il faut avouer que cette ville doit son origine aux Macédoniens, et son agrandissement aux Parthes, ou même qu'elle est encore plus ancienne que les Macé-

(1) On a envoyé en Angleterre une multitude innombrable de briques qui contiennent l'histoire des Assyriens.

doniens ; car saint Jérome dit que le lieu appelé Calanne dans l'Écriture est Ctésiphon ou Séleucie, et il vaut mieux le dire de Ctésiphon, bâtie, dit Pline, dans la terre de Calanne toute couverte d'arbres fruitiers.

Ctésiphon était sur le Tigre, aussi bien que Séleucie, mais à l'autre bord, à main gauche, et à l'Orient du côté de la Perse, défendu par les marais de ce fleuve, et dans une situation qui semblait le devoir rendre imprenable, outre les murailles de briques et un large fossé dont il était environné. Cette ville fut prise néanmoins par Trajan, par Sévère, par Carus ; du temps de Tibère, elle passait pour la capitale des Parthes, aujourd'hui quelques mouvements de terrains accidentés et quelques groupes de tertres ou buttes de terres recouverts de broussailles composent ses ruines ; l'on ne voit nulle part des fragments ou débris de marbre et de pierres ; ce qui existe indique des constructions en briques crues, dont les pluies et le temps ont totalement fait disparaître les premières formes. Presque au centre de ses ruines cependant, est le monument appelé Tackt-i-Kosrou ou trône de Cosroès ; il présente une masse majestueuse et imposante ; c'est le plus grand édifice sassanide : son plan se compose d'une grande salle voûtée, percée au rez-de-chaussée de trois portes... Des colonnes, des arcades, des restes de voûtes, des salles se voient encore.... Vis-à-vis de Ctésiphon, à main droite en descendant le fleuve, à quinze lieues de Babylone, sont les restes de Séleucie, que Séleucus, le plus puissant des successeurs d'Alexandre, fonda avec les débris de Babylone. Saint Jérôme dit que Séleucie et Ctésiphon avaient été bâties ou agrandies pour tenir lieu de Babylone, condamnée par l'ordre de Dieu à demeurer toujours déserte. Son étendue est à peu près semblable à celle de Ctésiphon : mêmes buttes de terre, même terrain accidenté recouvert de broussailles : l'on y voit encore quelques pans de murs en briques crues ; le pacha de Bagdad y a établi une salpêtrerie ; cependant, ce fut encore une grande ville, capitale d'un grand empire, située dans un lieu appelé Zocase, selon Zosime, et Coqué, selon d'autres, dans le pays le plus fertile de tout l'Orient ; Séleucus, et, après lui, tous les rois de Syrie et les rois des Parthes travaillèrent à l'embellir ; on tenait qu'elle était peuplée de six cents mille habitants, la plupart Macédoniens et Grecs, mais néanmoins mêlés de beaucoup de Syriens et de Babyloniens. Les Parthes s'en rendirent maîtres sur les Macédoniens, environ 140 ans avant Jésus-Christ ; mais elle ne laissait pas de se conserver l'honneur d'une ville libre. Trajan la prit, et Cassius la brûla. Séleucus y avait fait passer les habitants de Babylone, où il ne laissa que les murs, le temple de Bélus et quelques Chaldéens, à qui il permit d'habiter auprès de cet édifice.

La RELIGION.

On a vu que le temple de Bélus était composé de huit étages en retrait ; au faîte de ce monument s'élevait le temple de Bélus, dans lequel il y avait une table d'or et un lit de même métal, mais sans aucun simulacre ; la statue du Dieu était cachée dans une chapelle intérieure, et deux autels d'or y servaient aux sacrifices. Outre cette première statue assise, il y en avait une autre debout, un pied devant l'autre et dans la position d'un homme qui marche; elle était aussi d'or et de la hauteur de douze coudées. Outre cela, les murs de ce temple présentaient des images d'animaux monstrueux, dont Bérose nous a laissé la description : on y voyait des hommes à deux ailes, ou à double visage, ou des hommes qui réunissaient les deux sexes; tantôt des hommes semblables à des hippocentaures, tantôt des taureaux portant des têtes humaines; des serpents avec d'autres figures... La figure de Oannès, le dieu poisson du déluge, au rapport de Bérose, se trouvait aussi parmi ces images. Sur le faîte de l'édifice étaient placées trois statues d'or battu, de grandes dimensions, qui représentaient les divinités qui furent désignées par les Grecs sous les noms de Zeus, Rhéa et Héra. La première était celle de Bel. Baal ou Béel, le Seigneur, venait d'une racine hébraïque, qui signifie dominer, et Baal signifie aussi Seigneur : le mot Baal, Béel, et par contraction Bal, Bel, était très-commun en Orient. On le trouve souvent dans les écrits grecs et latins sous la forme de Bélos, Bélus; il exprimait la divinité en général (Béel-Phégor était une divinité particulière). Ce dieu, suivant Bérose, avait formé l'Univers, et à la naissance du monde, il n'y avait d'abord que des ténèbres et de l'eau. A ce principe, les Babyloniens en joignaient un autre qu'ils désignaient par le mot de ténèbres, principe à qui ils attribuaient une haine profonde contre la lumière, la splendeur éternelle, Dieu lui-même sous l'image d'un feu pur qu'ils appelaient or ou our, ou sous l'image du soleil qu'ils appelaient aussi Bélus, ou Bel ou Bal.

Les prêtres de Babylone étaient nécessairement astronomes, parce qu'ils regardaient les astres comme le trône des ministres du Grand-Dieu, ou comme les instruments par l'action desquels Bélus, l'intelligence suprême, réglait les mouvements de l'Univers et en maintenait l'harmonie.

Tout ce culte, on le sait par les prophètes, dégénéra en idolâtrie.

La seconde statue était celle de Mylitta, le principe vivifiant. La théologie des anciens renferme, sous des allégories ingénieuses, le débrouillement du cahos et la fondation de l'univers, comme on s'en convaincra en lisant attentivement la vie d'Homère attribuée à Denys d'Halycarnasse, le ciel séparé de la terre et des eaux, comme dit Moïse, ou suivant Hésiode, Cœlus mutilé par Saturne, et la mer recevant cette partie de Cœlus, et à cette combinaison Vénus devant le jour, ou suivant quelques anciens philosophes, une semence ignée étant tombée du ciel dans la mer, Vénus nâquit de cette écume.

Sous cette allégorie, sous cet emblême de la naissance de Vénus, les poètes et les philosophes représentaient le principe vivifiant, la fécondité de la nature, qui lui fut donnée quand Dieu dit: Vocavit Deus Firmamentum Cœlum, et dixit: Congregentur aquæ quæ sub cœlo sunt in locum unum, et appareat Arida ; et factum est. Le principe vivifiant, qui donne la vie à tout, fut peint sous les traits de Mylitta ; le vulgaire, dans la suite, ne put percer ce voile; il prit l'allégorie pour une histoire réelle; il cessa d'apercevoir cette force motrice; le principe abstrait fut adoré comme une déesse qui préside à la génération de tous les êtres. Son culte pur dans l'origine, comme le principe lui-même, dégénéra tellement, que de la Vénus céleste , comme on disait ailleurs , chez les Grecs et les Romains surtout , on en fit une infâme prostituée , ce qui corrompit extraordinairement les mœurs. L'idolâtrie la plus grossière prit la place de la vérité rayonnante. On a attribué surtout ce changement à l'obscurité des caractères symboliques ou hiéroglyphiques. La même chose arriva chez les autres nations ; Anaïtis , qui était honorée dans l'Assyrie , à Ecbatane et à Suse , était la même que Mylitta ou plutôt Mylidath , qui signifie génératrice, productrice en chaldéen (selon Scaliger). Anaïtis était aussi la même que Nahit , qui , selon les actes des martyrs de Perse , avait un temple à Istakar. Sanchoniaton , au rapport d'Eusèbe , disait aussi que les astres étaient dans le limon comme dans un œuf ; de là , les peuples de ces contrées disaient que c'était par un œuf que le monde avait commencé ; et Nigidius , dans le scholiaste de Germanicus , et Lucius Ampelius , dans son livre à Martin , s'accordent à faire naître la Vénus de Syrie d'un œuf d'une grandeur extraordinaire couvé par une colombe. Denys de Charax dit que le culte de Vénus avait pénétré à Ceylan ; enfin , à la Chine et au Japon , la déesse régénératrice est aussi honorée sous le nom de Kouan-Yn.

La troisième statue était celle de Nebo ou Nabo , dieu médiateur entre le principe du bien et celui du mal (on retrouve cette divinité dans Mithra). Ses représentations se voient sur plusieurs monuments assyriens. Le voyageur Mignon a trouvé une de ces images , et l'a fait graver pour servir de frontispice à son ouvrage. C'est une figure mâle et barbue , la tête couverte d'une tiare attachée avec des bandelettes , revêtue d'une tunique courte , serrée et sans manches , et ce qui est un trait propre à la civilisation orientale , les jambes couvertes d'une sorte de pantalon d'étoffe rayée ; elle est debout , et ses pieds reposent sur deux sphynx ailés qui tournent le dos , et elle retient de chaque main deux animaux , probablement des lions dressés sur leurs pattes de derrière , et qui semblent vouloir s'élancer l'un sur l'autre. Cette idée d'un combat entre les deux principes , entre le bien et le mal , est commune à tous les systèmes religieux (Raoul-Rochette) , et exprimée dans tous par la lutte d'animaux entr'eux ; tantôt c'est un lion et un taureau. On retrouve le même sujet gravé sur les cylindres. Le même symbole est aussi passé chez les Étrusques et se voit aussi sur leurs monuments.

Enfin , on trouve plusieurs personnages gravés en relief ou en creux sur des cylindres babyloniens qui représentent le culte de Mithra. Un bétyle ou pierre noire , de forme ovoïde , longue de plus d'un pied , chargée en partie de caractères cunéiformes et en partie de bas-reliefs , a été trouvée par un voyageur français parmi les monuments de Babylone. (Dans la mythologie grecque , Bétyle était le nom de la pierre que Rhéa donne à dévorer à Saturne à la place de Jupiter.) (C'est aussi le nom du frère de Saturne.)

Ce monument appartient à l'art et à la religion des Chaldéens. La forme ovoïde avait chez les anciens Chaldéens de Babylone une signification hiératique... Dans leur cosmogonie , d'après les documents de Sanchoniaton , le monde est représenté sous la forme d'un œuf ; ainsi la forme ovoïde du bétyle, symbole de la création du monde, donne déjà la base d'une interprétation ; la partie supérieure, consacrée aux figures, est enveloppée par un immense serpent, le serpent infernal, le Rhynos, cette puissance malfaisante, qui domine une partie du système mythologique des Babyloniens. Trois cercles, sous ce dragon, offrent la terre avec ses quatre fleuves parfaitement reconnaissable, entre le soleil ou l'étoile à huit pointes, et la lune figurée en croissant. L'on voit aussi perché sur un espèce de coffre ou barque un corbeau ; à côté, un autre oiseau, ou poule ou colombe, et au-dessus un petit bateau. Ces figures placées les unes auprès des autres, sont en relation avec le reste du monument et le déluge de Noé. Au résumé, ce monument doit être considéré comme le symbole du monde entier, de sa création et des premiers accidents qui ont signalé la suite de la création.

Telle était l'ancienne religion des Babyloniens ; on sait que les Perses s'emparèrent de Babylone, et alors ils y introduisirent leur culte ; car on a plusieurs preuves que Mithra était honoré dans la Chaldée par des fêtes publiques. On trouve aussi dans les scholies de l'évêque Nicétas sur les discours de saint Grégoire-de-Nazianze, que c'est surtout parmi les Chaldéens que les initiations aux mystères de Mithra étaient établies.

LA SYRIE, LA PHÉNICIE, LES PHILISTINS.

Pompée, l'an 65 avant l'ère chrétienne, acquit aux Romains toute la Syrie et la Phénicie. Il y avait 18 ans que Tigrane, roi d'Arménie, possédait la Syrie et la Phénicie, lorsque les Romains en firent la conquête. Avant Tigrane, ces pays appartenaient, depuis environ deux siècles et demi, aux Séleucides, c'est-à-dire aux descendants de Séleucus Nicator, un des capitaines d'Alexandre-le-Grand. Le commencement du règne de Séleucus fut une époque d'où l'on commença à compter les années ; on appelle cette époque l'ère des Séleucides, dont la première année concourut avec l'an 312 avant l'ère chrétienne.

Alexandre s'empara de ces contrées. Quand la Phénicie et la Syrie passèrent sous la domination des Grecs par la conquête qu'en fit Alexandre, il y avait environ 200 ans que ces pays obéissaient aux Perses, et en étaient au moins vassaux et tributaires. Cyrus (en 538) soumit aux Perses la Syrie et la Phénicie par la conquête qu'il en fit sur les Babyloniens, auxquels ces pays appartenaient depuis environ l'an 625. Avant la domination des Babyloniens, et depuis l'an 724, ces pays étaient soumis aux Assyriens.

Les rois de Babylone et d'Assyrie, qui s'emparèrent de la Phénicie et de la Syrie, détruisirent aussi les royaumes de Juda et d'Israël, qui en étaient voisins, et en emmenèrent les habitants en captivité. Les Phéniciens se mirent alors en possession d'une partie du pays que ces captifs laissèrent vacant.

Le roi qui régnait à Tyr, lorsqu'en 721 cette ville fut bloquée par Salmanazar, roi d'Assyrie, s'appelait Elulée. On ignore le nom des prédécesseurs depuis Elulée jusqu'à Paphus ou Paphos, à qui l'on attribuait la fondation d'une ville de son nom dans l'île de Cypre, et qui avait succédé, en 848, à son père Pygmalion, frère d'Elissa ou Didon, fondatrice de Carthage. Le père et prédécesseur de Pygmalion, qu'on trouve nommé Bélus, Mettinus et Méthrès, s'appelait Matgénus, et, comme l'on croit, Mitgaon en phénicien; il avait succédé à son père nommé Badezo et Bazor. Ethbaal ou Ithobal son père fut fondateur de Botrys en Phénicie, et d'Auza en Lybie ou en Afrique. Ithobal était prêtre de la déesse Astarté. Il avait tué en 942 Phélès son prédécesseur, qui s'était lui-même frayé le chemin au trône, en tuant son frère Aserim ou Astarim. Astarim avait succédé à Astarte, fils de Béléastarte. Astarte avait eu pour prédécesseur un usurpateur du trône, dont on ignore le nom. Cet usurpateur était l'aîné des quatre frères de lait d'Abdastarte qu'ils tuèrent dans une embuscade vers l'an 976. Le nom d'Abdastarte signifie le serviteur ou le ministre d'Astarté.

Béléastarte avait été roi de Tyr avant son fils Abdastarte, et avait succédé à son père Hiram mort vers l'an 992.

La ville de Tyr, l'insulaire, dut sa naissance à Hiram, qui de deux petites îles voisines n'en fit qu'une, en les joignant. Il paraît que, sous le règne d'Hiram, les Sidoniens et les habitants de Biblos étaient soumis aux Tyriens. Hiram était fils et successeur d'Abibal. On ne connaît pas de rois de Phénicie plus anciens que Abibal : Abibal signifie : Baal est mon père.

Porphyre, qui était phénicien, dit que Sanchoniaton vécut avant la guerre de Troie, qu'il avait écrit à l'égard des Juifs diverses choses conformes à ce qu'en disent leurs auteurs, qu'il les avait apprises ou avait suivi les mémoires d'un certain Jéroboal, prêtre du dieu Jeuo (1); qu'il avait dédié son ouvrage à Abibal, roi de Phénicie; il nous apprend encore que Abibal et Sanchoniaton avaient vécu dans un siècle peu éloigné de celui de Moïse, comme chacun pouvait s'en convaincre par la liste des rois de Phénicie; que Sanchoniaton avait tiré son histoire soit des archives de chaque ville, soit de celles qui se conservaient avec soin dans les temples.

Eusèbe, qui rapporte tout cela d'après Porphyre, ajoute que Sanchoniaton était de Bérythe, ville de Phénicie. Porphyre, en établissant contemporains Jéroboal et Sanchoniaton, pouvait assurer qu'ils vivaient avant la guerre de Troie, mais on connaît les rapports d'Hiram avec le roi David, en 1046 avant l'ère commune, d'après les historiens Dius et Joseph; il faut donc que Abibal, père de Hiram, ne soit pas celui dont parle Porphyre. Toutefois, un roi de Bérythe plus ancien, portait encore le nom d'Abibal; et c'est peut-être le même que Phœdim, qu'Homère fait roi de Sidon dans le temps de la guerre de Troie.

Le prophète Isaïe appelle Tyr, fille ou colonie de Sidon, et Homère qui parle de Sidon ne parle jamais de Tyr, et même, pour désigner les Phéniciens, il nomme

_____

(1) Jéroboal est comme nom propre le synonyme de Gédéon.

souvent les Sidoniens, comme si cette ville eût donné son nom à tous les habitants du pays.

Les Israélites sous Josué, dans le pays de Chanaan, refoulèrent les habitants, dont les uns, habiles navigateurs, s'embarquèrent pour aller s'établir ailleurs, et les autres se retirèrent sur les côtes de la mer.

Les Chananéens sont les pères des Phéniciens : « Chanaan autem genuit Sidonem primogenitum suum. »

Josué pendant long-temps livra des batailles, prit des villes et des forteresses, et expulsa ou massacra les Chananéens. Ces peuples repoussés furent refoulés sur la côte, où ils demeurèrent maîtres de Sidon, de Tyr, de Bérythe, du mont Liban, en un mot, de tout le pays connu depuis sous le nom de Phénicie ; ils s'étendirent même dans la Haute-Syrie où ils occupèrent l'île d'Arad, et le rivage voisin jusqu'à Laodicée, dont on a une médaille avec cette inscription en lettres phéniciennes : « Laodicée, mère en Canaan. » Enfin, il y en eut qui s'embarquèrent sur la Méditerranée et fondèrent de nombreuses colonies.

A cette époque, Cadmus sort de la Phénicie et conduit une colonie dans la Béotie ; Diodore de Sicile place cet événement dans ces temps :

« Multi apud Ægyptios olim perniciosæ hujus calamitatis causam ad Deum referunt. « Cum multi et varii peregrini Ægyptum incolerent, diversis sacrificandi utentes « ritibus, factum est ut patrie erga deos cultus deficcrent, quod incolæ nisi alieni- « genas dimitterent, malorum indicium fore suspicati sunt. Statim itaque ex ejectis « profugis præstantissimi efficacissimique (ut quidam nugantur) in Græciam, locaque « vicina illapsi sunt, præstantes habentes ductores quorum principes Danaus et « Cadmus extiterunt. Reliqua vero turba eam regionem quæ nunc Judæa dicitur, « non procul ab Ægypto distantem, et in illa usque tempora penitus desertam, « occupavit. Hanc porro coloniam Moses prudentia et robore cæteros excellens « deduxit, qui hanc regionem invadens, multas urbes condidit, et unam quæ nunc « celeberrima est appellatam Hierosolyma. »

Nous trouvons aussi ces renseignements dans l'historien Conon : « A Thaso Cadmi « fratre Thasum insulam appellatam refert. Ibi enim illum fratrer, data exercitus « parte, reliquit. Cadmus a Phœnicum rege, magnæ alioquin et ipse apud Phœnicas « auctoritatis, in Europam missus est. Quippe Phœnices eo tempore viribus pluri- « mum ac potentia, ut ferunt, valebant, magnaque Asiæ parte in potestatem « redacta, regiam sedem Thebis Ægyptiis constituerant, Missus ergo Cadmus non « (ut Græci fabulantur) Europam quæsiturus quam Phœnicis filiam, tauri mentitus « formam, Jupiter rapuisset, sed proprium sibi in Europa imperium constituere « molitus, raptæ sororis investigationem prætexuit. Atque hinc illa de Europa fabula « ad Græcos prodiit. Europam igitur circumnavigans ille, Thasum fratrem, ut « diximus, in ea insula reliquit, ipse in Bœotiam tendens, Thebas illas quæ nunc « appellantur, ædificavit, muroque comitum opera cinctum locum, a patriis ita « thebis appellavit. »

Mais quel était ce Cadmus?

Conon, dans cet article, le fait égyptien, et fait dépendre la Haute-Egypte des Phéniciens. Mais dans un autre article, il nous dit : « Cadmus fuit qui cum una et Proteus, Busiridis tyrannidem veritus, ex Ægypto trajecit. » Il fait aussi Europe sœur de Cadmus et fille de Phœnix.

Selon les Phéniciens, Cadmus était frère de Phénix et d'Europe, fils d'Agénor; et selon Apollodore : « Agenor ex Thelephassa filiam Europam, mares autem tres Phœnicem, Cadmum et Cilicem genuit. Apollodore fait aussi Agénor égyptien : « Inachus filiam Ionem habuit. Ea in Ægyptum profecta ex Jove Epaphum genüit, Ægypti regem, cujus ex filia Libya et Neptuno gemini nati sunt Belus et Agenor. Agenor in Phœnicem abiit ; Belus in Ægypto regnavit ac liberos suscepit duos Ægyptum et Danaum.

Eusèbe aussi dans sa chronique dit : « Phœnix et Cadmus de Thebis Ægyptiorum in Syriam profecti, apud Tyrum et Sidonem regnaverunt. »

Les marbres de Paros parlent aussi, après l'établissement de Cécrops, de celui de Cadmus. Ussérius, examinant l'époque de Cécrops, dit : « Ab ejus temporibus Græcorum antiquitates deducit chronographus Parius a Seldeno inter Arundelliana marmora editus, utpote post quem et parem illi ætate Moysen, quæ apud Græcos mirabilia narrantur contigerunt: Deucalionis diluvium, Phaëtontis incendium, ortus Ericthonii, Proserpinæ raptus, Cereris mysteria, Eleusinorum institutio, Triptolemi agricultura, Europæ ab Jove raptus, Apollonis nativitas, Cadmi ad Thebanos adventus, atque iis juniores, Bacchus, Minos, Perseus, Æsculapius, Dioscuri, Hercules. »

Cécrops était aussi égyptien : « Cecrops Ægyptius Saitarum colonia in Atticam traducta (ut ex Diodori Siculi bibliothecæ libro primo intelligimus), Atheniensium regnum condidit. »

Il paraît que le nom de Phénicien vient de cette famille d'Agénor : de Cadmus, Phénix et Europe; Conon dit aussi : « Refert duos fratres fuisse Cephea et Phinea, ac Cephei quidem regnum Phœnices partes nomen induisse, cum ad eum diem Ioppe a maritima civitate appellatum fuisset, habuisseque imperii terminos a mari nostro ad eam usque Arabiam quæ ad Erythræum mare pertinet. Fuisse autem Cepheo insigni pulchritudine filiam Andromedam quam proci ambirent, Phœnix quidam et ipse Cephei frater Phineus. At Cepheum postquam varia de utroque secum ipse considerasset, Phœnici tandem despondere filiam statuisse.... »

Persée enleva la jeune fille Andromède. C'est donc du temps de Persée, vers e XIII⁰. siècle avant l'ère chrétienne, que les Phéniciens reçurent ce nom. Ussérius, d'après la chronique d'Eusèbe, fait vivre Cadmus dans le **XV**⁰.

Nous venons de voir que, suivant Conon, Cadmus était sorti d'Egypte avec Protée, à cause de Busiris, appelé Bélus par Apollodore. Homère donne aussi Protée pour un personnage Egyptien et ne le fait pas roi d'Egypte, mais il le place dans l'île de Pharos. Le poète Tzetzès fait Protée fils de Neptune et de Phœnice, fille de Phénix.

Les anciens faisaient Busiris fils de Neptune : « Busiris Neptuni et Libyæ Epaphi filiæ filius apud vicina Nilo loca tyrannidem exercet, transeuntes hospites crudeli scelere interficiens. »

D'où le poëte Ovide dit : « Sævior es tristi Busiride. »

Et Virgile : « Aut illaudati nescit Busiridis aras. »

Quoique ce Busiris fût un monstre, cependant il fut loué par Isocrate : « Hujus laudes Isocrates scripsit, cujus adhuc superest Busiridis encomium in quo eum etiam (ut Eusebius) filiæ Epaphi Libyæ et Neptuni filium facit. »

Aulu-Gelle nous apprend pourquoi Busiris était appelé fils de Neptune : « Poetas, ferocissimos et immanes et alienos ab omni humanitate, tanquam e mari genitos, Neptuni filios dixisse. »

Cette narration fait aussi vivre Cadmus et Protée dans le XVe. siècle.

Enfin nous citerons Sanchoniaton, qui assure que Chna fut le premier Phénicien. Nous savons aussi d'où viennent les Philistins, ces peuples à l'entrée de l'Egypte sur le bord de la mer, qui combattirent pendant tant de siècles les Israélites; sous les Romains, toute la Terre Promise prit de leur nom celui de Palestine. L'Écriture-Sainte nous apprend leur origine : « At vero Mesraïm genuit Ludim et Anamim, et Laabim, et Nephtuim, et Phetrusim et Chasluim de quibus egressi sunt Philisthiim. »

On sait que Aram s'établit dans la Syrie, et on connaît les établissements de ses fils, Hus et Hul.

Il existe aux environs de Smyrne, sur le penchant du mont Sipylus, des ruines fort étendues. La ville qui occupait ces lieux fut gouvernée par un des rois les plus célèbres de l'antiquité; il était bisaïeul d'Agamemnon et père de Pélops; il vivait 150 ans avant la guerre de Troie. Son tombeau, qui fut visité par Pausanias, et auquel la tradition a conservé le nom de tombeau de Tantale, existe encore aujourd'hui presqu'en entier. La ville où régnait Tantale porta d'abord le nom de Tantalis; elle fut ensuite appelée Sipylus. Pélops, fils de Tantale, fut chassé de ses états par Hullus ou plutôt Ilus, roi de Phrygie; il se réfugia dans le Péloponèse et forma la souche de l'illustre famille des Pélopides. Un violent tremblement de terre renversa une partie de la ville, il y a environ 2000 ans; un lac se forma à la place; il existe encore aujourd'hui; mais la citadelle n'éprouva aucun dommage, et ses antiques ouvrages sont parvenus jusqu'à nous. On voit sur le sommet de la montagne les murs des remparts presque entièrement conservés, un fossé taillé dans le roc, et la porte de l'Acropolis qui conduisait sur l'esplanade où était situé le temple; de distance en distance se trouvent de grands terrassements qui soutenaient la pente des rues de la ville. Le tombeau de Tantale est du genre de ceux appelés Tumuli : il est revêtu d'un soubassement circulaire de construction pélasgique; au centre est une grande chambre dans laquelle était déposé le corps du roi; c'est une salle de pierres de taille, voûtée en ogive, mais dont toutes les assises sont placées horizontalement. Le tombeau de Tantale domine la Nécropolis de Sipylus, dans laquelle on reconnaît dix-neuf tumuli plus ou moins bien conservés, mais qui

(91)

ont été ouverts et fouillés probablement par les Romains (Charles Texier, voyageur français).

En passant par le chemin de Byblos à Béryte, qu'on nomme chemin d'Antonin, Mondrell observa dans les côtés du rocher, qui était au-dessus de lui, plusieurs tables et figures taillées dans le roc, quelques-uns de ceux qui l'accompagnaient y étant montés remarquèrent, en plusieurs endroits, des figures antiques d'hommes taillées dans le rocher; à côté de chaque figure est une table aplanie dans le coté du rocher; autrefois ces tables et ces figures étaient chargées d'inscriptions, mais les caractères en sont tellement effacés qu'il n'en reste presque plus que quelques traces.

La Religion :

Damacius, qui vécut à la fin du Ve. siècle, avait fait un ouvrage *Des premiers principes* où il rapportait la doctrine des anciens philosophes phéniciens sur l'origine du monde, et dont on n'a aujourd'hui que des extraits.

Il dit : « Phœnices et Syri Saturnum El et Bel et Bolathen nominant. »

Le taureau et le serpent étaient surtout des objets de culte, l'un dans l'Egypte et l'autre dans la Syrie. Philon le juif croit celui-ci très-ancien parmi les Amorrhéens de Chanaan, et Philon de Biblos fait mention d'un ouvrage de Phérécyde sur la Phénicie, où on lisait, disait-il, des choses très-curieuses sur le dieu-serpent Ophionée, autrement Agatho-dæmon, et sur le rite des ophionides, ses adorateurs.

On a trouvé sur un marbre de Palmyre deux figures du soleil avec l'inscription grecque Aglibel, dieu du pays, qui signifie dieu-taureau.

Moloch, selon une tradition hébraïque, était une idole ou un simulacre de bronze, qui avait la tête d'un taureau, et le reste du corps d'un homme, revêtue des marques royales, et assise sur un trône (Voyez Selden, « De diis syriis »), Molok vient d'un mot hébreu qui signifie le roi par excellence.

Dieu défendit d'imiter les Ammonites dans leur culte de Moloch : « De semine tuo non dabis ut consecretur idolo Moloch » (Lévitique, ch. 19).

Le mythe d'un dieu-poisson se retrouve dans toutes les théogonies : les Philistins avaient leur dieu Dagon, « forma muliebri, in fine in piscem desinens. »

« La Derceto des Phéniciens, l'Oannéo des Chaldéens, le Dagon des Philistins,
« l'Ichthon des Egyptiens, étaient tous représentés sous la forme d'un homme ou
« femme, dont le corps se terminait en poisson; et c'est la forme d'un dieu indien
« lorsqu'il conduisit le vaisseau qui sauva le genre humain. »

Athénée, qui vivait sur la fin du second siècle de l'ère chrétienne, met au rang des historiens de Phénicie, Sanchoniaton, qu'il appelle Suniaithon. Philon de Biblos, qui vivait vers le commencement du second siècle, traduisit en grec l'histoire de Sanchoniaton, son compatriote. Dans les lambeaux qui nous restent de Sanchoniaton, cet historien dit : « Du temps d'une race de géants, race extrêmement corrompue,
« Usous au milieu des pluies violentes, ayant pris un arbre, osa le premier
« s'exposer sur la mer.. Il sacrifia des animaux.. Il fut le premier qui se couvrit de
« peaux de bêtes.. »

Usous, comme les mots de Josué, « Hosea, » Osée, vient du mot hébreu qui signifie sauver, Sauveur.

Philon de Biblos rapporte, d'après Sanchoniaton, qu'il y avait chez les Phéniciens des sacrifices qui renfermaient un mystère : « C'était, dit-il, la coutume des anciens « que, dans les périls imminens, les princes des nations ou des cités, afin de pré- « venir la ruine de tout le peuple, immolâssent celui de leurs fils qu'ils aimaient « le plus, pour apaiser la colère des dieux. Ceux qu'on dévouait à ces occasions, « étaient, ajoute-t-il, offerts mystiquement (Eusèbe, Præp. Evang. l. I. cap. X).

Sanchoniaton, qui avait soigneusement recherché et extrait les livres de Toth, dit dans son ouvrage *De Phœnicum elementis*, que Toth avait observé la nature des serpents.....

Philon de Biblos cite un autre ouvrage de Sanchoniaton, dont le titre était Etothia, ce qui parait indiquer que c'était un extrait de Toth (Voyez notre histoire des Egyptiens).

On lit dans Sanchoniaton :

Uranus (ou Ciel) nâquit de Elion (ou le Très-haut) ; cet historien établit un cahos avant la génération des êtres, et commence par dix générations.

Astarté est la fille d'Uranus, et de même Ilus appelé par les Grecs Cronus.

Les alliés de Cronus furent appelés Elahim. Astarté mit sur sa tête, pour marque de sa royauté, une tête de taureau.

Chronus est un mot oriental qui désignait le taureau, une corne.

Rhéa fut la principale femme de Chronus ; Rhéa est la terre.

Mithra avait un temple à Palmyre ; Bel-Zébub ou Béel-Sébuth, ou Sabaoth, le dieu des armées, qui plus tard devint une statue, ou le dieu mouche.

Il y avait un temple fameux à Hiérapolis ; Lucien, à qui on attribue la description de ce temple, ou l'ouvrage sur la Grande Déesse Syrienne, était de Samosate, et vivait dans le second siècle (Voyez l'histoire de Deucalion, plus bas).

L'ÉGYPTE.

INTRODUCTION (1).

On connaît les cavités sépulcrales de la vallée de l'Egypte, les cadavres conservés avec tout leur appareil; la science moderne ne s'est proposée rien moins que de refaire avec ces documents l'histoire du monde, quant à son origine et à sa durée !

La première pensée, qui est venue aux chercheurs de Momies, a été de trouver des preuves des dynasties de Manéthon et de l'exactitude de sa chronologie. Au lieu de s'assurer d'abord des notions que procurerait l'étude des monuments, qui devaient éclaircir l'histoire des Egyptiens, on a voulu ramener de force les monuments à l'ordre et aux époques des dynasties. Au lieu d'établir les monuments, de bien les constater, de les mettre en ordre, de les juger en eux-mêmes, on les a jugés, on les a interprétés sous l'influence des dynasties manéthoniennes !! Qu'en est-il résulté? Incertitude, confusion, opposition, contradiction; on n'a pu régler aucune dynastie des monuments, ni leur assigner une place, ni une époque fixe, parce qu'on voulait les accoler à de fausses dynasties, avec lesquelles elles n'avaient ni rapport, ni liaison, ni similitude, ni pour les noms, ni pour les dates, ni pour le nombre, ni pour la forme !!

L'histoire ne s'écrit pas de la sorte; il n'y a ni critique, ni logique, en procédant de cette manière; il faut examiner à fond tout ce que les anciens ont écrit sur l'Egypte, comparer leurs récits avec les monuments découverts; c'est la seule source de la vérité; de cet examen ressort la vérité.

Nous avons cherché à rendre aux monuments découverts leur valeur; mais comme nous n'avons trouvé aucunes recherches sur l'Egypte, qui ne fussent mêlées aux dynasties manéthoniennes, nous avons été obligé, bon gré mal gré, de suivre cette fausse route; il n'y en a pas d'autre ouverte devant nous; toutefois, la vérité trouvant plus de difficultés à se faire jour, en paraîtra avec plus d'éclat (2).

---

(1) Solution des difficultés proposées,.. objections tournées en preuves,... recherches contre la science incrédule,.... la malveillance mise à jour,.. l'histoire et la géographie éclairées......

(2) Voyez les notes à la fin.

Pendant la durée des rois de Perse en Egypte, les Egyptiens tentèrent souvent de secouer le joug et le firent avec succès; c'est pourquoi les noms des rois de Perse se trouvent entremêlés avec ceux des rois indigènes dans l'histoire de ce pays.

Mais enfin, en 350 avant Jésus-Christ, Artaxercès Ochus enleva pour toujours le royaume d'Egypte à ses rois naturels. Nectanébo II, le dernier de la trentième des dynasties de Manéthon, occupait alors le trône (Diodore de Sicile, Eusèbe, Ussérius ou Usher).

Le prophète Ezéchiel (ch. 30, v. 13) avait dit : « J'exterminerai, dit le Seigneur, les statues et j'anéantirai les idoles de Memphis; il n'y aura plus à l'avenir de prince qui soit du pays d'Egypte. » Ainsi elle n'eut plus de rois de race égyptienne depuis ce temps. Où trouvera-t-on sur la terre un excellent pays, qui ait été deux mille ans de suite sous une domination étrangère, et auquel cette destinée ait été prédite !!!

Pour qu'il ne manquât rien à la prophétie d'Ezéchiel, ce même Ochus pilla les temples d'Egypte, et tua de sa propre main le taureau Apis, si vénéré chez les Egyptiens.

On connaît les prédécesseurs d'Artaxercès Ochus; ce fut sous son prédécesseur immédiat, Artaxercès Memnon, que le règne des monarques Egyptiens se rétablit, et alors on vit régner Amyrthée, Psammith, Néphrée, Acoris, Psammith, Néphérités, Nectanébo, Tachos ou Théos et Nectanébo II; ils constituaient les dynasties Saïte, Mendésienne et Sébennyte, la vingt-huitième, la vingt-neuvième et la trentième, et on leur donne soixante-quatre ans quatre mois de durée; la trente-unième dynastie se compose de Artaxercès Ochus et de ses successeurs, les derniers persans, jusqu'à Alexandre-le-Grand ; et la vingt-septième dynastie, des premiers rois persans, c'est-à-dire depuis la troisième année du règne de Cambyse, le successeur de Cyrus, jusqu'à Artaxercès Ochus. Pour la chronologie, on suit le canon de Ptolémée ; ce fut donc l'an 525 que Cambyse fit la conquête de l'Egypte, et avait mis fin aux dynasties égyptiennes; Manéthon en comptait vingt-six jusqu'à cette époque.

Les monuments découverts en Egypte nous donnent quelques renseignements sur ces rois : on trouve à Karnac le nom d'Amyrthée, qui défendit son royaume contre les Perses, le nom de Nectanébo, qu'une légende, enfantée par l'orgueil égyptien, faisait père d'Alexandre-le-Grand (M. Ampère, 1848, septembre). Il y a aussi des inscriptions de Nectanébo, dans une vallée sur la route de Qeneh à Qosseir ; deux sphinx du Musée national de Paris conservent les noms d'Acoris et de Néphérités...

Les historiens rapportent aussi quelques événements; il est dit d'Acoris : « Hic cum Barcæis et Evagora Cyprio fœdere inito hostiles cum Persis inimicitias gessit (Théopompe in excerptis Photii, Diodor.). » Justin et Orose appellent Hercinione le roi Néphérites : « Lacedæmonii a rege Ægypti Hercinione auxilia navalis belli per legatos petunt et a quo centum instructas triremes et sexcenta millia modiorum frumenti missa acceperunt » (Justin, l. 6; Orose, l. 3).

La vingt-sixième dynastie , dite des Saïtes , était composée de neuf rois : Stéphi-
natès , Nérepsos , Néchao , Psammétik , Néchao II , Psammétik II , Vapris , Amosis,
Psammachéritès ; ou suivant Eusèbe : Amméris Éthiopien , Stéphinatès , Néchepsus ,
Néchao , Psammétik , Néchao II , Psammétik , Vapris , Amosis.

Dans les premières dynasties , Manéthon commence ses erreurs et ne finira qu'à
la dernière ; nous apprenons de la chronique d'Eusèbe. qu'il faisait succéder
Néphérites à Amyrthée (1).... Il appelle la vingt-sixième dynastie la dynastie des
Saïtes , et la fait régner sur toute l'Egypte ; et nous voyons par Hérodote que la
dynastie vingt-cinquième , dite des Ethiopiens , n'avait pas cessé de régner , qu'ils
n'étaient pas hors de l'Egypte , puisqu'ils tuèrent le troisième roi de cette vingt-
sixième dynastie , appelé Nécho , père de Psammétik ; et M. Lepsius a trouvé à
Thèbes une reine nommée Amniritis , qui , vers cette époque , prend les doubles
cartouches , et s'arroge ainsi le plein pouvoir royal ; il y a donc erreur dans
Manéthon ; de plus , Hérodote et Diodore de Sicile s'accordent à dire qu'avant
Psammétik , l'Egypte était gouvernée par douze rois ensemble ; selon Diodore , ils
régnèrent tous pendant quinze ans , au bout desquels Psammétik fut le seul maître
du royaume ; le prophète Isaïe avait aussi annoncé cet événement : « Concludam
Ægyptum in manum dominorum dure dominantium donec rex rigidus dominetur in
eos. »

Il y a deux stèles funéraires des deux Psammétik , l'une appartenant au musée de
Leyde , l'autre à celui de Florence. L'obélisque Campensis transporté d'Egypte à
Rome , porte le nom de Psammétik ; les hypogées de Sakkarah ont fourni divers
noms ou titres de rois ; on y remarque un hypogée-spéos du temps de Psammétik.
Dans la vallée de Qeneh à Qosseir on peut ranger parmi les plus nombreuses inscriptions qui s'y trouvent sur des rochers , celles de Psammétik qui nous indiquent
en même temps le lieu d'extraction des caisses de momies et autres ouvrages en basalte exécutés sous son règne , et trouvés en si grand nombre dans la nécropole de
Memphis. Les habitants de la ville de Saïs montrèrent à Hérodote le tombeau d'Amasis
ou Amosis , ainsi que celui d'Apriès son prédécesseur ; les prêtres racontèrent à
Hérodote que Amosis avait détrôné et fait périr son prédécesseur Apriès ou Vapris
ou plutôt Oubphraet ; il est question de ce dernier roi dans l'Ecriture-Sainte , et de
Nécho II qui , battu sur l'Euphrate , tua Josias à Mageddo.

On sait l'accord de l'histoire des Egyptiens , des Orientaux , des Chaldéens , par
Mégasthène , par Bérose , par Diodore , par l'histoire Universelle composée par une
société de savants Anglais , avec l'Histoire des Juifs sur la conquête de Nabuchodonosor , et sur la dévastation de l'Egypte par ce monarque Babylonien. Du temps
de Cyrus , à qui obéissaient les Babyloniens , l'Egypte payait encore le tribut imposé
par Nabuchodonosor. « Cyrum enim Ægyptum sub imperio suo habuisse tum in
octavo institutionis Cyri libro tum in totius operis prologo confirmat Xenophon. »

(1. Usserius , anno Christi 407.

On peut aussi consulter l'historien Joseph, qui cite les sources où il a puisé les renseignements qu'il a coordonnés sur la vie de Nabuchodonosor ou Nabou-Cade-Alzer;
ce sont les écrits de Mégasthènes, de Philostrate , etc.

Les prêtres de Thèbes prirent pour eux le règne de Nabuchodonosor du côté
brillant , l'attribuèrent à leur roi Amosis , et en firent le récit à Hérodote , comme
ils attribuèrent plus tard à leur roi Nectanébo d'être le père d'Alexandre-le-Grand ;
ils lui assurèrent qu'il avait fait faire une statue d'or qu'adorèrent les Egyptiens, que
trois hommes vivants furent brûlés du temps d'Amosis, qu'il avait craint de devenir
maniaque et frappé , qu'il avait été rétabli dans son premier état......................

L'histoire force ainsi à changer la dynastie de Manéthon; et les stèles des deux
Psammétik forcent de faire encore des corrections à la chronologie du prêtre égyptien.

La vingt-cinquième dynastie, dite des Ethiopiens, comprend Sabako, Schévek Ier. et
Tahraka. Les inscriptions vont jusqu'à la vingtième année de Tahraka ou Tirhaka, et il
faut encore corriger Manéthon; Africain donne à cette dynastie 40 ans de durée, Eusèbe
44, et Hérodote 50 ; ajoutons que le roi Osée fut secouru par Soua , c'est Schévek II.

La vingt-quatrième dynastie , dite d'un Saïte, ne renferme que Bocchoris, suivant
Manéthon, et les monuments nous apprennent que son père, Tnépacht, avait fait une
invasion en Arabie , et avait gouverné glorieusement! Diodore de Sicile appelle
aussi son père Gnephactus. On ne peut pas faire usage des six années de la chronologie de Manéthon, ni de ses faux renseignements !!!

La vingt-troisième dynastie , dite des Tanites, est composée de quatre rois : Pétu-
batès ou Pétubastès, Osorkon que les Egyptiens ont appelé Héraclis, Psammus et Zèt.
Ce dernier n'est point dans Eusèbe; on donne à cette dynastie bizarre 89 ans de règne.

. On ne sait rien de cette dynastie; c'est peut-être pendant cette époque qu'eut lieu
ce que dit le prophète Nahoum ; il s'adresse à Ninive et lui demande si elle est
meilleure que No-Amoun (M. Champollion a retrouvé le nom tout phonétique de
demeure d'Amon , et il a reconnu que c'était un titre donné à la ville de Thèbes
où le dieu Ammon était spécialement honoré ; son temple magnifique subsiste encore en partie à Karnac), assise parmi les canaux, ayant de l'eau autour d'elle ,
dont le Nil est la force, qui a le Nil pour muraille; Couch (l'Ethiopie) était sa
force, et les Egyptiens , les Pouts et les Loubim étaient ses soutiens; elle aussi en
exil est allée en captivité ; ses enfants sont aussi brisés au coin des rues , on a tiré
sur ses plus illustres , et tous ses grands ont été chargés de fer. Le prophète Isaïe
nous apprend (ch. 20), que Tartan et Sargon ravagèrent l'Ethiopie et l'Egypte ;
et la première ruine de Ninive eut lieu l'an 747 ; c'est ce que nous avons vu dans
l'histoire de la Chaldée.

La vingt-deuxième dynastie, dite des Bubastites, est composée de trois rois, suivant
Eusèbe, et il nomme les deux premiers Scheschenk et Osorthon ; Jules Africain en
nomme trois, Scheschenk, Osorchon et Takelloth. Mais cette dynastie, d'après les monuments, se compose ainsi : Scheschenk Ier. (on en connaît la 22e. année), Osorkon II,

Péhor, Osorkon II, Scheschenk II, Takélot Ier. (la 15e. année) , Osorkon III, Scheschenk III , (on en connaît la 29e. année) Takélot II. Il paraît d'après cette dynastie qu'il n'y aurait pas eu d'intervalle entre la 20e. et la 22e. dynastie : on voit ici figurer Péhor, qui s'élève et s'agrandit sous la 20e. dynastie ; aussi l'absurde dynastie 21e. , dite des Tanites , composée des sept rois de Manéthon, n'a laissé aucun souvenir dans les monuments , et on n'en trouve absolument rien à Thèbes. (Voici les noms de ces rois : Smedès ou Smendès , Psunésès ou Psusennès , Nephelchérès ou Nepherchérès , Aménopht, Osochor , Pinachès ou Psinachès , Suseunès ou Psusennès.)

Les chiffres des monuments , pour la 22e. dynastie , ne sont point ceux de Manéthon ; en augmentant, d'après certains monuments connus , les chiffres de l'Africain , on parvient à la somme de cent quarante.

Scheschenk Ier. , la huitième année de son règne , prit Jérusalem ; c'était la cinquième année de Roboam. Dans ce palais merveilleux de Karnac, j'ai contemplé, dit Champollion, les portraits de la plupart des vieux pharaons connus par leurs grandes actions, et ce sont de véritables portraits , représentés cent fois dans les bas-reliefs des murs intérieurs et extérieurs, chacun conserve une physionomie propre et qui n'a aucun rapport avec celle de ses prédécesseurs; là dans des tableaux colossaux d'une sculpture véritablement grande, et toute héroïque, on voit Scheschenk, ou Sésac de la Bible, traînant aux pieds de la trinité thébaine, Ammon, Mouth (c'est Molock ou la divinité du mois Phar-Muthi) et Khons, les chefs de plus de trente nations vaincues; ces figures humaines portent toutes écrit sur la poitrine le nom des peuples et des pays dont elles sont des personnifications. Tout le monde peut lire sur la poitrine de l'une de ces figures Ie ou dah Malek, ce qui veut dire le roi de Juda, ou Juda royaume.

Ce nom surmontant l'hiéroglyphe de pays montagneux rappelait les monts de la Judée. Cette inscription est tracée sur le bouclier , qui est placé devant la forme colossale du roi figurée à mi-corps, et ayant les bras liés derrière le dos. Toutes les figures de cette espèce, que l'on trouve dans les monuments égyptiens, sont en général des portraits fort ressemblants; l'une d'elles nous reproduit les traits du roi de Juda mort, il y a près de 3000 ans; et on remarque la physionomie éminemment juive de ce portrait, et la forme de ces boucliers d'or fabriqués par l'ordre de Salomon, qui furent emportés par Sésac. Les traits du roi Roboam sont beaux et nobles; il était le petit-fils de David et un des ancêtres du Christ; n'y aurait-il point dans ce portrait quelque analogie avec la figure de David et du Messie ?.....

Peut-on trouver une concordance plus frappante entre le livre des Rois et les monuments les plus remarquables de l'Egypte (M. Ampère) ?

Voilà aussi un point de repère, un point certain de chronologie, avec lequel on parvient à remonter beaucoup plus haut (M. Ampère).

La 20e. dynastie. Manéthon avait une 20e. dynastie, qu'il nommait la dynastie des Diospolites , mais les Rois n'en sont pas nommés. Les monuments obligent de faire

13

des corrections et des additions à ces listes et à leur chronologie, à chaque instant, et prouvent qu'elles ne méritent aucune confiance ; l'ordre des monuments amène ici presque avec certitude Ramsès III, Hikpen et les dix Ramsès qui lui succédèrent ; il n'est pas probable que le nom de ce grand conquérant ait été primitivement omis dans les listes, et nous pensons que c'est un nom, qui, primitivement placé à la tête de la 20e. dynastie, fut introduit par défaut de critique et de recherches dans la 19e.

Ce Ramsès III, Hikpen, paraît être identique au Rampsinitès d'Hérodote, et au Remphis de Diodore ; ces deux historiens donnent à ces rois, pour prédécesseur, Protée ; Protée est le prédécesseur de Rampsinitès dans Hérodote et de Remphis dans Diodore ; Apollodore, qui avait fait aussi une liste des Rois d'Egypte, dit que Protée eut deux fils, Polygonus et Telegonus, noms qui signifient né loin de son pays, et fécond ; on remarque que Joseph eut deux fils, Manassé et Ephraïm, noms que l'Ecriture-Sainte interprète de même.

Les Ramsès de cette dynastie sont des Rois fainéans ; les grands prêtres d'Ammon usurpent le pouvoir ; on voit la série de ces envahissements successifs dans les salles du temple de Chons, que M. Prisse a fait déblayer à Karnac. Le grand prêtre Péhor-se-Amoun donne encore au roi les titres officiels des pharaons, mais il prend déjà la qualité de seigneur et gouverneur des deux régions ; un peu plus tard il renferma son nom dans le cartouche princier.

Piankh, qui succède au pouvoir de Péhor., ne paraît pas avoir porté le titre de roi, mais son fils Pihem s'en attribue tous les honneurs, ainsi qu'un second Pihem et son fils, dont le nom propre était Ramenter. Tous ces noms sont martelés. Les grands prêtres d'Ammon purent se maintenir long-temps au pouvoir ; leur famille succomba néanmoins, puisque leurs noms n'ont échappé à la réaction que dans quelques parties peu accessibles à la vue ; mais elle se releva toute puissante sous Scheschenk Ier., qui se rattache à Péhor par le sacerdoce héréditaire d'Ammon que possédait aussi sa famille.

On trouve dans la salle de la bibliothèque nationale de Paris, une stèle colossale d'un de ces Ramsès, qui est le seul monument connu de ce pharaon : on y lit qu'il fit une expédition dans le pays de Baschtan, pour délivrer ou épouser la fille du roi ; c'est un monument précieux.

Sur la route du désert arabique de Qeneh à Qosseir, dans une vallée, sur des rochers, on trouve plusieurs inscriptions de plusieurs Ramsès.

La dix-neuvième dynastie, dans Manéthon, est composée de six rois, ou de cinq, suivant Eusèbe. Le tableau des dix-huitième et dix-neuvième dynasties, donné par Rossellini, par le major Félix, 1828, par Wilkinson, 1835, en suivant les monuments, ont rendu Manéthon ridicule. Il y a dans Manéthon un désordre considérable pour cette dix-neuvième dynastie ; il faut tirer de sa liste le grand Ramsès Hikpen, appelé Bekhenra Sotpenra, ses prénoms, Siphthah, Hikpen, ses noms.

Les monuments nous offrent une dix-neuvième dynastie qu'on peut ranger ainsi :

Prénoms.	Noms propres.
Ramenma.	Séti Ier. ou Ramsès Sésostris , 9 ans.
Rasésorma Sotpenra.	Ramessou (ou Ramsès) II, Maï Amon, 66 ans (le grand Ramsès).
Baïenra Maïen Amoun.	Maïenphthah Otphima, 20 ans.
Menkhera Sotpenra.	Hik Tjamma.
Rasésor Térou Méri Amoun. .	Séti II, Maïen phthah , 5 ans.
Rasésorï Schaou Méri Amoun.	Set Nascht Mérira Méri Amoun.

Pour la liste des Manéthon, nous l'insérerons encore ici, puisqu'on cherche à la concilier en quelque chose avec les monuments : Séthos, Rapsacès, Amménephthis ou Aménephthès, Ramessès, Amménemnis ou Aménemnès, Thuoris; et il leur donne deux cent neuf ans de règne. C'est ainsi que Manéthon, sa liste et sa chronologie, sont dans l'erreur et dans la fable!

Comme Séti Ier. est appelé Ramsès Sésostris, c'est alors Ramsès II, et le grand Ramsès Maïamon sera Ramsès III.

La Thèbes de la rive gauche du Nil est bornée par une chaîne de collines nues criblées de grottes funéraires, qui ont servi de tombeaux à des particuliers; derrière cette chaîne est une vallée parallèle au Nil, et qui renferme les tombeaux des rois, vastes demeures souterraines creusées dans le roc. Quand on a traversé un petit bois de palmiers, à Karnac, on rencontre un vaste pylône, c'est un encadrement d'une grande porte, formé par deux massifs, qui vont en diminuant de la base au sommet. Dans l'intérieur des massifs, sont ménagés des escaliers conduisant sur la terrasse, qui forme le sommet du pylône, et qu'on croit avoir pu servir à des observations astronomiques; il y a des pylônes en avant de l'entrée ou à l'entrée de presque tous les monuments égyptiens. Par ce pylône, on entre dans un vaste péristyle au milieu duquel s'élevaient douze colonnes; toutes, excepté une seule, ont été couchées par un tremblement de terre. En face, est un second pylône, placé en avant de la grande et merveilleuse salle à colonnes, qu'on appelle la salle hypostyle de Karnac. Ici, on commence à éprouver le sentiment du gigantesque. Le tremblement de terre a fait crouler un des massifs du second pylône, qui présente maintenant l'aspect d'un éboulement de montagne. Une statue colossale et mutilée se tient debout au seuil de la grande salle; c'est l'image de Ramsès-le Grand, celui qu'on appelle Sésostris; la grande salle est la plus vaste et la plus splendide ruine des temps anciens et modernes; on est étourdi et comme foudroyé à l'aspect de cette merveille du passé. « Les Egyptiens, écrivait M. Champollion, en présence « de ce que je vois, concevaient en hommes de cent pieds de haut, et l'imagina- « tion, qui, en Europe, s'élance bien au-dessus de nos portiques, s'arrête et tombe « impuissante au pied de cent quarante colonnes de la salle de Karnac..... Je me « garderai bien de rien décrire, car ou mes expressions ne vaudraient que la mil-

« lième partie de ce qu'on doit dire en parlant de tels objets, ou bien si j'en traçais
« une faible esquisse même très-décolorée, je passerais pour un enthousiaste et peut-
« être même pour un fou. »

Imaginez-vous une forêt de tours ; représentez-vous cent trente colonnes égales
en grosseur à la colonne de la place Vendôme à Paris, dont les plus hautes ont
70 pieds de hauteur et 11 pieds de diamètre, couvertes de bas-reliefs et d'hiéroglyphes. Les chapiteaux ont 65 pieds de circonférence ; la salle a 319 pieds de
long et plus de 150 pieds de large. Ces colonnes n'ont pas chancelé ; cette grande
salle était entièrement couverte ; on voit encore une des fenêtres qui l'éclairaient :
ce n'était pas un temple, mais un vaste lieu de réunion ; elle fut achevée par
Ramsés-le-Grand, mais elle avait été construite presqu'entièrement par Ramsès-
Sésostris dont les exploits sont représentés sur les murs de l'édifice. Ces tableaux
forment littéralement une épopée en bas-reliefs, dont le héros est le pharaon
Séti Ier., une Séthéïde sculptée et vivante. Ces peintures sont tellement homériques
que M. Wilkinson a pu penser que Homère les avait vues dans un voyage en
Egypte, et s'en était inspiré pour peindre les combats de l'Iliade. Chaque compartiment est comme un chant distinct. Ici on voit Séti, debout sur un char, percer
de ses flèches ses ennemis qui tombent en foule dans mille attitudes désespérées ;
le roi, le char, les coursiers, tout est gigantesque par rapport aux ennemis de
l'Egypte ; le poitrail des chevaux lancés au galop domine la forteresse, et couvre
l'armée tout entière des vaincus. Plus loin le vaillant pharaon est aux prises avec
un chef ennemi qu'il tient à la gorge et va percer ; son pied écrase un adversaire
qu'il vient d'immoler. Le mouvement qui exprime cette double action est sublime.
Ailleurs on voit Séti traîner après lui les peuples soumis par ses armes. Les exploits
de Ramsés-le-Grand, fils de Séti, ont également figuré à Karnac sur un mur.

Au-delà de cette merveilleuse salle on trouve encore à Karnac un certain nombre
de monuments, les uns en ruines, les autres assez bien conservés ; rien n'est plus
beau que les hiéroglyphes, qui décorent l'obélisque qu'on aperçoit sur la gauche en
sortant de la grande salle de Karnac : cet obélisque a été élevé par une reine qui
fut régente pour son frère Thoutmosis (dix-huitième dynastie). En pénétrant à
travers les débris on arrive à l'emplacement où furent élevés, avant que Séti
construisit la salle gigantesque, les plus antiques édifices de Karnac ; là était le
sanctuaire des premiers pharaons de la dix-huitième dynastie ; là un roi encore
plus ancien, Osortasen Ier. (1), avait gravé sur des colonnes son nom qu'on lit sur
l'obélisque d'Héliopolis. Les colonnes qui portent le nom de cet Osortasen Ier.,
aussi bien que les hiéroglyphes de l'obélisque d'Héliopolis, et les deux statues
d'Osortasen Ier. conservées au Musée de Berlin, et les admirables peintures des
grottes de Beni-Hassan tracées sous Osortasen Ier., montrent que l'art et la civi-

(1) On écrit aussi Sésourtésen.

lisation étaient à un haut degré de perfection qui atteignit sa plus grande perfection dans les admirables monuments de Karnac. Il est donc certain que ces deux époques ne furent pas partagées, comme on a bien voulu le croire, sans fondement, par des siècles de peuples barbares, appelés pasteurs !!

Au-delà du règne d'Osortasen Ier., les Egyptiens connurent encore un autre genre d'architecture, c'est celui des pyramides, genre des peuples primitifs, siècle de peuples géants, qui bâtissaient pour escalader le ciel ou défier les pluies diluviennes.

L'époque des Thoutmosis connut aussi la grandeur; les sphinx des pyramides et un portrait colossal de Thoutmosis III se rapprochent du grandiose des pyramides; l'éloignement n'est donc pas encore extrême entre ces deux époques ! C'est aussi le nom de Thoutmosis III qu'on lit sur l'obélisque de St.-Jean-de-Latran, le plus grand des obélisques connus.

A Karnac l'édifice qu'on appelle le palais de Thoutmosis serait grand, mais la salle des Ramsés l'efface ; à l'un des angles de ce palais de Thoutmosis était une petite chambre, fameuse sous le nom de chambre de Karnac, ou la chambre des rois, ou la salle des ancêtres du roi Thoutmès; elle n'est plus à Thèbes, mais à Paris; M. Prisse, après avoir surmonté de grandes difficultés et des obstacles de tout genre, est parvenu à emporter les parois de la salle, et il en a fait don à la France; Thoutmosis ou Thoutmès éleva son palais, qui existe encore, non loin du lieu où était l'ancien sanctuaire, les obélisques, enfin tout ce qui subsiste de la partie la plus ancienne des édifices de Karnac.

C'est sous le règne de Séti Ier. (appelé aussi Ménephtah Ier., par Champollion), père de Ramsès-le-Grand, que fut construit le grand édifice, aujourd'hui presque entièrement enfoui sous le sable, le plus remarquable d'Abydos; c'est là qu'était probablement le fameux palais d'Osmandyas, le Memnonium, dont parlent les auteurs; les légendes hiéroglyphiques gravées à l'intérieur de ce monument, désignent effectivement cet édifice sous le nom de palais, c'est-à-dire demeure royale de Ménephtah. Ramsès-le-Grand, en succédant à son père, fit reprendre la décoration déjà fort avancée de la salle hypostyle... A quelque distance du palais, on trouve les ruines d'un temple, qui fut construit et décoré sous le règne de Ramsès-le-Grand; c'est dans cet édifice qu'était la fameuse table chronologique, dite d'Abydos. A mille mètres environ vers le nord de ce monument, et en traversant une partie de la plaine entièrement remplie d'excavations funéraires, on trouve les restes d'un troisième temple, qui fut, comme le précédent, construit sous le règne de Ramsès-le-Grand. On a signalé à Abydos les ruines d'un autre édifice portant les cartouches d'un roi éthiopien, et on a rapporté d'Abydos des morceaux d'architecture égyptienne portant le cartouche d'un roi éthiopien nommé Sevekopth. L'emplacement du labyrinthe est indiqué d'une manière indubitable par les ruines qui avoisinent la pyramide d'El-Haouara.

Sur le chemin d'Edfou à Bérénice, à une journée du Nil, existe un monument égyptien, dans une partie de la vallée nommée Ouady-el-Kénéysséh (la vallée du temple). Ce petit temple, entièrement décoré sous le règne de Ménephtah Iᵉʳ., se compose d'un portique soutenu par quatre colonnes et d'un Naos à quatre piliers, au fond duquel il y a trois chapelles de front, ayant chacune trois statues. Ces figures sculptées en ronde-bosse, de grandeur naturelle et assises, représentent les personnages des trois triades : Amon-ra et Amon générateur, Seth ; Isis qualifiée divine mère, rectrice de tous les dieux , Phré , Osiris ; Isis sous une autre forme , Phtah et Pascht. Une grande inscription hiéroglyphe en quatorze colonnes commence par une date de l'an 9 , le 10 d'Epiphi, du règne de Ménephtah Iᵉʳ.; les parois latérales sont ornées chacune d'un grand bas-relief, qui représente le roi frappant de la massue des groupes de captifs de races africaine et asiatique; les noms de ces peuples sont inscrits dans des cartouches crénelés, surmontés des bustes de captifs attachés par le cou et conduits par les dieux Ammon-ra et Phré. On remarque ici le cartouche, nom propre de Ménephtah , l'intégrité de cette figure singulière du dieu Boré ou Seth à bec crochu et longues oreilles, qui se trouve martelé dans presque toutes les légendes de ce pharaon. On sait qu'un des noms du dieu Typhon était celui de Seth ou Selk; on conçoit que le nom de ce mauvais génie ait été effacé par quelque successeur de ce roi. Boré , selon les Grecs , devait le jour à Typhon ; Pascht ou Pacis selon Macrobe, était un surnom d'Onuphis.

Aux environs de Coptos un temple ruiné était consacré aux dieux Horus, Athor et Chons, qui paraissent avoir formé la triade de l'endroit.

On voit dans des carrières antiques, désignées sous le nom de Babeyn, un hypogée Spéos exécuté sous le règne de Ménephtah II, fils de Ramsès-le-Grand, et consacré aux dieux Phtah , Thoth , Anubis et Athor. A côté du Spéos on voit une grande stèle où figure le père de Ménephtah , conduit par Athor , et recevant des mains du dieu Thoth Anubis le sceptre des panégyries.

On a découvert d'autres monuments de Ramsès-Sésostris dans la Palestine Syrienne , puis dans le voisinage du fleuve Lycus, enfin celui qui se trouve à quelques milles de Smyrne, sur une ancienne route abandonnée.

Le manuscrit de ses campagnes, un papyrus remarquable, est actuellement au Musée britannique ; il donne les détails les plus circonstanciés sur ses conquêtes, sur les pays qu'il a traversés, sur les forces et la composition de son armée ; il finit par la déclaration de l'historien , qui, après avoir fait connaître ses noms et ses titres, certifie avoir écrit dans la neuvième année du règne de Séti-Ramsès, roi des rois, lion dans les combats, le bras à qui Dieu a donné la force... Il est bon de remarquer que la neuvième année indiquée par l'historien est celle que Diodore désigne comme ayant été l'époque du retour de Sésostris en Egypte. C'est dans le tombeau de cet écrivain qu'on trouve avec son portrait, son ouvrage sur Sésostris et le titre qu'il prenait de chantre et ami de Sésostris.

On ne manque pas non plus de portraits de Sésostris; il se retrouve sur plusieurs monuments.

La dix-huitième dynastie offre un dédale de règnes et d'usurpations, et n'a rien de commun avec celle de Manéthon (1) :

D'après les monuments :

1 Ahmès.

2 Aménotp Ier.

3 Ahmès, régente pour son mari Thoutmès Ier.

4 Maképhra, régente pour son frère et époux Thoutmès II.

5 Et une autre femme pour Thoutmès III, Maiphra.

6 Aménotp II.

7 Thoutmès IV.

8 Aménotp III, Memnon.

9 Hor.

Autres monarques, d'après les monuments, mais sans ordre certain.

Amon-t-ou-onkh.

Aménotp IV.

Sa veuve, Bekh en Aten Nofré Titi.

Raonkh-Térou, successeur de Bekh en Atenra.

Rasmen ma ou Amen-mes.

Le prêtre Achérei, époux de Téti, fille de roi, épouse de roi, mère de roi.

Ramessou Ier. ou Ramsès Ier.

Tous ces rois sont antérieurs à la dix-neuvième dynastie ; car un ou plusieurs édifices construits sous leurs divers règnes ont été renversés, et leurs débris furent employés dans la construction d'un pylône de Karnac, commencé par Hor, et qui n'a pas été retravaillé depuis Ramsès-le-Grand. Sur les monuments, Amos ou Ahmès, est chef de la famille. Ahmès et Aménotp Ier. sont les deux premiers souverains de la dix-huitième dynastie ; plusieurs séries des rois de la dix-huitième dynastie ont été recueillies sur les monuments de Thèbes ; elles s'arrêtent toutes au nom d'Ahmès.

Il est certain que Aménotp Ier. succéda immédiatement au roi Ahmès ; Aménotp IV

(1) Voici les dynasties de Manéthon, dont on ne sait quoi faire :

Alisphragmutosis, Tethmosis, Chébron, Aménophis, Amessés sa sœur, Méphrés, Méphramutosis, Thémosis, Aménophis, Horus, Acenchérés sa fille, Rathotis son frère, Acenchérés, Acenchérés, Arinaïs, Armésés, Armesés Miamum, Aménophis, Séthosis. Telle est la liste de Manéthon, d'après l'historien Joseph, qui avait intérêt de la conserver et qui nous l'a transmise. Les monuments sont absolument contraires à cette liste ; les dernières recherches ont montré que la dix-huitième dynastie avait été sans cesse bouleversée, tant par le règne personnel des reines-régentes, que par de véritables usurpateurs, dont on a martelé ou même renversé les monuments !!

avait le culte d'Atenra, et est postérieur à Thoutmès IV, puisqu'il le cite dans une inscription.

La dernière date d'Ahmès, découverte à Massara, est la 22ᵉ. de son règne.

Champollion découvrit, à Karnac, la quarante-deuxième année du Roi Thoutmès III, et reconnut en lui le roi Mœris; on a la septième année, et même la trente-deuxième de Thoutmès IV, et la trente-sixième d'Aménotp III; le prêtre, époux de la reine Téti, grava ses exploits sur des stèles, qui vont jusqu'à la huitième année de son règne; il châtia la Libye et construisit son tombeau dans la nécropole Thébaine.

Sur la rive gauche, parmi les tombeaux situés derrière le Memnonium, on voit un petit hypogée décoré sous le règne de pharaon Amon-t-ou-ônkh, où il existe une forme de costume Egyptien, analogue à celle des sculptures de Psinaula. L'intérieur du palais de Louqsor a été décoré sous le règne d'Aménotp Memnon : dans une des salles se voient plusieurs scènes relatives à la naissance de ce prince, et qui le représentent suivi d'un autre enfant portant sur la tête la bannière du roi ; c'est encore un exemple du doublement déjà observé dans le tombeau du même roi, comme dans celui d'Achéreï, dont Champollion avait décrit le tombeau sous le nom de Skhaï, tombeau dont Nestor-l'Hote a rapporté les empreintes.

A Panopolis, aujourd'hui Akhmym, il existe parmi les hypogées un spéos avec plusieurs chambres; il est seul de ce genre; la décoration consiste en une haute stèle occupant le dessus de la porte, et dont le tableau cintré représente une adoration du roi Bekh au dieu Ammon et à la déesse Athor; vingt-cinq lignes de texte hiéroglyphique viennent à la suite de ce tableau; la dédicace est au nom d'un fonctionnaire du roi; à droite et à gauche du vestibule à ciel ouvert, qui précède cet hypogée, il y a deux chambres, dont une, celle de droite, a seule été ornée de sculptures; on y reconnaît, malgré leur état de dégradation, des restes d'inscriptions au nom de Thoutmès III, et en l'honneur du dieu Ammon, représenté soùs diverses formes. Ce monument n'est pas le seul d'époque très-ancienne, et l'on voit tout auprès plusieurs excavations sans sculpture, il est vrai, mais suffisamment caractérisées par l'encadrement de leur porte, avec tambour cylindrique, et par un conduit incliné menant au caveau funéraire, comme celui qu'on observe dans les pyramides. Les hypogées de Gasr-Hayâd présentent la même particularité que plusieurs des anciennes grottes d'Akhmym; ils consistent en une pièce plus ou moins spacieuse, áu fond de laquelle est l'entrée d'un couloir étroit et bas, menant au caveau funéraire par une inclinaison d'environ vingt-cinq centimètres. C'est encore le système intérieur des pyramides. Les grottes d'Akhmym n'offrent pas néanmoins de monuments plus anciens que la dix-huitième dynastie; l'architecture de l'époque des pyramides avait donc continué, et alors ce n'était donc pas une époque ancienne et oubliée !

On voit aussi aujourd'hui dans la salle de la bibliothèque nationale, à Paris, un bas-relief représentant une adoration ou sacrifice de Bekh ou Bakh à Atenra, sous la forme d'un disque d'où partent de nombreux rayons, qui s'étendent sur le roi et sur les présents qu'il fait; au bout des rayons, se trouve la croix ansée ou signe de la vie.

Quelques petites salles portent le nom d'Aménotp Ier.; la grande série monumentale ne commença que sous Thoutmès Ier.; et c'est Thoutmès III, qui peut être regardé comme l'auteur des temples sur la plus grande étendue du sol égyptien.

« Je vis d'abord Louqsor (village sur les ruines de Thèbes) dit M. Champollion, palais immense, précédé de deux obélisques de près de quatre-vingt pieds, d'un seul bloc de granite rose, d'un travail exquis, accompagnés de quatre colosses de même matière; c'est encore là du Ramsès-le-Grand; les autres parties du palais sont des rois Horus, Aménotp Memnon, plus des réparations et additions du roi éthiopien Sabako et de quelques Ptolémées, avec un sanctuaire tout en granite d'Alexandre, fils du conquérant. »

On a trouvé le portrait peint de Memnon dans son tombeau; son colosse, à Thèbes, celui qui fut brisé l'an 27 avant l'ère chrétienne, rendait des sons; à dater du règne de Néron, de toutes les parties de l'empire romain, on faisait le pélerinage pour en être témoin. Adrien, Sabine, sa femme, et les personnes de leur suite, huit gouverneurs d'Egypte, un grand nombre de personnages d'un rang éminent, ont gravé leurs noms et des attestations en vers et en prose, en latin et en grec, sur les jambes du colosse et sur sa base, pour constater qu'ils avaient entendu la voie divine. Ces inscriptions, au nombre de soixante-douze, existent encore; mais voilà que Septime-Sévère, qui luttait avec acharnement contre le Christianisme, entreprit de restaurer cette statue pour la rendre plus mémorable; mais son dieu de pierre resta muet, le prodige avait cessé avec la cause qui l'avait produit. Il est constaté que les granites et les brèches font entendre, sous certaines conditions atmosphériques, des craquements plus ou moins sonores au lever du soleil; dans les carrières de Syène, dans les Pyrénées, dans les roches granitiques des bords de l'Orénoque, des sons analogues ont été observés; les soupirs du prétendu fils de l'Aurore n'étaient pas d'autre nature; ils cessèrent lorsque des masses de pierre furent posées sur le fragment de brèche qui les produisait (M. Letronne).

Avant la dix-huitième dynastie, ce fut le règne des pasteurs. Joseph a eu grand soin de nous conserver le récit qu'en avait fait Manéthon; il y voyait le séjour et le règne des Israélites en Egypte. Voyons donc ce que racontait Manéthon.

Il dit : « Fuit nobis rex Timaus nomine. Sub hoc nescio quomodo Deus iratus fuit et præter spem ex partis orientalibus homines genere ignobiles, adepta fiducia in provincia castra metati sunt, et facile ac sine bello eam potenterque ceperunt, et principes ejus alligantes, de cætero civitates crudeliter incendere et Deorum templa evertere. Erga omnes vero provinciales inimicissime se gesserunt, alios quidem perimentes, aliorum vero et filios et conjuges in servitutem redigentes, novissime vero et unum ex se fecerunt regem cui nomen Saltis. » Manéthon déclare qu'il ne sait comment Dieu irrité , et comment des hommes arrivant de l'Orient , ayant acquis la confiance , sous le roi d'Egypte , nommé Tihmès , s'emparèrent facilement et sans combat de ce royaume. Pouvait-il mieux peindre les Israélites , qui étaient au nombre de soixante-dix , entrant en Egypte , sous le ministère de Joseph , qui avait acquis la confiance du roi de ce royaume , et s'y établissant sans combat dans la partie la plus fertile , là justement où Manéthon fait établir ces étrangers , à qui il donne le nom de Hycsos , dont l'étymologie , selon lui , était : « Hyc rois , reges; et sos, pasteurs, pastores; » mais dans d'autres exemplaires « in aliis autem exemplaribus , » Hyc signifiait captivos, captifs; et sos, pasteurs; les pasteurs captifs. Il est impossible de ne pas reconnaître , dans ce premier alinéa , les Israélites s'établissant en Egypte , par l'ordre de Dieu , que Manéthon a pu peindre irrité contre les Egyptiens; ces réflexions suffisent pour éclaircir son récit, qui ne peut pas avoir d'autre sens; et nous ajoutons que les monuments découverts donnent un démenti formel à la ruine de l'Egypte, qu'il attribue à ces étrangers : on compte par centaines les tombeaux , les grottes , les pyramides qui datent de ces temps , et même de temps plus anciens, et ils ont été conservés jusqu'à nos jours avec une inconcevable fraîcheur; les vieux tombeaux de Memphis, ceux de Beni-Hassan, et d'Elethyia, n'offrent pas de traces d'une dévastation calculée ; l'archéologie n'a pu trouver aussi des ruines de temples faites par des guerres ou attribuées à de grandes commotions politiques, et n'indique pas une seule ruine de villes ou de provinces !! Des obélisques ont survécu aux injures du temps ; à Thèbes, des colonnes monolithes, qui portent les cartouches de Sésourtésen Ier., marquent la place sanctifiée par ce roi, où s'élevèrent plus tard les immenses constructions de Karnac; les colosses du même roi se voient aussi à Thèbes; ses édifices, ainsi que ceux de quelques autres rois de la dix-huitième dynastie, furent reconstruits; les Thoutmès ne crurent pas les profaner en les faisant plus beaux, et c'est ce qui arrive chez tous les peuples, même les peuples chrétiens; et ces colonnes de Sésourtésen sont les restes du plus ancien édifice dont Karnac ait conservé les traces. Les vieux et riches tombeaux de Beni-Hassan sont bien conservés avec leurs colonnes à seize pans cannelés avec architraves et denticules; dans ces temps anciens, la statue colossale et l'autel de granite rose des deux Sévékopt embellissaient aussi et Thèbes et Abydos, et ils furent respectés. Comment aussi, si l'on ajoutait foi à Manéthon, les pasteurs barbares auraient-ils respecté les palais, les temples, qu'on appelle le Labyrinthe, qui existait à cette époque? Quoi! ils auraient incendié les villes, les provinces, et auraient oublié tous les monuments! A qui pourrait-on faire croire cela? Et les belles stèles d'Abydos, comment auraient-elles échappé? Je crois que s'il y a un fait constaté par les monuments en Egypte , c'est que les pasteurs n'étaient point guerriers, et qu'ils n'ont rien dévasté! A Abydos, il y avait des Memnonia, genre d'édifices funéraires et religieux , édifices construits dans le quartier des tombeaux, comme à Thèbes, et tout cela fut conservé!

Les grottes, les hypogées, qui fourmillent en Egypte pendant près de cent cinquante lieues, contenaient les autels, les temples des Egyptiens, rien n'a été détruit (1); une seule pyramide conserve les traces d'un temple probablement, et les autres n'en avaient point; ce temple, détruit par les siècles, ne subit point les efforts et les ravages d'un peuple en courroux, comme il est constant par la pyramide intacte et inviolable. Le roi Snéfrou, déifié à Memphis, y fut constamment l'objet d'un culte que les siècles n'avaient pas même fait tomber en désuétude au temps des Ptolémées, et son temple était situé dans le quartier du Mur-Blanc à Memphis, ce qui est rappelé dans plusieurs stèles érigées par ses prêtres; donc les pasteurs ne changèrent rien à cet usage, à ce culte, et aux monuments (au milieu d'eux), qui le propageaient ?

Ahmès fit extraire des carrières de Massara, la vingt-deuxième année de son règne, des matériaux pour élever des temples à Memphis; à Erment se voient les ruines du grand temple d'Hermontis, bâti sous le règne de Thoutmès IV, et consacré au dieu Mandou, appelé aussi Mendès; à Elethyia se voit le petit temple d'Aménoïp; dans la Basse-Egypte, Bubaste et Tanis ont conservé quelques restes de grands édifices; c'est le nom du grand Ramsès qu'on lit sur les vastes ruines de Tanis, ainsi que le nom plus rare de Ménephtah II. Il est permis de croire, d'après la fréquence du nom de Ramsès-le-Grand sur les ruines subsistantes de la Basse-Egypte, que ce ne fut guère avant l'époque de ce pharaon que cette partie de l'Egypte vit sur beaucoup de points s'élever des édifices sacrés (Rapport de M. Nestor l'Hôte, envoyé par Louis-Philippe en Egypte). L'histoire nous apprend en effet qu'une des grandes entreprises de ce pharaon, au retour de ses expéditions guerrières, fut de bâtir, dans chaque ville de l'Egypte, un temple consacré à la divinité locale; Diodore de Sicile ajoute même qu'aucun égyptien ne concourut aux fatigues de ces travaux, mais que ce furent les prisonniers étrangers. Il résulte de cet exposé que les temples, en Egypte, ne dataient point d'une époque ancienne, et qu'il est absolument contraire à l'histoire monumentale de ce pays d'attribuer des ruines de temples, de villes, de provinces aux pasteurs. Aussi l'historien Joseph nous apprend que dans les autres exemplaires il avait compris que Hyc signifiait captifs, et encore, en ce point, les monuments découverts en Egypte viennent confirmer son récit. Les hypogées d'El-Tell sont des monuments fort remarquables, situés dans la montagne arabique, à une lieue et demie de Psinaula, ou Alabastron. Une seule divinité s'y présente, c'est un disque d'où partent de nombreux rayons terminés par autant de mains, qui reçoivent les présens sur les autels; une seule légende et toujours la même l'accompagne; Atenra est le nom mystique de cette divinité, dont le disque solaire était l'emblème, dit M. Nestor l'Hôte; nous ferons remarquer à ce savant que Isis avait pour second surnom Athiri ou Atenra, et Jablonski convient ne savoir ce que signifie ce mot.

---

(1) Comme les Israélites qui, dans tous ces premiers temps, n'avaient point de temples ou vastes bâtiments religieux, mais des autels.

Parmi les personnages royaux, qui adressent leurs offrandes à cette divinité, est
le nom d'un roi qui se complète par trois signes, qui peuvent se prononcer Bekh
ou Bæon ; c'est un roi de la dix-huitième dynastie ; et on voit à Karnac, dans les
matériaux du pylone d'Horus, des pierres qui ont appartenu à de grands édifices
construits sous son règne, et au nom de ce prince (comme nous l'avons remarqué
également de Sésourtésen Iᵉʳ.), les mêmes légendes, le même personnage, et le
même disque rayonnant, avec des figures de captifs à barbe pointue, à cheveux
pendants, à robes longues, les bras attachés derrière le dos, figures des Hykschos (1), si fréquentes sur les monuments de la dix-huitième dynastie (Nestor
l'Hôte). Les cartouches de ce même roi Bekh, ou Bæon, se trouvent aussi à El-
Tell avec ces figures des Hykshos, qui ornent la face d'un des autels chargés
d'offrandes ; ces prisonniers ne sont pas les seuls ; on en voit encore d'autres
marchant par files, à la suite du roi, et caractérisés de la même manière que ceux
qui ornent les triomphes de Ménephtah, de Ramsès-le-Grand, Meïamoun, attachés
par le cou, les mains prises dans des menottes en bois.

Les hypogées d'Hadgy-Kandyl, autres dépendances de Psinaula, présentent des
images parfaitement conservés de ces captifs Hykschos, dont on n'a qu'un tracé
incomplet dans l'une des grottes d'El-Tell (Nestor l'Hôte). L'ensemble de ces
hypogées fournit d'ailleurs une variété nombreuse de prisonniers africains et autres,
mais qui se distinguent du type particulier dont il s'agit ici ; l'on y voit aussi
différents bas-reliefs et un tableau presque intact, où figurent avec les traits de la
ressemblance la mieux caractérisée les personnages du roi Bech ou Bæon, de la
reine et de leurs enfants. M. Nestor l'Hôte remarqua, dans un second voyage aux
Hypogées d'El-Tell, au milieu des rochers, une grande stèle semblable à celle
de Toûn-el-Gebbel, et accompagnée comme celle-ci, des figures en pied du roi,
de la reine et de leurs enfants ; le même groupe se répète de chaque côté de la
stèle ; l'inscription surmontée d'une adoration ou au disque rayonnant, forme un texte
de trente lignes. C'est encore le même Bæon, avec ces figures de captifs les Hyksos ;
mais ici elles sont sculptées, au lieu d'être simplement tracées en rouge, et leur
parfaite conservation ne laisse aucun doute sur leur identité.

N'est-il pas naturel de conclure que les Hykcos étaient des prisonniers, des captifs ;
cela pouvait-il convenir aux pasteurs conquérants de Manéthon, renvoyés avec
toutes leurs richesses, par un accord!! N'est-il pas clair que les Hyksos prisonniers
ne sont autres que les Israélites qui se regardaient comme captifs en Egypte!! Il
résulte encore que la dix-huitième dynastie, la première qui ait gravé sur ses monuments la captivité des pasteurs, en vit le départ et la fuite, et que ce Bæon ou
Bekh n'y fut pas étranger ; et il pourrait bien se faire que ce Bekh, dont les monuments sont restés imparfaits, et dont le peu de durée de son règne est constaté, fût
le pharaon dont l'armée périt dans les flots de la Mer Rouge ; l'époque de son règne
sur les monuments est incertaine.

(1) Hykschos, ou Hyckschos, ou Hykshos, ou Hycsos.

M. Rosellini, qui accompagna Champollion dans son voyage en Egypte, nous a fait connaître une peinture d'un tombeau thébain représentant la fabrication des briques ; on s'aperçoit tout d'abord que les hommes figurés dans ce tableau diffèrent des Egyptiens ; et leur teint, leur physionomie, leur barbe les fait connaître pour des Hébreux, réduits en esclavage ; ils portent à la ceinture le petit tablier que portent encore les Egyptiens, mais ils le tiennent replié en forme de chausses courtes ou cuissarts, qu'ils continuèrent à porter dans la suite et qui leur valurent le nom de Machnésaïm. Dans les trois compartiments de ce tableau, on voit parmi les Hébreux quatre Egyptiens faciles à distinguer à leur contenance, à leurs traits, à leur teint. Dans le premier, un égyptien est assis un bâton à la main ; c'est ce chef de corvée et exacteur que Pharaon préposa aux fils d'Israël pour les tourmenter dans leurs travaux ; un Egyptien est frappé dans un autre compartiment ; Moyse dit aussi : « Flagellatique sunt qui præerant operibus filiorum Israel!! » Ce tombeau appartient à un égyptien, nommé Rochseré, dont le titre est préfet du pays, gardien préposé aux grandes habitations ; on trouve dans ce même tombeau les titres et même la figure du roi Thoutmès (c'est encore un roi de la dix-huitième dynastie). Voilà donc encore un roi d'Egypte du même temps que Bekh, en rapport avec les Israélites.

Mais il nous faut considérer le second alinéa de Manéthon ; après les mots « nomen Saltis, » il continue ainsi : « Hic in Memphidem veniens, superiore inferioreque provincia tributaria facta, præsidia relinquens, opportunis locis, maxime partes munit orientales, prospiciens quod Assyrii, aliquanto potentiores, erant desideraturi regnum ejus invadere. Inveniens autem in præfectura Saïte civitatem opportunissimam, positam ad orientem Bubastitis fluminis, quæ appellabatur a quadam antiqua theologia Avaris, hanc fabricatus est et muris maximis communivit, collocans ibi multitudinem armatorum usque ad ducenta quadraginta millia virorum eam custodientium. Hic autem messis tempore veniebat, tam ut frumenta meteret et mercedes exsolveret, quam ut armatos ad terrorem extraneorum diligenter exercitaret. Qui cum regnasset... » Saltis règne 19 ans ; Bæon, 44 ; Apaphnas, 36, 7 mois ; Apaphis, 61 ; Janias, 50, 1 mois ; Assa, 49, 2 mois. Le nombre d'années de ces règnes fut de 259, 10 mois. Joseph, d'après Manéthon, fait donc mention de constructions du côté de l'orient qu'il attribue aux Pasteurs ; Diodore de Sicile, lui, dit que Sésostris défendit l'entrée de l'Egypte du côté de l'orient par une muraille construite dans le désert depuis Péluse jusqu'à Héliopolis, dans l'espace de mille cinq cents stades, pour empêcher les incursions des Syriens et des Arabes ; cette version paraît la plus naturelle ; néanmoins on sait que les Israélites, qui étaient bien au nombre de 240,000 hommes capables de porter les armes, bâtirent des villes du côté de l'orient, Tanis, Ramessès et Phithom ; qui étaient des forteresses, contre les incursions des peuples d'orient ; ensuite Joseph, d'après Manéthon, raconte qu'après 252 ans, les Pasteurs élurent enfin un roi nommé Saltis, qui recevait des Egyptiens des récompenses et récoltait du froment, et qu'il eut des successeurs pendant 259 ans 10 mois, en tout 511 ans. Que signifie cette récolte? que signifie ce tribut? n'est-il point permis d'y voir l'histoire du patriarche Joseph, qui récoltait le froment, le vendait aux Egyptiens et exigeait ce tribut? Bien plus, ne sait-on pas qu'il s'empara de toute la terre de l'Egypte, fit vendre aux Egyptiens la terre qu'ils possédaient, et ce changement d'une portée incalculable n'a-t-il pas duré jusqu'aujourd'hui? Joseph n'est-il pas encore connu par le célèbre canal du Fayoum, qui porte encore son nom? et le nom que le roi pharaon donna à Joseph, « Vocavit eum lingua ægyptiaca Salvatorem mundi, » ne s'est-il pas retrouvé depuis peu dans un tombeau? ne sait-on pas le mariage de Joseph avec la fille d'un prêtre d'Héliopolis, ville appelée en ces temps On, ville du soleil? M. Champollion n'a-t-il pas lu, sur le manuscrit funéraire de M. Cailliaud, le nom égyptien Pétéphré (ou Putiphare), père d'Aseneth, épouse de Joseph? et Pétéphré ne signifie-t-il pas : qui appartient au soleil? N'a-t-on pas aussi trouvé encore un autre monument dans la nécropole de Thèbes, qui représente le payement du blé? d'abord des paniers pleins de blé qui attendent leur tour pour passer à la recette ; puis à la suite leurs propriétaires humblement à genoux, la face contre terre, comme il est dit dans la Bible que Pharaon plaça Joseph sur un char « clamante præcone ut omnes coram eo genuflecterent? » N'a-t-on pas retrouvé les figures de Bech, de la reine et de leurs enfants représentées sur des autels, d'où ils se montrent à une assemblée, et procèdent à une distribution de colliers d'honneur? et le roi d'Egypte, suivant la Bible, n'en donna-t-il pas un à Joseph « collo torquem auream circumposuit? »

Ensuite on se demande pourquoi ces rois pasteurs de Manéthon restent en Egypte pendant 252 ans, sans chefs, sans rois, et ensuite en choisissent-ils pour un espace de temps qui dure 259 ans 10 mois, en tout 511. L'histoire seule des Israélites donne la solution de ce problème : depuis la naissance d'Abraham, le père des Israélites, jusqu'à la sortie d'Egypte, il s'écoula 505 ans environ; ensuite, quand Joseph entra en Egypte, où il gouverna sous l'autorité des pharaons, il s'était écoulé 268 ans, et il s'écoula 237 ans jusqu'à la sortie d'Egypte; les différences ne sont pas grandes; Manéthon considéra donc l'entrée des pasteurs israélites en Egypte comme un règne !!!

De plus, si d'autres rois pasteurs avaient existé, est-ce qu'ils n'auraient point empêché la vente des terres? Et il ne paraît aucune trace de leur influence, de leur existence. De plus, le récit de Moïse suppose visiblement que Joseph fut le ministre d'un souverain de toute l'Egypte, et que ce renversement eut lieu dans tout l'empire : « Ex eo tempore usque in præsentem diem in universa Ægypti terra.. » Où étaient donc les rois pasteurs? Et le récit de Moïse concorde encore avec les monuments, qui nous présentent, avant la dix-huitième dynastie, les règnes glorieux des Sésourtésen et des Aménemhès, qui ne peuvent se concilier avec les prétendus rois pasteurs conquérants et leurs guerres acharnées; il est impossible de concevoir la puissance et l'étendue des états de ces monarques avec la lutte acharnée des prétendus pasteurs conquérants. Il faut enfin considérer les noms que Manéthon donne à ses rois pasteurs; il dit qu'ils étaient Arabes et ne parlaient pas la langue égyptienne; mais, voilà que les monuments découverts font voir clairement que ces monarques sont égyptiens : Saltis rappelle la déesse Sati , Satis des inscriptions grecques, cette déesse qui portait souvent une coiffure ornée de deux longues cornes de taureau; dans une des grottes de la montagne libyque, n'a-t-on pas trouvé l'image en pied et la légende d'un vieux roi, dont le nom formé de deux lettres doublées, donne celui d'Apaphis, ou Apochis, ou Apap? Il n'est pas rare dans les hypogées de l'Egypte du milieu; vis-à-vis de Minieh, commence une suite de carrières et d'excavations antiques; dans une hypogée, se voit l'entrée de deux tombes inachevées, mais portant sur le bandeau de leur porte, l'une le cartouche d'Apaphis, l'autre du roi Bekh; aussi Manéthon joint ces deux rois; l'image en pied et la légende d'Apaphis dénotent à la fois le style ancien des tombeaux de Ghizeh et de Sakkarah , c'est une remarque de M. Nestor l'Hôte.

Les monuments ont donné le nom du roi Apaphis, c'est Apapp Maïré; le mot Apap peut aussi se lire Papi, nom encore égyptien, mais dans le papyrus historique du Musée britannique l'ordre des caractères hiératiques donne Apap. Nous connaissons encore d'autres Apap : outre Apap Maïré (salle des ancêtres à Karnac), Apap-Senb , sur la table d'Abydos, Ra-Apap ou Ra-Papi , trouvé par Champollion, à Maschakit, de sorte que les deux rois de Manéthon, Apaphnas et Apaphis se retrouvent sur les monuments d'origine égyptienne. Dans une vallée où s'élèvent de tous côtés des sommets noirâtres de montagnes , dans le désert arabique, se voit une inscription qui donne l'an 18 du règne d'Apap Remal ou Meïré; au-dessus de cette inscription, il y en a une plus petite renfermant le cartouche nom propre d'un roi, composé de quatre signes Assa , au lieu des trois Ass donnés dans l'ouvrage de M. Rosellini. Les cartouches des rois Assa et An se sont retrouvés dans les tombeaux de Memphis avec ceux des rois des premières dynasties, et on sait que le roi Assa, ou Assis en style grec de Manéthon, repose à Abousir dans la pyramide la plus septentrionale de ce groupe. Voilà donc d'après Manéthon et les monuments des rois les plus anciens de l'Egypte, et au lieu de rois arabes ou orientaux, rois égyptiens; il est donc faux que ce fussent des étrangers, des barbares, à langage inconnu et à mœurs dépravées; c'étaient donc des rois égyptiens, et il n'y a donc pas eu de rois pasteurs conquérants !!!

Enfin, dans son troisième alinéa, Manéthon ajoute que les rois pasteurs furent repoussés après une longue guerre; que le roi Alisfragmuthosis les contraignit de se renfermer dans leur forteresse d'Avaris (1) (localité inconnue, nom qui signifie, selon quelques savants : au milieu de la mer), et que son fils nommé Thémosis ne pouvant

____

(1) Il faut remarquer que le prophète Ezéchiel appelle Aven la ville d'On, appelée Héliopolis par les Grecs. On sait que c'est une ville égyptienne, où Joseph se maria et eut la plus grande autorité , et que les Septante la comptent au nombre des villes bâties par les enfants d'Israël (ou considérablement agrandie et fortifiée par les enfants d'Israël), et que Apion dit que Moyse y naquit.

les chasser, transigea avec eux, et qu'ils se retirèrent « cum omni domo et posses-
sionibus. » N'est-ce pas là un souvenir des Israélites? Manéthon ajoute qu'ils sortirent de l'Egypte par le désert « per desertum iter egisse; » ce qui se trouve dans le
récit de Moyse, qui nous apprend que les Israélites partirent du pays de Gessen ou
Gochène comme écrit M. Cahen, contrée où se trouvait Ramessès (ville remplacée
aujourd'hui par de grandes ruines et le petit village de Ramsès) (et dont Jablonski
a dit aussi « de terra Ramses quæ fuit ipsa Gossen), » et qu'ils ne prirent pas la
route du pays des Philistins, qui était voisin, de peur de combats avec ces peuples,
mais celle du désert « per viam deserti, » et de peur que les Israélites ne fussent
pas encore assez désignés, Manéthon ajoute aussitôt qu'ils parvinrent dans la terre
appelée depuis la Judée, y bâtirent une ville qu'ils appelèrent Jérusalem, et y cons-
truisirent un temple : « In terra quæ nunc Judæa vocitatur, civitatem ædificasse,
eamque Hierosolymam vocitasse.. construxissent templum; » est-ce que Manéthon
ne parle pas du temple de Jérusalem que tout le monde sait avoir été construit par
les Israélites? Est-il possible de ne pas reconnaître, dans ces peuples pasteurs de
Manéthon, les Israélites?

Pour rendre encore cette vérité plus palpable, Manéthon avoue que ces pasteurs,
dans leurs livres, s'étaient regardés comme captifs dans la terre d'Egypte : « In alio
vero quodam libro Ægyptiacorum, Manethon hanc ipsam gentem, id est, qui vocita-
bantur pastores, in sacris suorum libris captivos ascriptos rectissime dixit. » N'avait-
il pas lu les livres des Israélites, qui rappellent si souvent cette captivité d'Egypte?
Et pour qu'il ne manque rien à cette reconnaissance, Diodore de Sicile répète que
les Israélites étaient haïs des Egyptiens à cause de leur culte, qu'ils se retirèrent
et fondèrent dans la Palestine la ville de Jérusalem, et qu'ils étaient voyageurs en
Egypte, « peregrini!! » Ce texte de Diodore peut encore servir à éclaircir un autre
point : il est dit dans l'Ecriture-Sainte que les Egyptiens ont en abomination tous
les pasteurs de brebis « omnes pastores ovium; » on conçoit très-bien cette horreur
des bergers chez les Egyptiens; ce mot du patriarche Joseph à ses frères est expliqué
par l'horreur qu'inspirent les peuples se nourrissant de chair à ceux qui se nourrissent
de légumes, et cela se voit dans la même histoire de Joseph : ce patriarche fait
apprêter à manger à ses frères, mais les Egyptiens se gardent bien de manger avec
eux : « Quibus appositis, seorsum Joseph et seorsum fratribus, Ægyptiis quoque
qui vescebantur simul seorsum; illicitum est enim Ægyptiis comedere cum Hebræis
et profanum putant hujuscemodi convivium. » Cette horreur, chez les Egyptiens,
des bergers, des pasteurs de brebis et autres animaux, venait encore de ce que ces
bergers offensaient le culte des Egyptiens, en immolant les animaux que les Egyptiens
déifiaient; cela est encore évident par le même récit de Moyse qui dit à Pharaon :
Nous ne pouvons pas sacrifier dans votre terre; nous sacrifions ce que les Egyptiens
adorent, ils nous lapideraient : « Abominationes enim Ægyptiorum immolabimus
Domino Deo nostro. Quod si mactaverimus ea quæ colunt Ægyptii coram eis, lapi-

dibus nos obruent (1). » N'est-il pas clair que Moyse, dans son récit, parlait des pasteurs de brebis., haïs à cause de leur culte et de leurs habitudes, vivant du produit et du fruit de leurs troupeaux? Peut-on détourner ce sens pour l'appliquer à des rois conquérants pasteurs, qui n'étaient pas appelés pasteurs, dans le sens de bergers, mais dans le sens de peuples nomades, comme l'entendent les savants, et entre autres l'illustre professeur de Leyde, Van-der-Palm?

Un savant a voulu rattacher à ce peuple conquérant un monument : les principaux événements du règne d'Ahmès sont détaillés à Elethyia, dans la grande inscription d'Ahmès, fils d'Abna.

Ahmès, chef des Nautonniers, s'adresse aux hommes pour leur raconter ses campagnes et les honneurs que sa valeur lui a mérités; il rappelle d'abord que son père a servi le roi Ra Skenen avant le roi Ahmès; quant à lui, il était encore enfant à cette époque; devenu grand, Ahmès entre au service du roi Ahmès, l'accompagne à Memphis (remarquons que de ce point il résulte que les pasteurs, prétendus conquérants, n'occupaient point cette ville que Manéthon cependant leur donne pour capitale; et on sait que les rois qui avaient favorisé les Israélites y régnaient), combat avec lui dans les eaux de Tanis et assiste enfin à la prise de cette ville. Personne, jusqu'aujourd'hui, n'a fait habiter Tanis par les conquérants, ni Manéthon lui-même; la prise de cette ville s'explique parce qu'elle appartenait aux Israélites; c'était la sixième année du règne de ce monarque qu'eut lieu cet événement, et la même inscription ajoute que Ahmès parcourut le Nord et le Midi, et réprima les révoltes; cela s'explique encore par les révoltes du peuple Israélite; mais, très-certainement, cet événement ne peut s'appliquer, sous aucun rapport, d'aucune manière, aux conquérants pasteurs dans le récit de Manéthon.

Une ancienne tradition locale dit que Tanis fut habitée par les Juifs (Nestor l'Hôte).

Nous avons vu que les temples payens en cette ville ne dataient que de l'époque des Ramsès. Ajoutons quelques autres circonstances non moins décisives : on lit dans les livres de Moyse que Tanis, en Egypte, et Hébron, en Chanaan, avaient été fondées simultanément, ou plus exactement, Hébron avait été fondée sept ans avant Tanis; l'opinion la plus commune place la date de ces fondations pendant le séjour des Hébreux dans la terre de Goscen; tout la favorise, et elle est conforme à la tradition et aux monuments. Mais voici ce qui confirme encore cette réunion de circonstances : Moyse envoya des espions dans la terre de Chanaan, et il dit : « Ascenderunt ad meridiem et venerunt in Hébron, ubi erant Achiman et Sisaï et Tolmaï, filli Enac; nam Hebron septem annis ante Tanim, urbem Ægypti, condita est. » On voit que Moyse joint la fondation d'Hébron avec la descendance d'Enac, l'Inachus des Grecs, c'est-à-dire avec les trois fils ou petits-fils d'Enac, qu'il ne la recule pas plus

____

(1) Tacite dit aussi des Israélites : « Cæso ariete velut in contumeliam Ammonis, bos quoque immolatur quem Ægypti Apim colunt. »

loin, qu'ils existaient encore de son temps, les donnant comme personnages connus
et existants; il joint aussi à cette fondation celle de Tanis en Egypte, lui assigne
la même époque : elle avait donc eu lieu pendant le séjour des Israélites en Egypte !!
D'ailleurs on voit dans la Genèse, que Hébron, et par conséquent Tanis, n'existait
pas sous les patriarches Abraham, Isaac et Jacob : une localité, dans la vallée de
Mambré, s'appelait de leur temps Arbée, et Moyse nous dit que, de son temps, c'était
là que fut Hébron : « Venit etiam ad Isaac patrem suum in Mambre civitatem Arbee.
Hæc est Hebron » (Genèse, ch. 35, v. 27 ; chap. 23 v. 17). Il est donc clair que la
fondation d'Hébron, et conséquemment celle de Tanis, eurent lieu entre l'époque de
Jacob et celle de Moyse, par conséquent, lorsque les Israélites étaient en Egypte !! Il
faut aussi faire attention que les anciens historiens grecs faisaient Moyse contemporain
d'Enac ou d'Inachus, comme Saint-Justin le fait remarquer; entr'autres « Polemon
in Græcanicarum rerum primo scripsit libro, et Appion Posidonius in suo adversus
Græcos commentario ; » et celui-ci dit « in quarto Historiarum libro : regnante
apud Argivos Inacho, ab Ægypti rege Amaside secessisse Judæos, quibus Moses præfuit. » Cet historien appelle Amasis le roi Ahmès et le fait contemporain de Moyse
et d'Inac. Il faut joindre aux précédents historiens Ptolémée Mendesien, qui écrivit
l'histoire de l'Egypte ; et les histoires grecques d'Hellanicus et de Philocorus et
les autres historiens, Castor, Thallus et Alexandre Polyhistor; ajoutez encore Tatien,
qui, en outre, d'après Appion le Grammairien dans son quatrième livre de l'histoire de l'Egypte, affirme que ce fut sous Ahmès qu'il appelle Amos, et qu'il fait
vivre dans les temps d'Enac, que les Israélites partirent de l'Egypte sous la conduite
de Moyse. D'après tous ces anciens historiens, qu'on ne peut rejeter sous aucun
rapport, Ahmès, Moyse, Inac vivaient donc tous d'un temps, et la sortie des Israélites eut lieu à cette même époque; il faut remarquer que Moyse, le plus exact,
parle des enfants d'Enac existant de son temps; nous avons placé le règne d'Inac en
1891 ; Moyse naquit l'an 1708 : la différence réelle des temps d'Inac et de Moyse
est de 183 ans.

On voit, par ce qui précède, un enchaînement entre les époques et les événements et les hommes remarquables d'alors, et qu'il n'est fait aucune mention de
pasteurs conquérants. La même sixième année du roi Ahmès; le capitaine égyptien
rapporte l'expédition suivante, l'attaque et la prise de Scharhana ; cela nous reporte à des expéditions étrangères aux Israélites, et certainement n'a aucun rapport
et ne peut pas encore se concilier avec le récit de Manéthon relatif aux pasteurs
conquérants. Enfin dans celle qui suivit, Ahmès massacra, dit un amateur de
Manéthon, les pasteurs conquérants, et Manéthon dit le contraire; mais l'amateur
de Manéthon a lu cela, dit-il, dans des hiéroglyphes :

Le premier signe est un échiquier chargé de ses pièces debout, symbole d'équilibre ; ce symbole usité dans les textes pour la lettre M, est spécialement consacré
à exprimer l'idée de Mn, Men, ou Man, ou Moun, construction, monument, idée,
qui est rendue dans le cartouche par le signe initial du mot, conformément au

système de construction commun à tous les monuments (1). Les deux premiers signes forment le mot men, stable ; et ces signes sont employés dans les mots de Men-Karé, Menemotp, Menès, Smen-tet et dans le n°. 13 de la table de Karnac; c'est un signe de stabilité, et se prononce men, stable. Le dernier signe est appelé la hache divine , représentation bien connue du nom de Dieu; l'autre signe enfin est un oiseau, l'aigle initial; et c'est bien l'A égyptien ; où une aspiration plus prononcée Ah ; ainsi on doit lire Ahmen, le divin, le justifié, ou le Dieu. Conçoit-on qu'un manéthonien ait lu dans ce mot *les pasteurs*, sous prétexte que Moun en copte signifie, dit-il, pasteur. Voilà l'aveuglement où fait tomber l'esprit de système. Nous dirons encore que, suivant M. de Gebelin, qui connaissait mieux la langue copte que notre manéthonien, dans son histoire allégorique du Calendrier, assure que Man, Men, Mon était un des noms du soleil, et Mene , Mena, Moun celui de la lune.

Il est dit ensuite que le roi Ahmès fit la guerre aux Lybiens; l'inscription mentionne ensuite que le capitaine fit avec Aménoph Ier. une expédition en Ethiopie pour agrandir l'empire, enfin une autre campagne sous le règne de Thoutmès Ier. On voit sur une pierre monumentale du Musée du Louvre, qu'après sa conquête d'Ethiopie, Aménoph Ier. en fit une seconde vers le Nord.

Tel est le récit de Manéthon sur les rois pasteurs ; le peuple Juif regarda toujours dans ce récit, en partie vrai , en partie travesti, ce qui lui était arrivé en Egypte; on le voit dans ses historiens Joseph et Juste de Tibériade. Est-on donc bien fondé aujourd'hui à voir le contraire? Tatien (in oratione contra Græcos), Justin dans son Panégyrique, Clément d'Alexandrie dans le premier livre des Stromates ont assuré également que ces pasteurs de Manéthon étaient les pasteurs Israélites ; a-t-on trouvé quelque chose contre les écrits de ces hommes éminents? Absolument rien.

Il faut ajouter encore qu'Hérodote avant Manéthon, et Diodore après ce prêtre payen n'avaient point entendu parler en Egypte des pasteurs conquérants , ni de leurs prétendus rois. Manéthon qui n'ignorait pas que les Israélites avaient demeuré en Egypte et en étaient sortis, ne donne pas d'autres renseignements sur ces faits; il ajoute que des gens sans nom publiaient des fables, que c'étaient des fables populaires, et qu'il n'était plus question des annales égyptiennes : « Ea vero quæ Manethon non ex Ægyptiis litteris, sed, sicut ipse confessus est, ex fabulis quorumdam sine nomine adjecit particulariter redarguam, professusque se scribere ea quæ in fabulis vulgaribus feruntur. » L'historien Joseph nous apprend quels étaient ces contes populaires , ces fables que Manéthon méprisait : Un roi Aménoph, placé entre Ramsès Ier. et Séti Ier. , avait renvoyé les Israélites ; mais rien ne fait soupçonner, dans les monuments de tous genres qu'on a découverts, un règne entre ces deux monarques; on n'en a trouvé aucune trace dans les inscriptions et autres monuments. On racontait encore que cet Aménophis avait proscrit les Juifs par le conseil d'un prêtre payen ; que ce peuple avait appelé à son secours les anciens

____

(1) Les voyelles des mots écrits en hiéroglyphes sont presque toujours omises, comme dans les langues orientales.

pasteurs (chassés depuis 518 ans) ; c'est ainsi qu'on mêlait toujours les Israélites avec les anciens pasteurs, et qu'on ne pouvait pas les séparer. On ajoutait encore que ces anciens pasteurs étaient accourus de la Palestine, de Jérusalem, qu'ils avaient chassé jusqu'au fond de l'Ethiopie le roi Aménophis et son fils Séthos encore enfant, appelé aussi Ramsès, et avaient renversé les temples et les villes. Décidément voilà encore de l'histoire des anciens pasteurs rajeunie ; tant il est vrai que les Israélites et les anciens pasteurs étaient le même peuple ! Dans ces fables populaires, on découvre, comme dans le récit des pasteurs de Manéthon, la vérité de l'histoire des Israélites, mais obscurcie, altérée, parce que les Egyptiens n'écrivaient point, n'avaient point d'annales historiques. Enfin, on disait que Séthos était revenu avec une grande armée, avait reconquis son royaume, et avait poursuivi ces étrangers jusqu'aux confins de la Syrie ; mais voilà encore que les monuments s'opposent au dénouement de cette fable ; le règne de Séthos présente plusieurs circonstances frappantes, qui rendent impossible de lui attribuer la fuite en Ethiopie ; car il part, dès le commencement de son règne, pour sa grande expédition ; il trouve donc un royaume tranquille et puissant, une armée toute organisée. On voit en effet à Silsilis qu'à la première année de son règne, Séthos Ier., ou Séti Ier., construisait des temples ; et sur la salle hypostyle de Kournah, on lit les détails de la campagne entreprise dès cette première année ; et ces merveilleux trophées du palais de Kournah montrent une gloire des premières années de Séthos, qui n'est point en rapport à l'état d'un roi, qui vient à grand'peine reconquérir son royaume. Tant de travaux à la salle hypostyle de Karnac et au Memnonium de Kournah, ce merveilleux palais d'Abydos, qui ne le cédait qu'au Labyrinthe, cette immense Syringe découverte par Belzoni, tant de pages historiques, sur des murailles dont la beauté ravit Champollion, ne se concilient pas avec la fable rapportée par Manéthon. Le second Séti, fils de Ménephthah, ne régna pas immédiatement après son père ; il en est séparé par la reine Taséor et son mari Siphthah, dont le règne fut regardé comme une usurpation. Il résulte, d'après les monuments, que l'expulsion des Juifs sous cet Aménophis est une fable, comme elle l'était au jugement de l'auteur Manéthon.

Ne ressort-il pas clairement de ce qui précède : 1°. Que Manéthon nous fournit la preuve que les rois pasteurs et les Israélites étaient un seul et même peuple, et qu'il sortit de l'Egypte avant la dix-huitième dynastie, ou vers cette époque ? 2°. Que dans les 511 ans de règne qu'il leur donne, on trouve les plus anciens rois d'Egypte, dont les cartouches sont mêlés avec ceux des premières dynasties, et avec ceux qui sont enterrés dans les pyramides ? Nous avons vu précédemment que toutes les dynasties de Manéthon n'offraient que des erreurs pour les noms, le nombre, les dates, le genre, et nous voyons cela aboutir à la plus grande erreur encore, à l'ignorance la plus profonde ; il invente un peuple de rois pasteurs, et fait concourir avec son existence des dynasties collatérales ; mais de ses dix-septième, seizième et quinzième dynasties on ne connaît aucun nom ; on ne parle pas de sa seizième dans Jules Africain, qui compte trente-deux pasteurs hellènes ou grecs ; on reconnaît en ce récit le but de Manéthon,

auteur grec, qui écrivait son histoire en grec et pour un roi grec; il est bien entendu que Jules Africain ne les nomme pas et ne peut pas les nommer; on ne peut
rien dire non plus de la quatorzième dynastie, qui manque dans Jules Africain, si exact
cependant; la treizième dynastie était composée de soixante rois, mais dont on ne
connaît rien, pas même les noms. La douzième dynastie, dite des Diospolites, était,
au dire de Manéthon, composée des sept rois : Geson Gosès, ou Sesonchoris ou
Sesynchôris, fils d'Ammanemès ou Ammenemès ou Amenemhès, Ammanemès tué par
ses propres eunuques, Sésostris, Lachorès, ou Labaris suivant Eusèbe, Ammerès,
Ammenemès, Scemiophris sa sœur (Eusèbe, au lieu de ces trois derniers rois, donne
à Labaris quarante-deux successeurs qu'il ne nomme point, tout aussi imaginaires
que Labaris). Cette douzième dynastie avait précédé immédiatement la dix-huitième,
on le voit par les monuments.

La table d'Abydos est une suite de quarante prénoms royaux classés chronologiquement, et sculptés sur la paroi d'un temple au milieu des ruines d'Abydos. Le
grand Ramsès y fait une offrande commémorative aux rois ses prédécesseurs, et ses
cartouches répétés remplissent toute la ligne inférieure. Aussitôt que d'autres inscriptions eurent donné à Champollion les noms des rois dont la table ne contenait
que les prénoms royaux, il reconnut en bon ordre la généalogie de Ramsès; et la
succession remontait régulièrement jusqu'à Ahmès, ce qu'on pouvait connaître aisément, et donnait à entendre à tout le monde que les noms qui précédaient Ahmès,
étaient aussi classés chronologiquement, et que c'était enfin une suite chronologique
non interrompue. Toutefois des recherches plus sévères vinrent prouver qu'il y
avait des lacunes entre certains rois : sont exclus de la table d'Abydos un Aménotp,
qui introduisit le culte d'Atenra après Thoutmès III, et le roi Achéréi; mais ces petites lacunes s'expliquent aisément : l'orgueil de Ramsès n'a pas admis les reines à
partager ses hommages; on observe que les cartouches royaux que s'était attribués la
régente, sœur de Thoutmès II, ont été martelés sur les monuments; le même affront
subi par les deux princes Aménotp et Achéréi, prouve qu'ils n'étaient pas légitimes,
mais des usurpateurs; ces petites omissions n'empêchent donc pas cette liste chronologique d'être exacte et complète. La liste d'Abydos fait voir la dix-septième dynastie
dans les prénoms royaux, qui précèdent Ahmès, et qui se trouve être la douzième de
Manéthon, c'est-à-dire celle qui désigne des noms royaux après la dix-huitième, et
ce qui détruit encore ces dynasties fabuleuses intermédiaires dont on ne connaît que
le nom. Avant donc Ahmès viennent les Osortasen et les Aménemhès : la seconde
ligne, 1er. cartouche, offre Ra Noubkéou; 2e. cartouche, Ra Schater; 3e. cartouche,
Ra Scha Kéou; 4e. cartouche, Ra en Ma; 5e. cartouche, Ra Matou. Avant les Aménemhès, la table d'Abydos porte Néfroukéra, quatrième du nom, Néfroukéra Nibi,
Tetkéra Ma. Néfroukéra Chentou, Meri en Hor, Snéfrouké, Ra en Ké, Néfroukéra
Rérel, Néfrouké Papi Senb (n°. 13 sur la table d'Abydos), Snéfrouké Annou dont le
cartouche se retrouve aussi sur des vases provenant d'Abydos. La plupart des cartouches de cette liste renferment un prénom royal outre le nom propre du person-

nage. Avant ces princes les trois premiers cartouches, qui ont laissé quelques traces sur la table d'Abydos, se présentent dans l'ordre suivant : le premier renferme le nom de Cnoum Choufou; le second nom est de Menkaré; le troisième cartouche semble appartenir au second Menchérès d'Eratosthène qu'il appelle Mosthès. Nous voilà parmi les fondateurs des pyramides et les premiers rois d'Egypte.

A cette liste si authentique des rois d'Egypte, ajoutons un autre monument aussi précieux; c'est la liste de Karnac, appelée la chambre des rois ou la salle des ancêtres du roi Thoutmès III. Ce monarque, représenté quatre fois, présente des offrandes à quatre séries de rois ou princes disposés en huit rangées, et marchant dans deux directions contraires; il y en avait vingt à gauche et douze dans le fond de la salle à gauche; du côté droit, il y en avait également vingt, et aussi douze dans le fond de la salle à droite, en tout soixante-quatre. Ce pharaon, de la dix-huitième dynastie, est présenté faisant des offrandes à soixante-quatre rois ou princes, ses prédécesseurs; tout annonce qu'ils sont disposés dans un ordre chronologique, conforme à la succession chronologique; mais il n'est pas facile de l'indiquer. Le roi Thoutmès III, dit M. Ampère (1847), offre un hommage religieux à une suite de princes, qui l'ont évidemment précédé; l'image de chaque personnage est accompagnée de son nom; c'est donc une chronologie figurée de la plus haute importance, pour l'époque antérieure à la dix-huitième dynastie, c'est-à-dire pour l'époque la moins riche en monuments historiques; parmi les trente-deux du côté gauche, voici ceux qui sont conservés; ils sont indiqués dans des cartouches et par des hiéroglyphes : la première rangée, en allant de gauche à droite, y compris la moitié gauche du fond de la salle, offre : Snéfrou, Ra Sahou, An, Assa, Ra Smentet; la seconde rangée : Enentef, Enentef, Men.., Enentef, Atet, Apap, Ra Méren; la troisième rangée : Ra Satéphet, Ra Noubkéou, Ra Matou, Ra Nofréou Sévek, Enentef; la quatrième rangée : Ra Terké, Ra Skenn ou Ra Skenen, Ra Nachten, Ra Sésouren, Ra Noubter, Ra Nebtou, Ra Snéfrouké, Ra.... (1).

La hache divine se trouve à tous les cartouches de la première ligne; elle se voit encore à la troisième ligne aux rois Enentef, Ra Matou et Ra Noubkéou; et à tous ceux de la quatrième ligne, excepté à Ra Sérouren et à Ra Skenn. Cette partie gauche contient des indications d'où l'on peut conclure qu'elle appartient dans la partie supérieure aux plus anciennes époques de l'empire égyptien, et dans sa partie inférieure précède la dix-huitième dynastie, et s'accorde avec la table d'Abydos.

Un grand fragment bien lisible du papyrus royal de Turin contient les noms des deux rois Ra Matou et Sévek Nofréou et le total de la dynastie; après quoi viennent d'autres rois, dont les premiers noms sont encore lisibles, le sixième de ces noms ou de ces cartouches est RaSonkh-Hét, et celui-ci n'est plus placé sur le côté

____

(1) Quelques manéthoniens ont voulu indiquer par des chiffres l'ordre chronologique et classer ces princes, mais c'est une imagination qui n'a aucun fondement; et il est impossible d'en faire usage, à cause du ridicule.

gauche, mais sur le côté droit de la chambre de Karnac; comme Ra Matou et Sévek-Nofréou sont au milieu de la salle, ils président les côtés gauche et droit ; il y a deux rangées avant ces rois, à gauche, et autant après. On pourrait en conclure qu'il faudrait abandonner, en cet endroit, le côté gauche, et passer au côté droit. Mais quelle confiance peut-on avoir au papyrus? On distingue du côté droit de la chambre de Karnac, d'abord, un groupe de prénoms royaux, occupant avec celui de Ra Sonkh-Hêt, la première ligne et la seconde de ce côté droit. Ces prénoms royaux, retrouvés sur d'autres monuments, répondent alternativement aux noms propres Sévék-Otp et Nofré-Otp ; qui ont beaucoup de rapport avec Sévek-Nofréou, le dieu Sévek est le nom dominant de toute cette famille; voilà tout ce que l'on peut conclure. Mais il faut remarquer que le même papyrus royal de Turin présente à la sixième dynastie, après la reine Nitocris, deux noms royaux, qui contiennent le mot Néfrou (rien n'est plus remarquable que l'enchaînement des noms propres dans les familles égyptiennes); la table d'Abydos, après le roi Menchérès ou Mosthès des pyramides, contient aussi le prénom royal dominant Néfrou-Kéra, il s'ensuit donc que Sévek Nofréou ou Néfréou (qui n'est point une femme comme l'ont rêvé quelques-uns), régna dans ces temps éloignés (temps de la sixième dynastie de Manéthon, et, par conséquent, avant sa douzième) avant les Amenemhès.

Les cartouches, qui suivent dans le monument du côté droit, dans les deux autres lignes ou rangées, se retrouvent également dans d'autres fragments du papyrus et des monuments. Parmi les monuments, des statues colossales gisent en Ethiopie, dans l'île d'Argo, et rappellent les Sévék-Otp. Une grande stèle d'adoration dédiée au dieu générateur par les princesses de la famille du roi Sévék-Otp II, est au musée du Louvre; un tombeau à Elethyia fut décoré sous le règne de ce même roi. Nofré-Otp, qui le suit à Karnac, régna onze ans, suivant le papyrus; un vase provenant d'Abydos, ainsi qu'un beau scarabée, ont sauvé son nom de l'oubli. Le septième prénom de la première ligne de la chambre à droite, était celui d'un troisième Sévék-Otp; une petite statue accroupie, en granite noir, avec les deux noms de ce roi, est au Musée du Louvre; la cour du sphinx est ornée de sa statue colossale en granite rose. Le prénom Ra Scha-Onkh appartient à un quatrième Sévék-Otp, dont la légende est complète sur les ruines d'Abydos. Ra Scha-Otp qui le suit à Karnac (commence un autre fragment du papyrus royal) est échappé à la destruction; son nom propre a aussi été trouvé sur les ruines d'Abydos; il est encore connu par plusieurs scarabées portant sa légende. Le même fragment du papyrus royal rassemble sept autres rois parmi lesquels Ra Méri Nofré, qui régna vingt-trois ans huit mois et dix-huit jours, et dont le nom est encore inscrit sur une boite d'ivoire et sur des scarabées sacrés (musée de Leyde); son successeur, Ra Méri-Otp, figure dans la troisième ligne du même côté droit de la chambre de Karnac; à la dernière partie de la liste de Karnac appartiennent des inscriptions trouvées sur la route de Cosséir; les faibles traces qu'a laissées la dernière famille de ce côté droit, se trouvent à Abydos et sur la route de Cosséir; on trouve aussi un Nebteni sur la route de Cosséir et une date de la deuxième année de son règne.

Nous avons vu que la table d'Abydos a constaté que les Amenembès (douzième dynastie de Manéthon) avaient précédé la dix-huitième dynastie, que la famille Néfrou avait précédé les Amenemhès, et que les fondateurs des pyramides avaient précédé les Néfrou. La chambre de Karnac a de même présenté les plus anciens rois d'Egypte An, Assa, Snéfrou du temps des pyramides, ensuite la famille Néfrou-Sévek du temps de la sixième dynastie, appelée ainsi par Manéthon; elle présente encore les Amenemhès qui ont vécu après.

Manéthon nous a laissé une dynastie qu'il appelait la douzième, et on en voit le commencement et la fin dans le papyrus de Turin, car ils se copient; mais les monuments ne s'accordent en rien avec Manéthon et sa chronique. Les monuments font connaître cinq Amenembès dont les noms sont Ra Solphet ou Ra Satéphet, Ra Noub Kéou, Ra en Ma, Ra Matou et Tjen en Ra, et probablement Ra Noubter, car un scarabée du Louvre porte Ra Noubter Amen..; quelle similitude y a-t-il entre cette liste et la dynastie de Manéthon? Le papyrus de Turin parle encore de quelques rois de cette race, et il donne 140 ou 150 ans de règne à celui qui est appelé Ra en Ma; quel parti tirer de ce papyrus? Les monuments font ensuite connaître trois Sésourtésen: Ra Terké, Ra Schater, et Ra Scha Kéou. Il faut remarquer que presque tous ces rois se trouvent placés dans les deux dernières rangées de la chambre de Karnac, du côté gauche, avec Ra Skenn ou Ra Skenen que tout le monde reconnaît pour être le prédécesseur immédiat d'Ahmès; tant il est vrai que la dix-huitième dynastie a été précédée par celle que Manéthon appelle la douzième, la seule dont ses copistes nous aient conservé les noms, jusqu'à sa sixième. Les tombeaux de Kournah offrent aussi une suite de princes et de princesses, une grande quantité de princes, qui n'étaient pas qualifiés rois; mais un tombeau montrait que les rois Ahmès et Aménotp Ier. avaient une série d'ancêtres rois d'Egypte : ils sont accompagnés de six rois et ceux dont les cartouches sont lisibles se nomment Ra Nebtou Ménémotp ou Mantouatp, Aahotp (la reine, épouse d'Aménotp Ier., s'appelait aussi Aahotp) et Ra Skénen-Tinaken. Ces rois sont encore placés dans la dernière rangée de la chambre de Karnac du côté gauche; décidément cette dernière ligne fixe la place historique de cette famille immédiatement avant la dix-huitième dynastie. Sésourtésen figure aussi dans une liste hiératique des rois et des princesses de la famille d'Ahmès; une procession funèbre au monument appelé Ramesséum est curieuse par son ordonnance; les ancêtres de Ramsès y figurent en bon ordre jusqu'à Ahmès et Ranebtou Ménémotp ou Mantouatp; un cartouche précède tous les autres, c'est celui de Ménès, le chef des Egyptiens. Un autre tombeau, publié par M. Prisse en 1843, montre aussi auprès des Thoutmès et des Aménotp, Ra Nebtou et Ra Skenen. Il existe au chœur du Fayoum, à Begig, un obélisque portant le nom de Sésourtésen Ier. Ra Terké, monument de ses victoires; Héliopolis l'a encore conservée. Ce prince fonda aussi le sanctuaire de Karnac, et ses statues colossales de granite apportées en Europe prouvent non moins que les colonnes monolithes, qui portent encore son nom, que d'autres constructions y avaient signalé son règne. On trouve aussi dans la Nubie, sur la stèle d'Ouadi-Halfa, et sur les rochers du Sinaï, mention de sa valeur guerrière. Sésourtésen Ra Schater nous est aussi connu : le fameux tombeau de Nahotp, à Béni-Hassam, représente ce chef recevant divers étrangers, en sa qualité de gouverneur des terres d'Orient, et d'un district, qui portait le nom de la nourrice du roi Choufou; cette réception est datée de la sixième année de ce Sésourtésen.

Sésourtésen Ra Schakéou est appelé seigneur de la Nubie, dans le monument de Maschakit; ce Sésourtésen III (Champollion a lu constamment Osortasen) est identique avec un Sésostris, qui tenait le premier rang après Osiris, c'était un dieu ou demi-dieu; le temple élevé à ce roi, à Semneli, dans la Nubie, contient encore une inscription où le dieu Totounen fait compliment à Thoutmès III d'avoir élevé ce beau monument à Sésourtésen, pour perpétuer la gloire de son nom; les rois ses successeurs embellirent, à Semneh, ce temple; Thoutmès IV vénère également Sésourtésen sur un pilier du temple d'Amada; enfin, à Maschakit, un monument le montre au milieu de plusieurs dieux. Le tombeau de ce Sésourtésen paraît être dans la pyramide en briques de Daschour; en effet, le fragment de cartouche, .. Kéou, que le colonel Wyse y a trouvé, convient au prénom de ce grand roi plus qu'à tout autre; aussi est-ce la seule pyramide égyptienne dont l'entrée conserve les traces d'un temple, et les pyramides en briques révèlent le temps des Thoutmès, ainsi que le culte et les temples qui lui furent consacrés !

Aménemhès Ier., Ra Solphet et Sésourtésen Ra Terké, par une stèle du Louvre, ont régné ensemble, simultanément, au moins pendant quelques années. Une stèle du musée britannique rapporte qu'un fonctionnaire du roi Aménemhès Ra Noubkéou, le scribe Mantousi, est né et a passé son enfance sous le roi Aménemhès Ier., que plus tard il fut honoré d'une charge par Sésourtésen Ier., Ra Terké; il était donc fonctionnaire sous Aménemhès II, Ra Noubkéou, et il aurait été bien trop vieux, si l'on s'en rapportait aux chiffres du papyrus royal, qui assigne à Sésourtésen Ier. quarante-cinq ans de règne. Une stèle porte la date de l'an 35 d'Aménemhès Ra Noubkéou; et comment encore concilier ces chiffres avec le papyrus royal, qui donne pour commencement de règne à ce monarque les chiffres 10.. ? Ce papyrus est connu par ses erreurs, et ne peut servir à l'histoire !

On connaît plusieurs monuments, qui portent les noms d'Aménemhès-Marès, et d'assez nombreux portent des dates de son règne jusqu'à la 43e. année; c'est Aménemhès Ra en ma, auteur du Labyrinthe. M. Lepsius ayant récemment trouvé en Nubie une série de hauteurs observées pendant les inondations du Nil, sous le règne d'Aménemhès-Marès, hauteurs qui s'élèvent notablement au-dessus des niveaux actuels, en conclut que ce roi devait être le Mœris de l'histoire, et que l'abaissement du niveau de l'inondation pouvait être lié à ses travaux gigantesques. M. Lepsius nous apprend que cet Aménemhès III construisit le Labyrinthe et la pyramide de Foyoum, qu'il a ouvert la pyramide du Labyrinthe (que Strabon attri-

buait à Ismandès), et qu'il y a trouvé le nom d'Aménemhès III. Il faut aussi noter
l'époque de ce monarque, que nous a conservée Hérodote : il n'y avait pas encore
neuf cents ans que Mœris était mort, dit Hérodote, lorsque les prêtres me le dirent;
n'est-il pas clair que ces Aménemhès avaient précédé immédiatement la dix-huitième
dynastie !! Le musée du Louvre possède une grande stèle dédiée par un fonctionnaire d'Abydos nommé Amonéï-Senb, sous un Aménemhès dont le nom propre est
Tjen-en-ra; et ce même Amonéï-Senb parle aussi d'embellissements monumentaux
dus au roi Sésourtésen Iᵉʳ., dans une seconde stèle.

Des stèles des Aménemhès et des peintures de Béni-Hassam, on retire des dates
et l'indication de victoires remportées sur les Pount, les Phout de la Bible :
« Filii autem Cham : Chus et Mesraïm et Phout et Chanaan. » C'est donc encore
un hommage rendu à la Bible. On connaît le Chusistan ou le pays de Chus (1);
Mesraïm s'arrêta dans la Basse-Egypte, que l'Ecriture-Sainte appelle Mesor en plus
d'un endroit. Nous nommons l'Egypte Mesrée, disait Joseph dans ses Antiquités, et
les Egyptiens Mesréens; les Arabes appellent encore aujourd'hui l'Egypte Messr ou
Metzri. Selon aussi le sentiment de Joseph, Phout peupla le pays qui s'appela la
Lybie : « Instituit autem et Phut Libyam, Phutos a se vocans provinciales, » et donna
son nom aux peuples de cette contrée, qui furent appelés les Pout, ou Phout ou
Phutéens. Il y a encore aujourd'hui dans la Mauritanie, disait cet historien, un
fleuve qui porte ce nom, et plusieurs historiens grecs en parlent comme ils parlent
aussi du pays voisin, qu'ils nomment Phuté. Saint Jérôme affirme également que,
de son temps, il existait en Mauritanie une rivière qui portait le nom de Phut,
ainsi que la contrée voisine. On connaît le pays de Chanaan. Tous ces pays étaient
voisins les uns des autres, peuplés par la même famille (famille de Cham); ce que
viennent confirmer des monuments de l'Egypte, auxquels on ne s'attendait point.
N'avons-nous pas trouvé aussi un roi d'Egypte appelé Apap ou Papi, fils d'Isis, dame
de Pount, parmi les premières dynasties ou les premiers rois? Il y avait donc entre
ces peuples primitifs une parenté reconnue.

Nous savons par les recherches de Nestor l'Hôte, que dans les gorges de la montagne arabique, il existe une hypogée, qui appartenait à un intendant des chasses
ou grand veneur; il se nommait Thooût-Otp et fut le père d'Osortasen II ou III;
le pharaon est plusieurs fois représenté marchant à la suite du défunt, ainsi que
ses frères également, fils de Thooût-Otp. Dans la réalité, toutes ces dynasties
n'existent que dans l'imagination; souvent après un règne, les prêtres choisissaient
une autre famille.

Une autre remarque qu'il faut encore faire, c'est que Manéthon attribue à un
Sésostris de cette époque la conquête de toute l'Asie, tandis que par les monuments, il est constant que la conquête de l'Asie-Mineure ne convient qu'à l'époque

____

(1) L'Ethiopie est toujours désignée sous le nom de pays de Khousch dans les légendes hiéroglyphiques des Ramsès.

des Ramsès. De plus, Manéthon fait construire le fameux Labyrinthe par un Labaris !
On est las des bévues et des fables de ce prêtre payen !!

Nous avons dit que Manéthon, avant sa douzième dynastie, n'avait laissé des noms
de monarques égyptiens, chez ses copistes, que dans sa sixième dynastie; en effet,
sa onzième était composée de seize rois diospolites, qui avaient régné en tout quarante-trois ans, chose absurde ! Sa dixième, dite des Héracléopolites, était composée de dix-neuf rois; la neuvième, qui portait le même nom, comprenait aussi
dix-neuf rois, mais Eusèbe voulait qu'il n'y en eût que quatre; toutefois, il n'y a
de nommé en cette dynastie que Achthoès ou Achthus, le plus cruel homme du
monde, suivant Manéthon, mais tout-à-fait inconnu, suivant les monuments; la
huitième, dite des Memphites, était composée de cinq rois, suivant Eusèbe, et de
vingt-sept, suivant Jules Africain; la septième, encore dite des Memphites, était
composée, suivant Jules Africain, de soixante-dix rois, qui régnèrent soixante-dix
jours; suivant Eusèbe, elle était composée de cinq rois, qui régnèrent soixante-
quinze jours. Lequel vaut mieux? Oh Manéthon !! de ces cinq bizarres dynasties
aucun roi n'est nommé ! La sixième dynastie, dite aussi des Memphites, était formée
de six rois, suivant l'Africain : Othoès, Phios, Méthésoupis, Phiops, Menthésoupis,
Nitocris; Eusèbe ne parle que de cette reine Nitocris, et il fait bien; car quelle
différence peut-il y avoir entre Menthésoupis et Méthésoupis, entre Phios et Phiops?
Et aussi il ne fait qu'une seule et même dynastie de la sixième et de la cinquième
où Jules Africain compte Usorchérès, Séphrès, Népherchérès, Sisirès, Chérès,
Rathourès, Menchérès, Tanchérès, Obnos, et qu'il nomme Eléphantins. Eusèbe ne
nomme dans ces deux dynasties réunies que deux rois Othoès et Phiops. Enfin, la
quatrième dynastie, dite des Memphites, était composée de huit rois, suivant Jules
Africain : Soris, Suphis, Suphis II, Menchérès, Rhatoïsès, Bichérès, Séberchérès,
Taraphthis ou Tamphthis; Eusèbe ne nomme que Suphis, et suivant lui, elle devait
être composée de dix-sept rois.

Malgré tous ces noms, il faut renoncer à trouver dans Manéthon des rois véritables; ou bien pour en trouver trois ou quatre, il faut leur faire subir d'étranges
transformations; voici ce que nous trouvons dans les monuments : la chambre de
Karnac, après quelques rois, nomme le premier Enantef, moins élevé en dignité,
et qui n'a point son nom renfermé dans un cartouche; il porte le titre de Erpa,
jeune, titre militaire; la partie détruite de ce cartouche contenait peut-être Ha,
chef, Erpa Ha, jeune chef, ce qui correspondait à général d'armée. Le second
Enentef, avait son nom renfermé dans un cartouche, et cependant n'était pas
souverain; car ce qui reste de ses titres, l'Horus chef, Horape, ne commence
aucun des nombreux protocoles royaux usités chez les pharaons; le dernier Enentef,
troisième rangée, le dernier dans la moitié gauche du fond de la salle, Enentef
Naa, au contraire, a les titres de dieu, bienfaisant, seigneur des deux mondes; et
sa momie trouvée à Thèbes, dans son tombeau, portait encore un bandeau royal,
qui orne maintenant le musée de Leyde. M. Prisse a donné à la France un superbe

papyrus hiératique contenant trois cartouches qui sont placés dans un ordre chronologique; il a huit mètres de longueur, est le plus ancien que l'on connaisse et
remonte à l'époque des premiers rois d'Egypte; il a été trouvé dans la nécropole de
Thèbes, près du tombeau d'Enentef. Le musée du Louvre possède une stèle magnifique et quelques autres monuments provenant d'Abydos, qui ont été dédiés à des
personnages, qui prennent les titres les plus pompeux et qui s'appelaient Enantef;
tout porte à croire qu'ils appartenaient à quelques-uns de ces princes. Sur la même
partie gauche de la chambre de Karnac, se voit le cartouche du roi Téti ou Atet,
et le nom de ce roi a été trouvé sur un monument funéraire à Zaouyet-el-Meyteyn
alternant trois fois avec celui d'Apap, ce qui porte à croire que le roi Téti a partagé le pouvoir d'Apap. En remontant encore au-delà du règne de ces rois, on
trouve sur la table d'Abydos, Tetkéra, Snéfrou et les rois auteurs des grandes
pyramides; et dans la chambre de Karnac, Snéfrou, An, Assa, etc., ce qui nous
reporte aux auteurs des pyramides.

Les pyramides de Ghizé et de Sakkarah sont entourées de tumulus, qui renferment des sculptures, des peintures et des inscriptions. Ces monuments, massifs,
de forme carrée oblongue, construits en énormes pierres de taille, offrent un intérieur, qui se compose de couloirs, de chambres plus ou moins ornées, et de puits
conduisant à des caveaux funéraires; c'est dans un de ces tumulus que se trouve
le tombeau d'Eïmaï, intendant du palais de Schoufou; en faisant déblayer la partie
latérale de droite du même tumulus, on trouva l'image et la légende funéraire
d'un autre personnage nommé Ata, qui avait rempli les mêmes fonctions que
Eïmaï, mais sous d'autres rois, successeurs de Schoufou; de même on découvrit la
figure en pied avec la légende du même Eïmaï, et celle d'un autre personnage,
collègue ou successeur d'Eïmaï, dont les cartouches signalent qu'ils remplirent leurs
charges non-seulement sous le règne de Schoufou, mais encore sous trois de ses
successeurs! D'abord, pour ce qui regarde les trois grandes pyramides, dans la
troisième se trouva un sarcophage, en la chambre sépulcrale, avec des os et une
grande quantité d'enveloppes de momie, de couleur jaune, eu laine; ce cercueil
offrait une inscription hiéroglyphique, qui donna le nom de Menkaré. Le rituel funéraire fait aussi mention du roi Menkaré déifié, ainsi que du roi Téti ou Atet, qui
partage cet honneur. Hérodote plaçait la sépulture du roi Menkaré, qu'il appelait
Mycérinus, dans cette troisième pyramide.

Les recherches du colonel Wyse ont valu au musée Britannique le couvercle du
cercueil de Menkaré, le morceau de bois le plus antique et l'un des plus précieux
qui soient au monde. Ces débris de cercueil contiennent une courte invocation : « O
Osiris, roi Menkaré, vivant à toujours, engendré du ciel, fils de Netphé.. ta mère
Netphé sur toi; que son nom puissant dans l'Amenti.. son soleil est ta lumière.. »
Ces deux lignes incomplètes sont en grands caractères; l'écriture est fixée, gravée
avec habileté, d'une seule forme, et l'invocation suppose tout le panthéon égyptien; ce
monument n'est donc pas d'une très-haute antiquité. Ajoutez que cette invocation est

semblable à celle adressée au roi Enentef, que l'on dit descendant et de la famille d'Apap, que Manéthon place du temps de la dix-huitième dynastie; et Hérodote, et Diodore de Sicile et tous les anciens historiens avaient appris en Egypte que ces trois grandes pyramides n'étaient pas d'une haute antiquité. Pour Manéthon, il n'attribue point à Menkaré cette troisième pyramide, mais à Nitocris.

Les monuments ne connaissent point Nitocris ou la reconnaissent pour l'épouse de Psammétik (1). Tout ce que l'on sait, c'est que la pyramide de Menkaré était célèbre par son revêtement en granite rose de Syène, et qu'elle paraît avoir été construite à deux fois, on reconnaît facilement la limite de la première construction, sans qu'on en sache la cause, et qu'on a trouvé, non pas dans la chambre de Menkaré, mais dans celle qui la précédait, des fragments de balzate bleu; pour quel usage? On n'en sait rien. Hérodote dit que la grande pyramide a été bâtie par Chéops; le véritable nom égyptien est Choufou ou Khoufou; mais la grande pyramide contient trois chambres sépulcrales, et le colonel Wyse a trouvé deux cartouches royaux différents, Khoufou et Noukhouf (2), tracés à la sanguine sur les mêmes pierres, dans de petites chambres situées au-dessus de la salle du sarcophage, et destinées uniquement à la décharge du plafond; ces chambres avaient été fermées pour jamais pendant la construction elle-même, et l'on n'a pu y pénétrer qu'en se frayant un passage à travers la masse de la maçonnnerie; cette circonstance présente naturellement l'idée que les rois Choufou et Noukhouf auraient régné simultanément; et quand on remarque que cette pyramide est la seule, qui renferme trois chambres sépulcrales, on ne peut guère douter qu'elle n'ait été construite pour les deux monarques dont on y lit les noms, les cartouches de Khoufou et Noukhouf; et que penser de Manéthon qui attribue à Suphis Ier. la construction de la grande pyramide, et lui donne 63 ans de règne, et un successeur nommé Suphis II qui aurait aussi régné 56 ans ! Néanmoins pour trouver quelque chose dans Manéthon, on n'a pas craint de donner ses deux rois pour Khoufou et Noukhouf!! Maintenant pour ce qui regarde la seconde pyramide, Hérodote l'attribue au roi Chéfren; on ne peut négliger son témoignage sur un sujet où il vient de nous donner deux renseignements aussi complètement vérifiés. Les tombeaux voisins ont conservé le nom d'un roi Schafra, dont le cartouche est souvent suivi d'un titre où se remarque une pyramide, et dont l'analogie avec Chéfren ne peut être méconnue; ce tombeau est dans la plaine de Giseh; il faudrait donc attribuer la seconde pyramide à ce Chéfren d'Hérodote; Diodore confirme encore ce point qu'il racontait d'après les Egyptiens; Sephren ou Snéfrou se lit sur la table de Karnac et sur nombre de monuments; il était déifié à Memphis, et sa descendance paraît aussi dans la table d'Abydos où se voient les Néfroukéra et les Snéfrou-Ké. Un tombeau de la plaine de Gizeh rappelle aussi le

____

(1) On sait qu'il y avait une reine de Babylone nommée Nitocris, dont l'époux et le fils s'appelaient Labynète.

(2) Cnoum Choufou.

nom de Néfrou-iri-Kéra. Des serviteurs des rois Snéfrou et Néfrou-Kéra ont gravé leurs légendes sur les rochers de la presqu'île du Sinaï (M. Laborde).

Des inscriptions semblables à celles du roi Choufou, tracées sur les pierres de la moyenne pyramide d'Abousir , attestent que ce monument est l'ouvrage du roi Rasésourn; une statue votive contient des inscriptions, qui, sur une face , portent que le roi Sésourtésen Ier. l'a fait faire en mémoire de son père ou ancêtre , le roi Rasésourn ; l'autre face répète exactement la même inscription, si ce n'est qu'elle contient le nom du roi An, dont il est question sur la table de Karnac; si l'on rapproche ces légendes d'un monument tout semblable où le roi Papi-Maïré est ainsi rappelé sous ses deux noms séparément, on trouvera que le roi An est enseveli dans la pyramide d'Abousir. Rasésourn a été aussi reconnu dans le cartouche sculpté dans plusieurs endroits , entr'autres sur les rochers de la presqu'île du Sinaï. Le nom propre Assa et le prénom Tetkera appartiennent à un même roi, dont il est question dans les tables de Karnac et d'Abydos. Son cartouche a été trouvé à Sakkara. On sait aussi que le roi Assa, qui précède An sur la liste de la chambre de Karnac, précède immédiatement Rasésourn dans d'autres monuments, et qu'il repose également à Abousir, dans la pyramide la plus septentrionale de ce groupe, à côté de Rasésourn. Rasahou , sur la table de Karnac, auprès de An , doit être encore de la famille de Rasésourn. Comme il y a des cartouches , auprès de Ra-Smentet, qui ont été brisés, le nom d'Askef, qui se trouve sur des monuments anciens, y figurerait peut-être , ainsi que celui d'Ouséserkef. C'est ainsi que tous les monuments se soutiennent, s'éclaircissent les uns les autres, et forment une suite chronologique non interrompue !!

Mais , à quoi ont servi les listes de Manéthon ? On voit bien l'accord du papyrus royal de Turin avec Manéthon; c'est bien le même auteur, la même composition ; mais ils n'ont aucun rapport aux monuments, et, si l'on veut, on peut les comparer. ? Le fragment, qui compose actuellement la quatrième colonne du papyrus, est assez entier ; cette quatrième colonne retraçait très-probablement la cinquième dynastie de Manéthon : on le voit par les noms. Elle contenait plus de noms que Jules Africain n'en a donné ; elle semblerait concorder avec le nombre marqué par Eusèbe, voilà Manéthon et sa chronique d'accord. A la cinquième colonne du papyrus, ligne 44 , on lit Menès , leurs royautés, leurs années ..355, sans doute le chiffre de mille manque , et tout cela mêlé avec les époques et les dynasties divines, dont fait aussi usage Manéthon 1.

Manéthon, malgré ses chiffres partiels et ses totaux, ainsi que ceux de sa chronique le papyrus, qui n'ont jamais été d'accord avec les inscriptions, ce qui est frappant, peut servir à rapprocher de nous les monuments et les règnes des anciens rois ; en cela, il semble d'accord avec l'histoire de l'Egypte ; il est constant par les monuments, qu'avant la 18e. dynastie , il y a des séries de rois, qui ont de grands rapports entr'eux ; par exemple, on voit les tombes d'Apap et de Bekh, dans des carrières , vis-à-vis de Minieh, tombes qui n'étaient achevées ni l'une ni l'autre ; des matériaux des bâtiments de Bekh et de Sésourtésen Ier. sont mêlés ensemble, et font partie du même pylone d'Horus ; des inscriptions relatives à Assa, à Apap et à d'autres plus modernes, se voient au même endroit, sur la route de Qeneh à Qosseir, et les cartouches des rois Assa et Au mêlés avec ceux des plus anciens rois, etc. Tout cela indique que ces monarques n'étaient pas partagés par des siècles, et n'avons-nous pas vu que l'art égyptien avait commencé, suivi, atteint sa perfection, sans rétrograder, sans s'arrêter, sous les Aménemhès, les Thoutmès et les Ramsès ? Nous avons vu également qu'il y avait analogie depuis la construction des pyramides, qui révèlent les peuples primitifs, dans le mode de construction, et dans le grandiose jusqu'aux Ramsès ; l'histoire monumentale donne donc un démenti formel à un établissement de barbares pendant 500 ans, à une extinction de lumière !!

On est d'accord que les trois premières dynasties de Manéthon n'ont rapport à aucun monument, et qu'il faut renoncer à en tirer parti ; les voici ; la 3e. dynastie contenait 9 rois suivant Jules Africain, et 8 suivant Eusèbe : Néchérophès ou Nachérochès, Tésorthros, Tépris, Mésochrès, Soïphis, Tosertasen, Achès, Siphuris ou Séphouris, Kerphérès. Cette dynastie s'appelait des Memphites, et la deuxième des Thinites, composée ainsi : Boethus ou Bochos, Kaïécbos ou Chous, Binothris ou Biophis, Tlas, Sethenès, Choérès, Népherchérès, Sésochris, Chénérès ; ces deux derniers ne sont point dans Eusèbe. La première dynastie, dite des Tinites, était composée de huit rois : Menès, Athotis, Kenkenès, Ouénéphès, Ousaphaïdos ou Saphaïdos, Miébidos, Sémempsès, Biénéchès, ou suivant Eusèbe, Ubientès.

Il faut remarquer parmi ces règnes ou noms bizarres, un roi nommé Binothris dans la deuxième dynastie, qui se forme très-naturellement de Bu-thré, ou comme on prononce avec les points : Ben-Thérah, qui signifie fils de Tharé, et les orientaux disaient ordinairement fils d'un tel, au lieu du nom propre ; auprès de Binothris, le nom Tlas ; ce nom en hébreu, Thll, est celui du roi d'Egypte ravisseur de Sara, dont parle l'Ecriture-Sainte. Ces deux noms n'indiquent-ils pas le temps d'Abraham ?

Manéthon ne peut-il point servir à fixer l'époque de ses premières dynasties (1) ! Nous savons par Le Syncelle que Manéton comptait 113 règnes successifs, et Eusèbe et Jules Africain réunis nous les ont conservés ; ils en nomment 115, mais les monuments ne reconnaissent point les noms de ses rois, et détruisent surtout les dynasties vides de rois, intermédiaires, supposées pour concorder avec les Juifs dans le calcul des temps, car cette connaissance était commune aux Egyptiens et aux Juifs.

---

(1) M. de Bunsen (parmi les savants modernes), qui a fait d'immenses recherches sur l'Egypte, a cherché d'après tous ses monuments, quelle place elle occupait dans l'histoire de l'humanité, il ne donne pour origine à ce royaume que l'époque d'Abraham. Et parmi les anciens : « Refert in annalibus suis Constantinus Manasses Ægyptiorum in subjectos potestatem ac regium imperium usque ad integros 1663 annos duravisse (jusqu'à Cambyse). »

Nous remarquons encore dans Manéthon , parmi ses premières dynasties Kaiéchos ou Chous, c'est Chous, frère de Mesraïm; Cham ou plutôt ses enfans s'établirent en Egypte , et cela nous explique pourquoi l'Egypte fut de lui nommée Ham , et portait encore ce nom dans le IVe. siècle de l'ère chrétienne; et pourquoi dans les livres saints elle est appelée si souvent les tabernacles ou la demeure de Cham, et pourquoi Plutarque lui donne le nom de Chemia , et d'autres celui de Chemmis (1). L'identité de Ham avec Cham est incontestable , cela résulte du témoignage de l'antiquité et en particulier de St.-Jérôme. « Ham vel Cham a quo et Ægyptus usque hodie lingua Ægyptiorum Ham dicitur; » et de plus ce fait repose sur des considérations grammaticales, comme dans l'hébreu le mot Cham peut se lire indifféremment Cham ou Ham ou Am; de là vint encore que le principal dieu de Thèbes fut Amon, comme portent les hiéroglyphes; la racine de ce mot est évidemment Am , la seconde syllabe *on* étant ou terminative, ou ayant le sens de soleil, image de la divinité ou la divinité elle-même. L'origine des Egyptiens est donc un fait concordant avec la Bible, les monuments et les historiens. Mais ce qui est singulier, c'est qu'on a découvert en Egypte un cartouche dont la ressemblance avec le mot Chous frappe tout le monde, et ce nom se lit Kakon, ou Chous ou Chachou, et a été trouvé dans les tombeaux anciens de la plaine de Memphis : ce serait donc le tombeau de Chous!!

Dans la première dynastie de Manéthon tout se réduit à Sémentet, Ménès excepté ; Manéthon suit le papyrus royal de Turin dans cette dynastie « quasi-divine; » elle est placée au milieu des dynasties des dieux; on voit bien aussi que les chiffres de Manéthon proviennent du papyrus où on lit , colonne 1re., ligne 2e. : « Les rois des rois Ménès ont régné 200... ans,» et il y avait des traces de dixaines et d'unités après le chiffre deux cents, comme dans Manéthon où se trouvent les chiffres 263. Le roi Sémempsès de Manéthon pourrait bien être Sémentet de la table de Karnac, mais tout cela est parmi les dynasties divines; il y avait aussi des dynasties héroïques dans Manéthon, qu'Eusèbe appelle les Manes, parmi lesquels figure Ser ou Sor, le distributeur, dont le cartouche se trouve dans le papyrus royal, 3e. colonne, ligne 5e. , et suit de près une dynastie divine; et le roi Sent, objet d'un culte à Memphis, appartenait à la dynastie de ce roi Ser. On a remarqué aussi dans Manéthon le mot Athothès, fils de Ménès; Athothès signifie signes, et est pris du signe donné à Noé, de l'arc-en-ciel; Athothès est donné pour un des rois de Thèbes , parce que ce signe fut donné au sortir de l'Arche Thbe; il est le successeur de Ménès, parce que ce signe se trouve dans l'Ecriture-Sainte après les traits de Noé. Athothès est encore regardé dans Manéthon comme un grand anatomiste, les Egyptiens ayant pris le mot qui signifie alliance pour dissection, parce qu'il signifie originairement couper, disséquer; il y a dans la Genèse, chapitre IX : « signum fœderis Athoth secans; » il faut l'avouer, il y a une grande analogie, un grand rapprochement, entre ces

----

(1) La pierre de Rosette nous montre aussi le nom propre de l'Egypte écrit Chami.

mots des livres saints et le passage de Manéthon (1)! Manéthon ne manque pas
aussi de donner pour père aux Egyptiens un personnage révélé, Ménès; M. Ampère
a copié au Caire une inscription hiéroglyphique sur le cercueil d'un Egyptien , qui
était qualifié prêtre de divers dieux et du roi Ménès; la tradition attribuait à Ménès
le sol conquis sur le Nil où Memphis étalait ses palais, et les digues qui les défendaient. On sait que Ménès ou Mesraïm est le même, d'où Moyse, instruit dans toute
la science des Egyptiens, appelait l'Egypte « terra Mesraïm et tentoria Cham! » Moyse
n'était-il pas aussi un historien égyptien, à la source de tous les monuments? Ajoutons
que Manéthon commence ses annales par le récit du déluge universel; il appuie toutes
ses connaissances sur ce fait révélé ; est-ce que cette reconnaissance n'est pas la
clef de son histoire et de toute sa chronologie? Hérodote nous dit aussi très-positi-
vement que l'Egypte était une terre de nouvelle acquisition et un présent du Nil ;
Plutarque affirmait que les Egyptiens habitaient un pays très-nouveau ; Homère ne
reconnaissait que trois peuples illustres par leur antiquité, les Grecs , la nation
Phrygienne et les Ethiopiens. Les Ethiopiens , au rapport de Diodore, se vantaient
d'être le premier peuple qui eût eu des institutions religieuses , et soutenaient que
les Egyptiens n'étaient qu'une colonie descendue d'Ethiopie en Egypte, en suivant le
cours du Nil. Edme Mentelle dit : « Il paraît que les Egyptiens tenaient originairement
beaucoup des Ethiopiens, et, s'ils n'avaient pas les formes et la couleur des nègres,
ils en avaient au moins la taille médiocre et les cheveux crépus. » Lucien fait aussi
naître les sciences astronomiques en Ethiopie et de là descendre en Egypte. C'est
toujours un fait acquis à la science que tous les zodiaques trouvés sur les monuments
égyptiens ont été peints ou sculptés dans les temps voisins de l'Incarnation.

De plus il est constant que les Egyptiens ignoraient la précession des équinoxes :
comment pouvaient-ils identifier l'année héliaque de Sirius avec l'année sidérale ,
Sirius n'étant pas dans l'écliptique, et avec l'année tropique, qui en diffère par
l'effet de la précession! Cependant il y en a qui prétendent qu'ils connaissaient le
lever héliaque de Sirius, et qu'ils déterminaient la longueur très-précise de l'année
par le retour des levers héliaques de Sirius, qu'ils appelaient Sothis, qu'ils connaissaient l'année de 365 jours un quart, et avaient la période de 1461 années... Mais
remarquons que pour cette observation il fallait que cette brillante étoile devînt
visible à œil nu, et qu'il est reconnu que dans ce climat le tour de l'horizon est
toujours chargé de vapeurs; que dans les belles nuits, on ne voit jamais d'étoiles à
quelques degrés au-dessus de l'horizon, dans les seconde et troisième grandeurs;
et que le soleil à son lever et à son coucher se trouve entièrement déformé; ce sont
les expressions de M. Nouet, astronome de l'expédition d'Egypte. Remarquons encore
que cette observation n'était pas susceptible de précision; que Hérodote, qui a tant

______

(1) Il est inutile de remarquer que Eratosthène interprétait, dans le temps de la mythologie grecque
deux Athotés qu'il faisait succéder l'un à l'autre par : fils de Thot-Hermès. Manéthon ne parle que
d'un Athotés, fils de Ménès.

vécu parmi eux, ne parle nullement de ces six heures qu'ils ajoutaient à l'année sacrée, ni de cette grande période sothiaque qui en résultait; il dit au contraire positivement que les Egyptiens faisant leur année de 365 jours, les saisons reviennent au même point, en sorte que de son temps on ne paraît pas encore s'être douté de la nécessité d'un quart de jour. Thalès, qui avait visité les prêtres d'Egypte, moins d'un siècle avant Hérodote, ne fit aussi connaître à ses compatriotes qu'une année de 365 jours seulement; et si l'on réfléchit que les colonies sorties d'Egypte dans les 14°., ou 15°. ou 16°. siècle avant Jésus-Christ, les Juifs, les Athéniens en ont toutes apporté l'année lunaire, on jugera que l'année de 365 jours elle-même n'existait pas encore en Egypte dans ces siècles reculés. La véritable astronomie ne commença à Alexandrie que sous les rois Grecs, et deux ou trois siècles avant Jésus-Christ; Hipparque en fut le principal fondateur. De là on peut expliquer ce que rapporte l'astronome Théon; Théon et Censorin nous apprennent que la coïncidence du lever héliaque de Sothis avec le premier Thot, c'est-à-dire le premier jour de l'année vague égyptienne, était rapportée au 22 juillet de l'an 1322 avant Jésus-Christ, et que cette époque s'appelait l'ère de Ménophrès. Biot pense que cette date a été calculée par rétrogradation, d'après les théories de Ptolémée, et que l'Egypte antique ne l'a employée nulle part comme ère chronologique; et il est très-certain qu'aucun monument n'en fait mention, et cela est encore confirmé par le nom supposé de Ménophrès qu'on ne trouve point; appliquer cette prétendue ère, qui était inconnue, au roi Améneptès le 3°. de la 19°. dynastie de Manéthon, comme l'a proposé M. Champollion Figeac, c'est une plaisanterie !! (1).

La Religion :

M. Larcher, dans son essai de chronologie sur Hérodote, pense que dans l'origine les Egyptiens ne reconnaissaient qu'un seul Dieu, et que le culte qu'ils lui rendaient était pur et sans aucun mélange de superstitions; je me le persuade d'autant plus volontiers que les habitants de la Thébaïde adoraient encore du temps de Plutarque le dieu Cneph, qui n'avait point eu de commencement et qui ne

---

(1) Ce qui est certain, dit l'abbé Guérin dans son astronomie indienne, d'après l'étude consciencieuse que j'ai faite des monuments indiens, persépolitains et égyptiens; d'après les livres astrologiques, astronomiques et littéraires, anciens et modernes des Brahmanes, c'est que partout où l'on rencontre comme signe zodiacal solaire un des noms ou une des figures du zodiaque grec, on a la preuve, par cela même, que le monument ou que le livre qui en est marqué, est de notre ère, ou de quelques années auparavant. D'autres témoignages, tirés du monument ou du livre, ne tardent pas à venir confirmer les conclusions déduites de la présence seule de ce cachet grec. Il est donc inutile de parler, comme d'un monument ancien, du zodiaque trouvé dans une pagode du cap Comorin par M. J. Call. Ce zodiaque moderne, avec ses figures grecques, représente le zodiaque de 1571 ans avant l'ère chrétienne, lorsque le soleil entrait dans le Taureau, à l'équinoxe du printemps, lorsqu'on formait les mois, au commencement de l'astronomie. On fait tous les jours de semblables zodiaques dans les livres, qui traitent, avec des figures modernes, de ces temps éloignés, et qui commentent les Védas et toutes les traditions pouraniques. Ce zodiaque ne prouve pas plus l'antiquité de la pagode où il est dessiné que les peintures du paradis terrestre, qui embellissent les loges du Vatican, ne prouvent que ces loges existaient avant le déluge. (Imprimerie royale, Paris, 1847.)

devait point avoir de fin. Le prophète Isaïe parle des princes insensés de Tanis et des princes de Memphis, et de cinq villes en Egypte parlant la langue de Chanaan, reconnaissant le Seigneur, et il range parmi ces villes celle du soleil, Héliopolis; aussi Hérodote dit-il que les prêtres d'Héliopolis étaient les mieux instruits.

Suivant Sanchoniathon, les Egyptiens appelaient Cnef ce que les Phéniciens appelaient Agatho-démon. M. Champollion a recueilli quelques fragments d'une légende hiéroglyphique qu'il appelle Litanie du dieu Cnouphis, tirée des colonnes du pronaos d'Esneh; dans l'un il lit: « Cnouphis qui a placé le soleil et la lune entre le ciel et la terre... » Dans l'autre : « O Cnouphis qui as soufflé sur ceux qui sont dans l'abîme des eaux célestes... » Allusion à la création de l'Univers.

Le dieu créateur Cneph ou Cnouphis ou Kneph était représenté ayant sur la tête un épervier, pour signifier la divinité et son activité, avec un œuf sortant de sa bouche, et avec des ailes, ce qui signifie et rappelle l'esprit de Dieu porté sur les eaux, comme le dit Moyse, et qui semblait les féconder (l'épervier, dit Horus Apollo, représentait la divinité, le Très-Haut); de cet œuf était sorti Phtha qui signifie encore en copte, celui qui fait, qui dirige, qui ordonne; l'œuf dans la bouche de Cneph, qui produit Phtha, se retrouve dans une inscription du Ramesséum. Jablonski pense avec La Croze que Phtha signifie : constituens, ordinans omnia; M. Champollion dit avoir lu dans des textes hiéroglyphiques le titre Phtha, stabiliteur. Voilà donc les dieux anciens des Egyptiens, le dieu créateur et son fils.

Les Egyptiens employaient le serpent dans presque tous leurs symboles de religion et de science; ils le regardaient comme ayant quelque chose de mystérieux et de divin : « Nam et draco sacer et venerandus divinitus in se aliquid habet, quodque præstet ignorari. » (Elien de la nature des animaux, l. 11, chap. 2). Les premiers hommes racontèrent ainsi à leurs descendants le malheur de la première femme et la ruse du serpent. A Métélis et à Térénuthis, deux villes d'Egypte, on honorait les serpents. Les Egyptiens avaient consacré à Typhon, le génie du mal, la bouche du Nil, appelée Tanitique. Le dieu Set, fort riche en noms et en surnoms pompeux au temps de sa plus grande vogue, qui correspond à la dix-huitième dynastie, est celui que les Grecs ont appelé Typhon. Le nom égyptien de Typhon, suivant Plutarque, est Seth, Bébon et Smy. Suivant les Egyptiens, ce dieu était contemporain d'Osiris, père du genre humain; c'est pourquoi ils le disaient son frère, et rien n'est plus célèbre dans leur religion que ce mauvais génie, qui poursuivait le premier homme et la première femme et Orus, Orus, le fils de l'homme, la génération du premier homme et de la première femme, ou de la première création, Osiris et Isis; Osiris et Isis étaient autant chez les Egyptiens le premier homme et la première femme, qu'ils étaient le soleil et la lune:

> Primus aratra manu solerti fecit Osiris,
> Et teneram ferro sollicitavit humum.
> Primus inexpertæ commisit semina terræ
> Pomaque non notis legit ab arboribus (TIBULLE).

La grotte de Samoûn est connue par ses immenses dépots de crocodriles et de momies humaines entassées dans ses vastes cavernes ; ce charnier de crocodiles se conçoit, quand on sait qu'il y avait dans le nome Hermonthite, comme dans le nome Apollinopolite , une ville nommée *Crocodilopolis* à cause du culte qu'elle rendait aux crocodiles ; ces lézards étaient aussi honorés à Thèbes ; dans la ville d'Ombos , capitale du nome ou de la préfecture à laquelle appartenaient Eléphantine , Syène et Philes , on révérait également les crocodiles ; à Coptos on entretenait avec soin les crocodiles ; dans toute l'étendue du nome Arsinoïte, on rendait les honneurs religieux aux crocodiles, et le nome portait autrefois même le nom de *crocodilopolite* ; ces honneurs allaient si loin qu'on regardait comme heureux ceux qui étaient dévorés par les crocodiles , et que les parents se félicitaient de ce que leurs enfants étaient devenus la proie de cette espèce de lézards. Sur les bords du lac Mœris, on entretenait religieusement des crocodiles. On a trouvé une momie de crocodile qui avait des pendants d'oreille ; on sait qu'Hérodote affirme que les prêtres de Memphis chargeaient d'ornements leurs crocodiles sacrés.

On sait que les crocodiles , comme c'était l'usage en Egypte, avaient leur sépulture commune ; il paraît que les grottes de Samoûn furent destinées à cet usage ; on sait encore qu'on enterrait dans des tombeaux sacrés ceux qui avaient été dévorés par des crocodiles ; il n'est donc point surprenant d'y trouver des momies humaines toutes dorées ; c'étaient sans doute les dévots ou les victimes de ces monstres si respectés ; Elien et surtout un passage d'Eusèbe nous apprennent qu'on regardait ces animaux comme le symbole de l'eau propre à boire, et nous savons aussi que le crocodile était le symbole et l'image de Typhon.

Pline nous apprend qu'une espèce de rat et les dauphins faisaient périr ces monstres, que sans cela leur venin se fût trop étendu, et que le Nil était leur royaume.

Mais il n'y avait rien à quoi les habitants de Memphis et même de toute l'Egypte donnassent plus de marques sensibles de leur culte qu'au taureau nommé Apis ; à Hermonthis on honorait le taureau Onuphis ; à Héliopolis, le taureau sacré Mnévis ; Elien lui donne le nom de Ménès ; les grandes fêtes étaient célébrées en l'honneur d'Apis, d'Onuphis, et de Mnévis ; les rois étaient inaugurés à Memphis , dans le temple d'Apis, et ils portaient le joug d'Apis, toute la longueur d'une rue.

En Egypte le soleil fut le voile, le trône de la divinité sous le nom d'Osiris : « In sacris Osiridis canticis invocant eum qui in solis occultatur uluis. » La lune de son côté fut Isis ou Io ; une femme ayant un casque à tête de taureau était l'image d'Isis. C'était au dieu Phtha que s'adressait la fameuse inscription du temple de Saïs, qui se terminait par ces mots : « le fruit que j'ai produit est le soleil. »

On possède le rituel funéraire des anciens Egyptiens ; M. Lepsius a publié le plus bel exemplaire connu de ce manuscrit, celui du musée de Turin, en 1842 ; c'est le voyage de l'âme après la mort, dans l'Amenti ; le Nil céleste, père des dieux, paraît le principal personnage des champs élyséens ; Strabon dit que les Oxyrinchites pre-

naient Osiris pour le Nil ; Lucien dit aussi que les Egyptiens appelaient le Nil l'écoulement d'Osiris, et même tout simplement Osiris.

Le mot Athyr ou Athor signifiait, dans l'origine, la nuit, les ténèbres, mais ces
ténèbres avaient été le berceau de la nature universelle, et qui en contenaient les
principes et les éléments ; les Egyptiens firent de cette notion un personnage symbolique, mère de tous les êtres, qui renfermait dans son vaste sein tous les corps,
dont l'assemblage et les rapports forment ce qu'on appelle la Nature. Les Egyptiens
donnèrent à cette Vénus le nom d'Athor ; d'un autre côté Hésychius nous apprend
qu'il y avait en Egypte un temple de Vénus ténébreuse. Bientôt on figura ce symbole, suivant l'usage égyptien, par un animal vivant, et la vache fut choisie. Ainsi
la matière et la mère de tous les êtres était honorée en Egypte, et on la chantait
dans les cantiques sacrés ; on répétait trois fois : O nuit ! nuit sacrée ! nuit mère de
tout !.. telle était la Vénus des Égyptiens. D'autres disent : Athyr, ou Athor ou
Thoor, comme l'écrit Eusèbe, désignait le mois du taureau, parce que Athyr signifiait, en égyptien, bœuf, taureau, ainsi que Hésychius l'atteste (le grand ouvrage sur l'Egypte, t. Ier., antiquités). C'était toujours l'origine de la vie, de cette
vie qu'il avait donnée à tous les êtres, comme l'enseignait le culte oriental, qui
était figurée sous ce même nom Athyr. Mais dans la suite des temps, le sens antique
fut oublié ; on fit des divinités de toutes ces figures, de tous ces symboles. Moyse
avait sans doute remarqué un fond respectable dans la religion primitive des Egyptiens, car il dit : « Non detrahes diis (exode XXII, 28) ; » les Egyptiens ne cherchèrent plus la vérité sous les envéloppés qui la cachaient ; le monde visible fit
oublier le monde intellectuel : Cneph, Phtha, Typhon, Osiris, Isis, Horus, Apis,
Onuphis, Mnévis, Athyr devinrent dans le peuple égyptien autant de divinités ; bien
plus, presque tous leurs dieux étant représentés par des animaux, les Egyptiens
adorèrent les animaux mêmes ; saint Paul ne parle plus comme Moyse, il reproche
aux peuples et à leurs sages leur grossière idolâtrie (Epit. aux Rom., ch. Ier.).

Les Egyptiens ne se bornèrent pas à ces divinités ; il est certain qu'ils adorèrent
aussi Sérapis, et voici comme cela arriva : Sérapis, selon Jablonski, ne fut d'abord
que la colonne sur laquelle on mesurait les différents degrés de la crue du Nil ;
entr'autres raisons qu'il en rend, il appuie sur l'étymologie du nom de Sérapis, ou
plutôt Sérapi, qui signifie, dit-il, colonne de mesure ou de calcul, ou colonne par
laquelle on pouvait s'assurer des différentes hauteurs des eaux du Nil, dans le temps
du débordement de ce fleuve. Ensuite les prêtres égyptiens jugèrent à propos de
mettre leur Nilomètre, c'est-à-dire cette colonne, sous la protection d'un Dieu
particulier, auquel ils donnèrent le nom même de Nilomètre, c'est-à-dire de
Sérapis ; ou de rendre à leur Nilomètre les honneurs divins, de lui élever des
temples, d'établir des prêtres et un culte en sa faveur ; ce furent les Ptolémées,
qui étendirent par toute l'Egypte le culte de Sérapis.

Comme le Nilomètre, c'est ainsi qu'on appelait la coudée portative du Nil, était
tenue cachée et invisible à tout le monde pendant le temps que le soleil parcourait

l'hémisphère inférieur, temps où le Nil était réduit presque à rien, le nom de Sérapis et celui d'invisible furent transportés au soleil d'hiver; de là il arriva qu'il y eut deux Sérapis, l'un Céleste, et l'autre Niliaque, le premier désignant le soleil dans l'hémisphère inférieur, et l'autre présidant au débordement et à l'accroissement du Nil; le Nilomètre, colonne divisée en coudées, était renfermé dans un édifice appelé Mikias ou Mékias; c'était dans ce même édifice consacré autrefois à Isis, ensuite à Sérapis, qu'était le tombeau du bœuf Apis; aussi sur la table d'Isis, où l'on voit deux fois la figure de cette colonne, elle est accompagnée chaque fois du bœuf Apis.

Le culte de Sérapis était extrêmement célèbre en Egypte; on raconte en cette sorte quelques événements relatifs à ce culte : « Thulis totius Ægypti regnum usque ad Oceanum tenuit, cujus quandam insulam de se Thulen appellavit. Successibus autem elatus oraculum Serapidis adiit, et re divina facta ita quæsivit : dic nobis omnipotens vera, Beate qui ætherium commutas cursum; quis ante meum regnum potuit tantum ? aut quis erit post me ? Datum igitur ei est hujusmodi responsum : Primum Deus, deinde sermo, et spiritus cum eis. Concreta autem sunt omnia, et in unum euntia, cujus potentia est æterna. Velocibus pedibus vade mortalis, incertam exigens vitam. Templum egressus, a suis est occisus, in Afrorum regione. »

On raconte encore le trait suivant : « Sub Theodosio majore, cum gentilia templa destruerentur, in æde Serapidis hieroglyphicæ litteræ crucis forma sunt inventæ. Quibus ii qui ex ethnicis ad christianum transierant visis, cruem apud hieroglyphicarum peritos futuram significare vitam dixerunt. »

Hérodote nous apprend que les Egyptiens avaient trois classes de dieux eu égard à leur antiquité, ou à l'antiquité de leur culte; qu'ils commencèrent par en avoir huit, ensuite douze, enfin tous les autres. Les sept ou huit dieux de la première époque sont les sept jours de la semaine qui portaient les noms des sept planètes; le huitième dieu, selon Jablonski, était le créateur de toutes choses; on sait que le nombre de sept était sacré chez les Egyptiens, et tous les ans, pendant sept jours on célébrait la fête de la naissance du dieu Apis. Les douze dieux de la seconde époque, sont les douze mois de l'année; les autres dieux ajoutés, de la troisième époque, sont les cinq jours, qui ne faisaient partie d'aucun mois; car à la suite des douze mois ne formant que trois cent soixante jours, les Egyptiens finirent par ajouter cinq jours qu'ils appelèrent Osiris, Horus, Typhon, Isis et Nephthys; lorsqu'ils les ajoutèrent, cela devint une fête publique, et cela forme, par rapport au temps et au nombre, une troisième classe de dieux. Le premier jour était consacré à Osiris, l'inventeur de l'agriculture; le second à Horus son fils; la ville d'Apollinopolis consacrée au dieu Horus présente des ruines, qui ressemblent de loin à une citadelle immense; le temple d'Apollinopolis est, après Karnac, le monument le plus vaste de l'Egypte; mais les sculptures indiquent qu'il fut construit à l'époque de la décadence des arts en ce pays; dans l'expédition d'Egypte, on copia vingt-trois sujets particuliers, et, parmi ces sujets, dix avec leurs hyéroglyphes. Dans la ville d'Apollon ou

d'Horus, disait Eusèbe, ce dieu a pour symbole un homme à tête d'épervier armé
d'une pique, poursuivant Typhon représenté sous la forme d'un hippopotame (1).
Le troisième jour était consacré à Typhon; le quatrième à Isis et le cinquième à
Nephthis (2).

Hérodote, comme on le sait, écrivait sur les dogmes des Egyptiens , sans entendre
leur langue, et avait recours aux interprètes; il prête aux Egyptiens l'opinion de
la transmigration des âmes , tandis qu'au lieu de brûler les corps ou de les laisser
corrompre en terre, comme c'était l'usage des sectateurs de ce culte, les Egyptiens ,
au contraire , conservaient avec le plus grand soin les corps morts.. Une prière qu'on
récitait pour quelques morts en Egypte, et que Porphyre (De abstinen. ab animal.)
nous a conservée, prouve de la manière la plus claire qu'on n'adhérait point du tout
à la métempsycose; Platon, au dixième livre de la République, met dans la bouche
d'un certain Arménien appelé Her, qu'il suppose ressuscité, toute la doctrine de la
métempsycose présentée à sa manière , sans nommer une seule fois les Egyptiens.
Plutarque fait assez entendre qu'on se trompe lorsqu'on croit que les âmes humaines
passaient dans le corps des animaux sacrés; et en effet, les Égyptiens auxquels on
prête cette opinion, n'en avaient jamais ouï parler. Ce qui aura pu tromper Hérodote ,
c'était le soin que prenaient les Egyptiens de conserver le bœuf Apis; et puis le même
mot hébreu èie, qui signifie animal, signifie aussi vie et vivant; son interprète ne se
serait-il point mépris sur cette double signification du mot èie? Au lieu d'entendre,
comme les Hébreux, que l'âme au sortir du corps passe dans une autre vie , Hérodote nous dit que leur doctrine était : « En sortant du corps qui meurt, l'âme entre
« dans un autre animal ».

Les Egyptiens croyaient aussi à une récompense pour les bons, et avaient des
peines terribles pour les ames coupables dans l'autre monde dont les symboles ef-
frayants se voient représentés sur les parois des tombeaux royaux de Thèbes ; il faut
aussi remarquer leur Amenti ou Amenthen, qui est un mot hébreu qui revient à
celui de rétribution.

(1) On lit dans la vie du philosophe Isidore par Damascius : « Hippopotamus injusta bellua unde et
in hierogiyphicis litteris crudelitatem significat, patrem necat, matrem violat. Suchus quod nomen
crocodili et species est... »

(2) La table Isiaque, qui est un calendrier égyptien antérieur à l'ère chrétienne, forme un carré
dont les quatre côtés représentent les soixante constellations ; au milieu il y a trois bandes, celle du
milieu est consacrée à Isis et aux six autres dieux de la semaine, à chaque bout se voit le dieu Apis
et le Nilomètre. La bande, qui la précède, est consacrée aux douze heures du jour et en représente les
images, et la bande qui est dessous aux douze mois de l'année. Telle est l'explication de cette table
suivant nos observations, et qu'on cherche depuis si long-temps, il n'y a rien de plus riche en emblêmes mithriaques que cette table antique égyptienne.

NOTES.

LES LISTES DE MANÉTHON.

Voyons d'abord les sources où il faut puiser pour avoir les dynasties de Manéthon.

1°. Quoique saint Hippolyte soit étranger à ces monuments, néanmoins sa chronologie n'a pas été sans y être mêlée. Saint Hippolyte est qualifié évêque de Porto, dans une chronologie que Scaliger a extraite de Georges Le Syncelle, et qu'il a fait imprimer sous le nom d'Eusèbe, prétendant que George Le Syncelle l'avait prise de lui.

Le Syncelle cite des traditions de saint Hippolyte et de quelques autres postérieurs ce qu'il dit que Jésus-Christ est né le 25 de janvier, l'an 43 d'Auguste, ou plutôt 40 ans depuis la bataille d'Actium, sous les consuls Sulpicius Camerinus et C. Poppæus, c'est-à-dire en l'an 9 de l'ère commune, au commencement de l'an du monde 5501.

Cyrille, auteur de la vie de saint Euthyme, cite la chronologie de saint Hippolyte, et dit que, selon sa supputation, l'an 465 depuis la naissance de Jésus-Christ était le 5965 du monde.

Saint Hippolyte fut disciple de saint Irénée, et selon saint Jérôme il était sénateur romain ; c'était un homme très-érudit.

2°. Jules Africain fut célèbre par les cinq livres de chronologie qu'il composa ; cet ouvrage comprenait depuis le commencement du monde jusqu'à son temps, c'est-à-dire jusqu'à l'an 221 de l'ère chrétienne où il l'acheva. Photius dit que l'histoire, ou la chronologie d'Africain, finissait au règne de Macrin, en l'an du monde 5723 : « Incipit a mundi creatione apud Moysen pervenitque ad usque Christi adventum.. » Macrin commença en 217 et mourut en 218 ; Scaliger dit qu'Africain finissait effectivement en l'an du monde 5723, mais que cette année est, selon la supputation d'Africain, l'an 221 de l'ère commune, en quoi il a raison. Ces livres étaient très-exacts, dit Eusèbe. Photius ajoute en parlant de ce même ouvrage de Jules Africain : « concisus quidem est, nihil tamen cognitu necessarium omittit ; » mais cet ouvrage est perdu ; au moins il n'est point parvenu jusqu'à nous sous le nom d'Africain. Scaliger nous a donné en grec une chronologie d'Eusèbe plus ample que la commune, et qui n'est pas distinguée par années, qu'il a tirée de George Le Syncelle et de Cédrène (nous allons en parler) et qu'il prétend être une première partie de l'ouvrage d'Eusèbe sur les temps, c'est ce qu'on appelle la chronologie d'Eusèbe, et on ne la confond pas avec sa chronique, qui est la seconde partie d'Eusèbe sur les temps. Scaliger prétend que toute cette chronologie, soit la première, soit la seconde partie, est particulièrement tirée d'Africain, et que tout ce qu'il y a de bon soit dans Le Syncelle, soit dans Cédrène est pris d'Africain. Dans cette chronologie d'Eusèbe plusieurs passages sont cités nommément d'Africain ; M. Cousin dit qu'Eusèbe dans plusieurs endroits de ses ouvrages transcrit l'Africain, et d'autres savants affirment qu'il n'avait fait que le copier.

3°. La chronique d'Eusèbe ne commençait qu'à Abraham ; sa chronologie comprenait depuis le commencement du monde ; mais l'ouvrage grec d'Eusèbe est perdu. Saint Jérôme, des deux ouvrages d'Eusèbe, en fit un nouveau en latin, depuis la prise de Troie jusqu'à la vingtième année de Constantin ; il mêla à l'ouvrage d'Eu-

sèbe sur les temps plusieurs choses qu'il tira de Suétone et de divers autres historiens,
et y ajouta une continuation depuis l'an 325 de Jésus-Christ jusqu'en l'an 378 ; nous
avons seulement la seconde partie de cet ouvrage, la première est encore perdue.

Où peuvent donc se trouver les ouvrages d'Africain et d'Eusèbe ?

On prétend, dit Tillemont, que George Le Syncelle, qui vivait à la fin du VIII⁰.
siècle, avait inséré mot à mot tout l'ouvrage d'Eusèbe sur les temps, dans celui qu'il
avait fait sur le même sujet, et que Cédrène a inséré aussi dans le sien celui du Syncelle !!

Il faut remarquer que les ouvrages de ces deux auteurs ne sont venus à nous que
par extraits et par lambeaux !

Que penser donc de l'ouvrage d'Africain qui est perdu, qui fut, dit-on, inséré dans
celui d'Eusèbe également perdu, dont saint Jérome fit une traduction également
perdue, ouvrage, ajoute-t-on, compris dans Le Syncelle et dans Cédrène desquels il
ne reste que des lambeaux !!!

Tout cela n'empêcha pas Scaliger de ramasser dans ces deux derniers auteurs ce
qui y est resté sous le nom d'Eusèbe, en y joignant beaucoup d'autres endroits, qu'on
voit, dit-il, être certainement de lui, et en laissant au contraire plusieurs autres
qu'il ne doutait pas en être aussi, mais dont il ne pouvait pas donner de preuves ; il
a encore tiré quelque chose de la chronique d'Alexandrie, et c'est sur tout cela qu'il
nous a donné en grec un premier livre des chroniques d'Eusèbe, qu'il a tâché de
faire répondre à sa véritable chronologie, afin que ces restes nous consolassent de
la perte que nous en avons faite !! Scaliger a encore formé une chronique grecque
d'Eusèbe où il dit qu'il n'a rien mis qu'il n'ait trouvé dans les livres, et celle-ci se
trouve en effet presque toute entière dans le latin de saint Jérôme, qui nous est
parvenu.

Pour rendre la confusion plus grande encore, s'il était possible, une traduction
arménienne de la chronique d'Eusèbe qu'on a retrouvée, est toute différente des
fragments grecs de cet écrivain !!

On trouve, à la tête de quelques-uns des ouvrages d'Eusèbe, une conjuration par
le nom de J.-Christ à tous ceux qui transcriraient ses livres, de les collationner
très-exactement...... inutile précaution !

On voit dans son histoire ecclésiastique, que, bien loin de vouloir rien inventer
de lui-même, il aimait à se tenir avec simplicité à ce qu'il trouvait dans les anciens
monuments, sans y rien ajouter par des conjectures incertaines. Il passe aussi
pour un homme très-exact et très-éclairé, et personne ne lui a jamais refusé
l'érudition la plus profonde. Sied-il bien à quelques individus de nos jours de
traiter avec mépris un si grand homme, à cause des bizarres dynasties de Manéthon qu'on ne trouve nulle part, qu'on ne peut concilier avec Hérodote,
Diodore de Sicile et avec les monuments, et dont on ne rougit pas de lui attribuer
la faute !!!

C'est dans Africain qu'elles devaient être, dit-on, ensuite dans Eusèbe, dans
saint Jérome, dans Le Syncelle, et nous n'avons que des noms extraordinaires, inconnus, bizarres, et on rejette la faute sur tous ces savants !! Il est un fait reconnu
dans l'histoire de l'Egypte, c'est que les noms, donnés par les monuments découverts,
contredisent en tout ces listes avec une persévérance, qui rend tout rapprochement
inutile et impossible !!

Les légendes hiéroglyphiques n'ont point confirmé les dynasties, les listes et la
chronologie de Manéthon ; c'est un fait reconnu aujourd'hui !

M. Cuvier disait aussi en parlant de Manéthon : « Tout est plein d'absurdités en
cette histoire, et ce sont encore des absurdités propres et impossibles à concilier
avec celles que des prêtres plus anciens avaient racontées à Solon et à Hérodote..
Ni les noms, ni les successions, ni les dates de Manéthon ne ressemblent à ce qu'on
a publié avant et depuis lui ; et il faut qu'il ait été aussi obscur et embrouillé,

qu'il était peu d'accord avec les autres ; car il est impossible d'accorder entr'eux les extraits qu'en ont donnés Joseph, Jules Africain et Eusèbe. On ne convient pas même des sommes d'années de ses rois humains : selon Jules Africain, elles vont à cinq mille cent une; selon Eusèbe, à quatre mille sept cent vingt-trois; selon Le Syncelle, à trois mille cinq cent cinquante-cinq. On pourrait croire que la différence des noms et des chiffres vient des copistes, mais Joseph cite au long un passage dont les détails sont en contradiction manifeste avec les extraits de ses successeurs. » (Discours sur les révolutions de la surface du globe.)

L'ouvrrge de Manéthon était en langue grecque, divisé en deux parties, et fut présenté à un roi grec, qui le lui avait commandé ; c'était dans le IIIe. siècle avant notre ère ; une partie se composait de canons judiciaires, de règles pour connaître l'avenir; l'autre partie était regardée comme historique et contenait les trente-une dynasties qui devaient avoir régné en Egypte; elle contenait encore les règnes des dieux et des demi-dieux auxquels il liait intimement ses règnes humains.

Voici les sources d'où il prétendait avoir tiré son histoire : il affirmait l'avoir extraite d'inscriptions antédiluviennes, comme il disait lui-même, tracées par Mercure Trismégiste (Mercure en latin, Hermès en grec, Thot en Egyptien).

. Ainsi donc Manéthon, prêtre payen d'Héliopolis, qui, sous le règne et par l'ordre de Ptolémée-Philadelphe, composa son histoire, deux siècles après Hérodote, vers 260 avant Jésus-Christ, la prit dans une source fictive. « Ce ne fut plus, dit Cuvier, dans des registres, dans des archives qu'il prétendit l'avoir puisée, mais dans les livres sacrés d'Agathodémon, fils du second Hermès et père de Tât, lequel l'avait copiée sur des colonnes érigées avant le déluge par Tot ou le premier Hermès, dans la terre sériadique; et ce second Hermès, cet Agathodémon, ce Tât sont des personnages dont qui que ce soit n'avait parlé auparavant, non plus que de cette terre sériadique, ni de ses colonnes. Le produit ressemble à la source, et ce sont des absurdités propres et impossibles à concilier avec celles que des prêtres plus anciens avaient racontées à Solon et à Hérodote. » Ainsi parle Cuvier.

Mais voici ce que dit Sanchoniaton à la fin de son premier fragment, savoir que Tot fut fils de Misor, qui avec Sydyk, ou le juste, forme la dernière des dix générations, dont ce fragment nous donne l'histoire (on sait qu'il y avait dix générations d'Adam à Noé). Ces circonstances réunies semblent indiquer un personnage historique réellement existant. Misor est le même que le Misraïm de Moyse, tige des Egyptiens, et celui-ci est le même que Ménès, premier roi de Thèbes ou d'Egypte. Manéthon dit qu'il présenta ses ouvrages au roi Tham, nom qui signifie le juste, c'est un synonyme de Sydyk, mais celui-ci est placé dans la dixième génération du monde; Sydyk ou Tham serait donc le même personnage que celui que Moyse appelle Sadyk Tham-im ou le juste des justes, qu'il place également dans la dixième génération du monde, et qui est de la même famille que Misraïm et que Chna, chefs des peuples.

Il est aussi certain que Thot est un mot hébreu, et Taaut un mot phénicien.

Agathodémon, suivant l'auteur du monde primitif, était un dieu des Egyptiens.

Quant à la terre sériadique dont parle Manéthon, c'est la Syrie-Judée ou Judaïque, et ce mot s'est formé de Xur-ieude : Xur, Syrie, ieude, judaïque; ce fut en effet de la Judée que les Egyptiens tirèrent des mémoires, comme l'histoire le prouve; car les prêtres égyptiens n'avaient pas même d'histoire, dit Cuvier.

Toutefois Jablonski y voit les Syringes ou souterrains d'Egypte; et Ammien Marcellin disait que ces souterrains remplis de détours avaient été creusés, à ce qu'on assurait, par ceux qui présidaient aux cérémonies religieuses, lorsqu'ils eurent appris qu'il devait arriver un déluge, pour conserver la mémoire de ces cérémonies.

Joseph nous dit ces paroles remarquables : « Seth avait appris que le monde périrait ; ses enfants, pour conserver la science des choses célestes, élevèrent deux colonnes, l'une de briques et l'autre de pierres, sur lesquelles ils gravèrent les connaissances qu'ils avaient acquises; on assure que cette colonne de pierre se voit en-

core aujourd'hui dans la Syriade : « Quæ lapidea permanet hactenus in terra Syria. »
Cassien qui avait vécu long-temps en Egypte, après avoir parlé des livres de Seth,
ajoute : « Selon que les anciennes traditions le portent, Cham, fils de Noé, grava des
sciences et des inventions profanes sur les lames de divers métaux et sur des pierres
très-dures, qui ne pouvaient être détruites par les eaux ; après le déluge il les transmit
aux hommes. Saint Clément de Rome parle aussi de ces livres attribués aux anciens
patriarches, et Clément d'Alexandrie assurait que c'était aux livres des prophéties
de Cham que Phérécyde avait emprunté sa théologie. Saint Augustin parle aussi des
colonnes sur lesquelles Cham avait écrit ; Pierre Comestor fait mention de quatorze
colonnes, sept en bronze et sept en briques érigées par le même Cham, et contenant
les éléments et les règles de tous les arts et de toutes les sciences.

On voit donc que Manéthon pouvait avoir consulté les monuments des anciens
patriarches.

Vosius prétend que Manéthon a réglé le temps de la nation égyptienne sur l'antiquité de celle des Juifs : (De ætate mundi, cap. 10).

Mais Champollion ne regardait pas Tot comme un personnage historique : il nous
donne la figure et le nom en hiéroglyphes de Thoth et ses titres qui l'appellent trois
fois grand ou trismégiste ; il conclut que ce Thot n'est autre que l'intelligence divine :
le premier Hermès (Thot) à tête d'épervier, signifie, d'après ce savant, intelligence
divine : le second Hermès, à tête d'ibis, signifie l'intelligence humaine.

Nous pensons que Thot fut un être réel, mais qu'il devint ensuite un être allégorique, qui présida au calendrier ; sur la table d'Isis le premier mois de l'année est
le mois de Thot ; les caractères, attribués à Thot, n'étaient point des hiéroglyphes,
mais des figures de constellations...

L'on vient de voir quelles étaient les sources que Manéthon avait consultées ; on
sait que la durée de toutes ses dynasties réunies, depuis son premier roi Ménès
jusqu'à Cambyse n'excède pas cinq mille ans, et c'est aussi ce que rapporte Diodore
de Sicile, qui vivait sous Auguste, et qui nous répète que les dieux en Egypte avaient
régné 18,000, et les hommes un peu moins de 5,000 ans. Ce que, pour ce dernier
point, les Juifs, au rapport de Joseph, affirmaient également pour leurs ancêtres ;
mais les Egyptiens, qui les copiaient, se formaient un système de chronologie en prenant au sérieux les règnes de leurs dieux et de leurs héros, de leurs mânes et de
leurs rois. « Ces documents de chronologie tirés de Manéthon, dit M. Letronne,
sont bien incomplets ; aucun de ces systèmes d'opinions ne tint devant un examen
approfondi ; ils furent tous renversés du jour où on les soumit à l'épreuve d'un raisonnement rigoureux. »

Si l'on prenait l'histoire de Manéthon dans le sens qu'il l'entendait lui-même,
suivant le récit du Syncelle, elle est très-conforme, dans sa partie historique, avec
la chronologie de l'Ecriture-Sainte, et avec ce qu'elle nous apprend de l'histoire de
l'Egypte : Manéthon comptait 113 générations ou règnes successifs, qui auraient duré
3555 ans depuis le règne des hommes, jusqu'à la quinzième année avant l'empire
d'Alexandre ou 346 ans avant l'ère chrétienne. On pense aussi que les dynasties de
Manéthon n'ont pas été toutes successives, mais une partie, les 16 ou 17 premières
ont régné collatéralement. Dans l'Ecriture-Sainte se trouvent la dynastie des princes
ismaélites et celle d'Aluph ou chefs iduméens descendant d'Esaü ; ces deux dynasties
sont nommées dans la Genèse et citées en ligne respective ; personne n'a jugé à
propos de mettre ces deux listes l'une après l'autre, et pourquoi dans Manéthon
ne pas prendre pour des indications de différents royaumes, qui ont eu leurs princes
ou rois dans le même temps, les différentes dénominations de rois Bubastites,
Diospolitains, etc.? C'est conforme à l'histoire générale des peuples antiques ; on
connaît les petits rois de Chanaan du temps de Moyse et de Josué, les petits rois
d'Homère, etc. ; l'Egypte aurait-elle échappé à cette loi générale ? L'historien Artapan,
cité par Eusèbe, raconte que « Palmanothès, roi d'Egypte, donna sa fille à Cénéphrès,

« roi de la région située au-delà de Memphis ; car, ajoute-t-il, à cette époque, l'Egypte
était partagée entre plusieurs rois. » Témoignage formel qui prouve qu'alors la
simultanéité des dynasties égyptiennes était de notoriété publique.

Pline parle d'un roi Mestrès, qui régnait, dit-il, à Héliopolis ; n'est-il pas clair
qu'il l'aurait appelé roi d'Egypte, s'il n'eût fallu distinguer plusieurs rois dans ce
pays ; et puis Memphis ou Thèbes ont-elles cessé d'être les capitales et le lieu d'habitation des rois d'Egypte? Le roi Ménès est le premier roi thébain dans Eratosthène,
et le premier roi thinite dans Manéthon ; est-ce qu'il était originaire tout à la fois de
This et de Thèbes ? mais si on le regarde comme chef de dynastie , et que ses
enfans aient régné à This et à Thèbes , alors cela se conçoit; les noms des dynasties
Thinites, Thébaines, etc., indiquent donc des royaumes séparés, et non pas des familles ou des rois originaires de This, de Thèbes, etc., qui aient régné les uns après
les autres.

LA CHRONIQUE.

Une vieille chronique, pièce dont on ignore l'origine, paraît avoir été rédigée
sous le règne de Nectanébo , premier roi de la trentième dynastie ; la supputation
de cette chronique est une fiction mytique. On conjecture que c'est des archives
des prêtres, où étaient les enseignemens mythologiques, que vient la liste des
trente-huit rois thébains donnée par Erathosthène, et la liste de la vieille chronique ,
qui, avant le règne des hommes , parle de celui des dieux et des demi-dieux, avec
une supputation d'années nécessairement étrangère à l'histoire, et que l'on doit
rapporter à des doctrines cachées; mais c'est à cette source que dut puiser Manéthon
(Académie de la religion catholique à Rome, 1834).

« Cette chronique, qualifiée d'ancienne, que les uns jugent antérieure, les autres
« postérieure à Manéthon... » Ainsi parle Cuvier; ce savant ajoute : « Les prêtres
« égyptiens n'avaient point d'histoire ; ils n'avaient pas même de fables conve-
« nues et suivies ; ils gardaient quelques souvenirs des principaux de leurs rois
« dont les noms étaient inscrits sur les temples et dans les grands ouvrages qui déco-
« raient le pays; souvenirs confus, qui s'altéraient encore en passant de bouche
« en bouche, et par leur communication aux étrangers. »

Le Syncelle parle de cette chronique ; il y avait lu qu'elle renfermait un espace
de 36,525 ans ; le soleil et la lune et les étoiles figuraient comme rois dans ces dynasties, et il y avait un certain rapport aux portions du zodiaque, qui sont appelées
dynastaï dans les anciens, comme on peut le voir dans l'astronomie de Firmicus et
dans Saumaise. Mais, ajoute M. Champollion aîné , on connaît de la vieille chronique
égyptienne les éléments purement arbitraires...

A cette chronique, Manéthon ajouta quelques dynasties ; où elle abrégea cet auteur. On a découvert depuis peu cette chronique; c'est le papyrus royal de Turin ;
il a été publié par M. Lepsius ; M. Champollion en recueillit les fragmens épars et
chercha à les réunir ; mais qui peut compter sur l'ordre où se présentent des fragmens ainsi rassemblés? Des morceaux plus entiers peuvent seulement procurer la
connaissance de certains faits.

Ce sont les débris d'une liste de dynasties, qui avait embrassé même les temps
mythologiques, ou le règne des dieux et des héros; c'est la répétition de Manéthon.

Le commencement du papyrus nous prouve que les traditions mythiques et héroïques étaient bien, dès l'époque des Ramsès, ce que Manéthon nous a transmis; et
c'était pourtant le temps des lumières et des arts des Egyptiens !!

L'Egypte voulut faire entrer dans l'histoire régulière du monde les règnes des dieux. Voici comme ces périodes fabuleuses étaient présentées par la tradition sacerdotale : La première colonne du papyrus royal de Turin contient des calculs généraux sur la durée des dynasties divines... La seconde colonne a conservé l'ordre successif de l'une de ces dynasties; on y voit donc figurer comme rois d'Egypte, les dieux Seb, Osiris, Set, Horus, Thot-Hermès et la déesse Mat. Champollion le jeune, qui a vu le papyrus un peu moins dégradé, constate qu'il y avait trois noms de rois avant Seb-Kronos; ce sont sans doute Phtah, Ra et Cnoum, qui commencèrent cette dynastie, d'après Manéthon. La ligne dixième se traduit ainsi, d'après M. Champollion aîné: total du règne des dieux 24,200 ans ; et Manéthon, dans Eusèbe, donne pour le même total 24,900 ans. Le papyrus attribue plusieurs siècles à chaque dieu, et contient en outre divers totaux partiels, qui conviennent fort bien aux divisions d'Eusèbe; dieux, demi-dieux, héros et mânes; Manéthon et le chroniqueur du papyrus se sont donc copiés.

La première colonne de ce papyrus, celle qui a paru évidemment la première à Champollion ainsi qu'à M. Lepsius, se compose donc de totaux partiels, puis du total général du règne des dieux; ensuite vient le total de la première dynastie : les rois du roi Ménès ont régné deux cent.... la fin du nombre est déchirée; ensuite on lit à la douzième ligne de la première colonne : le roi Ménès a exercé les fonctions royales 60 ans, plus un certain nombre d'unités dont on n'aperçoit plus que les traces; on voit ensuite Athotis son successeur, et trente-quatre noms de rois; la seconde colonne contient une ou plusieurs dynasties divines, comme on vient de le voir; on peut donc conclure que les dynasties n'y étaient point rangées strictement dans l'ordre des temps; et quel prix peut-on mettre à ces recherches divines et humaines si peu rationnelles? et ce désordre n'indique-t-il pas l'origine de la confusion de Manéthon qui a produit le désordre qui se trouve dans les anciens extraits qu'on fit de son ouvrage? et comment pourrait-on admettre ces calculs, ces totaux, cette chronologie et cette chronique que Manéthon a suivis, ou qui lui sont dus; car quelques-uns le font auteur de cette chronique? Est-ce là-dessus qu'on peut asseoir l'histoire? On peut encore faire une réflexion qui porte tout à la fois sur cette chronique et sur Manéthon, son fidèle organe. Peut-on avoir confiance dans des documents rédigés par une caste de prêtres payens, qui connaissaient si souvent la fausseté de leur religion, et où la superstition et l'ignorance étouffaient tellement toute idée de critique que l'on portait également sur des tableaux chronologiques et les premières dynasties, et les époques héroïques et le règne des dieux eux-mêmes !!!

Il paraît que la science égyptienne en était là à la glorieuse époque des Ramsès !! Qui pourrait donc dire où commençaient les véritables annales, les véritables dynasties, lorsque nous voyons calculée avec le même aplomb la dynastie de Ménès et celles de Phthah et d'Osiris !!!

Ménès a bien existé, mais son règne, dans cette chronique ou dans Manéthon, ne peut servir pour asseoir l'édifice régulier des temps; Manéthon lui-même ne semble pas avoir assis ses recherches positives sur cette chronique, qui ne remonte pas à la vingtième dynastie (quelques-uns font contemporain de Manéthon ce papyrus); car ne sait-on pas ce que dit Le Syncelle; Manéthon, dit ce chronologue, comptait depuis Alexandre jusqu'à Ménès cent treize générations, comprenant un espace de 3,555 ans. Ce calcul n'a pas été inventé par Le Syncelle, car il ne peut aucunement cadrer avec sa manière de compter; il n'en tire aucun parti, il n'en fait aucun usage, de sorte qu'il rapporte ces extraits comme simples renseignements, et tout-à-fait en hors d'œuvre. Ce passage porterait à croire que Manéthon avait pu formuler un jugement sur la durée totale de l'empire, corriger ces 5,000 ans que cette chronique ou ce papyrus donnait au règne des hommes, soit qu'il eût jugé qu'il y avait un choix à faire, un travail à entreprendre dans ces dynasties, soit que cela résultât de son travail particulier ou de renseignements étrangers ; il paraît bien probable que ces dynasties et leur chronologie, qu'il avait empruntées à ce papyrus ou à cette chronique, ou qu'on lui avait empruntées à lui-même ne lui paraissaient pas certaines ; et la différence, et la diversité et la variété de ses chiffres dans son propre ouvrage le font bien voir.

Il paraît bien évident que ce choix, ce travail étaient à faire, on le voit par le canon d'Eratosthène, qui court parallèlement avec ces dynasties, les coupe, les corrige, les diminue toujours dans l'ordre des temps ; cela ressort encore mieux des monuments qu'on a trouvés sur tous les points de l'Egypte, qui corrigent également, coupent, diminuent, et souvent détruisent ces dynasties et leur chronologie.

George, surnommé Le Syncelle, à cause de son office, qui nous a donné les listes de l'Africain, et par conséquent, de Manéthon, nous a laissé une liste formée d'après ses recherches, à une époque où les ouvrages égyptiens existaient encore, de quatre-vingt-six rois depuis Mesraïm ou Ménès, qui est le premier, jusqu'à Amasis ; Manéthon n'en nomme dans cet intervalle que cent six dans toutes ses dynasties, et dans le total cent quinze ; la chronique, outre les trente-quatre rois dont nous avons parlé, contient encore vingt autres noms ; dans les derniers morceaux beaucoup mieux conservés, on peut encore lire soixante-cinq noms de rois ; mais il faut savoir que ce papyrus compte bout à bout les années de certains princes que des stèles encore existantes nous montrent comme ayant régné conjointement....

On pourrait encore de cette chronique, qui rapporte des noms de rois humains avant Ménès, conclure qu'il y eut en Egypte des dynasties collatérales, qui régnaient dans le même temps avant la réunion de l'Egypte sous un même pouvoir !! Mais quel cas encore une fois peut-on faire de ce papyrus, qui regarde une grande quantité de ses rois comme dieux et des dieux imaginaires comme rois d'Egypte, et est rempli d'hymnes qu'il leur adresse, de prières, etc. !!

ERATOSTHÈNE. « Apollodore-le-Chroniqueur, dit Le Syncelle, a donné l'ensemble du règne des trente-huit rois égyptiens dits thébains, comprenant 1,076 ans. Eratosthène en ayant pris connaissance dans les archives égyptiennes, et recueilli leurs noms, d'après l'ordre du souverain, il les exposa en grec (ou dans la traduction grecque de chaque nom égyptien) de la manière suivante... ».

Apollodore est le célèbre disciple d'Aristarque, et dont la bibliothèque des Dieux est encore plus célèbre ; il fut regardé par les Grecs comme le premier et le plus sévère chronographe ; il faut dire néanmoins que sa bibliothèque des Dieux est remplie de fables et de peu de critique ! Il serait dangereux d'asseoir l'histoire sur les travaux de cet ancien auteur.

Eratosthène était bibliothécaire d'Alexandrie ; il recueillit ce catalogue des rois thébains sous le règne et par les ordres de Ptolémée Evergètes, postérieurement à Manéthon, cinquante ans après ; et à chaque nom il accola sa signification en grec ; et on regrette d'y voir des significations grecques, qui devaient être bien étrangères à des égyptiens !!

Tout cela ne peut point rassurer sur le mérite de ce catalogue !

Il faut encore remarquer qu'il y a opposition formelle entre les prêtres, qui ont enseigné Hérodote, ceux qui ont instruit Diodore, ceux qui ont renseigné le prêtre Manéthon, enfin ceux qui ont fourni les éléments de la liste d'Eratosthène ; d'où il faut conclure que les Egyptiens n'avaient point d'histoire, et qu'ils ignoraient celles qu'on publiait d'après leurs renseignements, ou plutôt qu'ils n'en faisaient aucun cas !!

Voici la liste des rois d'Eratosthène : Ménès, Athothis, Athothis II, Diabiès ou Dabiès, Pemphos (on voudrait bien lire Semphos), Tocgurama Momchiri ou Toegar

Amachus Momchiri ou Momcheiri, Stoechos, Gosormies, Marès, Anayphès, Sirios, Choubos Gneuros, Raccosis ou Rayosis ou Rasosis, Biyris, Saôphis, Sensaôphis, Moschérès, Mostbès, Pammès, Apappus, Achescos, Nitocris, Myrtaios, Thyosimarès, Thinillus ou Sétirillos ou Sétinilos, Sempbucratès, Chouter, Meyrès, Chomaëphta, Anchunius ou Soikunios, Pétéathyrès, Staménémès (ou peut-être Amménémès) (1), Sistosis Chermès, Marès, Siphoas (le trente-sixième manque), Phuron ou Nilus, et le dernier est Amonthanios ou plutôt Amontou Onkh, un roi de la dix-huitième dynastie. Il faut aussi faire attention que pendant la durée de cette dynastie, le Nil s'appelait encore Ægyptus, et que le nom de Nil était inconnu du temps de Moyse et d'Homère, les deux patriarches des anciens temps ; que ce Nilus dont fait mention Eratosthène, donna son nom au Nil, conséquemment pendant ou après cette dix-huitième dynastie ; c'est de celui-ci, dit Diodore, que le fleuve avait pris le nom de Nil (2), car auparavant il se nommait Ægyptus, ce que confirme Homère. La liste d'Eratosthène s'étend donc jusqu'à la dix-huitième dynastie ; on voit quelle fut la pensée d'Eratosthène ; ce fut sans doute de mettre de l'ordre dans l'histoire nationale jusqu'à la fin du règne des Israélites, ou de leur sortie d'Egypte ; Apollodore avait donné cinquante-trois autres rois Thébains successeurs des premiers ; Le Syncelle les supprima, parce que, dit-il, ce sont des noms qu'il a déjà donnés ; on les retrouvait donc dans cet auteur, et on conçoit qu'ils s'étendaient jusqu'au temps d'Eratosthène, et se lisaient dans les listes depuis la dix-huitième dynastie. On le voit par la place qu'occupait la première liste d'Eratosthène ; Le Syncelle avait intercalé ces trente-huit rois, ou ces 1076 ans, entre l'an du monde 2900 et l'an 3975.

(1) Comme il manque un nom, un savant a trouvé que ce nom était Amménemhès.
(2) Ce nom a été connu d'Hésiode, ce qui prouve qu'il vivait après Homère.

LES CARTHAGINOIS.

La célèbre Didon fut obligée de fuir de la ville de Tyr , pour échapper à l'avidité du roi Pygmalion , son frère , qui avait égorgé Sichée son époux , dont il ambitionnait les immenses richesses. Cette princesse , suivie de quelques vaisseaux , aborda sur la côte d'Afrique , non loin de la Sicile , et s'y établit avec sa petite colonie. Telle est l'origine de Carthage , si célèbre dans l'histoire par ses immenses richesses , son grand pouvoir , sa longue lutte pour l'empire du monde , enfin par sa terrible destruction. Carthage exista environ 700 ans ; mais le dernier siècle de son histoire seulement respire un grand intérêt , parce qu'il contient les trois fameuses guerres puniques , et la célèbre expédition d'Annibal.

Ce fut dans les plaines de Zama que se rencontrèrent Annibal et Scipion ; ce fut là que ces deux héros célèbres décidèrent , dans un seul jour , de la destinée des deux nations les plus puissantes du monde. Annibal fut vaincu , quoique du témoignage de son propre rival , il se fût surpassé lui-même dans cette journée malheureuse. Scipion remporta une victoire complète , et Rome , dès ce jour , ne connut plus de rivale dans l'univers.

1ʳᵉ. guerre punique , l'an 264 avant Jésus-Christ ; elle dure 24 ans.

2ᵉ. . . . . 219. . . . . 17 ans.

3ᵉ. . . . . 149. . . . . 3 ans. (Carthage prise et détruite.)

Les Carthaginois avaient la même religion que les Tyriens. Parmi leurs dieux , on trouve Bal , Chronos , Iolaüs , Moloch , Junon.

L'ABYSSINIE.

L'Abyssinie est cette contrée de l'Afrique , située au midi de la Nubie , le long des côtes de la Mer-Rouge , peuplée d'abord par les fils de Cusch , fils de Cham. Ses premiers habitants furent des Troglodites , c'est-à-dire habitants des cavernes creusées dans les flancs des montagnes ; puis des Juifs vinrent s'y fixer du temps de Nabuchodonosor ; des Egyptiens , des Ethiopiens , des Arabes s'étant répandus dans ces contrées , en fuyant l'aridité des sables et des déserts de la Nubie , les orientaux donnèrent à cette région le nom de Habesch , c'est-à-dire peuple mélangé , d'où nous avons fait le nom d'Abyssinie , nom que ces peuples repoussent ; ils se nomment eux-mêmes Amharites ou Tigréens , d'après leurs provinces , ou plus généralement Caschtans, c'est-à-dire chrétiens. Dans leurs livres, ils sont appelés Ethiopiens, mot dont se sert Homère.

Les Romains les nommèrent Axumites, du nom de leur capitale.

Leurs annales remontent jusqu'à Maqueda, nommée aussi Belkis par les écrivains arabes, qui est la reine de Saba du temps de Salomon. Elle eut un fils nommé Ménilck, qui fut leur premier roi (et dont Bruce nous a donné l'histoire).

La chronique des rois de l'Abyssinie commence par une liste des empereurs de ce pays, depuis Arwé ou le Serpent jusqu'à Ménilek. La liste, depuis ce prince, paraît avoir une plus grande apparence de vérité (Voyage de M. Salt).

Au milieu de l'Abyssinie vivent des peuples barbares presque semblables aux Nègres; ils demeurent dans les cavernes et dans les bois. Ce sont les Agôs, les Founghis, les Gougas, les Gafates et les Gallas, qui occupent actuellement plusieurs provinces de ce pays; les Falashas sont une tribu juive, qui formait autrefois un état à peu près indépendant.

L'Abyssinie est aujourd'hui divisée en trois états indépendants les uns des autres : le Tigré, au nord-est, l'Amhara, à l'ouest; les provinces de Choa et d'Effat, au sud.

L'ÉTHIOPIE.

Un ancien auteur a dit: « Ad Australem Ægypti plagam quatuor sunt hominum nationes maximæ. Prima, fluviis adjuncta, quæ sesamum et milium serit; secunda, quæ paludes accolit, calamumque et silvulam teneriorem carpit; tertia, quæ temere huc illuc oberrat, carnibusque et lacte vitam traducit; quarta, ex littoribus maris egressa, piscium venationi dat operam (Agatharchides).

Les Ethiopiens occupaient la Nubie contiguë à l'Egypte.

Les Ethiopiens, au rapport de Diodore de Sicile, se vantaient d'être le premier peuple qui eût eu des institutions religieuses; ils disputaient de l'antiquité avec les Egyptiens et soutenaient que les Egyptiens étaient une colonie descendue d'Ethiopie, en suivant le cours du Nil.

Homère semble ne reconnaître que trois peuples illustres par leur antiquité : les Grecs, la nation Phrygienne, qu'il traite de barbare, et les Ethiopiens.

Une ancienne tradition porte que les premiers Ethiopiens honoraient un serpent monstrueux qu'ils appelaient Arve Midre.

« Æthiopiam ferunt primam densatam et firmatam coluisse Deos, et usam esse legibus; earumque rerum auctores fuisse perhibent Mithram et Phlegyam homines Æthiopes.

LA LYBIE.

On trouve des traces évidentes de Cham ou de Ham dans l'Afrique où il fut honoré sous le nom de Hammon, ou Ammon; dans la Lybie où son temple se trouvait dans une charmante oasis, à Méroé, pays fertile de l'Ethiopie, ainsi qu'en Egypte, il était honoré comme le dieu suprême.

Dans la Lybie, les prêtres payens portaient processionnellement, au chant des femmes, un vaisseau d'or dans lequel était placée la statue du dieu. D'après quelques-uns, Hammon était fils de Triton, un des dieux de la mer; ainsi dans cette fable se reconnaît très-facilement le fils de Noé (on trouve ce nombre de prêtres, qui portaient le vaisseau, représentés en relief dans les ruines d'un temple de Thèbes en Egypte).

L'ARABIE.

L'Arabie est à peu près le même sol que celui de l'Afrique, et nous allons faire suivre l'histoire des Arabes à celle de l'Afrique.

La population de l'Arabie se compose non d'une, mais de diverses races qui émigrèrent à cinq périodes successives, ou six selon la tradition arabe.

I°. La première émigration eut lieu avant la confusion des langues, sous Chus, fils de Cham, avec ses deux fils et cinq petits-fils; selon une tradition uniforme, la colonisation de cette souche primitive commença à la pointe du Golfe Persique. Partant de ce point, Chus et ses enfants formèrent leurs établissements en des lieux où leurs noms laissent encore des traces, le long du Golfe Arabique, occupant le district appelé aujourd'hui Bahrein, et de là s'avançant vers l'Oman, et le long de la partie nord-est de l'Hadramaut, à la base de la péninsule arabe. Ces territoires, par cela même qu'ils offrent de très-fréquentes et continuelles traces de leurs premiers possesseurs, semblent avoir été les lieux forts de la race. Quoiqu'il reste encore des preuves considérables de leur établissement dans l'Yemen, et sur les bords méridionaux de l'Hedjaz, et quelques indices plus faibles de leur nom jusqu'à la pointe du golfe d'Akaba, il ne paraît pas qu'ils aient jamais occupé la portion centrale du pays.

II°. La deuxième émigration fut celle de Jectan, quatrième descendant de Sem, et frère de Phaleg, au temps duquel la terre fut divisée, c'est-à-dire que la dispersion générale eut lieu par suite de la confusion des langues. Les familles Jectanites, trouvant les côtes déjà occupées, devaient nécessairement chercher des demeures et des pâturages dans l'intérieur; les faits ici confirment pleinement la supposition : les chefs-lieux des Jectanites sont démontrés, par des traces claires encore existantes des noms de Jectan et de ses fils, avoir été situés dans la partie centrale de l'Arabie, dans le Nedj ou Nedjd : leurs établissements s'étendant vers l'Hadramaut et l'Yemen, où les puissants Hamyarites gardèrent le nom d'Hamyar, petit-fils de Jectan, et leur limite septentrionale étant le mont Zamès; ils poussèrent aussi leurs branches dans l'Oman, où ils supplantèrent tout-à-fait les Chusites; de Shaba, fils de Jectan, provinrent les Sabœens de l'Yemen, et la reine de Saba est reconnue avoir été souveraine des Sabœens de l'Yemen.

IIIe. La troisième colonisation de l'Arabie fut par Ismaël, l'enfant de la prophétie, dont les descendants puissants et au loin répandus ont eu l'accomplissement de la promesse divine qu'il serait père d'une grande nation, nation connue indistinctement sous les désignations d'Ismaélites, Agarènes et Madianites : ses douze fils étant les auteurs de douze grandes tribus dont l'existence est également attestée par l'antiquité juive et classique, et dont les noms se retrouvent encore à travers la péninsule. Les deux principaux étaient les Nabathéens ou fils de Nabaioth, et les Kédarites; ces derniers reconnus comme les auteurs des Koreish ou famille de Mahomet, et des califes arabes, qui occupèrent le siége de leurs ancêtres. Prenant leur point de départ dans le désert de Sin et de la péninsule du Sinaï, ils s'étendirent à travers l'isthme de l'Arabie vers l'Euphrate, envahissant les établissements des Chusites d'Hévila dans le Bahrein, le long des côtes supérieures et moyennes du Golfe Persique, et réalisant à la lettre la délimitation de l'Ecriture : « Et il habita depuis Hévila jusqu'à Sur, qui « regarde l'Egypte, quand on vient en Assur. » Ils occupèrent aussi le côté occidental du Golfe Arabique jusqu'aux limites de l'Yemen, et la portion de l'Arabie Déserte au Nord du mont Zamès. Mais quoique les parties nord de l'Arabie fussent les établissements particuliers de cette vaste et puissante famille, des traces considérables de leur colonisation se rencontrent au Sud, tout à la fois dans l'Oman, et dans le quartier opposé, l'Arabie Heureuse. Le nom d'Agar, la mère d'Ismaël, chassée avec son fils, prévaut dans tous les quartiers des territoires ismaélitiques; le mont Sinaï est encore présentement appelé Agar chez les Arabes. Les témoignages à la fois sacrés, classiques et arabiques font identiques les enfants d'Agar, comme ils sont appelés dans le premier livre des Paralipomènes Agarei, avec les Agræi, Gerrœi et les Aragitœ de Ptolémée et de Pline; identique aussi est l'un de leurs principaux lieux avec la ville de Hedjran dans l'Arabie Heureuse, la classique Agaréna. L'Arabie Pétrée fut la demeure principale des Ismaélites.

IVe. La quatrième colonisation se fit par une seconde tige d'Abraham, les enfans qu'il eut de Cétura; ceux-ci furent entremêlés avec leurs frères les Ismaélites, leurs habitations étant principalement dans l'isthme de la péninsule, avec des établissements partiels dans l'Yemen, et sur le Golfe Persique. Leur plus remarquable tribu fut celle des Madianites; les noms de Suha et de Saba se rattachent au livre de Job, étant deux tribus de son voisinage ; la première, celle à laquelle appartenait Baldad le Suhite, la dernière, les Sabéens, ou horde de Bédouins brigands dont les incursions sont mentionnées dans le livre de Job, existants sur les bords de l'Euphrate, près des OEsitæ (ou habitants de la terre d'Uz) et qui étaient les descendants de Cétura.

Les enfants de Cétura portèrent le nom de leur mère : on retrouve le nom de Cétura ou Kétura dans le Katara de Ptolémée, les Kataræi de Pline, et le Katura de Danville, parmi les établissements des Agarènes sur le Golfe Persique.

V°. Le cinquième établissement fut celui d'Esaü dont les descendants sous les noms d'Edomites et Sarrasins, ou enfans de Sara, occupèrent les territoires contigus à la Terre-Sainte, et furent les voisins les plus septentrionaux des Agarènes ; de cette nation puissante, la plus remarquable tribu fut celle des Amalécites, désignation générique sous laquelle se rangent plusieurs des tribus circonvoisines du même parentage ; une de celles-ci, les enfans d'Omar, fuyant devant la guerre d'extermination, divinement ordonnée, firent leurs établissements définitifs dans l'Arabie Heureuse, où le nom de leur père s'est conservé dans celui de la fameuse nation des Homérites.

Les Sarrasins, enfants d'Esaü rejeté, prirent le nom de leur mère Sarah (aussi bien que ceux de Cétura et d'Agar), comme désignation générique. Ce qui se confirme par le fait si simple (pour des orientalistes) que l'H s'échange continuellement avec Ch, ou K, d'où Sarrachins, Sarrakins, Sarrasins ; et secondement par l'identification de la Saraca de Ptolémée avec ses Saritœ (il y avait trois établissements de Sarrasins d'après Ptolémée et Etienne le géographe, un à la pointe du Golfe Arabique, l'autre dans l'Arabie Pétrée, et un troisième dans l'Yemen) ; troisièmement par la Saracena de Ptolémée, qui est la terre d'Amalec de l'Ecriture, c'est-à-dire des descendants d'Esaü, leurs frontières coïncident, et les noms des fils d'Esaü sont lisiblement inscrits sur toute cette étendue de pays ; et les Sarrasins du temps de Mahomet étaient connus aux Grecs comme Amalécites ; quatrièmement enfin, le Saracœ et le Saritœ de Ptolémée, les noms modernes Al Saruat et Ayel Sarah (le peuple de Sara) appartiennent tous au même district de l'Yemen.

Telle est l'analogie qui existe entre les trois races abrahamiques de l'Arabie, dans leurs désignations génériques, chacune dérivée d'une femme, leur aïeule.

VI°. Il faut aussi mentionner une sixième source de colonisation, dont la race a disparu à une époque très-ancienne. De solides et uniformes traditions des Arabes mentionnent une colonie, qui s'établit dans l'Oman, après la confusion des langues, la fameuse tribu d'Ad, fils d'Aws, ou Uz, fils d'Aram, fils de Sem, et, dans ces derniers temps, on croit en avoir découvert une trace sur la côte de l'Yemen.

On a placé le long du Golfe Persique les Chaldéens ; c'est une erreur qui a jeté la confusion dans l'histoire et la géographie anciennes.

Hévilath ou Havilah, qui, lu sans points, est simplement Huile, se trouve dans la Huaela de Ptolémée, la Huala de Niébuhr, et dans la Aûal nabathéenne.

On sait que les modernes modifications arabes de ce dernier mot sont Hual,

Chaul, Khau, Khault, Chaulan. Ces noms se présentent le long de la côte du Golfe Persique, ancien séjour des Héviléens, enfants de Chus. Or, dans ces mêmes localités, les anciens géographes marquent les Chaulosii, Chaulothei, Chablasii, Chablatœi; de plus, nous avons, et identiques à tous ces noms, les demeures de la tribu au loin disséminée des Béni-Khaleb, dont il est suffisamment clair que le nom est identiquement Khalt, et ceci est le voisinage des anciens Chaldéens, et Chaldone est désigné par Pline comme un nom de ce même parage. Toutes ces désignations sont identiques à Hévilath; toutes se trouvent dans la région ainsi désignée dans l'Écriture-Sainte : « Nomen uni Phison, ipse est qui circuit omnem terram Hevilath, ubi nascitur aurum, » nommément le Bahrein ou côte nord-ouest de la péninsule, contrée anciennement entourée, ainsi que les témoignages de Pline et de Texeira nous l'assurent, par un fleuve, le Phison de l'Écriture, qui coulait parallèlement au Golfe Persique, et se jetait dans la mer près des îles Bahrein.

En 1834, on fit une découverte d'inscriptions sur la côte du Golfe Arabique, en caractères inconnus et jusque-là non déchiffrés...

Sur un rocher ou grand roc escarpé, noirâtre, appelé Hassan-Ghorab, une inscription dans l'ancienne langue arabe contient ce qu'il suit :

« Nous habitâmes à notre aise, durant des siècles, dans les murs de ce château..
« la mer s'enflant contre notre château se roulait dans notre canal... dont les
« gardiens plantaient les dates sèches dans nos côteaux et nos champs à palmiers;
« ils semaient le riz aride.. des rois régnaient sur nous... ils sanctionnaient pour
« nous de justes lois, d'après la religion de Hûd, et nous croyions aux miracles, à
« la résurrection et à la vie à venir. »

Un second poème, encore en langue Himyarite (le plus primitif des deux principaux dialectes de l'Arabie, qui domina dans l'Yemen, comme le Koreich, père de l'arabe moderne domina dans l'Hedjaz) fut aussi découvert autrefois : « Nous vé-
« cumes à l'aise en ce château.. Nous passâmes en ce château sept années de bonne
« vie; ensuite vinrent des années stériles et brûlantes; lorsque une mauvaise avait
« passé, il en venait une autre pour lui succéder; et nous devînmes comme si nous
« n'avions vu jamais une lueur de bien; tout mourut, il ne resta ni pied ni ongle. »

C'était une inscription Hadramautique.

Un manuscrit arabe, en possession de l'université de Leyde, par Alkazwini, géographe célèbre, rapporte que les deux inscriptions précédentes furent découvertes par Abderrhaman, vice-roi de l'Yemen, sous le règne de Moawiyah, le premier des califes ommiades, vers l'an 660-670, pendant qu'il faisait un voyage officiel le long de la côte d'Hadramaut (1). Cette mention des sept années de prospérité et des sept années de famine qui suivent, ne rappelle-t-elle pas l'abondance et la disette en Égypte!!! du temps de Joseph!!! Ce qui est encore remarquable, en-dehors de

____

(1) On vient d'en découvrir une que la mer avait épargnée.

ce monument, c'est le récit d'un ancien auteur arabe cité par Pococke, au sujet d'un sépulcre dans l'Yemen, mis à découvert par un torrent de pluie, et dans lequel fut trouvé le corps embaumé d'une princesse, ornée, comme dans les sépulcres étruriens, d'une profusion de bijoux royaux, ensemble une inscription exposant comme quoi ayant envoyé des ambassades successives à Joseph, pendant une période de famine, afin d'avoir du blé, et en ayant été refusée, elle s'était en conséquence de cela, enfermée d'elle-même au tombeau. Cette extraordinaire coïncidence de la même tradition de la part de deux autorités indépendantes, dans deux parties de l'Yemen !!! n'est-elle pas frappante !!!

RELIGION :

La religion des anciens arabes : « Deus in Arabia Petrœa colitur sic : simulacrum ejus lapide nigro quadrato constat, nulla figura incisa, altitudine pedum 4, latitudine 2, basi aurea innitens. »

Les anciens arabes, dit D. Martin, rendaient un culte aux planètes, non qu'ils crussent que ces astres fussent des divinités, mais parce qu'ils étaient persuadés que de pures intelligences y faisaient leur demeure. Ils se vantaient d'avoir conservé la religion de Hûd ou Héber, comme on lit dans les mémoires de l'Académie des inscriptions, t. XXVI.

Hérodote ne donne aux Arabes que deux divinités nommées Urotalt et Alilat; et Arrien, dans son histoire d'Alexandre, n'attribue aussi aux Arabes que le culte de deux divinités; Origènes dit expressément qu'ils n'en avaient que deux. Alilat a certainement quelque analogie avec Allat ou Allah, le dieu suprême.

Les traités des Arabes commençaient par ces mots : « En ton nom, ô mon Dieu......» La formule de leurs prières dans les solennités était celle-ci : « Je me consacre à ton service, ô Dieu; tu n'as point d'égal, il n'y a rien qui ne soit à toi.... ! »

Les hommes, esclaves des sens, oublièrent le Dieu invisible et adorèrent plus tard ses ouvrages.

L'INDE.

Il ne faut pas douter que les Indiens, comme les autres chefs du culte chez les autres nations payennes, n'aient enveloppé, sous le voile des allégories et des symboles, les vérités primitives et révélées, on va le voir clairement dans cette notice importante. L'histoire de l'Inde aujourd'hui, quoique hérissée de difficultés, intéresse tout le monde; il ne suffit plus d'être helléniste, il faut encore être orientaliste, si l'on veut connaître l'histoire de l'esprit humain.

Au XIe. siècle de notre ère, Madmoud le Ghaznévide s'élança douze fois sur l'Inde, et en ouvrit les portes au mahométisme. Avant les conquêtes des Mahométans, on ne voit pas que ce pays fût assujetti à des étrangers. Les Romains y envoyèrent des vaisseaux pour le commerce, ce qu'ils avaient commencé à faire, dès le règne de Tibère, suivant Strabon. Avant les Romains, les Egyptiens y commerçaient depuis le règne de Ptolémée Philadelphe, c'est-à-dire dès l'an 284 avant l'ère chrétienne. L'an 26 avant cette ère, une nation scythe ou tatare, à laquelle on donna le nom d'indo-scythes, s'étendit de l'un et de l'autre côté de l'Indus, jusqu'à son embouchure. Des monnaies appartenant à ces rois indo-scythes ont été trouvées en grand nombre et portaient des noms tels que Kadphises, Kanerkes, Undapherres, etc.

Ils chassèrent les Parthes, qui, environ 141 ans avant l'ère chrétienne, avaient conquis ce pays, ayant à leur tête Mithridate leur roi, de la famille des Arsacides. C'est peut-être à ces princes qu'il faut attribuer ces monnaies qu'on a trouvées en ce même pays: d'un type particulier, elles portaient des caractères sanscrit ancien ; on a signalé l'identité de ces caractères avec ceux de la colonne de Allahabad, et ces monnaies appartiennent à des princes, qui, d'après leurs symboles, doivent avoir régné à une époque où le bouddhisme florissait dans l'Inde.

Les Parthes avaient fait cette conquête sur les Bactriens, dont l'empire avait été fondé vers l'an 255 par Théodote, gouverneur de la Bactriane pour les Grecs, qui, revolté contre Antiochus-le-Dieu, souverain de Syrie, se fit proclamer roi. Il régnait une grande incertitude sur ce royaume de la Bactriane, sur son étendue, et sur ses conquêtes; mais depuis peu d'années, on a découvert une quantité immense de monnaies, qui ont jeté un grand jour sur les changements survenus dans la religion de ces contrées et a permis de remplir les temps historiques inconnus de dynasties et de noms bien avérés et en séries regulières; car ces monnaies portaient les noms des rois grecs, tels que ceux-ci : Eucratidès, Ménandre, Euthydèmus, Hélioclès, Antimachus-Théos, Antialcidas, Lysias, Agathoclès, Archébias, Pantaleon, Hermœus, etc. Les rois grecs de la Bactriane régnèrent sur toutes les contrées riveraines de l'Indus, et même jusqu'à Sirhind pendant un laps de 129 ans, c'est-à-dire depuis l'année 255 jusqu'à l'année 126 avant Jésus-Christ ; quelques-uns d'entr'eux étaient même en possession des provinces du Gange, et Démétrius est mentionné comme l'un d'eux. Son prédécesseur Ménandre conquit, selon Strabon, les contrées qui sont à l'orient de l'Hypanis jusqu'à la Jumna; son empire s'étendait depuis Pattalène jusqu'au Zizérus, que l'on prend pour être le fameux lac appelé Iid-ger ou la source du Jid mentionné par Ctésias sous le non de Sid et un peu à l'ouest de la Jumna et de Delli. A ces conquêtes Démétrius ajouta quelques contrées maritimes à l'est de Pattalène, tels que Sigertis et le royaume de Thessariostus , qui forment maintenant les contrées de Cachha et de Gurjarat.

Avant 255 jusqu'à 303 avant l'ère commune, les Indiens n'étaient sujets d'aucune domination étrangère; ils avaient secoué le joug qu'en 328 Alexandre-le-Grand leur avait imposé. En remontant plus haut, les Perses possédaient une partie de l'Inde : Darius, fils d'Hystaspes, ayant envoyé un grec à la découverte de ce pays, soumit, l'an 506, les Indiens septentrionaux et se les rendit tributaires. Si l'on en croit Xénophon,

Cyrus-le-Grand, au siége de Babylone, reçut des ambassadeurs indiens : « En ce
« temps arrivèrent vers lui ceux qui lui apportaient de l'argent de la part du
« roi des Indiens, les intentions duquel ils lui représentèrent en ces termes : J'ai eu
« pour agréable, ô Cyrus, que vous m'ayez averti de ce dont vous avez besoin ; je
« désire avoir communion au droit d'hospitalité avec vous, et vous envoye de l'ar-
« gent. S'il vous en faut davantage, envoyez quelques-uns pour le recevoir et vous
« le porter. Davantage il a été enjoint à nos embassadeurs de faire tout ce que
« vous leur commanderez. »

Hérodote, qui ne fait nulle mention des Brahmanes, parle d'Indiens, qui ne tuent
aucun animal, qui ne sèment point, qui n'ont point de maisons, et qui ne vivent que
de ce que la terre produit. Il nomme encore d'autres peuples de l'Inde : « Ceux-ci,
« dit-il, tuent leurs parents et leurs amis, et les mangent pour leur épargner les peines
« de la maladie ou de la vieillesse. »

Les Indiens disent que leur religion et toutes leurs sciences viennent du nord, c'est-
à-dire de la partie de l'Inde qui est située au nord. L'Arie, qui fit partie du royaume
de la Bactriane, paraît avoir été le berceau naturel des Hindous ou Brahmanes ; elle
touchait à la Bactriane ; la ville principale était Arie ou Aria ; Ptolémée place neuf
peuples en la contrée d'Arie. La Bactriane, pays montagneux outre l'Oxus, renferme
plusieurs rivières, et, suivant Ptolémée, plusieurs peuples ; Bactra ou Balx en
était la capitale. Il est rapporté que cette ville fut assiégée par Ninus et prise par les
conseils que lui donna Sémiramis dans cette expédition ; elle fut prise depuis par
Alexandre-le-Grand sur Bessus qui en était roi, et qui avait si lâchement trahi et
assassiné Darius ; cette province fut peuplée, suivant l'historien Joseph, par Géther,
petit-fils de Sem. L'Arie, dont la capitale Aria était située dans une vaste plaine,
entrecoupée de plusieurs ruisseaux d'une eau courante, connue aujourd'hui sous le
nom de Hérat ou Hirât, faisait dans les plus anciens temps partie de la Perse, qui
portait le nom d'Elam. Quelques auteurs attribuent la fondation de la ville d'Aria à
Nabuchodonosor, et d'autres à Alexandre-le-Grand. La philologie a récemment
établi que la langue védique est à peu de choses près, celle des monuments les plus
authentiques et les plus anciens du culte de Zoroastre ; ce sanscrit est la langue sœur
du zend. Les auteurs classiques ont semé par tout le monde le nom d'Ariens, au-
delà de l'Indus, sur les côtes de la mer Erythrée, dans les îles de la mer Caspienne
et jusque sur les rivages de la mer Baltique. Dans l'origine les Brahmanes ne formaient dans ce pays qu'une tribu ; plus tard une révolution, un mouvement de population firent passer à quelques-unes de ces tribus ariennes l'Indus : elles s'établirent
dans les vastes plaines de l'Indostan, sous la conduite des fils de leurs patriarches,
qui donnèrent leurs noms à des tribus nouvelles ; ils conservèrent le nom d'Aryas ;
plus tard encore, quand une révolution religieuse et politique eut établi les castes,
les Aryas ne furent plus que des francs tenanciers des terres conquises par leurs
pères, ils appartinrent à la troisième caste, à celle des cultivateurs. Les Brahmanes
sortis aussi de l'Arie, étaient, dans l'origine, un corps séculier et non religieux ; ils

n'avaient ni influence religieuse, ni pouvoir politique avant l'invention des Puranas ; ils tiraient leur origine de Brahma ; et les Indiens disent qu'il fut le chef de douze castes ou tribus ; et de la ressemblance des mots Brahma et Abram chez les Juifs, et tous deux patriarches, et tous deux chefs de douze tribus, Postel en concluait l'identité. Les Brahmanes, sortis de l'Aric, formèrent des établissements jusque sur les rives du Gange, et plus tard on les voit dans la péninsule et jusque dans l'île de Ceylan. Les Brahmanes n'ont pas établi dans ces pays leur influence et leurs privilèges avant l'ère chrétienne. Dans ces temps, on n'avait pas encore répandu la fable qui fit naître les Brahmanes de la tête de Brahma, les Kchattriyas ou Khyettris de son bras, les Vêsyas ou Voïshyas de sa cuisse et les Shoûdras de son pied ; ils se reconnaissaient tous comme descendants des Manus (1) ; les Hindous connaissaient aussi Sem, qu'ils appelaient Schem, et ils donnent à leur pays le nom de Kuscha-Dwipa, c'est-à-dire pays de Chus, qui était fils aîné de Cham. Dans les livres hindous un des fils de Noé est appelé Ila-Pati, mot synonyme de Jya Pati, le seigneur de la terre, le même que Prad-Japati ou le seigneur du genre humain. En effet, la dénomination de Prad-Japati n'était originellement rien autre chose que Ja-Pati avec la particule indéclinable *pra* dont on use souvent. Jah est le principe de vie dans un être animé ; de là l'homme est appelé Pra-Ja pour sa supériorité sur tout le reste du règne animal. D'ailleurs il est très-commun dans l'Inde d'accoler au nom des saints hommes la particule *pra*, surtout parmi les Bouddhistes. Prad-Japati signifie donc le vénérable Japati, le père des créatures animées. Ila-Pati, appelé aussi Ida et Ira, était fils de Noé, Ila-Pati est synonyme de Jya-Pati ou Ja-Pati (cet Ila est appelé Ilis dans la théogonie d'Orphée et probablement Ilus dans Homère).

Telle est l'histoire des Hindous ; et une multitude de monuments la confirment.

D'après les calculs des savants, la société hindoue ne remonte pas plus haut que l'époque d'Abraham. William Jones, d'après la liste généalogique des rois, extraite des Puranas, par le pandit Ra Dhacanta, place l'origine de la société hindoue, 2000 ans avant Jésus-Christ. M. Heeren, après de longues et laborieuses recherches, arrive aux mêmes résultats ; un autre savant calculant par le nombre des rois la durée totale des dynasties, arrive à cette conclusion que l'établissement des deux grandes races Soorya et Chandra, dans l'Inde, date environ de 2256 ans avant Jésus-Christ.

Ères des Hindous (plus ou moins usitées).

Kali-Yuga commence un vendredi, le 18 février, avant Jésus-Christ 3102, corrigé 3101. Ère qui commence à la mort de Bouddha et qui est usitée dans l'Inde, à Ceylan, à Ava, à Siam et au Pégou, avant Jésus-Christ 544—543.

Samvat, depuis la mort de Vikrama'ditya, avant Jésus Christ 57—56 3/4.

L'an Saca de Saliva'hana commence après Jésus-Christ, 79—78 1/4.

Ère Birmane de Promé commence en mars après Jésus-Christ, 79—78 1/4.

(1) Manus en allemand signifie l'homme.

Ère Birmane , grande époque, commence en mars avant Jésus-Christ, 692--691.

Ère des Jains de Mahavira commence avant Jésus-Christ, 629— 628.

Sholo, ère d'Oujeïn, qui commence avant Jésus-Christ , 685—684.

Bengali-Sun , ère du Bengale , commence après Jésus-Christ, 594—593 1/4.

Vilayati, ère d'Orissa , après Jésus-Christ, l'an 593—592 3/4.

Shuhoor-Sun, ère des Marhattes, commence après Jésus-Christ, 600—599.

Fusly, ère du nord de l'Inde, après Jésus-Christ , 593— 592 3/4.

Fusly, ère du sud de l'Inde , après Jésus-Christ, 594—590.

Ère de Bali commence en mars après Jésus-Christ , 81—80.

Ère de Javan commence en mars après Jésus-Christ , 74—73.

Balabhi Samvat, de Somnath, commence en mars après Jésus-Christ, 318—317 1/4.

Ère de Yezdijird, de Perse, commence le 16 juin après Jésus-Christ, 632—631 1/2.

Me-Kha-Gya-Tsho , ère du Thibet, commence en mars après Jésus-Christ , 622—621.

Newar , ère du Népal, commence en mars après Jésus-Christ, 870—869.

Sun Hidjori , ère usitée dans la province de Dacca, commence après Jésus-Christ, 586—585 (et encore quelques autres ères bien plus modernes).

Ainsi chaque contrée avait son ère particulière; point d'histoire nationale , point de lois nationales : un manuscrit hindou (de M. Mackensie) prouve que chaque district, même le plus petit, avait ses lois distinctes, et qu'il n'existait pas de pouvoir central étendu dans le Malayalam.

Les Védas.

Il n'y a qu'une faible portion des Védas (il y a trois livres des Védas, suivant quelques-uns, suivant d'autres il y en a quatre), qui soit généralement lue parmi les Brahmanes ; cette partie est lue, d'ailleurs, sans en comprendre le sens, et dans un sanscrit aujourd'hui hors d'usage. Le grand rit ou sacrifice, appelé yajna, est parfois célébré parmi les Smartas Brahmanes , qui vivent des Védas, en confiant vingt à trente chapitres à leur mémoire, et les récitant lors de certaines cérémonies, telles que les mariages, les funérailles et les yajnas. Jamais ils n'ont prétendu en comprendre le sens. Les Brahmanes ordinaires, quoiqu'on leur apprenne quelques pages des Védas à l'école, n'en conservent ordinairement rien dans leur mémoire. On ne trouverait pas dix Brahmanes dans la péninsule, qui fussent réellement habiles en fait de Védas. Les réclus, qui étudient la théologie, lisent divers commentaires appelés Bhashyam; les Smartas lisent le Sankara Bhashyam (Sankara vivait à la fin du VIIIe. siècle de l'ère chrétienne); les Vaishnavas , le Râmânoujâ Bhashyam (Râmânoujâ vivait à une époque de l'ère chrétienne indéterminée); les Mâdhavas lisent le Mâdhava Bhashyam (Mâdhava vivait vers le milieu du XIVe. siècle de l'ère chrétienne), chacun lisant le commentaire des Védas approuvé par sa secte ; ces lectures, du reste, sont en petit nombre; aucun homme, qui s'occupe d'affaires séculières, ne se soucie des Védas et de leurs commentaires.

La vénération qu'on a pour Sankara Atchârya est si grande, que les autres commentateurs, même quand ils réfutent ses explications, n'osent pas prononcer son nom.

On entend, dit M. Brown de Madras, souvent citer les Puranas et le Râmâyon avec les Védas, comme constituant les Ecritures de l'Inde ; mais le fait est qu'on les étudie fort peu ; il n'existe seulement que trois Védas ; les ancêtres de chaque Brahmane professaient exclusivement l'un de ces trois Védas : on ne peut supposer qu'aucun d'eux puisse concevoir l'idée d'admettre chez lui les deux autres, une haine réciproque étant tout ce qui reste aujourd'hui du zèle qu'ont montré jadis les Brahmanes pour leurs doctrines. Les Jangamas seuls annoncent qu'ils obéissent aux Védas et aux Calpas (systèmes), et encore ces sectaires paraissent-ils avoir entièrement renoncé à la portion rituelle de ces lois.

Les Védas, dit le savant Ritter, sont de différents auteurs ; ils se composent en partie de prières, en partie de préceptes religieux, en partie de dogmes théologiques, qui n'ont pas la moindre liaison entr'eux ; ils ont été rassemblés par Vyasa.

Suivant la tradition reçue, dit M. Guigniaut, les Védas, ayant été révélés par Brahma, furent d'abord transmis de bouche en bouche, jusqu'à l'époque où Vyasa, le compilateur, les recueillit et les distribua en livres.

M. de Humbold compare Vyasa aux neuf muses des Grecs, qui passent aussi pour avoir inventé, inspiré toute sorte de choses.

Il n'y a pour l'époque de la composition des Védas que des données purement mythiques : William Jones, dans la préface des institutions de Manou, suppose « d'après une tradition et sur un calcul très-incertain (Ritter), » qu'ils ont été composés 1600 ans avant l'ère chrétienne. Colebrooke les fait remonter au XIVᵉ. siècle avant cette ère, d'après un calendrier annexé à l'Yadjour-Véda ; mais il appelle sa conjecture hasardée, et Cuvier la combat et la rejette (1).

Les plus anciens écrivains en astronomie chez les Indiens, sont Shoûrdjyo Shiddhanto, astronome, qui vivait l'an 345 de notre ère, dont les observations astronomiques sont remarquables ; c'est le père de l'astronomie des Indiens. Varaha Mihira vivait l'an 649 ; son ouvrage traite de l'astronomie, de l'astrologie, de l'histoire et de la géographie. Bramme-Gupta, un de leurs plus anciens écrivains en mathématiques, n'est pas antérieur au VIIᵉ. siècle ; Aryabatta, qui, selon toute vraisemblance, fut l'inventeur de l'algèbre chez les Hindous, florissait vers le Vᵉ. siècle (2).

Des savants français font remonter le Rig-Véda (c'est le plus ancien) au XVIIIᵉ. siècle avant notre ère, sur l'antiquité de l'idiôme, dans lequel il y a des morceaux d'écrits, mais on a pu les conserver dans la mémoire ; et quelques noms historiques anciens, qui s'y trouvent, ont pu être relevés sur des monuments.

(1) L'abbé Guérin dit qu'un hymne de l'Othor-Véda constate l'observation de l'équinoxe du printemps à la mansion Krittjka ou Tauri, 1571 ans avant Jésus-Christ.

(2) Les astronomes indiens ont indianisé tous les noms grecs du zodiaque vers le XIᵉ. siècle de l'ère chrétienne, le jour du soleil commence la semaine chez les Indiens ; ils ont encore introduit dans leur langue les noms grecs des sept planètes.

Outre les Védas, les Hindous avaient encore d'autres systèmes philosophiques. En généralisant les vastes travaux des savants indianistes, Colebrooke est parvenu à classer tous les philosophes de l'Inde en six écoles ; les noms de ces six darsanas ou systèmes sont extrêmement anciens ; le plus ancien et peut-être le plus remarquable de ces systèmes est le Mimansa, attribué à Djaimini. Le Mimansa, philosophie des nombres et des sons, approchant de celle des Chinois et des Pithagoriciens, prend pour base de tout un ensemble d'idées, la musique et les règles de l'harmonie (on voit aussi, dans Photius, Nicomac appliquer l'arithmétique ou les dix nombres à la théologie). Nous n'avons du Mimansa que des fragments incomplets : tout est harmonie dans l'univers, et l'ensemble des êtres forme un grand concert dont Dieu est comme la base et le son simple ; l'univers est une lyre dont Dieu est le musicien ; le nombre 1 et 3 sont consacrés à Dieu, trinité et unité. Nicomach, lui, rangeait sous l'unité, Dieu et l'Esprit « et viro fœminam et chaos.. » Il appelait le nombre 3 : « Primus perfectus numerus, mens quædam ternarius est.. hinc trias ipsis Saturnia est.. »

Le second système est celui du Védanta, explication rationnelle des Védas.

Le troisième est la philosophie Yogha, qui eut pour fondateur Pantanjali ; c'est une école de mysticisme, qui a produit les solitaires de l'Hindoustan ; ses livres sont remplis de l'ascétisme le plus profond.

Le quatrième système est la philosophie Sankhya fondée par Kapila ; il donne au moi humain la plus grande étendue : dans cette philosophie tout émane de ce moi humain.

Adima se trouvant seul ne ressentait aucune joie, dit l'Oupanishada ; et voilà pourquoi l'homme ne se réjouit point quand il est seul. Il souhaita l'existence d'un autre que lui, et tout à coup il se trouva comme un homme et une femme unis l'un à l'autre ; il fit que son propre être se divisa en deux, et ainsi il devint homme et femme. Ce corps ainsi partagé n'était plus que comme une moitié imparfaite de lui-même, il se rapprocha d'elle, et par cette union furent engendrés les hommes.. Puis elle se métamorphosa en génisse et lui en taureau... Et toutes les espèces, les êtres de la nature furent enfantés (enseignements de cette école).

La cinquième école fut celle de Kanada auteur de la philosophie Veishesbika, philosophie matérialiste : Dieu est le feu, la lumière..

Le sixième et dernier système est connu sous le nom de Nyaya ; le fondateur fut Gotama. Le Nyaya de Gotama, l'un des douze grands Rishis considérés comme les ancêtres de toutes les familles brahmaniques. Le Nyaya est un système de logique, qui occupe, dans la philosophie indienne, la même place que l'Organon d'Aristote occupe dans la philosophie occidentale. Le Nyaya a régné non seulement dès les temps les plus reculés dans l'Inde, mais il y règne encore aujourd'hui, et est étudié dans toutes les écoles. Il n'est point de fête populaire et religieuse où, à côté des Brahmanes, qui récitent des épisodes du Mahabharata et du Ramayana, ou qui dissertent sur les lois de Manou, il n'y en ait toujours d'autres, et ce sont les plus sa-

(157)

vants, entre lesquels s'établit une discussion dialectique, suivant toutes les règles du
Nyaya, et c'est pour ceux-là que les plus beaux prix sont réservés. Le Nyaya est
très-ancien : les orientalistes placent, d'après les traditions mêmes du pays, la fondation des darsanas ou systèmes de philosophie, entre les Védas et la rédaction des
grands poèmes épiques. Le Nyaya a dominé le monde indien depuis 2,000 ans au
moins, comme l'Organon a dominé pendant la même durée le monde occidental ;
et l'histoire de la philosophie doit compter désormais, à côté de la fortune prodigieuse
de la logique péripatéticienne un second fait entièrement analogue. Le Nyaya fait
partie de cette vaste littérature sanscrite, qui existe encore dans son entier, plus
complète et plus étendue que la littérature grecque elle-même. Quant à l'auteur
du Nyaya, la tradition le nomme Gotama et le fait gendre de Brahma, c'est-à-dire
que l'auteur du Nyaya est un personnage héroïque et fabuleux, en d'autres termes,
inconnu. Malheureusement dans l'Inde, les origines de toutes choses sont couvertes
d'un voile religieux et impénétrable. Gotama commence par énumérer les moyens
par lesquels la connaissance se produit légitimement, et ensuite la totalité des objets
auxquels la connaissance peut s'appliquer... Il donne la première place à la per-
ception.. Le Nyaya n'a rien de commun avec l'Organon qu'il n'a point inspiré ; c'est
un point reconnu.

La littérature indienne mérite d'attirer aujourd'hui l'attention, tout aussi vivement
que la littérature classique attira l'intérêt et l'attention de tous les esprits éclairés à
l'époque de la renaissance ; depuis 40 ans que les recherches des orientalistes ont
commencé, elles ont déjà produit des résultats qui égalent, et qui comparativement
dépassent les admirables labeurs du XVIᵉ. siècle.

Après les Védas et les ouvrages philosophiques, se présentent les grands poèmes
appelés Ramayana et Mahabharata. Valmiki est l'auteur du Ramayana, et il écrivit
ce poème : 1°. quand les Indiens eurent emprunté aux Grecs non seulement les douze
figures du Zodiaque, mais encore les douze noms grecs de ces figures ; 2°. quand les
Européens, ainsi que divers peuples situés à l'ouest de l'Indus, eurent fait des inva-
sions dans l'Inde ; 3°. quand les chrétiens eurent fait connaître plus ou moins clairement, plus ou moins exactement, aux Indiens, que le Christ, fils de Dieu, homme-
dieu, incarnation de la deuxième personne de la Trinité, était venu sur la terre pour
combattre, vaincre et écraser Satan, avec tous les démons dont il est le chef ;
4°. quand quelque radjah venait d'établir parmi les Indiens de son royaume la différence des castes ; 5°. quand les ouvrages composés de shlôks de quatre pieds, ayant
chacun huit syllabes, n'existaient pas encore. Rama est le héros de cet ouvrage. Dans
l'horoscope de Rama, qui se trouve au premier livre, on lit les mots Korkot, Min
et Kouliro, pour désigner les signes de l'Ecrevisse, des Poissons et du Cancer, et
ces mots se trouvent dans tous les manuscrits. Korkot commençait avec le Nokhyottro
Poushya, et cette coïncidence eut lieu l'an 105 1/2 de Jésus-Christ ; c'est là l'âge de
Valmiki, et qui résulte des données mêmes de Valmiki. On voit dans ce même
ouvrage que Valmiki était contemporain de Rama ; ce fait est affirmé dans le Ramayana.

Valmiki vivait après que les Grecs, les Persans, les Saques, les Kambodjiens du sud-
ouest de l'Indus, les Arabes et tous les peuples barbares de l'ouest de l'Inde eurent
fait invasion dans ce pays; car il en parle très-clairement, en disant que les Pollovas
(Persæ), les Shokas, les Javanas, les Kambodjas, les Mletchas (Arabes) et les Bar-
baras firent une telle guerre à Vishoamitra, roi des Indiens, et battirent si bien ses
troupes, qu'il fut obligé de se cacher dans les montagnes de l'Himalaya. Dans le
premier livre, on voit que le chef des démons, Ravon, a mis par son orgueil extrême
le désordre au milieu des esprits célestes, qu'il a été humilié et puni par l'être
suprème; que l'immortalité dans le malheur lui a été assurée à jamais; qu'il a abusé
de même de son pouvoir sur la terre, qu'il a mis le désordre parmi les hommes, en
corrompant la femme; que Dieu lui-même, deuxième personne de la Trinité indienne,
se fait homme en naissant dans le sein d'une femme de race royale; que cet homme
dieu attaque, vainc et écrase Ravon, cet ennemi de toutes les créatures, de la terre
et du ciel; qu'il rétablit ainsi la paix, l'ordre et le bonheur, et qu'ensuite il s'élève
majestueusement dans les cieux où il va regner au milieu des Debtas. Enfin Valmiki
s'attribue l'heureuse invention du premier ouvrage composé de Shlôks, de quatre
pieds, ayant chacun huit consonnes.

Pour le Mahabharata, on en attribue la composition à Vyasa. On sait que celui-ci
avait recueilli les Védas; Valmiki parle des Védas, et même des quatre Védas (liv. 1,
sect. 3 et 4); ces quatre Védas lui étaient bien connus; il est donc postérieur à Vyasa.
Cependant Vyasha donne, dans son Mahabharata, un abrégé, en quinze cent huit vers,
du Ramayana: il faut donc croire que ces deux poètes vivaient à la même époque.

Le Mahabharata est fort célèbre; ce grand poème en langue sanscrite a pour sujet
les luttes des deux dynasties Pandu et Kuru à l'empire de l'Inde. Autour de ce sujet
principal sont groupés une immense quantité d'épisodes, consistant en traditions
historiques, en légendes populaires, en systèmes de morale, en dissertations philosophiques, les premières contenant des informations extrèmement curieuses, et probablement très-exactes dans leur ensemble, relativement à l'état social et politique
de l'Inde; le second livre de ce poème épique, appelé le Sabha Parva, expose les
droits de Yudishthira, fils ainé des princes Pandu, à l'occupation suprème de la souveraineté dans l'Inde. Les frères de Yudishthira font des excursions dans l'empire
pour extorquer aux princes indiens une reconnaissance de la supériorité du prince
Pandu. Cette partie du livre abonde en notices géographiques et politiques d'un
grand intérêt; les détails font la description des usages encore subsistant dans l'Inde
en matière d'expéditions guerrières, c'est-à-dire que le vainqueur se contente du
plus gros tribut qu'il peut lever, et laisse aux princes conquis la possession de leurs
domaines. Ce qu'il y a encore de remarquable, on envoie des invitations aux hôtes
et aux amis, non seulement on visite des Brahmanes, mais encore des Vaisyas,
et même des Sudras; on n'y voit aucune différence dans le mode d'alimentation,
les logements qui leur sont préparés et les plaisirs qu'on leur procure; tous sont
traités de la même manière et sans distinction. Une des portions les plus curieuses

de cette section est celle où l'on donne le détail des articles qu'on apporte comme
tribut des divers pays. Plusieurs de ces articles sont absolument les mêmes que
ceux qu'on retrouve encore aujourd'hui dans ces pays. Les Kambodjas apportent
des châles, des brocards, des fourrures et des chevaux ; ces peuples paraissent avoir
habité les plaines au nord des monts Paropamilu, qui sont encore célèbres par leurs
chevaux. L'énumération des fourrures est curieuse, en ce qu'elles sont tout-à-fait
hors d'usage chez les Hindons modernes, d'abord à cause de la chaleur qu'elles
procurent, et ensuite par l'impureté, qui résulterait, d'après les idées actuelles,
d'un vêtement formé de peaux d'animaux ; cette circonstance et celles qui précèdent
donnent certainement un grand appui à l'opinion de l'origine moderne des Brahmanes. On sait aussi que les Mahrattes, tribu si nombreuse de Brahmanes et de
Kchattryias, sont reconnus pour être des étrangers de l'occident de la Perse, qui
abandonnèrent, il y a 1200 ans, leur pays natal.

La société asiatique de Madras a reçu depuis peu d'années du colonel Mackenzie
une collection nombreuse de manuscrits, dont le dépouillement, fait par M. Taylor,
nous fournit de nombreux et très-intéressants renseignements :

1°. Une relation de Mavamalur, dans le district de Nellore, nous apprend comment
la péninsule à d'abord été peuplée à l'origine dans différentes portions de son étendue,
c'est-à-dire par l'émigration de quelques familles, moyen qui se répète encore aujourd'hui dans plusieurs portions encore incultes de ce vaste territoire.

La cour que Janaméjaya tenait dans la ville royale de Hastinapuri, près de l'emplacement de la moderne Delhi, paraît avoir été le séjour des savants, et principalement ceux de l'ordre des sages mystiques paraissent y avoir reçu des encourage-
ments et beaucoup d'accueil. Le grand poème épique de Mahabharata (en tamil le
Baratham), a, d'après le livre lui-même, été dans l'origine récité devant ce prince.
Janaméjaya avait pour père Paricshit, fils d'Abimanyu, fils lui-même d'Arjuna, le
héros du Mahabharata, qu'on assure être issu de Indra, qui régit le ciel visible. L'ère
de Janaméjaya tombe au commencement du Cali-Yugam et probablement vers les
premiers siècles de l'ère chrétienne.

Un manuscrit en tamil sur feuilles de palmier, intitulé Sevendhi St'hala Puranam,
est une légende de la pagode de Trichinopoly. La portion légendaire du commencement est relative à une époque, où il n'y avait pas encore de Brahmanes dans le
pays, lorsqu'il y avait une province de Lama au Ceylan, avant l'invasion de Rama,
qui précède, à ce qu'il paraît, la visite d'Agastya, lequel conduisit les premiers colons
brahmanes à la péninsule méridionale. Agastya traversa les monts Vindhia et dirigea
les Brahmanes vers les différents points de la péninsule. On l'appelle souvent le père
de la langue tamil, parce qu'il imagina le premier les lettres du tamil (qui tient du
Tihétain et du Gran'tha), et donna à la langue une forme grammaticale. Sa grammaire fut réduite par ses successeurs.

Une relation en tamil (sur papier) de Chittambaram contient entr'autres un fait
curieux, celui de l'émigration de trois mille Brahmanes du nord dans ce lieu. Il

ajoute un nouveau témoignage aux preuves déjà nombreuses que les Brahmanes étaient originairement des étrangers dans la péninsule.

Manuscrit en tamil : Sri-Carunara Puranam, ou légende des villages des tribus de Brahmanes comptables ; elle mentionne la fondation du collège de Madura pour répandre la littérature sanscrite et la religion hindoue, et prouve encore que les Brahmanes étaient originairement étrangers dans la péninsule.

Manuscrit en télugu : description des limites du district de Jayapur ; il paraît d'après cette description que les Hindous n'ont pas pénétré bien avant dans les montagnes du pays, qui sont encore en la possession des montagnards aborigènes.

Autre manuscrit en tamil : Palani Puranam, légende de Pyney où l'on voit indiqué clairement : la première émigration des Brahmanes, leur établissement à Pyney, ainsi que la première localisation d'une autre colonie brahmane à Chillambram, des détails sur les progrès de la tribu militaire vers la partie méridionale extrême.

Manuscrit en canara : histoire extraite du Sthala Mahatmya de Banavassi dans le Sunda ; elle donne l'explication des premières notions du Kerala-Ulpatti (le pays de Malayala) et l'histoire de l'établissement des colons brahmanes, et enfin assigne une époque où il n'y avait encore aucun brahmane dans le pays ; elle explique pourquoi à Kérala, Tuluva, Haigari, etc., les tribus aborigènes sont restées plus nombreuses que dans toute autre partie de la péninsule, où elles ont été à peu près complètement exterminées.

Les manuscrits de la même collection ne manquent pas de renseignements sur les Aborigènes.

Le plus ancien et le plus vénéré des critiques télugus (ses prédécesseurs ayant péri) est Nannaya Bhatta, traducteur de l'Adi Parvam, qui florissait, à ce qu'on croit, au second siècle de l'ère chrétienne. Ce célèbre auteur composa une petite grammaire intitulée : A'ndhra Sabda Chintamani, qui est écrite en vers sanscrits. A'ndhra est le mot sanscrit synonyme de télugu. Dans la loi de Monou ou Manou, les A'ndhras sont mentionnés comme une tribu sauvage, et étaient peut-être aborigènes.

Une histoire ancienne en tamil, sur feuilles de palmier, de Tonda ou Sora-Mandalum et de ses premiers habitants appelés Védars et Curumbars, fournit aussi un récit clair et simple de l'introduction des Hindous proprements dits, dans le pays qui environne Madras.

Une autre encore en tamil et sur feuilles de palmier, histoire de Wiyalvar ou Muttilyar à Nerva-Palliyam, prouve que les anciens habitants du Carnatic ont été détruits pour faire place à des colonies hindoues.

Une généalogie en tamil du chef de Nadava-Curuchi renferme les particularités ordinaires qu'on rencontre dans ces sortes d'ouvrages, relatives aux poligars ou chefs feudataires du sud, mais avec cette différence que parmi ces relations, il y en a peu qui remontent à une époque aussi reculée, puisqu'elle s'étend jusqu'à l'an 800 de notre ère, et s'accorde assez bien avec l'époque de l'avénement du premier des vice-rois septentrionaux de Madura, c'est-à-dire vers 1558. Le fait le plus important qu'on y rencontre partout, c'est l'extermination des Curumbars aborigènes par cette tribu, fait qui ajoute une nouvelle preuve à celles qu'on possède encore d'ailleurs que les Hindous, comme colons, ont exterminé partout les premiers habitants du sol.

Une relation en tamil des Védars du district Wynaad, confirme l'existence sur une surface très-étendue dans la péninsule méridionale, d'un peuple aborigène, les Védars, qui différait des Hindous.

Une histoire, dans la même langue, de Mauradiyar de Immudi-Patnam.. Le même manuscrit contient aussi une notice sur les Villars, Irulars et autres tribus sauvages, qui fournit une nouvelle trace sur le singulier peuple qui a été signalé dans les environs de Srihari-Cotta, et qui faisait probablement partie des aborigènes du pays.

Une relation, en tamil, des Curumbars. Les ancêtres de ces peuples avaient été engagés dans la guerre des Pandavas; leurs descendants furent ensuite dispersés dans divers lieux, ceux-ci étaient les Jaïnas. Suivant un proverbe, les Curumbars avaient les yeux sur les épaules. Par suite de la coutume où ils étaient de se faire raser la tête à la mort d'un des leurs, ils furent tous massacrés en un jour par des barbiers. D'autres manuscrits font également mention du massacre de ce peuple en un seul jour; la ville où cet événement a eu lieu est appelée Narambur, et on donne la description de ses douze forts.

Un fragment, en télugu, concernant la pagode Saiva, près Cavelong, fournit quelques documents nouveaux sur l'existence d'aborigènes dans la péninsule, qu'on appelle Racshasas, et qui furent exterminés ou chassés par les colonies Hindoues.

Un manuscrit en tamil, sur feuilles de palmier, histoire des Maravas des districts de Ramnad et Sivagangaï, renferme la relation détaillée des mœurs d'une race curieuse de peuple à l'extrémité de la péninsule, dont les ancêtres paraissent avoir échappé à l'extermination faite par les Hindous.

Une relation, dans la même langue, des mœurs et coutumes des Curumbars, porte qu'ils étaient de la race Yadava, c'est-à-dire bergers; leur ressemblance avec les Maravas est frappante.

Une histoire en tamil, de la tribu de Nayahmar (ou Naïr) de Malayalam. Les Sudras du pays ont pris le nom de Nayar, de celui d'une divinité de leur localité. Les autres tribus sont issues du commerce des Brahmanes avec des femmes Sudras. On fait connaître dans cette pièce les mœurs des Nayars; il paraît certain qu'ils sont les descendants des habitants aborigènes de Kérala, qui probablement ont été amenés à un certain degré de civilisation par des colons Brahmanes, tout en conservant suffisamment de leurs mœurs pour rester un peuple très-différent des vrais Hindous. On trouve en effet des traces de ressemblance entre leurs coutumes et celles des Maravas; aujourd'hui, les Maravas ont sur eux l'avantage sous le point de vue des rapports moraux et des intérêts domestiques.

Une relation, en tamil, sur les montagnards résidant sur le mont Paumaila, district de Travenkur.

Une autre relation de la montagne Velamar, appelée Arasanmar, et du Kani-Yalar de Ulla-Mali, et autres montagnes limites du pays de Travenkur. Dans cette relation, écrite en 1817 par Nitala-Narrayana, il est question d'une race de montagnards, les uns appelés Neyar, et qui sont pêcheurs, et les autres Mali-Velamar, qui, pendant trois ans, construisent des maisons et cultivent la terre pendant trois autres années. Ces Velamars présentent un nouvel exemple de montagnards non hindous, qui, sous différents noms et avec de petites différences, ont été signalés dans les monts Baramahl, sur le Gange, dans les monts Vindhya, dans la chaîne au centre du pays des Mahrattes, les monts Gamjam et Kimedy, les monts de Sri-Ari-Cota, les Neilgherries, les monts Dindigul et ceux de Travenkur.

Une histoire, en télugu, des Condu-Vandiu (ou Conda-Vandlu), tribu sauvage, résidant au district de Jayapur chez les Circars du Nord.

Une relation, dans la même langue, des Maliyasavarulu, dans le voisinage du district de Jayapur, peuple à yeux, nez, oreilles petits, face large (ce sont des Huns, Tatars ou Calmouques), dont on fait connaître les mœurs et les usages, peuple sauvage et jusqu'à présent indomptable.

Relation, encore en télugu, des Conda-Savaralu ou peuple des montagnes du district de Jayapur, province de Rajamahendri, peuples moins féroces que les précédents, avec lesquels ils ont des relations.

Chronique, en tamil, du Nayanmar, pays de Malayala, usages et coutumes des quatre subdivisions du Nayanmar, appelées respectivement Ilam, Surubam, Tamil, Pata-Mangala. Ce document confirme de nouveau l'affinité d'origine entre les Maravas et les Nayars.

Note, en télugu, sur les temps anciens, relative au district de Vainad ou Wynaad : les premiers maîtres de ce district ont été les Védars, auxquels ont succédé les chefs Curumba.

Histoire, en canara, des tribus sauvages du Sunda et du Canara.

Autre histoire, dans la même langue, des Coramaru, dans le pays de Sunda ; ils forment quatre classes ; ils n'ont point de Brahmanes parmi eux ; beaucoup d'eux ne vivent que de pillages ; ils sont dispersés dans des villages et dans des forêts.

Histoire, dans la même langue, des Cunumbimahrattes ; on y rapporte l'origine de ces Cunumbis, qui sont répandus dans différentes contrées, tant du nord de l'Inde que dans la péninsule.

Histoire, encore en canara, de la tribu des Manveltigar, aborigène et non composée de colons hindous.

Enfin encore, histoire des Hal'palca, peuple ou tribu sauvage du Sunda ; elle a des usages qui semblent être un mélange de ceux des aborigènes et de ceux des hindous ; elle présente beaucoup de ressemblance avec les Condu-Vandlu, les Nayars et les Maravas.

Il résulte de ces divers manuscrits que l'occupation de l'Inde par la race sanscrite n'est que partielle. Dans le nord et dans le centre de la péninsule, les montagnes

sont occupées par des tribus sauvages qui parlent des dialectes à eux, et on est parvenu à conclure à l'identité de toutes les tribus non sanscrites de l'Inde, depuis
l'Himalaya jusqu'au cap Comorin (Jules Mohl de l'Institut).

Les Jainas étaient des anciens habitants de l'Inde :

Histoire, en mahratti, de quelques Jainas venus par mer du Banga-Desam ; elle
indique la conquête par les Jainas de Cudiyalu (Mangalore), et de Baracur, ville
près de Udapu. Ces Jainas venaient par mer du Banga-Desa ou Bengale, sous la conduite de Ajala raja , nom célèbre à Java et d'origine hindoue.

Histoire, en marhatti, des rois Jainas de Hobhalli et Hosapatnam, en Canara ; dans
ces histoires, on trouve des notions sur les établissements des Jainas dans la province Canara ; en outre, sur les points où se faisait anciennement le commerce de
l'Inde. Le Barare de Pline est Barcelore ou Baracur.

Manuscrit : Jaina Panchamarca Ulpatti. Origines des cinq systèmes hétérodoxes
parmi les Jainas, manuscrit en tamil , en caractères Gran'tha ; il confirme une
interpolation par les Brahmanes d'environ 7 à 800 ans, et indique pour le commencement de Cali-Yuga une époque voisine de l'an 500 de notre ère, et que le
système Jaina est venu de Magadha dans la péninsule. Autrefois la population Jaina
était dominante dans le pays.

Relation, en tamil, de soixante-six pagodes jainas du district de Canchi , avec
détail sur les mœurs et coutumes des Jainas. On y fait mention des différentes
époques avec leurs systèmes ; les vingt-quatre Tirt'hacaras, les Manus, les Chacra-
vertis , etc. On y fait remonter le commencement du sacaï-era à l'année cali-yuga,
741. Beaucoup de Jainas vinrent du Nord en 1451 cali-yuga, ou 710 sal-sac,
sous le règne de Hima-Sitala Maha Raja. Sous son règne, un schisme éclata entre
les Jainas et les Bouddhistes. Acalanga-Dever vainquit les Bouddhistes, qu'on voulait
d'abord faire périr sous les meules des moulins à huile, mais qui furent ensuite
embarqués et envoyés à Ceylan. On rappelle ensuite des guerres qui dispersèrent
les Jainas et détruisirent leurs temples ; enfin, on donne une liste de soixante-cinq
de leurs temples, grands et petits, et des villages qu'ils occupent encore. Les Jainas
se vantent aussi encore des cruautés qu'ils ont exercées dans le Decan, à différentes
fois, contre les Brahmanes, et il y a encore des inscriptions existantes où elles
sont rappelées.

Une histoire, en langue télugu, offre dans le sujet principal, la chute et l'extermination des Jainas par l'entremise des Ultra-Saivas, dans la partie nord-ouest de
la péninsule où le système Jaina florissait sous divers princes.

Des tables chronologiques, en tamil, sur feuilles de palmier, des rajas hindous,
appelés rois jaina, du pays de Dravida.

Relation, en tamil, du Panta-Curzis à Paduvur, localité autrefois en possession des
Jainas , comme il est facile de le constater par les débris de leurs bâtis ou pagodes,
avant leur destruction par les Brahmanes, au temps d'Adondai. Quelques-uns embrassèrent le système brahmanique ; ils avaient coutume de renfermer leurs vieil-

lards, quand ils étaient infirmes, dans des vases de terre, où ils les laissaient mourir.

Une notice, en tamil, traite de l'origine et de quelques subdivisions parmi les Jainas; elle donne la date et la cause des quatre variations ou classes séparées parmi les Jainas.

Une histoire, en tamil, des Bouddha-Rajas, rapporte les disputes entre les Jainas et les Bouddhistes, qui succombèrent et passèrent à Ceylan, où ils règnent encore; cette émigration eut lieu, il y a environ 1,000 ans.

Histoire ou ouvrage de morale, Naladi-Pada-Urai, relatif aux devoirs, à divers âges de la vie, attribué au Jainas Samanar (ou peut-être bouddhiste), et épargné par les Brahmanes fanatiques, quand ils ont détruit tous les livres de leurs adversaires, en les jetant dans la rivière Vaigai à Madura, après le triomphe des Saivas, sous le règne de Kuna-Pandiyan.

Il y a aussi une notice, en télugu, sur Jallur, qui commence à l'époque où les Jainas dominaient dans ce district (district de Pit'hapur, province de Rajamahendri), et se termine à l'administration de la compagnie anglaise.

Enfin il y a une histoire de Banivassi, au district de Sunda; Banivassi est une ville fort ancienne, et des rois Jaina d'une grande célébrité y ont régné à une époque reculée; mais il en résulte que l'ère de Parasu-Rama n'est pas aussi antique que le supposent les hyperboles des Hindous.

Il faut encore remarquer quelques autres ouvrages célèbres des Hindous, que cette même collection de M. Mackensie nous fait connaître.

Le célèbre poème Prabodha-Tchandrodaya (le lever de la lune de l'intelligence) où Krischna-Mischra a mis en action les sectes philosophiques de l'Inde, sous la forme d'un drame allégorique; il fait mention de Koumarita-Bhatta le grand adversaire des Bouddhistes et commentateur des Védas, qui vivait il y a environ 1,000 ans.

Un autre manuscrit, en pracrit, sur feuilles de palmier, caractère Gran'tha, est intitulé : Mairavana charitra, poème qui a beaucoup de ressemblance avec ceux de l'Europe, tels que l'Enéide et le Paradis perdu de Milton, ce qui est fort étonnant !!

Mais dans tous les cas on est frappé de la manière légère et leste avec laquelle les Hindous traitent quelquefois leurs dieux et leurs idoles, quand l'occasion s'en présente.

Manuscrit, sur feuilles de palmier, en télugu, Pururava charitra, ou légende de Pururava : le sujet est la naissance de Pururava. fils de Buddha et d'Ila, ainsi que la naissance de Ayu, fils de Pururava par Urvasi, une des femmes du monde d'Indra, enfin celle de Agastya et Drona.

Une idée de cette légende a été répandue chez les Grecs et chez les Romains; mais ce qui est plus remarquable, c'est que, dans les fragments qui nous restent de Sanconiathon, on trouve la même légende, avec le nom d'Ila, qu'on y présente comme appartenant à l'histoire phénicienne !!

Après ces ouvrages remarquables de la littérature hindoue, il faut encore citer les Puranas, qui composent un ensemble de dix-huit ouvrages. Les Hindous les regardent comme des livres inspirés, et Vyasa comme le rédacteur de ces légendes anciennes et modernes. Parmi ces dix-huit ouvrages nul ne jouit de plus d'estimé que le Bhâgavata : il est dû à un écrivain, maître de toutes les richesses de la poésie indienne, et il résume, en philosophie, en mythologie et en histoire , les traits les plus frappants des grandes compositions brahmaniques (1).

Nous sommes obligés de donner un extrait de cet important et immense ouvrage.

Le Bhâgavata Purana :

« Brahma, le dieu créateur... le dieu né de lui-même... le premier des Dévas .. « produisit dix fils, qui sont l'origine des familles qui ont peuplé le monde. » (Ce sont les dix patriarches de la Bible.) « Adharma avait aussi été créé... Adharma , « duquel naît la mort, qui épouvante les mondes... » (Voilà encore l'esprit de ténèbres auteur de la mort, comme le rapporte la Bible.)

Le Bhâgavata Purana nous explique plus en détail la première génération des hommes; il appelle les premiers hommes (les patriarches) des Manus (2) : « Le pre- « mier Manu Svayâmbhuva fut créé avec sa femme; il s'adressa ainsi à Dieu : toi « seul est le créateur, le père, le nourricier de tous les êtres.. Dieu lui dit : mettez « tous deux au monde des enfants qui te ressemblent par leurs bonnes qualités, gou- « verne la terre avec justice, ô mon fils, honore Purucha par des sacrifices. Le « Manu dit : la terre, qui est la demeure de tous les êtres, est submergée (allusion « à l'état du monde à la création) dans le grand océan, fais un effort, ô Dieu, « pour que cette divine terre soit retirée de l'abîme. » Ceci ne ressemble-t-il pas à un passage de la Bible? William Jones n'avait-il pas raison de dire que Svayâmbhuva est le même qu'Adam, père du genre humain ? Le Bhâgavata compte sept manus (ce sont les sept ou huit patriarches); et il leur donne plusieurs enfants. Ces manus sont appelés : Svârôtchicha, Ultama, Tamasa, Râivata, Tchâk Chucha, Vaivasvatâ. Le manu Vaivasvata, qui est le septième, passe pour régner actuellement sur le monde (comme Noé, le dernier des patriarches, y règne par ses enfants); chaque manu chez les Indiens passe pour l'auteur de la création à laquelle il préside (effectivement, les patriarches étaient pour ainsi dire les dieux de la terre); les Indiens reconnaissent les sept époques de la création ; nous sommes, suivant eux, dans la septième.....

Vaivasvata, le dernier des patriarches ou des Manus, chez les Indiens comme chez

---

(1) Tel est le jugement des savants français et en particulier de M. Burnouf; le gouvernement français vient de le faire imprimer avec un luxe qui surpasse de beaucoup le grand ouvrage sur l'Egypte ! (1810)

L'auteur du Bhâgavata a vécu, suivant M. Burnouf entre les XIIe. et XIVe. siècles de notre ère, et MM. Colebrooke et Wilson le placent au XIIIe.

(2) Ou Menou, qui semblent à W. Jones ê re le même nom que Nouahh, Noé. Menou ou Menoé, dit un autre savant, est Noé: car me est l'article, et encore aujourd'hui les Arabes appellent Noé Nuth.

les Hébreux, est sauvé des eaux d'un déluge universel. La tradition avait appris à l'auteur du Bhâgavata que le manu Vaivasvata avait été sauvé des eaux, et que ce manu avait procédé ensuite au renouvellement du monde. La tradition des Hindous était conforme à celle des autres peuples asiatiques, et avait été puisée à une source commune, dans les temps où les peuples ariens ne se distinguaient pas complètement des autres peuples sémitiques; quand ils se séparèrent, ils emportèrent les mêmes traditions plus ou moins pures. Les Hébreux reconnurent Noé et n'en perdirent jamais le souvenir; Xisuthros fut célèbre chez les Chaldéens; les Assyriens avaient en vénération leur dieu-poisson, Oannès; le dieu Ammon était porté dans un vaisseau d'or dans la Lybie; chez les Hindous, le nombre des jours au terme desquels doit commencer l'inondation, celui des personnages qui sont sauvés avec Vaivasvata, et surtout cette circonstance remarquable que le Manu renferme avec lui dans l'arche les semences les plus utiles, donnent à ce déluge une ressemblance parfaite avec celui de Noé. La légende du Manu Vâivasvata, le Manu de l'époque actuelle, le fait sauver des eaux par un dieu changé en poisson; le Mahabharata, qui raconte aussi ce fait, avait conservé les plus anciennes traditions; on peut les lire dans cet ancien poème; le Bhâgavata les suit assez ordinairement; cependant c'est Brahma qui sauve le roi dans le Mahâbhârata; dans le Bhâgavata, c'est Vichnu. On sait que quelques fragments de l'introduction du Mahâbhârata ressemblent aux compositions les plus voisines de l'âge védique, et le récit du déluge auquel échappe le Manu, repose également sur les plus anciennes traditions (1). Dans le Mahâbhârata quelques faits du déluge se passent dans les contrées déjà anciennement occupées par la race hindoue ou brahmanique; le poisson est jeté dans le Gange, et l'arche est attachée à l'un des pics de l'Himalaya; le Mahâbhârata place la scène principale dans le nord de l'Inde; le Bhâgavata, dans le sud; et cela s'explique par la diversité d'habitation des deux auteurs; on sait que le mouvement qui, dès les époques les plus reculées, avait porté la race arienne de l'Indus sur le Gange, et du Gange dans le Décan, s'est continué, et même s'est accéléré depuis l'invasion musulmane.

Les familles royales sortirent toutes de Vaivasvata; il fut le chef et la souche de tous les rois indiens; les listes généalogiques, que contient le Bhâgavata, sont celles

(1) MM. Ewald et Lassen assurent aussi que le récit des Brahmanes sur le déluge est une de ces vieilles traditions communes à ces deux grandes familles des peuples d'Asie, les Sémites et les Ariens. Le déluge chez les Indiens conserve son caractère de punition; il suppose une transgression des lois divines et la réparation d'un grand désordre moral : il est dit, au vers 28 de l'épisode du déluge dans le Mahabharata, que « le temps de la purification des créatures s'approche. » De même une des notions essentielles dans l'épisode du Bhâgavata, c'est le crime ou plutôt le sacrilège commis par le démon Huyagrîva quand il a dérobé les Védas qui sortaient de la bouche de Brahma endormi. Vischnou s'incarne en poisson pour punir ce crime, qui menace l'univers entier de malheurs et de destruction. Quand le cataclysme est parvenu à son terme, il rend les livres de la parole sacrée à Brahma qui s'était réveillé. Dans ces fictions mythologiques on reconnaît l'idée d'un châtiment, d'une punition. M. Burnouf a donc eu tort de dire que le châtiment divin des hommes est complétement étranger à la légende indienne!

qui, aux yeux de juges aussi éclairés que William Jones, Buchanan et Colebrooke, méritent le plus de confiance; de tous les matériaux anciens, le Bhâgavata est celui qui nous a conservé les plus nombreux renseignements, qu'on chercherait vainement ailleurs; ses listes de noms de princes, s'étendent depuis Vaivasvata, jusqu'au commencement de l'ère chrétienne et encore plus loin; voici les listes du Bhâgavata; d'abord on y lit : « Avant la naissance des enfants de Manu Çraddhadéva (ou Vaivasvata) « on avait célébré le sacrifice de Mithra pour lui donner des fils. »

Le Bâghavata lui donne dix fils; mais il faut reconnaître, avec le Mahabharata, qu'il eut véritablement dix enfants, neuf fils et une fille, pour pouvoir les entendre et les concilier.

Les Indiens faisaient descendre ces neuf fils d'un roi, qui portait le nom de Fils du Soleil (Vaivasvata, fils de Vivasvat; Vivasvat signifie soleil), et ils donnèrent à la fille les noms ou attributs de la lune, de sorte que leurs rois, dans l'opinion publique, descendaient du soleil et de la lune. (La Bible assimile aussi la descendance du roi David, dans un verset, à une pareille souche : « Semen ejus in æternum manebit, et thronus ejus sicut sol in conspectu meo, et sicut luna perfecta in æternum, et testis in cœlo fidelis. »)

Selon le Bhâgavata, les deux fils de Vaivasvata, appelés Prichadhra et Kavi ou Vasumat n'eurent point de postérité (le Mahâbbârata ne parle point de Kavi, mais il a un Vena inconnu au Bhâgavata). Du troisième fils du manu Vaivasvata, appelé Karûcha, naquirent les Karûchakas, race de Kchattriyas; ils gouvernèrent l'Uttarapatha, la région située au nord des monts Vindhyas. Dhrichta, autre fils de Vaivasvata, donna naissance à la race guerrière des Dhârchtas; le cinquième fils de Vaivasvata fut appelé Nriga, et encore probablement Çaryâti (tous ces rois portaient divers noms); de ce prince sortirent cinq successeurs de père en fils; du sixième fils de Vaivasvata, désigné sous le nom de Narichyanta, sortirent dix rois successeurs de père en fils; du dixième roi, appelé Agnivêçya, sortirent les Agnivêçyayànas; le septième de Vaivasvata est appelé Dichta; il eut vingt-deux successeurs de père en fils, jusqu'à Trinaviudû, le vingt-deuxième monarque de sa descendance; qui laissa trois fils appelés Viçâla, Çunyabàndhu et Dhûmraketu. Viçâla, qui fut un souverain, chef d'une race de son nom, fonda la ville de Vâicâli; il eut sept successeurs de père en fils. Un huitième fils de Vaivasvata fut nommé Nabhaga, qui eut pour fils Nabhaga, personnage qui doit la célébrité dont il jouit à sa science dans les hymnes anciens; il eut pour fils et successeur Ambaricha, qui eut pour successeurs, de père en fils, Virûpa, Prichadaçva, Rathitara; la femme de ce dernier roi eut d'un autre, nommé Angiras, des fils reconnus comme Angirasides. L'aîné des fils de Vaivasvata eut cent fils dont les aînés furent Vikukchi, Nimi et Dandaka. Le Bhâgavata appelle ce prince Ikchvâku, et il donne sa descendance par ses fils Vikukchi et Nimi. De ces cent fils, vingt-cinq furent souvérains dans l'Aryavarta, du côté de l'orient; vingt-cinq régnèrent à l'occident; les trois aînés gouvernèrent le pays du milieu (entre l'Himalaya et le Vindhya); le reste se partagea les autres régions.

IKCHVAKU (fils de Noé).

Descendance de Vikukchi :	Descendance de Nimi :
Vikukchi. Vikukchi eut pour fils et suc- cesseurs de père en fils :	Nimi. De Nimi sortit, de père en fils :
	Djanaka (il fonda la ville de Mithila).
Parâmdjaya.	Udâvasu.
Anênas.	Nandivardhana.
Prithu.	Sukêtu.
Viçvagandhi.	Dêvarâta.
Tchandra.	Vribadratha.
Juvanâçva.	Mahâvirya.
Çavasta. Ce dernier fonda la ville nom- mée Çavasti ; il eut pour successeurs de père en fils:	Sudhrit. Dhrichtakêtu. Haryaçva.
Vribadaçva.	Maru.
Kuvalayâçva.	Pratipaka.
Dridhâçva.	Kritaratha.
Haryaçva.	Dêvamidha.
Nikumbha.	Viçruta.
Varhanâçva.	Pahâdhriti.
Kriçâçva.	Kritirâta.
Sênadjit.	Mahâroman.
Yuvanâçva.	Svarnarôman.
Mâmdhâtri. Les deux fils de ce dernier roi s'appelaient :	Hrasvarôman. Siradhvadja.
Purukutsa et Ambaricha.	Kuçadhvadja.
Trasaddasyu. Yauvanâçva.	Dharmadhvadja. Ses deux fils furent
Anaranya Hârita.	Kritadhvadja et Mitadhvadja.
Haryaçva.	Kêçidhvadja. Khândikya.
Aruna.	Bhânumat.
Tribandhana.	Çatadymana.
Satyavrata.	Çutchi.
Harictchandra.	Sanadvâdja.
Rôhita.	Urdhvaketu.
Harita.	Adja.
Tchampa. Ce dernier roi fut le fonda- teur de la ville de Tcham- pâpuri. Ses successeurs de père en fils furent :	Puradjit. Arichtanêmi. Crutâyus. Suparçvaka.
Sudêva.	Tchitraratha.

Suite de la descendance de Vikukchi :

Vidjaya.
Bharuka.
Vrîka.
Bâhuka.
Sagara.
Amçumat.
Dilîpa.
Bhagîrathas.
Çruta.
Nabha.
Sindhadvipa.
Ayutâyus.
Rituparna.
Sarvakâma.
Sudâsa.
Saudâsa.
De la reine et d'un autre nommé Vasichtha, sortirent, de père en fils :
Açmaka.
Mulaka, auteur d'une race nouvelle.
Deçaratha.
Aîdavida.
Viçvasaha.
Khatvânga.
Dirghabâhu.
Raghu.
Prithuçravas.
Adja.
Deçaratha. Les fils de ce dernier monarque furent Rama, Lakchmana, Bharata et Çatrughna. Rama fut un roi très-célèbre, et voici sa descendance de père en fils :
Atithi.
Nichadha.
Nabha.
Pundarika.
Kchêmadhanvan.
Dêvânika.
Anîha.
Pariyatra.
Bala.

Suite de la descendance de Nimi :

Kchêmâdhi.
Samaratha.
Satyaratha.
Upaguru.
Upagupta.
Vasvananta.
Yuyudhan.
Subhâchana.
Çruta.
Djaya.
Vidjaya.
Mîta.
Çunaka.
Vîtahavya.
Dhriti.
Bahalâçva.
Kriti.
Vacin.
Ce sont là les princes de Mithila.

—

22

Suite de la descendance de Vikukchi :

Stala.

Vadiranabha.

Khagana.

Vidhriti.

Hyranyanâbha.

Puchya.

Dhruvasâmdhi.

Sudarkana.

Agnivarna.

Çighra.

Maru. Ce dernier, dit le Bhâgavata, vit encore aujourd'hui, retiré dans le village
de Kalâpa.

Le dixième enfant de Vaivasvata fut une fille nommée Ila, et voici le commencement de la généalogie de cette reine :

Le manu Vaivasvata, roi d'Ayodhya.

Ila, sa fille, épouse Buddha, et en a Pururavas, roi de Pratichtâna.	Ila devient Sudyumna, roi de Pratichthâna, et eut trois fils appelés Utkala, Gaya, Vimala, rois de Dakchina.

Budha eut donc d'Ila un fils qui fut nommé Pururavas. La divine Urvaçi, condamnée par la malédiction de Mithra et de Varuna à embrasser la condition
humaine, se rendit l'épouse de Pururavas, qui en eut des fils au nombre de six :
Ayu, Çrutâyu, Satyâyu, Raya, Vidjaya et Djaya.

Çrutâyu eut pour fils Vasumat. Satyâyu donna le jour à Çrutâmdjaya, Raya eut
pour fils Êka; Djaya (le dernier des fils de Pururavas) fut père d'Amita. Vidjaya
eut pour fils Bhîma, qui fut père de Kântchana, qui eut pour fils Hôtraka. Ce
dernier fut père de Djahnu, qui avala d'une gorgée l'eau du Gange. Djahnu eut
pour fils Pûru, qui fut père de Balâka, lequel eut pour fils Adjaka. Adjaka donna
le jour à Kuça, qui, à son tour, eut quatre fils nommés Kuçâmbu, Mûrtaya, Vasu,
Kuçanâbha. Kuçâmbu eut pour fils Gâdhi. C'est Gâdhi auquel le brahmane Ritchika
demanda sa fille Satyavati en mariage. Gâdhi lui demanda, pour y consentir, mille
chevaux; Ritchika parvint à se les procurer, et les lui amena. Satyavati et Ritchika
eurent pour fils Djamadagni. Djamadagni épousa Rénuka, fille de Rénu. Ce Richi,
descendant de Bhrigu (Ritchika est aussi appelé descendant de Brighu) eut de cette
femme plusieurs fils, dont l'aîné fut Vasumat; le plus jeune de ces fils fut célèbre sous
le nom de Rama (Paraçurama). Rama, qu'on dit avoir été une portion de la substance de Vâsudêma, détruisit la race des Haihayas, et débarrassa vingt et une fois
la terre de la race des Kchattryas. C'est lui qui détruisit la race corrompue des
Kchattryas, qui pesait sur la terre, race ennemie des Brahmanes. Ardjuna était

alors chef des Kchattryas et souverain des Haïhayas; il fut tué par Rama. Le père
de Rama lui dit : « Tu as commis une faute en tuant sans raison un roi, un dieu
parmi les hommes; nous sommes des Brahmanes, ô mon fils, et c'est à la patience
que nous devons d'être honorés. Quant à Râma, il réside aujourd'hui dans la montagne de Mahêndra, où entièrement calmé, il a déposé l'instrument de sa vengeance,
pendant que ses actions sont l'objet des chants des Siddhas, des Gandharvas et des
Tchâranas. » Gâdhi eut pour fils le brillant Viçvâmitra. Viçvâmitra donna le jour à
cent fils; celui qui, dans cette lignée, occupait le rang du milieu, se nommait
Madhutchhandas; de là vint que tous les autres fils de Viçvâmitra furent appelés les
Madhutchhandasas. Ayant adopté Çunahçêpha, fils de d'Adjigarta, qui était issu de la
race de Bhrigu, et qui fut nommé Dêvarâta, Viçvâmitra dit à ses fils : « faites de
celui-ci votre aîné. » Çunahçêpha avait été vendu par ses parents pour le sacrifice de
Hariçtchandra, afin d'y servir de victime humaine. Çunahçêpha fut l'ascète qu'on
nomme Dêvarâta. Cependant, les cinquante aînés de Madhutchhandas n'approu-
vèrent point cette adoption; le solitaire Viçvâmitra irrité, les maudit en disant :
« Soyez de vils mlêtchtchhas; » mais Madhutchhandas, avec les cinquante derniers fils
du solitaire, parla ainsi : « Nous nous tenons, seigneur, à ce que tu as décidé pour
nous. » Ils reconnurent pour leur aîné Çunahçêpha, qui était auteur de Mantras.
Viçvâmitra dit à ses fils : « Vous aurez tous de la postérité, vous qui, reconnaissant ce
que vous me deviez de respect, m'avez donné un fils de plus; ô Kuçikas, ce
Dêvarâta qui est mon fils, est maintenant de votre famille, suivez-le. » Viçvâmitra
eut encore d'autres fils comme Achtaka, Hârîta, Djaya, Kratumat et autres; c'est
ainsi que la race des Kuçikas se trouva distinguée de celle des Viçvâmitrides; les
Kuçikas eurent un ancêtre différent, et cela eut lieu par l'adoption qui se fit, comme
il vient d'être dit.

Ayu; sa descendance :

Ses fils furent : Nahucha, Kchattravriddha, Radji, le valeureux Rambha, Anênas.
Rambha eut pour fils Rabhasa, qui eut pour fils Gabhîra, lequel fut père d'Akriya; de
la femme de ce dernier naquit un brahmane. Les descendants d'Anênas de père en
fils furent au nombre de cinq; le dernier fut un sage, maître de lui-même qui remplit
ses obligations religieuses. Quant à Radji, il eut cinq fils; mais après sa mort ils
furent exterminés; ils s'étaient éloignés de la droite voie; et il n'en resta pas un
seul de vivant. Kchattravriddha eut pour fils Suhôtra, qui donna le jour à trois fils;
on les nommait : Kâçia, Kuça et Gritsamada. Gritsamada eut pour fils Çunaka, lequel
fut père de Çaunaka; ce solitaire, chef d'une famille de ce nom, qui avait une
connaissance si étendue des hymnes du Rîgvêda. Kâçya eut pour fils Kâçy qui donna
le jour à Rachtra, lequel fut père de Dîrgbatamas. Ce dernier eut pour fils Dhanvan-
tari qui est celui qui a répandu l'Ayurvêda, et qui eut pour successeurs de père en
fils quinze descendants. Kuça eut de père en fils onze successeurs.

Nahucha; sa descendance :

Ses fils furent : Yati, Yayâti, Sâmyati, Ayati, Viyati et Kriti.

Yati embrassa la vie des ascètes et Yayâti devint roi ; il envoya vers les quatre points cardinaux ses jeunes frères, et ayant épousé la fille de Kâvya et celle de Vrîchaparvan, il gouverna le monde. Le bienheureux Kâvya était un Richi parmi les Brahmanes, et le fils de Nahucha était de la race des Kchattriyas ; il eut de ses deux femmes, savoir : Dêvayâni mit au monde Yadu et Turvasu ; et Çarmichtta, la fille de Vrîchaparvan, eut pour fils Druhyu, Anu et Pûru. Yayâti était souverain des sept continents (c'est-à-dire de toute la terre, les Hindous la séparaient en sept Dvipas ou continents entourés d'eau); il établit Druhyu souverain du sud-est, Yadu du sud, Turvasu de l'occident et Anu du nord. Pûru fut sacré roi de la totalité de la terre.

Pûru ; sa descendance :

Les descendants de Pûru, au nombre desquels se trouvent des souverains Râdjarchis et des familles de Brahmanes, furent de père en fils : Djanamêdjaya, Pratchinvat, Pravîra, Namasyu, Tchârupada, Sudyu, Bahugava, Samyâti, Achamyati, Râudrâçva. Ce dernier fut père de Ritêyu, Kukchêyu, Sthandilêyu, Kritêyu, Djalêyu, Samtatêyu, Dharmêyu, Satyêyu et de Vratêyu ; ces princes, dont Vanêyu fut le dixième, étaient fils de l'Apsaras Ghritâtchi. Ritêyu eut pour fils Rantibhâra ; ce dernier eut trois fils : Sumati, Dhruva et Apratiratha. Apratiratha fut père de Kanva dont le fils Mêdhâtithi donna le jour à Pranskanva et à d'autres, tous brahmanes. Sumati fut père de Râibhya, qui eut pour fils Duchyanta père de Bharata. Celui-ci célébra cinquante-cinq fois le sacrifice de cheval avec des victimes pures sur les bords du Gange. Les Kyrâtas, les Hûnas, les Javanas, les Andhras, les Kankas, les Khaças, les Çakas, les souverains qui n'étaient pas amis des Brahmanes, et tous les Mlêtchtchhas furent détruits par Bharata, qui poussa ses victoires jusqu'aux limites de l'horizon. Bharata eut trois femmes, qui mirent à mort leurs enfants, parce que le roi avait dit qu'ils ne lui ressemblaient pas. Les dieux donnèrent pour fils à Bharata le prince Bharadvâdja, lequel eut pour fils Manyu ; ce dernier eut cinq fils : Vrihatkchattra, Djaya, Mahâvirya, Nara et Garga. Nara eut pour fils Samkriti, qui fut père de Guru et Rantidêva ; ce dernier fut extrêmement célèbre par ses aumônes. Garga eut pour fils Çini père de Gargya père de Kchattrya qui devint brahmane. Mahâvirya eut pour fils Duritakchaya, qui fut père de Trayyâruni, Kavi, Puchkarâruni ; ces trois princes marchèrent dans la même voie que les Brahmanes ; Vrihâtkchattra fut père de Hastin, lequel fonda Hastinâpura.

Hastin ; sa descendance :

Ses fils furent : Adjamidha, Dvimidha, Purumidha, qui mourut sans enfants. Dvimidha eut pour successeurs de père en fils, quatorze descendants ; c'est d'Adjamidha que descendent les familles de Brahmanes comme Priyamêdha et autres. Adjamidha eut un autre fils, nommé Vrihadichu, qui eut de père en fils douze descendants, dont l'un, appelé Nipa, donna le jour à cent fils ; et de Nalini, Adjamidha eut encore un fils nommé Nila dont les descendants de père en fils furent : Çânti, Suçânti Purudja, Arka, Bharmyâçva, qui eut cinq fils : Mudgala, Yavinara, Vrihadichu, Kâmpilya et Samdjaya. Bharmyâçva dit : « Mes fils suffisent pour protéger les cinq provinces ; » de là vient qu'ils furent nommés Pantchâlas. Mudgala devint un brahmane accompli, et c'est de lui que descend la race nommée celle de Mâudgalyas. Mudgala le Bharmya eut deux enfants jumeaux, un fils qu'on nomma Divôdâsa et une fille, qui épousa Gâutama; Divôdâsa eut pour descendants de père en fils : Mitrâyu, Tchyavana, Sudâsa, Suhadêva, Sômaka, qui fut père de Djantu, et de cent fils dont le plus jeune fut Prîchata père de Drupada qui eut pour fils les princes Drâupadi, Dhrichtadyumna et d'autres enfants; Dhrichtadyumna fut père de Dhrichtakêtu; ce sont là les descendants de Bharmya qu'on nomme les Pântchâlakas. Cependant Adjamîdha avait eu encore un autre fils nommé Rikcha, père de Sâmvarana, dont le fils fut Kuru, souverain du Kurukchêtra; il eut pour fils à son tour Parîkchit, Sudhanus, Djahnu et Nichadhâçva. Parîkchit mourut sans postérité; Sudhanus eut pour successeurs de père en fils dix descendants; ils furent rois de Tchêdi. Djahnu eut cette descendance de père en fils : Suratha, Vidûratha, Sarvabhâuma, Djayasêna, Râdhika, Ayuta, Krodhana, Dêvatithi, Richya, Dilîpa, Pratîpa. Ce dernier eut pour fils Dêvâpi, Çamtanu et Bâhlika. Dêvâpi renonça au trône; Çamtanu fut roi après son père. De Bâhlika naquit Sômodatta, qui eut trois fils, Bhûri, Bhûriçravas et Cala. Çamtanu eut de la déesse Gangâ le prince Bhichma; il eut de Satyavati, femme de la caste des pêcheurs, un fils nommé Tchitrângada et un autre fils plus jeune, nommé Vitchitravirya. Tchitrângada fut tué par le Grandharva du même nom que lui. C'est de cette même femme que Parâçara avait eu un fils, qui n'était autre qu'une portion incarnée de Hari; ce fils était Krichna, le solitaire, qui conserva les Vêdas, et duquel j'ai reçu la connaissance de ce Purana.

Ainsi parle l'auteur.

Vitchitravirya épousa les deux filles du roi Kâçi. Parâçara, d'après le conseil de sa mère, eut commerce avec la femme du roi son frère, qui n'avait point laissé d'enfants, et il en eut deux fils Dhritarâchtra et Pandu; il eut d'une autre femme, Vidura. Dhritarâchtra eut de sa femme Gândhâri cent fils dont l'aîné fut Duryôdhana, et une fille nommée Duhçalâ. Pandu fut condamné par l'effet d'une malédiction à n'avoir jamais de commerce avec sa femme Kunti. C'est pourquoi les dieux Dharma, Anila et Indra donnèrent à sa femme trois fils, trois guerriers au grand char, dont Yudhichthira fut l'aîné; les deux Nâsatyas, ces dieux éclatants de beauté, donnèrent à son autre femme Mâdri, Nakula et Sahadêva; ces cinq fils de Pandu eurent de Drâupadi, leur épouse commune, cinq fils, qui furent pères à leur tour : Yudhichthira fut père de Prativindhya, Vrikodara de Çrutasêna, Ardjuna de Çrutakîrti, Nakula de Çatânika, Sahadêva de Çrutakarman. Les Pandus eurent encore d'autres enfants; ainsi Yudhichthira eut Dêvaka de Pâuravi; Bhîmasêna eut Ghatôtkatcha de Hidimbâ, et ensuite Sarvagata de Kâli; Vidjayâ née dans les montagnes rendit Sahadêva père de Subôtra. Nakula eut de Karênumati, Niramitra; Ardjuna eut Irâvat d'Ulûpi, fille du souverain de Manipûra, et de plus Babhruvâhana; c'est de Subhadra qu'Ardjuna eut Abhimanyu, ton père, ce héros vainqueur de tous les chars de ses ennemis, et toi tu es né d'Abhimanyu et de Uttara.

Ainsi parle l'auteur à Paricshit, roi de l'Inde.

Les Kurus ayant tous été détruits par l'ardeur du javelot de Brahma, qu'avait lancé le fils de Dronâ, tu as été sauvé vivant par la puissance de Krichna de la mort qui te menaçait; tes quatre fils sont Djanamêdjaya, Çrutasêna, Bhimasêna et Ugrasêna le vigoureux.

On voit que le Bhâgavata-Purana, par ces indications, semble avoir été écrit sous le règne de Janamêjaya ou Djanamêdjaya; il ne s'ensuit pas néanmoins que la composition du Bhâgavata soit aussi ancienne; car quoique raconté à Paricshit, et reporté à l'époque où florissait Janamêjaya, vers le commencement de l'ère chrétienne; c'est une fiction de l'auteur ou d'anciens mémoires qu'il copiait.

Nous avons vu que Yayâti avait eu pour enfants, outre Pûru, dont nous avons suivi la descendance, Druhyu, Yadu, Turvasu et Anu (1). Anu eut de sa descendance de père en fils onze successeurs; le onzième se nommait Bali; sa femme, par un commerce avec un autre eut six fils, qui donnèrent leurs noms aux provinces d'Orient où ils régnèrent; ils se nommaient Anga, Banga, Kalinga, Shuma, Pundra et Odra; Anga eut de sa race quatorze successeurs; le quatorzième nommé Adhiratha, jouant un jour sur les bords du Gange, y trouva un petit enfant qu'on avait déposé dans une corbeille; cet enfant que sa mère Kunti avait abandonné, était le fils d'une fille non mariée. Adhiratha, qui était sans enfants, l'adopta pour son fils. Druhyu, autre fils de Yayâti, eut de sa race huit successeurs, dont le huitième nommé Pratchêtas eut cent fils, les Pratchêtasas; ces derniers, qui gouvernèrent le nord, furent souverains des Mlêtchtchas. Turvasu laissa six descendants de père en fils; le dernier, nommé Marutta, n'eut point de postérité et adopta Duchyanta, le descendant de Pûru; enfin Yadu, le fils aîné de Yayâti, eut quatre fils Sahasrâdjit, Krôchtri, Nala et Ripu. Le premier de ces princes, Sahasradjit, fut père de Çatadjit, qui eut trois fils: Mahâhaya, Vênuhaya et Hâîhaya; le dernier de ces princes fut père de Dharma, duquel naquit Nêtra dont les descendants de père en fils furent : Kunti, Sôhâmdji, Mahichmat, Bhadrasêna, Durmada, Dhanaka, lequel eut quatre fils nommés Krîtavîrya, Krîtâgni, Krîtavarman, Krîtâudjas. Krîtavîrya eut pour fils Ardjuna qui fut souverain des sept continents, et vécut 85,000 ans; Ardjuna eut mille fils; cinq seulement survécurent dans le combat qu'ils soutinrent contre Paraçurama: ce furent Djayadhvadja, Çûrasêna, Vrichabna, Madhu et Urdjita. Djayadhvadja eut pour fils Tâladjangha, lequel donna le jour à cent fils : c'était cette race de Kchattryas connus sous le nom de Tâladjanghas. L'aîné de ces cent fils fut Vitihotra. La tradition nous apprend que Vrîchni fut le fils de Madhu, lequel eut cent fils dont l'aîné était Vrîchni, telle est l'origine de cette famille; c'est cette famille que l'on nomme celle des Mâdhavas, des Vrîchnis et qui a aussi le nom de Yâdavas. Krôchtri, l'un des fils de Yadu, eut pour fils Vridjinâvat, lequel fut père de Çvâbi dont le fils fut Ruçêku, qui donna le jour à Tchitraratha, père de Çaçavindu, ce prince qui eut dix mille Lakchas d'enfants de

____

(1) L'auteur dans la descendance de ces princes avait en vue la généalogie des femmes.

ses dix mille femmes (qui lui en donnèrent chacune cent mille). Entre les six princes
les plus éminents de cette famille on cite Prithuçravas, qui eut un fils nommé Dharma,
qui donna le jour à Uçanas, père de Rutchaka, dont les cinq fils furent Purudjit, Rukma,
Rukmêchu, Prithu et Djyâmagha, qui donna le jour à Vidarbha dont les fils furent
Kuça et Kratha et un troisième fils Rômapâda qui fut la joie de la race Vidarbha.
Rômapâda eut pour descendants de père en fils : Babhru, Krîti, Uçika, Tchêdi, duquel
descendirent Tchâidya et d'autres rois. Kratha eut pour descendants de père en fils :
Kunti, Vrichni, Nirvrîti, Deçârha, Vyôma, Djimûta, Vikriti, Bhimarata, Nava-
ratha, Daçaratha, Çakuni, Karambhi, Dêvarâta, Devakchattra, Madhu, Kuravaça,
Anu, Puruhôtra, Ayu, lequel mit au monde Sâtvata; Bhadjamâna, Bhadji, Divya,
Vrichni, Dêvâvridha, Andhaka et Mahâbhôdja; tels sont les sept fils de Sâtvata.
Bhadjamâna eut pour fils Nimlôtchi, Kinkina et Vrichni; d'une autre femme, il eut
Çatadjit, Sahasrâdjit et Ayutâdjit. Dêvâvridha eut pour fils Babhru ; c'est sur ces
deux princes que l'on récite ces deux stances : comme nous l'avons entendu de loin,,
aussi nous l'avons reconnu de près. Mahâbhôdja, c'est de lui que descend la race
des Bhôdjas; Vrichni eut pour fils Sumitra et Yudhâdjit, qui fut père de Çini et de
Anamitra, qui donna le jour à Nimna, père de Sattrâdjita et de Prasêna. Anamitra
avait eu un autre fils nommé Çini, dont les descendants, de père en fils, furent
Satiaka, Yuyudhâna, Djaya, Kuni, Yugamdhara. Anamitra avait eu un troisième fils
nommé Vrichni qui eut deux fils, Çvaphalka et Tchitraratha. Çvaphalka fut père de
Akrûra et de onze autres : Asanga, Sâramêya, Mridura, Mriduvid, ou suivant
d'autres, Mridurî, Giri, Dharmavriddha, Sukarman, Kchêtrôpêkcha, Arimardana,
Çatrughna et Grandhamâda avec Pratibâhu, qui faisait le douzième. Ces princes
avaient une sœur nommée Sutchârâ. Akrûra, de son côté, eut deux fils, Dêvavat et
Upadêva. Quant à Tchitraratha, il eut plusieurs enfants comme Prithu, Viduratha,
sans parler de beaucoup d'autres qui furent la joie de la race Vrichni, Kukura,
Bhadjamâna, Çutchi et Kambalavarhicha, furent les fils d'Andhaka, l'un des fils de
Sâtvata. Kukura eut pour fils Vahni, dont les descendants de père en fils furent :
Vilôman, Kapôtarôman, Anu, Andhaka, Dundubhi, Aridyôta, Punarvasu, Ahuka,
et une fille Ahuki. Ahuka fut père de Dêvaka et de Ugrasêna. Dêvaka donna le jour
aux princes Dêvavat, Upadêva, Sudêva et Dêvavardhana, et à sept filles qui devinrent
toutes les épouses de Vasudêva. Ugrasêna fut père de neuf fils : Kâmsa, Sunâman,
Nyagrôdha, Kanka, Çanku, Suhu, Râchtrapâla, Srichti, Tuchtimat, et de cinq filles
qui devinrent les épouses des jeunes frères de Vasudêva. Viduratha, fils de Bhadjamâna, le fils de Andhaka, eut pour descendants de père en fils : Çûra, Bhadjamâna,
Çini, Svayambhôdja, Hridîka, qui eut plusieurs enfants, entr'autres Dêvabâhu, Ça-
tadhanus et Kritavarman. Çura, fils de Dêvamîdha, un des fils de Hridîka, eut une
épouse nommée Mârichâ, de laquelle il eut dix enfants : Vasudêva, Dêvabhâga, Dêvaçravas, Anaka, Srindjaya, Çyâmaka, Kanka, Çamika, Vatsaka, Vrika et plusieurs
filles. Çrutadêva, une de ces filles, fut l'épouse de Vriddhaçarman ; Dhrichtakêtu, roi
des Kâikayas, prit pour femme Çrutakirti, une des filles de Çura, et en eut cinq fils

dont Samtardana fut l'aîné, et on nomma les cinq Kâikayas. De Râdjâdhidevi, la dernière des filles de Çura, Djayasêna, eut deux fils nommés les Avantyas; ce fut Damagôcha, roi de Tchêdi, qui prit pour femme Çrutaçravas, autre fille de Çura. Pandu, ton aïeul, prit pour femme Pritha, la première des filles de Çura.

Ainsi parle l'auteur.

Demaghôcha eut un fils nommé Çiçupâla. Dêvabhâga épousa Kamsâ, fille d'Ugrasêna, et en eut Tchitrakêtu et Vribadbala; Dêvaçravas épousa Kamsavati une des filles d'Ugrasêna, et en eut deux fils Suvêra et Ichumat; Anaka prit pour femme Kankâ, fille d'Ugrasêna, et en eut Satyadjit et Purudjit; Srindjaya eut de Rachtrapali, fille d'Ugrasêna, plusieurs fils comme Vrîcha, Darmarchana et autres; Çyâmaka, autre fils de Çûra, eut de Çûrabhami, une des filles de Ugrasêna, deux fils Harikêça et Hiranyâkcha.

Vatsaka, un des fils de Çura, eut de l'Apsara, Miçrakêçi, Vrîka et d'autres fils; Vrîka fils de Çûra eut de Dûrvâkchi plusieurs fils, entr'autres Takcha, Puchkara et Çâla; Çamika, un des fils de Çûra, épousa Sudâmini et en eut plusieurs fils comme Sumitra, Ardjunapala et d'autres; Kanka, également fils de Çûra, eut de Karnika deux fils nommés Ritadhâman et Djaya.

Pâuravi, Rôhini, Bhadrâ, Madirâ, Rotchanâ, Ila et enfin Dêvaki, la première de toutes, furent les femmes de Vasudêva : de Rôhini, Anakadundubhi (c'est un nom de Vasudêva) eut Bala (Baladêva), Gada, Sârana, Durmada, Vipula, Dhruva, Krita et plusieurs fils encore; Subhadra, Bhadrabâhu, Durmada, Bhadra, Bhutâ et d'autres encore furent les fils que Vasudêva eut de Pâuravi; ils étaient au nombre de douze. Vasudêva eut de Madirâ, Nanda, Upananda, Kritaka, Sûra et d'autres encore; Kâuçalya, autre nom de Bhadrâ, ne donna à Vasudêva qu'un seul fils qui fut nommé Kêcin; Vasudêva eut de Rotchanâ plusieurs fils et entr'autres Hasta et Hêmângada; quant à Ila, elle lui donna de nombreux enfants, comme Uruvalka et d'autres, Yadu était le premier de ces fils. Anakadundubhi eut de Dhritadêva, fille de Dêvaka, un seul fils nommé Viprichta, mais de Cântidêvâ, autre fille de Dêvaka, il eut Praçama, Pracrita et d'autres fils encore; quant à Upadêva, fille de Dêvaka, elle lui donna dix fils Kalpavarcha et d'autres qui furent tous rois; cependant Vasudêva eut de Çridêva, encore fille de Dêvaka, Vasu, Hamsa, Suvamça et trois autres fils ; de Dêvarakchita, fille de Dêvaka, Vasudêva eut neuf fils et entr'autres Gada; et de Sahadêva, autre fille du même prince, il eut huit fils dont les principaux étaient Pûru, et Viçruta; Vasudêva eut enfin huit fils de Dêvaki, fille de Dêvaka; c'étaient Kirtimat, Suchêna, Bhadrasêna, princes à la noble intelligence, Ridju, Sammardana, Bhadra, et Samkarchana le souverain des serpents; le huitième de ces fils était Hari lui-même, incarné sous la forme de Krichna. Vasudêva eut en outre une fille, Subhadrâ la fortunée, qui fut ta grand-mère paternelle, ô roi !

Les vieilles dynasties des Radjas, qui descendent jusqu'à des temps rapprochés de nous, sont des ressources pour la suite des listes royales. Les manuscrits de M. Mackenzie fournissent des renseignements précieux pour cette continuation : une relation

en tamil des rois Chola, Chera et Pandiya, établit une distinction entre les rois de
l'ordre divin et ceux d'ordre humain ; une histoire en Mahratti des huit Chola-Rajas,
porte que c'est un extrait du Bhavishotriya Purana, et qu'on y a ajouté seulement
quelques détails. La période entière de la domination Chola a été 1150 ans. Un autre
manuscrit, en télugu, porte que ces vingt-deux ou vingt-trois princes étaient de la race
solaire ; et il est certain que cette dynastie Chola est postérieure à l'ère chrétienne.

D'après un manuscrit en Mahratti, la dynastie Pandava régnait en l'an 58 de Sal-
Sac, ou l'an 136 de notre ère ; à cette époque Bhoja-Raja régnait à Calikapuri, qui
était sa capitale ; il envahit le Nord et mourut en 202 de notre ère.

Des inscriptions de Carur et de Darapuram fixent la date de l'avénement au trône
d'un roi Pandiya, en l'an 1475 de notre ère ; il fut le dernier de cette dynastie ; le
pouvoir passa dans les mains des vice-rois du nom de Vijayanagaram. Le monarque
s'appelait Vira-Chandra-Sec'hara Pandiyan ; cinq Pandiyans illégitimes disputèrent
encore le pouvoir aux seigneurs du Nord.

Une autre histoire en Mahratti, des rois de Kaladi (aujourd'hui Killadée) métropole de Bidanur ; on fait mention dans cette histoire de seize générations de rois qui
ont régné 268 ans.

Dans les temps de leur domination, les anciens chefs musulmans exerçaient une
dure tyrannie dans les districts télugus. Sous leur domination, qui a duré environ un
siècle et demi, la littérature télugu tomba très-bas ; on regarde le télugu comme
l'italien de l'Inde. Les Musulmans sont encore assez nombreux parmi les Télugus,
mais presque tous sont tombés à l'état de domesticité.

Histoire en Canara de Rama raja et de ses guerres avec les Mahométans ; c'est une
histoire des négociations et des guerres de Rama raja avec les chefs mahométans qui
l'entouraient. On y donne une description de son trône, du faste et de la splendeur
de sa cour, et enfin celle de la confédération des cinq schahs mahométans qui finit
par le renverser, et par s'emparer de son royaume ; la date de cet événement est
indiquée en 1564, qui correspond en effet à la bataille de Talicota, laquelle mit fin
au royaume de Vijayanagarum.

La Religion.

Les Védas :

Le morceau védique suivant jouit d'une grande célébrité ; il se trouve répété
dans deux Védas ; on le désigne sous le nom spécial de Purrucha Sûkta, l'hymne de
Purucha, ou du dieu-homme, considéré comme la victime qu'immolèrent dans l'origine
les Dieux, pour donner au monde l'exemple et la nécessité du premier sacrifice.

« Purucha est tout ce qui est, ce qui a été, ce qui sera ; il est aussi le dispen-
« sateur de l'immortalité.. de lui naquit Viradi, et de Viradi Adi-Purucha... la terre
« fut créée et puis les corps.. quand les Dêvâs faisant de Purucha l'offrande accom-
« plirent le sacrifice.. ils immolèrent ce Purucha né avant la création... »

On voit dans ce passage le plus remarquable des Védas, l'histoire de la Bible, le
sacrifice et l'application de ces paroles de saint Jean : « Agnus qui occisus est ab ori-

gine mundi, » et le nom de la première femme, Virago, et du premier homme, Adi...

Suivant l'opinion des commentateurs du Rigvéda, le titre de Manu se trouverait dans ce recueil, avec application non seulement à un manu primitif, chef et ordonnateur du monde, mais encore à plusieurs manus, et conséquemment à Vaivasvata (Noé), comme aux autres; en d'autres termes, il faudrait admettre que le système des manus successifs et des âges où ils règnent est aussi ancien que le Véda. Le Rig-Véda est un vieux livre conservé par la piété des Indiens, et qui contient dans un langage plus ancien que le sanscrit, les hymnes chantées au milieu des sacrifices; il a été conservé de génération en génération, et transmis à un âge, qui, le rédigeant par écrit, l'a augmenté d'un certain nombre de pièces théologiques appartenant à un autre siècle et à une autre langue. Dans le Rig-Véda, on trouve certains noms historiques, d'autres noms au contraire ne s'y rencontrent pas; la présence des uns et l'absence des autres nous amènent à une limite de temps probable, qui correspond au XVIIIe. siècle avant notre ère; cela est encore confirmé par le caractère d'antiquité de la langue dans lequel il est écrit et qui fait connaître son âge; toutefois, on ignore l'époque où il fut recueilli et rédigé par écrit; ce poème témoigne de la civilisation d'un peuple, qui, au milieu de ses cérémonies religieuses, convie ses bardes sacrés à célébrer par des idées nobles, par des vers d'une forme variée, par les accents d'une langue riche et harmonieuse, la grandeur de la divinité et les espérances de la piété. La religion y paraît simple; l'Aryas promet à Indra, pour obtenir des grâces, des mets abondants, des fleurs et quelquefois des victimes; ils supplient le ciel de purifier leurs cœurs, et de les délivrer de leurs fautes; ils croyaient fermement que leur corps était rendu à la grande terre, mais que leur âme allait revoir leur père et leur mère; les Aryas reconnaissaient un être souverain; ils disaient que Dieu était une lumière, mais d'une nature différente de celle du soleil et du feu, ce que confirme Origène. Le soleil et le feu furent le symbole de leur divinité, mais ils finirent par adorer le soleil. Les Aryas connaissaient aussi les Asouras, géants de la mythologie indienne, et leurs combats contre Indra, le médiateur, le dieu qui gouverne le monde.

Le savant brahmane Ram-Mohun-Roy nous a donné des renseignements précieux sur les Védas et le Védanta.

Les Védas, dit-il, sont confus et semblent contradictoires, et il y a plus de deux mille ans, le grand Vyasa, réfléchissant sur la perpétuelle difficulté naissant de ces sources, composa avec beaucoup de discernement un abrégé complet du tout, et il concilia aussi les textes qui paraissaient en contradiction. Cet ouvrage, il le nomma le Védanta, qui signifie la solution ou la fin de tous les Védas. Il a continué d'être vénéré de la plus haute manière par tous les Hindous; et au lieu des arguments les plus diffus des Védas, c'est lui qu'on cite toujours, comme étant d'une égale autorité. L'illustre Vyasa, dans son ouvrage le Védanta, fait entendre dès l'abord qu'il est absolument nécessaire pour le genre humain d'acquérir la connaissance de l'Être suprême, qui est le sujet de discours dans tous les Védas.. L'Être suprême n'est pas compréhensible par la vision ou par aucun autre organe des sens.. Celui de qui l'univers procède, qui est le souverain de l'univers, et dont l'œuvre est l'univers, est l'Être suprême.. Ainsi parlent les Védas. Dieu (ils le désignent par le mot Brahma), est la cause de tout, du feu, de l'air, de l'espace, du vide ; le soleil et tous les autres astres lui empruntent leur lumière.. L'âme étant unie à l'Être suprême resplendissant, jouit de la félicité.. Dieu est par conséquent un et sans second.. Le Véda ajoute : Krichna (ou le dieu médiateur ou de la conservation) est plus grand que tous les dieux célestes auxquels l'esprit pourrait s'appliquer... (Le prophète David dit dans un de ses cantiques : « Magnus Dominus terribilis est super omnes Deos, quoniam omnes Dii gentium Dæmonia. » Pour ce qui regarde Krichna, la légende Krichna ou Crichna qui a peut-être trait à un ancien mythe, d'après l'examen du Janampatra, qui décrit la position des planètes à la naissance de ce Dieu, a son origine postérieure à l'ère chrétienne. On a constaté que l'état du ciel n'a pu être tel que le 7 août de l'an 600 de notre ère ; d'où il est constant que cette légende a été tirée des évangiles apocryphes. Le culte de Wichnou est encore plus moderne.) Ceux qui adorent les dieux célestes sont la nourriture de tels dieux... Adore Dieu seul, connais Dieu seul ; commander à ses passions et à ses sens externes, pratiquer des actes méritoires, sont indispensables pour que l'intelligence approche de Dieu.. Celui qui pendant sa vie a été dévoué à l'Être suprême, sera après sa mort absorbé en lui, et ne sera plus désormais sujet ni à la naissance, ni à la mort, ni à la réduction et à l'augmentation de son être. Le Véda commence et finit avec les trois particulières et mystérieuses épithètes de Dieu, savoir : 1°. Om ; 2°. Tat ; 3°. Sat. La première de ces épithètes signifie : cet Être qui conserve, détruit et crée ! La seconde implique : cet Être unique qui n'est ni mâle ni femelle ! La troisième annonce : l'Être véritable ! Les termes collectifs affirment simplement que l'Être unique, vrai, inconnu, est le créateur, le conservateur, et le destructeur de l'Univers !!

Telle est l'explication que Ram-Mohun-Roy, savant brahmane connu de notre temps dans toute l'Europe, donne des Védas et du Védanta.

Il faut seulement remarquer que les Indiens, ses concitoyens, ne comprenaient pas ces livres, car il est connu de tout le monde qu'ils sont idolâtres, en reconnaissant même ces Védas pour fondement de leur religion.

Le Padma purana :

Cet ouvrage est le second en importance parmi cette curieuse collection d'ouvrages sanscrits, qui traitent de la création du monde, de l'établissement de la loi et de la religion, de la généalogie des grandes familles et des dynasties des rois. Les Puranas contiennent plus de 1,600,000 lignes métriques. Le Brahma Purana est le premier de tous dans l'ordre respectif.

Le Padma purana est ainsi nommé de la plante lotus, en sanscrit Padma, dont Brahma tira son origine pour créer le monde. Il contient environ 50,000 stances, et est divisé en cinq chapitres principaux : le premier traite de la création primitive ; le

deuxième de la formation et de la division de la terre ; le troisième des régions au-
dessus de la terre ; le quatrième de la généalogie des princes ; le cinquième de la
pratique de la dévotion et des moyens d'obtenir une émancipation finale. On y remarque des légendes vulgaires de la naissance de Lakshmi de l'écume de l'Océan, et
les guerres d'entre les dieux et les Asuras ; et autres sujets qui rappellent immédiatement à l'esprit une foule de points de la mythologie des Grecs. Ce Purana n'a pas
une haute antiquité, et même la plus grande partie ne doit pas remonter au-delà du
XVe. siècle.

Cet ouvrage et les lois de Manou nous apprennent plusieurs choses intéressantes :
« L'univers n'existait que dans la pensée divine, d'une manière imperceptible, in-
« définissable, non susceptible d'être découverte par l'entendement, comme si elle
« eût été enveloppée d'ombres (et tenebræ erant super faciem abyssi) ou plongée
« dans le sommeil. Alors la puissance existante par elle-même créa le monde visible
« avec les cinq éléments et les divers principes des choses, étendit son idée, et
« dissipa les ténèbres (dixitque Deus : fiat lux, et facta est lux) sans diminuer sa
« gloire. Celui que l'esprit seul peut apercevoir, celui qui n'a point de parties,
« celui dont l'essence ne peut être sentie par nos organes, celui qui existe de toute
« éternité, enfin lui (sum qui sum), l'âme de tout ce qui vit, est tout resplendissant
« de lumière. Quand il eut résolu de tirer tous les êtres de sa propre substance, de
« sa seule pensée, il créa les eaux et il mit dans leur sein un germe productif ; ce
« germe devint un œuf, brillant comme l'or, et plein de lumière ; de cet œuf naquit
« la forme de Brahma, le père de tous les esprits ; les eaux furent d'abord appelées
« Nara, parce qu'elles étaient produites par le narra ou l'esprit de Dieu, et comme
« elles furent aussi la matière sur laquelle le premier ayana ou mouvement du
« créateur s'opéra, elles reçurent le nom de Narayana, mouvement sur les eaux
« (et spiritus Dei ferebatur super aquas). Le premier mâle, celui que dans tous les
« mondes on nomme Brahma, naquit de *ce qui est*, de la cause première ; la grande
« puissance créatrice resta inactive enfermée dans l'œuf pendant toute une année du
« créateur. Au bout de ce temps l'œuf s'ouvrit de lui-même ; la moitié supérieure
« forma le ciel et l'autre la terre, l'air eut sa place au milieu, de même que les
« huit régions, et le réservoir des eaux. Brahma forma ensuite les créatures ; il
« leur appliqua des noms, et leur donna différentes dispositions pour vaquer à des
« occupations différentes. Il donna l'être au temps et à ses divisions, ainsi qu'aux
« étoiles, aux planètes, aux rivières, à l'océan, aux montagnes, aux plaines et aux
« vallées inégales, afin de pouvoir lui adresser des actions de grâces et des remer-
« ciments religieux pour sa volonté d'avoir donné l'existence à toutes les créatures
« savantes. Pour pouvoir distinguer les actions, il établit une différence totale
« entre le juste et l'injuste. Quand le souverain pouvoir divin, moitié mâle et moitié
« femelle (masculum et feminam creavit illos) eut terminé l'œuvre de la création,
« il fut absorbé dans l'esprit de Dieu, changeant ainsi son temps d'énergie en
« temps de repos (et requievit die septimo ab universo opere quod patrarat). »

Il faut l'avouer , il y a une grande similitude entre cette cosmogonie et la Genèse !!

Il ne faut pas regarder le code de Manou comme l'ouvrage d'un seul homme , ni même d'un siècle ; dans une grande partie des institutions, on retrouve la simplicité antique; d'autres endroits, au contraire, témoignent de la culture de temps plus voisins de nous , culture qui ne ressemble point au premier développement d'un peuple. On y voit aussi que les auteurs de ces lois connaissaient les Pouranas, les Sastras, la philosophie de Nyâya et Mimansa. Parmi les peuples étrangers cités dans les lois de Manou, non seulement les Chinois et les Perses sont désignés très-clairement, mais aussi les Grecs qu'ils appelèrent toujours Javanas. Les lois de Manou sont postérieures à l'ère chrétienne; elles n'ont qu'une espèce de vers, le shlôk de Valmiki ; elles sont venues après. Si l'on ne considérait que le style de Manou et du Shoûrd-jyo Shiddhanto, on dirait que ces poèmes ont été écrits dans le même temps, à la cour du même rajah, 345 ans après Jésus-Christ. C'est la même mesure de vers, le même genre de sanscrit, le même laconisme; et souvent ce sont les mêmes termes, les mêmes idées au sujet de la cosmogonie , de la théogonie et de la chronologie.

Telle était donc la croyance ancienne des Hindous, tirée de leurs livres ; mais il régna au milieu d'eux une religion étrangère, qui y vit son commencement et sa fin , c'est le Bouddhisme.

Le Bouddhisme a été la religion dominante dans l'Inde entière , depuis le VIe. siècle avant Jésus-Christ jusqu'au VIIe. siècle de notre ère , et n'a été définitivement renversé dans ce pays qu'au XIIe. ou au XIVe. siècle.

Une espèce de Bhouddhisme modifié existait avant les premières périodes de cette époque, depuis un temps extrêmement reculé , ou plutôt on trouvait les vérités primitives révélées, enveloppées dans des symboles , et cachées sous les mythes orientaux. Il est certain que, d'après les annales de Ceylan, le culte du Démon dominait dans ce pays avant l'introduction du Bouddhisme; il paraît aussi exister une grande analogie entre le Daïmon grec et le Bhuta sanscrit , mots qui désignent tous deux les intelligences les plus sublimes, et qu'ils regardent comme le génie du mal (ce qui ne trouve son explication que dans la Bible). Ces êtres n'étaient pas néanmoins adorés , suivant l'acception que nous attachons à cette expression , mais on les envisageait avec crainte (dans la suite des temps les peuples en firent un Dieu). Le culte anti-brahmanique du Démon règne encore dans les classes inférieures de la population du pays des Mahrattes. Le brahmane Ram-Mohun-Roy , si célèbre en notre temps, a fait savoir qu'il se trouvait chez les Hindous les plus anciens ou Ariens, des vérités religieuses primitives ; et on ne doit pas être étonné de trouver de nombreux traits de ressemblance entre la vraie religion et les croyances antiques de l'orient; car la vraie religion conservée dans la Judée est aussi une croyance antique : les dogmes de la chute de l'homme, de la nécessité des œuvres de pénitence pour sa réhabilitation , de l'efficacité des mortifications pour plaire davantage à Dieu, de l'union de l'âme des hommes religieux avec Dieu; tous ces dogmes sont des dogmes antiques chez les Ariens et les Hébreux : la différence qu'il y a consiste en ce que ces dogmes chez les Hébreux ont été conservés purs de tout mensonge et de tout excès, et que nous les retrouvons chez les Hindous, corrompus, dégénérés jusqu'à l'absurdité. Les recherches profondes de Ram-Mohun lui offrirent la preuve évidente que les doctrines primitives de l'Inde antique étaient la croyance en un seul Dieu, et il trouva même que les dogmes de la Trinité, de l'Esprit-Saint, de la Communion, de la Rédemption, avaient une source commune avec la vieille métaphysique de l'Inde et de la Perse.

Bouddha, qui vécut au VI⁰. siècle avant notre ère, fut le fondateur du Bouddhisme. On croit qu'il était prêtre de Memphis, d'origine éthiopienne ou libyenne, qui fuyant la persécution de Cambyse, roi des Perses, apporta dans l'Inde les doctrines secrètes de l'Égypte; il y a certes entre l'une et l'autre religion des analogies étonnamment frappantes; et comment s'expliqueraient-elles, à moins d'admettre que Bouddha, initié aux pratiques égyptiennes, ait fait de celles-ci la base de sa religion nouvelle? Il est certain aussi que le Bouddhisme a été prêché primitivement dans le nord de l'Inde ; on place dans le nord de l'Inde, du côté de Népal, l'habitation du fondateur de ce culte; ce point a été éclairci par le voyage des prêtres bouddhistes en l'an 399.

Les véritables sources des doctrines bouddhiques se trouvent dans les livres sanscrits du Népal et dans les livres pâlis de Ceylan. Les littératures bouddhiques de la Chine, du Thibet et de la Tartarie se rattachent aux livres sanscrits, et celles des pays méridionaux aux livres pâlis.

Le Bouddhisme se rencontre partout, depuis le Japon jusqu'au lac Aral, depuis la Sibérie jusqu'à Ceylan.

La Chronologie bouddhiste :

Les Thibétains indiquent quatorze époques comme point de départ de leur ère bouddhiste. L'écriture s'étant introduite au Thibet dans le VII⁰. siècle de notre ère, et à la même époque un alphabet d'après l'ancien dewanagari, encore en usage alors, ayant été établi, c'est à dater de ce moment que commence l'histoire authentique, et avec elle la véritable chronologie de ce pays, qui est venue s'appuyer sur ce pivot de la civilisation.

En Chine, sous le règne de l'empereur Mingi de la dynastie des Chans, en l'année 65 de notre ère, une statue de bois sculptée du temps de Buddha et qui le représentait, fut transportée dans cet empire, et y fut la cause de la fondation de la religion de Buddha.

L'île de Ceylan vit le Bouddhisme, d'après les témoignagnes historiques, s'introduire chez elle, deux cents ans avant l'ère chrétienne, et il est resté la religion des habitants de cette région.

Comme toutes les ères bouddhistes, celle des Singhalais commence avec la mort de Buddha; ils la fixent à l'an 543 avant l'ère chrétienne; et parmi les 14 époques des saints Lamas, une est fixée à l'an 546, ce qui se rapproche de la véritable. Une histoire de Ceylan fort remarquable a été trouvée depuis peu; son auteur nommé

(183)

Mahânâmo était roi de cette île ; il régna de 410 à 432 de notre ère. Son histoire commence avec le même point de départ de l'ère bouddhiste en 543 avant Jésus-Christ, et se termine avec l'an 301 de notre ère : les périodes postérieures ont été complétées par d'autres auteurs qui se sont tous nommés. L'ouvrage entier est en pâli, langue sacrée des Singhalais et de Bouddhistes. Ces annales de l'île de Ceylan rapportent qu'après la mort de Buddha, il y eut à différentes époques trois grands conciles pour recueillir le verbe et les instructions de ce fondateur et en faire un corps de doctrine. Les documents tibéto-mongoles s'expriment à cet égard de la manière suivante : « Le premier concile pour recueillir le verbe a eu lieu l'année qui suivit celle « du ravissement de Buddha dans le Nirwana en été, lorsque le roi Adschatas'atru « était seigneur des offrandes (c'est-à-dire le gardien de la religion), aux sources « du fleuve Ruta, où Ananda avec cinq cents vainqueurs du mal (Arhats) rassembla « les premiers préceptes. »

Ce premier concile eu lieu suivant la chronique singhalaise, la 1re. année après la mort de Bouddha ou l'an 543 avant Jésus-Christ.

Le second concile se tint sous le règne du roi Kalâs'oka, qui monta sur le trône l'an 90 de Bouddha, ou 453 avant Jésus-Christ, et régna 28 ans, c'est-à-dire jusqu'en l'an 118 de Bouddha, ou 425 avant notre ère. Après lui vint une nouvelle dynastie, celle des 10 Nandas, qui, d'après les annales brahmaniques, eut une durée de cent ans; et d'après la chronique singhalaise ces 10 nandas règnent d'abord ensemble 22 ans, et ensuite règnent encore séparément 22 ans. Ils ont pour successeur Tschandragupta, dont l'avénement au trône d'après des documents historiques certains, eut lieu l'an 231 de l'ère de Bouddha, 312 ans avant Jésus-Christ. Il commença une nouvelle dynastie, celle des Mauryas ou Moryas.

Ce Tschandragupta, ou suivant la forme pâli Tchandagutto, roi de Pat'aliputra, n'est autre que le Sandracottus, bien connu des Grecs, roi de Palibothra, contemporain de Séleucus Nicator; son règne dura, suivant la version la plus certaine, 34 ans. Son fils et successeur fut Bindusâra, qui eut différents noms, comme c'était l'usage dans l'Inde, et chez les princes des autres peuples asiatiques ; il régna 28 ans, c'est-à-dire jusqu'à 293 de Bouddha ou 250 avant notre ère. Il eut pour successeur son fils, le célèbre As'oka ; c'est sous le règne de celui-ci qu'eut lieu le troisième concile, dont les Bouddhistes hors de l'Inde transportent le siége à Kaschmir; il régna pendant 37 ans, c'est-à-dire jusqu'en 350 de Bouddha et 213 avant notre ère. Son nom figure avantageusement dans l'histoire avec l'épithète de Dharma ; dans les annales brahmaniques, il est appelé As'okawardhana, et lui-même se désigne dans les édits nombreux et presqu'identiques répandus sous formes d'inscriptions dans une grande partie de l'Inde, sous le nom de Pijadasi. Par le meurtre de tous ses frères il s'ouvrit le chemin au trône. Ce prince fut un défenseur zélé de la religion bouddhiste, et sous son règne elle fut, par un de ses fils du nom de Mahindo qui était un de ses prêtres, portée à Ceylan en l'an 306 de Bouddha ou Buddha, ou 237 avant Jésus-Christ, où elle s'étendit aussitôt. Tous les édits de ce monarque sont très-remarquables ; ils sont dans l'ancien dialecte maghadi du prakrit, et présentent les plus anciens monuments connus de l'écriture des Hindous. Ces édits, les uns entiers, d'autres en fragments, ont été recueillis la plupart sur des inscriptions à Girnar et Cuttak sur la célèbre colonne de Delhi, le pillier dit de Feruz-Schah, les colonnes de Allahabad, Bettiah, Matiah, Radiah, etc. Dans les inscriptions de Girnar et Cuttak on voit apparaître le royaume de Antijako-Jona, c'est-à-dire du grec Antiochus, car Jona ou Jawana, c'est-à-dire Ioniens, était dans l'Orient ancien le nom collectif des Grecs. On voit de plus sur ces inscriptions les noms du roi et des princes de Tschaptaro, Egypte, Tulamâjo, Ptolémée Evergète, Maka (Magas) et Gongakèue, Ptolémée Philopator, aussi appelé Conimagène. Ces édits avaient été promulgués dans la vingt-septième année après l'inauguration d'As'oka ou l'an 320 de l'ère de Bouddha, ou 223 avant l'ère chrétienne, c'est-à-dire après l'avénement d'Antiochus-le-Grand, qui eut lieu 224 avant Jésus-Christ.

Ce que l'on raconte du père d'As'oka ne présente pas l'Inde comme un royaume alors avancé dans la civilisation, qui pourrait bien dater du règne d'As'oka : le roi Bindusâra, appelé chez les Grecs Amitrochate, que Lassen remplace par Amitradschâtas (tueur d'ennemis), au rapport d'Athénée, écrivit à Antiochus, un des descendants de Séleucus, pour lui demander une certaine quantité de vin doux, de figues sèches et un sophiste grec, avec offre de lui payer le tout au prix qu'on voudrait fixer. Antiochus répondit qu'il lui fournirait autant de figues et de vin qu'il en pourrait souhaiter, mais que les lois de la Grèce ne lui permettaient pas de vendre un sophiste grec.

Bardesanes, qui voyagea aux Indes dans le second siècle de l'ère chrétienne, rapporte que les philosophes de l'Inde ne conservaient la doctrine et la loi de leurs ancêtres que par tradition; Mégasthènes écrivit, vers l'an 292 avant l'ère chrétienne, une histoire des Indes, qui est souvent alléguée par les anciens, mais qui est perdue. Cet auteur prétendait que les Bhrahmanes n'avaient aucune loi écrite.

Vers la période d'As'oka, on voit s'obscurcir graduellement les documents historiques du Bouddhisme dans la péninsule de l'Inde, tandis que dans la chronique singhalaise, qui, du reste, ne s'étend pas beaucoup au-delà de la localité, ils sont toujours clairs et précis.

Les ténèbres les plus profondes sont celles qui règnent sur l'histoire des premiers établissements du Bouddhisme dans l'Asie moyenne, qui ont probablement eu lieu pendant la domination des satrapes grecs. L'empire grec de la Bactriane civilisa les habitants de l'Inde ; c'est après ces époques que déclina le Bouddhisme ; au Ve. siècle de notre ère, on en trouve de nombreuses preuves; après avoir fourni les livres sanscrits de Népal et les livres pâlis de Ceylan, le culte bouddhiste voit au VIIe. et VIIIe. siècles la littérature brahmanique renaître : ce fut l'âge moderne de la littérature des Brahmanes; les Bouddhistes avaient attaqué les croyances védiques, on s'efforça de les faire refleurir; les Brahmanes, pour établir à jamais leur influence politique, s'efforcèrent de faire oublier le spiritualisme des Bouddhistes; de là on commenta les Védas, on rassembla les légendes anciennes, on chercha à reproduire dans un idiôme plus facile et plus épuré les croyances et les opinions philosophiques dont les Védas avaient conservé le dépôt; on y ajouta quelques connaissances transmises par les Grecs et les Chrétiens; de là les Puranas; de là le Bhâgavata, de là la littérature moderne des Hindous...

Mais comme les dépôts anciens n'étaient déjà qu'un mythe, que le Bouddhisme lui-même n'était qu'un symbole grossier, et que les connaissances religieuses qui avaient alors cours n'étaient pas approfondies par les Brahmanes, ils ne réussirent qu'à composer une idolâtrie matérielle et grossière, qui règne aujourd'hui dans l'Inde malheureuse !!

Le Brahmanisme des Pouranás, tel qu'il est aujourd'hui connu, n'a pris naissance qu'au déclin du Bouddhisme.

Le Bouddhisme pur, qui n'existe plus dans l'Inde moderne, se réfugia dans l'Asie orientale; mais il influença la religion des Brahmanes modernes, et un curieux exemple est la transformation des saints bouddhistes Vithoba et Rokhami en divinités hindoues : et dans le pagode principal de Benarès, on voit un taureau sculpté en bois et l'on garde un taureau vivant dans la cour du temple. Le Bouddhisme avait aussi eu assez d'influence pour amener l'abolition d'un grand nombre de pratiques des Brahmanes, telles que celle du sacrifice d'une corneille (souvenir de celle de l'arche de Noé), du mariage avec la veuve de son frère (souvenir encore de la Bible.)

Le Pelagat est un grand recueil, qui renferme tout ce qui a rapport au Bouddhisme; c'est la Bible des Bouddhistes. Ce recueil se divise en trois parties. Le dieu Phra réveille chez eux l'idée d'un réparateur, d'un sauveur, conservateur de toutes choses. Dans la vie de Phra, on est frappé de la multitude de points de ressemblance qui subsistent entre les actions de Jésus-Christ et celles qui sont attribuées à Phra. On voit dans leurs livres, mais bien défigurées, les autres traditions primitives, la chute des anges et de l'homme, la décroissance de la vie humaine, les messies, la fin du monde : « La terre fait jaillir une source dont l'eau est douce au goût, comme « la crême et le miel; les Dieux en goûtent, et à l'instant naît la sensualité; ils « perdent leurs facultés divines. il naît deux conditions qui se montrent dans la « différence du mâle et de la femelle : les habitudes violentes engendrent la concu- « piscence, la cohabitation des époux; par la suite les dieux du ciel et de la voix « lumineuse...etc. » On trouve aussi dans les fables étranges des Bouddhistes le dualisme, les deux principes.. En général, le Bouddhisme admet la pluralité des systèmes, et n'est, à vrai dire, qu'un composé de Mythes, de rationalisme et d'idolâtrie : « Je ne crains pas, dit M. Abel Rémusat, d'être démenti en assurant que qui « n'a pas lu quelques-uns des livres des Bouddhistes, ne connaît pas toute l'étendue « de l'extravagance humaine. »

NOTE.

Il y a une secte dans l'Inde appelée Jangamas , fort répandus dans la partie méridionale de l'Inde , parmi les Canaras , les Telougous , les Tamils et les Mahrattes. Ils sont antibrahmaniques, et on voit dans leurs livres le mépris de tous les principes des Brahmanes. Bâsava, leur chef, mourut vers l'an 1168 de Jésus-Christ. Ce chef des Jangamas déclara qu'il n'y avait qu'un seul Dieu, et les Brahmanes inculquent l'adoration d'un grand nombre de Dieux ; ils vénèrent des déesses et des êtres subordonnés, ils offrent des hommages aux vaches, aux serpens, aux éperviers (tous mythes anciens) ; Bâsava renonça à tout cela , il mit de côté les Védas qu'ils respectent. Les Brahmanes déclarent qu'ils sont littéralement des dieux sur la terre, et que les femmes sont immensément inférieures aux hommes en toutes choses, et que les Parias sont des êtres abominables ; Bâsava abolit toutes ces distinctions ; les Brahmanes ont fait de leurs héros Chrishna, Rama , et Hanuman, des dieux sur la terre ; les Jangamas quand ils parlent de la divinité comme invisible, l'appellent Siva ; sous une forme visible, ils l'appellent Daxina Mourti ou image de grâce ; ils ne croient point à la transmigration , mais à un ciel pour les bons, et à un enfer pour les méchants ; cependant ils considèrent Bâsava comme une forme du Dieu Siva. Le mot Allama, qui ressemble au nom que les Syriens et les Arabes donnent à Dieu, est aussi attribué par les Jangamas à leur divinité , et semble étranger aux langues de l'Inde ; il est probable que cette secte, qui a pris naissance dans l'occident de l'Inde , dans un pays qui confine à celui habité par les chrétiens syriens, a emprunté ses idées religieuses à des églises syriennes.

LE THIBET.

Pour offrir en peu de mots le précis de ce que les traditions des Chinois, d'accord avec la considération de la langue, nous apprennent sur le Thibet, nous dirons que cette contrée montueuse , froide, stérile, a été habitée par des tributs sauvages qui, par la férocité de leurs mœurs, leur ignorance, la simplicité de leur culte, la rudesse de leur idiôme, ont conservé long-temps, et conservent encore en partie les traces de leur état primitif. Des colonies venues du midi de la Chine, à une haute antiquité, se sont mêlées aux naturels du pays. Vers l'époque de notre ère , les religieux de l'Hindoustan ont porté leur culte et leur littérature dans quelques monastères qu'ils fondèrent en divers endroits de la Tartarie et du Thibet. La conversion des Thibétains ne fut complète que vers le VIe. siècle de notre ère, où il paraît qu'on doit placer la fondation de Lassa. Le Bouddhisme, proscrit dans le pays qui l'avait vu naître, fut privé de son chef suprême, et perdit ses vues d'unité et de traditions ; les pays où il avait été prêché, l'adoptèrent, mais pendant huit siècles les patriarches furent réduits à une existence précaire et dépendante; et c'est pendant cette période de confusion et d'obscurité que le fil de la succession avait dû échapper à toutes les recherches de l'histoire; les princes qui avaient embrassé le Bouddhisme en avaient les pontifes à leur cour; Marco Polo trouva encore le Thibet dans un état de barbarie civile et morale; mais alors, en ce XIIIᵉ. siècle, ces patriarches ou Lamas durent leur éclat aux conquêtes de Tchingkis-Kan et de ses successeurs; ils furent élevés au rang du roi; et comme le premier qui se vit honoré de cette dignité était thibétain, on lui assigna des domaines dans le Thibet, et le mot de Lama qui signifiait prêtre dans sa langue, commença en lui à acquérir quelque célébrité. La fondation du grand siège lamaïque de Poutala n'a pas d'autre origine que cette circonstance tout-à-fait fortuite.

La langue thibétaine conserva toujours les formes agrestes que durent lui imprimer les premiers hommes qui en firent usage; un idiôme barbare, une orthographe irrégulière, un système grammatical des plus imparfaits, une littérature d'emprunt, une religion transplantée de l'Hindoustan au Thibet, à une époque peu reculée, voilà tout ce que l'on trouve dans ces montagnes sauvages (Abel Rémusat) (1).

LES MONGOLS.

Gazan-Khan, qui régna en Perse à la fin du XIIIᵉ. et au commencement du XIVᵉ. siècle, chargea son secrétaire intime, Khodja-Rachid, de travailler à l'histoire de la nation mongole jusqu'à son temps. On lui adjoignit plusieurs vieillards qui connaissaient la langue mongole, presqu'entièrement oubliée en Perse à cette époque. Il composa le Djamaa Attavarikh, la seule source où ont puisé les écrivains mahométans postérieurs tout ce qu'ils ont dit de l'histoire primitive des peuples mongols et turcs. Il est dit dans cette histoire que Ham fut le père des Soudans (les Nègres et les Ethiopiens), Sem le père des Arabes et des Persans, et Japhet père des Turcs;
« Un des fils de ce dernier se dirigea vers l'Orient; les Mongols et les Turcs l'appel-
« lent également Japhet; mais ceux-ci lui donnent aussi le nom d'Abouldjeh-Khan.
« Toutefois les savants ignorent si cet Abouldjeh-Khan était un fils du prophète
« Noé, sur lequel soit le salut, ou bien était un fils de ses fils, mais il était de sa
« race, ses descendants sont les Mongols, les peuples Turcs, et les habitants des
« steppes (de l'Asie). »

(1) C'est néanmoins là que les Voltaire, les Volney, les Parraud, les Langlès voulaient trouver la source du Christianisme !!

LES KALMOUKS.

Les Kalmouks, nation composée de tribus quelquefois errantes, quelquefois stationnaires, peuvent être considérés comme les Mongols occidentaux. Leur pays qui touche à la Chine au Levant, et à la Tartarie à l'Occident, borne au Nord la Sibérie, et confond, au Midi, ses limites avec celles du Thibet; sa superficie est égale à celle de la France, de l'Italie et de l'Espagne réunies.

La religion des Kalmouks et de toutes les tribus mongoles, mantchoutiennes et thibétaines de l'Asie, est celle du Dalai-Lama ou du Bouddhisme.

Dans leurs livres sacrés, ils ont cependant conservé quelques souvenirs de leur première origine : « Dans l'origine de notre monde, les hommes resplendissant de « lumières jouissaient de la vie la plus longue et la plus fortunée; cet âge fut de « courte durée. La terre produisit une plante dont la douceur égalait celle du miel; « un homme la vit, y goûta.. leurs jours furent abrégés... la race humaine con- « damnée au travail.. les Tengris qui ne cessent de veiller sur les destinées des « hommes.. leur voix annonça que bientôt tomberait une pluie abondante.. les eaux, « tombant sans cesse du ciel, entraînèrent toutes les immondices dans l'Océan et « purifièrent la demeure des humains..

« Parmi les êtres divins qui jouissaient d'une vie heureuse, s'élevèrent des troubles « et des discordes : une partie des génies bienfaisants Æssouris fut changée en « esprits mauvais Assouris; les Assouris abandonnèrent pour jamais leurs célestes « demeures... »

LES TATARS.

Chez les Tatars, plus soigneux, ainsi que les Arabes, de la conservation de leurs titres, les noms et les généalogies de Moyse se retrouvent tout entiers. Ils retracent leur origine jusqu'à Noé par Japhet son fils; et effectivement Moyse nous enseigne que Japhet et ses enfans peuplèrent le nord de l'Asie et de l'Europe. C'est des Tatars que nous apprenons aussi à rectifier l'histoire des Perses (M. de Bailly).

Les Scythes habitèrent le pays qui porte aujourd'hui le nom de Tatarie ou Tartarie, et embrasse une partie de l'Europe et de l'Asie. Hérodote nomme huit dieux que les Scythes dans leur ancien paganisme ont adoré : ce que les Scythes appelaient Tabiti, Hérodote le rend par Vesta; il rend Papœus par Jupiter, Apia par Rhea,

Oethosirus par Apollon, Artimpasa par Vénus-Uranie, Thaminasades par Neptune ; Hérodote ne nomme pas les deux autres, ou il les appelle Hercule et Mars.

Suivant ces anciens peuples, le grand Dieu Papœus et la terre Apia avaient produit toutes choses ; ils rapportaient l'origine de leur nation à un certain Targitaüs qu'ils prétendaient avoir eu trois fils Leipoxaïn , Arpoxaïn et Kolaxaïn.

On montre à travers tous ces voiles les principes primitifs.

On a trouvé un monument de l'ancienne religion des Tatars ; le président de Brosses lut à l'Académie des inscriptions et belles lettres un mémoire sur un vase trouvé en cette région, où l'on voyait entr'autres choses une figure nue qui portait un taureau sur ses épaules..... J'apprends, dit M. Muller, qu'on trouve des peintures du même genre dans le pays des Kalmouks, où paraissent aussi aux deux angles d'en haut un soleil et un flambeau allumé....

ASIE.

Un des savants de nos jours, qui est le plus versé dans les langues, l'histoire et la littérature asiatiques, M. Klaproth, a posé les bases d'un classement méthodique des habitants de l'Asie : l'histoire incertaine des peuples les plus anciens ne remonte à peu près qu'à 3,000 ans avant notre ère, ou jusqu'à la grande inondation qui submergea l'ancien monde. Dans cette histoire incertaine, il faut user d'une certaine circonspection ; car dans l'histoire tout doit être prouvé, et les suppositions sont presque sûr la même ligne que l'erreur. Voici l'histoire certaine, l'histoire nationale de chaque peuple :

CHINOIS.	IX	
JAPONAIS.	VII	Siècles avant l'ère chrétienne,
ARMÉNIENS.	II	
GEORGIENS.	III	

ARABES.	V	
PERSANS.	III	
TURCS.	XIV	Siècles après l'ère chrétienne.
MONGOLS.	XII	
INDOUS.	XII	
THIBÉTAINS.	I	

(Voyez les ouvrages de M. Klaproth : *Asia polyglota*, *Voyage en Géorgie et aux montagnes du Caucase*, *Tableaux historiques de l'Asie*, et ses mémoires relatifs à l'Asie.)

LA CHINE.

Sse-ma-tsien, l'Hérodote de la Chine, né vers l'an 145 avant Jésus-Christ, rédigea vers l'an 104 le Sse-Ki, ou mémoires historiques, dans lesquels il essaye, à l'aide de fragments d'anciens mémoires, de refaire la chronologie anéantie par l'incendie des livres en 213 ; il est divisé en 137 livres et en cinq parties :

1°. Chronique impériale de Hoang-ty (2697 avant Jésus-Christ) à Hiao-wou (140 à 86 ans avant Jésus-Christ), en 12 livres, dont les deux derniers sont perdus ;

2°. Tableaux chronologiques en 10 livres, dont le 10°. est perdu ;

3°. Traité des huit branches des Sciences, en 8 livres ;

4°. Histoires généalogiques des familles, en 30 livres :

5°. Géographie étrangère, en 70.

Un autre ouvrage remarquable, ce sont les tables généalogiques du Ly-tay-Ky-sse : ouvrage en 100 volumes petit in-folio, sorti des presses impériales de Pékin, et contenant l'histoire de l'empire depuis Yao (2357 ans avant Jésus-Christ) jusqu'à Kien-loung (1736 de notre ère).

L'auteur du Tsou-chou est inconnu : c'est une chronique fort curieuse découverte 265 ans avant notre ère, dans un tombeau, écrite sur des tablettes de bambou, et qui n'avait pu être remaniée ni mutilée par Confucius.

Hoang-Ty est le premier homme d'après le Sse-Ky, le Tsou-Chou et le Ly-Tay-Ky-Ssé. Hoang veut dire terre rouge, et Ty signifie le seigneur ou le patriarche, comme Adam, le premier patriarche, signifie aussi terre rouge. Hoang-Ty eut deux fils ; l'aîné, qui lui succède, est nommé Chao-Hao, par opposition à un autre personnage qui est appelé Tay-Hao ; car Tay signifie très-grand, et Chao petit, inférieur en qualité. Chao-Hao a aussi rapport à un autre mot chinois, qui signifie le noir vociférateur. L'épouse de Hoang-Ty s'appelait Louy-Tsou, c'est-à-dire Louy, celle qui entraîne les autres dans son propre mal, et Tsou, la grande aïeule.

Dans le Chou-King, sous Chao-Hao, les Kieou-Ly ou les neuf noirs, espèce de démons, excitent des troubles, corrompent les mœurs ; la justice est bannie ; on ne voit que des fourbes et des magiciens, tout était déjà dans la confusion ; mais à ce règne désastreux succède un prince qui gouverne avec justice, qui répare les désordres causés par les Kieou-Ly, c'est-à-dire les Dives, les démons des Perses, qui fait régner la paix, établit un calendrier, rétablit le culte religieux, en instituant des officiers ou des prêtres qui y présidaient ; et ce prince n'est pas le fils de Chao-Hao, mais le fils de son frère Tchang-Y ; ce frère de Caïn ne peut être que Seth, et le fils de Tchang-Y, Tchouen-Hiu, qui rétablit le culte divin, ne peut être que Enos, et l'Écriture-Sainte dit aussi qu'il naquit à Seth un fils qui fut appelé

Enos, et qui commença à invoquer le nom du Seigneur. Cette absence du troisième fils appelé Tay-Hao dans la liste chinoise, comme Abel dans la liste des Livres saints, est encore un fait très-remarquable !!

A Tchouen-Hiu succéda Kiong-Tchen, ou Caïnan ;

A Kiong-Tchen, King-Kang, ou Malaleel ;

A King-Kang, Kiu-Vang, ou Jared ;

A Kiu-Vang, Kiao-Nieou ou Kiao-gou, ou l'autre Hénoch, septième génération depuis Adam ;

On sait que Caïn eut aussi un fils nommé Hénoch ; eh bien ! Chao-Hao (Caïn) a aussi un fils dans la liste chinoise appelé Hénoch, Kiao-Ky.

A Kiao-Nieou succéda Kao-Sin, ou Mathusalem ;

A Kao-Sin, Kou-Seou, ou Lamech ;

A Kou-Seou, Ty-Ko, ou Noé.

Cette descendance est ainsi rapportée : le Chy-Pen et les autres livres d'histoire ancienne en chinois, lorsqu'ils parlent de Chun, donnent ainsi sa généalogie qui semble tout-à-fait biblique :

1°. Hoang-Ty engendra Tchang-Y ;

2°. Tchang-Y engendra Tchouen-Hiu ;

3°. Tchouen-Hiu engendra Kiong-Tchen ;

4°. Kiong-Tchen engendra King-Kang ;

5°. King-Kang engendra Kiu-Vang, on Kiu-Ouang ou Kiao-Nieou ;

6°. Kiu-Ouang engendra Kiao-Gou ;

7°. Kiao-Gou engendra Kou-Seou ;

8°. Kou-Seou engendra Chun, aussi nommé Yu-Chun ;

9°. Chun aida Yao à réparer les maux du déluge.

Yao est fils de Ty-Ko, ainsi que Sie et Héou-Tsy, et sont contemporains du déluge. Yu (son père s'appelait Kouen) est le fondateur des Hia, première dynastie des Chinois, et il succéda à Chun. Héou-Tsy est le fondateur des Tcheou, et Sie est la tige de la dynastie des Chang. (Dans la généalogie de Confucius, Ty-Ko est le père de Yao dont le fils est Heou-Tsy, père de Sie, fondateur des Chang ; il y a donc quelques variantes dans ces filiations.)

D'après la chronologie de Ly-Tay-Ky-Sse, de Ty-Ko (dont le nom signifie celui qui a été averti avec une très-grande sollicitude, comme la Bible nous apprend que le fut Noé) naquirent 15 fils dans l'ordre suivant :

1°. Ngo-Pe, fils stupide et qui fut exilé ;

2°. Yen-Long, père d'un fils nommé dans la suite Sse-Ming ;

3°. Sse-Tou-Kie, tige des Chang ;

4°. Heou-Tsy, tige des Tcheou ;

5°. Ty-Tchy qui régna après Ty-Ko, d'après l'histoire chinoise ;

6°. Ty-Yao ou l'empereur Yao qui régna après Ty-Tchy, d'après l'histoire chinoise, lequel fut père de onze fils parmi lesquels on appela au trône Tan-Chy qui fut ensuite exilé.

7°. Pe-Fen, qui signifie celui qui s'envole, qui excite. Ce fils de Ty-Ko et les sept suivants sont nommés les Pa-Yuen, ou les huit grands hommes, tous issus d'une même mère; ils sont fort célèbres dans l'histoire chinoise, et peuvent correspondre aux sept ou huit fils de Japhet.

8°. Tchong-Kan;

9°. Cho-Hien (sage offrant un sacrifice, il a un fils que le texte nomme Yao-Min);

10. Ky-Tchong;

11°. Pe-Hou ou le tigre, ce qui s'accorde avec l'habitude qu'ont les Mexicains de donner à leurs chefs des noms d'animaux;

12°. Tchong-Hiong ou l'ours;

13°. Cho-Pao ou le léopard;

14°. Ky-Ly ou le chat sauvage;

15°. Chy-Tchin, autre fils maudit ou exilé de Ty-Ko.

Il faut se rappeler que la dispersion des peuples commence dans la Bible par 15 personnes, et que Noé eut quinze petits-fils!!!

M. Abel Rémusat, dans son Essai sur la langue et la littérature chinoise, fait la remarque suivante : « En lisant, dans le Chou-King, la description du déluge de Yao, « les gouttes de la clef de l'eau (caractère composé de trois gouttes), accumulées « et combinées avec les caractères des ouvrages publics, des montagnes, des collines, « semblent, si j'ose ainsi parler, transporter sur le papier les inondations et les « torrents qui couvraient les montagnes, surpassaient les collines et inondaient le « ciel!! » Les peuples troublés, dit le Chou-King, périrent dans les eaux!!

Le caractère barque chez les Chinois est composé d'un croissant horizontal, de la figure d'une bouche et du chiffre huit; le caractère qui signifie navigation heureuse est composé du trait qui signifie bouche, du chiffre huit, et du trait qui signifie eau ; allusions manifestes aux huit personnes sauvées du déluge. De même encore parmi les Chinois le souvenir de la tour de Babel et de la dispersion des hommes s'est conservé d'une manière très-remarquable : on sait que ce peuple n'a point de caractères alphabétiques, mais qu'il représente les idées au moyen de signes dont le nombre s'élève à plus de quatre-vingt mille; or, le signe d'une tour signifie s'en aller, se séparer, un fils qui quitte son père. Expliquez ce fait sans la tradition? comment la figure d'une tour, qui est debout immobile, peut-elle représenter l'idée de séparation, d'éloignement, si l'on n'envisage pas la tour dont la folle construction occasionna la dispersion des peuples?

Si l'on ouvre le Chou-King, chapitre II°., intitulé Chun-Tien, ou livre qui traite de Chun, adjoint à l'empire par Yao, et cela en l'an 2285 avant notre ère, et peu après les ravages causés par le déluge arrivé sous Ty-Ko (1), on voit cet empereur célèbre

(1) Est-il possible que ce soit un simple hasard qui donne un résultat aussi frappant, et qui fasse remonter à peu près à quarante siècles l'origine traditionnelle des monarchies assyrienne, indienne, persane et chinoise? Les idées de peuples, qui ont eu si peu de rapports ensemble, dont la langue, la religion, les lois sont si éloignées, s'accorderaient-elles sur ce point, si elles n'avaient la vérité pour base?

Chun, après avoir sacrifié au Chang-Ty et aux esprits, composer, pour observer les sept planètes Tsy-Tching, ou astres à directions diverses, deux instruments, et le père Gaubil en conclut que Chun avait des instruments pour observer les sept planètes. Chun habitait vers le Kouey-Jouy, et il est remarquable que le Gihon ou l'Oxus porte aussi ce même nom Kouey, Goey ou Wich qui est le Ven-Rond du Zend-Avesta.

Confucius ne parle point dans le Chou-King de Fo-Hy, parce que ce livre commence, peu après le déluge, par le roi Yao, personnage fort postérieur à Fo-Hy, et que ce savant rejetait tout ce qui était antérieur à Yao, comme obscur et mal assuré.

Les historiens de la Chine donnent à Fo-Hy un corps de serpent, une tête de taureau (c'est toujours le même symbole que celui de la Perse). Les Chinois assurent que Fo-Hy fut le premier instituteur des sacrifices; Fo-Hy offre un sacrifice comme Abel : et dans le mot Fo-Hy on trouve précisément ce que la Bible dit de la vie et des qualités d'Abel : Fo est formé du caractère homme et de celui de chien et signifie soumission; Hy offre le symbole d'agneaux et de houlette, par conséquent de pasteur, comme le dit la Bible d'Abel; dans cette seconde partie entre encore le caractère Y qui signifie pur, juste, noms que la Bible donne encore à Abel; et si toutes ces preuves n'étaient pas trouvées convaincantes, que dira-t-on quand on saura que Fo-Hy porte en outre le nom de Fong, lequel signifie vent, et que d'autre part on considérera que le nom hébreu Abel signifie aussi vent et souffle? On ne doit pas trouver étrange dans les Annales de la Chine cette mention des hommes primitifs; on devrait plutôt s'étonner si dans cette partie des Annales rien ne se rapportait au premier âge du genre humain.

A ce personnage on attribue les koua; Fo-Hy commença à tracer les huit koua; les koua sont des lignes entières ou brisées mises les unes sur les autres selon cette forme, et multipliées jusqu'à 64. Ce sont des symboles, des abréviations, des indica-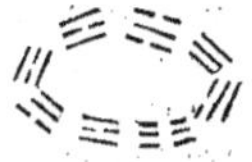tions, plutôt que de vrais caractères; elles ont dû suivre ou accompagner les vrais caractères hiéroglyphiques, et de même les cordelettes nouées qu'on employait dans l'administration du gouvernement.

Confucius n'avait choisi pour son Chou-King que les discours moraux dans les anciens livres, voilà pourquoi on ne trouve presque point de détails sur les deux premières dynasties, et l'histoire de la troisième dynastie est peu suivie; la chronologie appliquée au Chou-King d'après le Tang-Kien-Kang-Mou, est conforme à celle de la Vulgate : il y eut seize ou dix-sept princes dans la première, vingt-huit dans la seconde; dans la troisième, le trente-cinquième empereur fut détrôné par un petit prince qui tenait en fief une des provinces de la Chine; une quatrième dynastie, celle des Ta-Tsin, présente le second empereur Tching-Wang, ou comme il s'appela dans la suite, Schi-Hoang-Ti, qui bâtit la grande muraille pour contenir les Huns, qui habitaient dans la Mongolie; sous les faibles successeurs de cet empereur, les Huns profitant des guerres intestines, soumirent tout l'empire. Une cinquième dynastie est appelée Han, et dura jusqu'à l'an 200 de notre ère; elle soumit à sa puissance toute la Tartarie depuis le Chensi jusqu'aux environs de Kaschgar et se rendit redoutable jusqu'à la mer Caspienne; un de ses généraux, nommé Pantchao, l'an 97 de l'ère chrétienne, avait formé le dessein d'attaquer les Romains. Les Parthes envoyèrent des présents à la Chine.

« Dix siècles plus tard que Iao, dit Maltebrun, en 1401 avant Jésus-Christ, « nous voyons les princes de la Chine se transporter d'une province à l'autre, « avec tout leur peuple, nomade comme eux, et comme eux logé tantôt dans le « creux des rochers, tantôt dans des cabanes de terre. A l'époque où florissait « Confucius, 551 avant Jésus-Christ, toute la Chine au midi du fleuve Bleu était « encore déserte. »

Les historiens de la Chine en parlant du roi Mou-Wang (des Tchéou), qui vivait au Xe. siècle avant notre ère, racontent que la dix-septième année de son règne, il alla du côté de l'occident à la montagne Kouen-Lun, et y vit une reine qu'ils appellent la mère du roi d'occident, Sy-Vang-Mou; revenant dans le Chensi, sa résidence ordinaire, Mou-Wang ramena avec lui des artistes qui présidèrent à la construction de palais qu'il fit élever, et à la plantation des jardins magnifiques dont il les entoura; il avait apporté avec lui des plantes rares et du baume (on a cru reconnaître l'Abyssinie, parce que les Chinois y placent des Nègres ou Zinges). Cette circonstance nous indique que la Chine n'était pas encore au grand empire.

Tous les critiques conviennent qu'à partir du règne de l'empereur Ping-Vang, l'histoire de la Chine prend un grand caractère de certitude, 770 à 720 de notre ère, époque précise où se termine le Chou-King.

Il y a six Kings : les Kings et les Sse-Chou sont des sources pour les premiers temps de l'histoire chinoise. Toutes les sectes chinoises ont leurs Kings (ce qui veut dire chez eux un livre qui contient une doctrine émanée d'une source infaillible); nous ne citerons que les Kings de la secte littéraire; elle en reconnaît six : 1°. L'Y; 2°. le Chou; 3°. le Chi; 4°. le Ly; 5°. l'Yo; 6°. le Tchun-Tsieou.

De ces six Kings, deux le Ly, livre des rites, et l'Yo, livre de la musique, ont péri; on a substitué au Ly une compilation de divers traités, faite vers le commencement de l'ère chrétienne; mais les savants chinois la regardent comme un amas défectueux, et on l'appelle Ly-Ki, comme qui dirait commentaire sur les rites. Yo était un livre de musique, dont il ne reste qu'un fragment de peu de lignes, qui est pourtant précieux. Tous les Kings existaient avant Confucius, qui, selon ce que nous rapporte l'histoire de la dynastie des Soui, après avoir mis les six Kings en ordre convenable, pour faire bien saisir la doctrine de l'homme céleste, composa des commentaires.

L'Y-King, est le plus ancien livre sacré des Chinois; on l'attribue à Fo-Hy; Tchéou-Kong, personnage d'une haute sagesse, et cité dans le Chou-King n'est pas le seul qui ait commenté l'Y-King, il vivait dans le douzième siècle avant notre ère; il était

déjà amplifié par Chin-Nong, personnage très-ancien ; le roi Ven-Vang (des Tchéou)
avait aussi commenté les Kouas antiques de Fo-Hy, et ce sont ces commentaires divers, qui, remaniés par Confucius, ont formé l'Y-King actuel. Les Kouas ont servi à
écrire les symboles de l'Y-King; l'Y-King contient les soixante-quatre figures de
Fo-Hy et les commentaires de Confucius appelés Touan et Siang auxquels on a
ajouté des appendices.

« La doctrine de l'Y-King est sans doute profonde, dit Sou-Lao-Suen, mais la
« cause principale pour laquelle on l'ignore, c'est que les lettrés ont corrompu ce
« livre en y joignant leurs idées. »

Le Chou-King comprend l'histoire ancienne de la Chine, en commençant à Yao
et finissant à Ping-Vang : il commence par le chapitre attribué à Yao, et nommé
Yao-Tien, chapitre dont la date est fixée, à peu de chose près, par les solstices et
les équinoxes qui y sont indiqués, et que les calculs les plus exacts fixent vers l'an
2,300 avant notre ère. Dans cet ouvrage il est fait mention des huit tribus barbares
Paman, et ce sont les Ethiopiens des anciens; on les distingue en tribus noires
et en tribus blanches.

Le Chi-King offre un recueil de chansons en usage dans les divers royaumes de
la Chine; il contient 305 cantiques ou pièces de vers détachés, précédés d'une petite
préface, destinée à en faire connaître le sujet, mais qui le corrompt; ce recueil a
porté long-temps le nom de Mao-Chi, parce que Mao-Kan est celui qui le publia
comme le véritable Chi de Confucius, 130 ans avant Jésus-Christ.

Tchun-Tsiou (sic), ou printemps et automne, renferme les annales de la principauté de Lou à partir de l'an 712 avant Jésus-Christ, jusqu'à l'année 481 ou 470 de
la même ère. Cette petite chronique historique de Confucius échappa à l'incendie
des livres, sous l'empereur Chi-Hoang-Ti.

« Une petite préface a vicié le Chi-King, s'écrie Tchong-Sun-King, et les trois
« gloses ont détruit le Tchun-Tsieou. »

Rien n'est plus triste que ce que l'on raconte du Chou-King. Cet ouvrage primitif
était composé de 3,240 chapitres, Confucius en choisit 100 et rejetta les autres.

Kong-Tseu, vulgairement connu en Europe sous le nom de Confucius, mourut l'an
469 avant l'ère chrétienne; il est extrêmement remarquable par ses ouvrages.

Lao-Tseu, qui a fait secte à la Chine, naquit à la fin du VIIe. siècle, en l'an 604
avant notre ère; dans le cours de sa vie, il fit, comme le roi Mou-Wang, un voyage
à l'occident de la Chine, en se dirigeant aussi vers le mont Kouen-Lun. Ce philosophe
de son vivant eut des disciples; et voyant approcher le terme de sa carrière, il composa le livre fameux qui porte le titre de Taote-King, ce qui veut dire le livre de la
raison suprême et de la vertu. Ses disciples sont appelés Tao-Sse, ou les sectateurs de
la raison; ils rejettent le culte traditionnel de leur pays : «On trouve dans son livre, dit
« M. Abel Rémusat, un véritable philosophe, moraliste judicieux, théologien disert,
« et subtil métaphysicien; il admet pour première cause la raison, être ineffable..
« il regarde les âmes humaines comme des émanations de la substance éthérée qui

« vont s'y réunir à la mort, et il refuse aux méchants cette faculté ; il donne aux
« premiers principes des choses les noms des nombres ; il rattache la chaîne des êtres
« à celui qu'il appelle *un*, puis à *deux*, puis à *trois*, qui, dit-il, ont fait toutes choses.
« Ce qu'il y a de plus clair dans son livre, c'est qu'un être trine a formé l'univers ;
« pour comble de singularité, il donne à cet être un nom hébreu à peine altéré, le
« nom qui désigne dans nos livres saints celui qui a été, qui est, et qui sera,
« Jéhovah (יהוה).. (1) »

Suivant M. Pautihier, on trouve dans Lao-Tseu des idées conformes à la Genèse sur la création : « L'esprit, le souffle de la divinité s'agitait sur les eaux, lorsque le ciel et la terre n'étaient point encore séparés.. »

Nous savons, par un témoignage digne de foi, que Lao-Tseu est venu dans la Bactriane ; mais il n'est pas impossible qu'il ait poussé ses pas jusque dans la Judée.

Confucius, dans le Tchun-Tsieou, qui n'embrasse qu'un intervalle de deux cent quarante-deux années, relate trente-six éclipses, dont trente-une sont parfaitement conformes aux calculs astronomiques, et cette série d'observations concourt avec l'ère de Nabonassar, d'où les observations chaldéennes régulières datent également. Lao-Tseu, qui voyagea en Occident (il y avait alors deux cents ans que les astronomes chaldéens faisaient des observations), n'aurait-il point eu connaissance des observations chaldéennes, et n'auraient-elles point été connues à Confucius, qui a eu des rapports avec Lao-Tseu ?

On désigne sous le nom de Sse-Chou, ou quatre livres moraux, les ouvrages des quatre principaux disciples de Confucius, qui écrivirent les leçons qu'ils avaient reçues de lui, en s'appuyant presque continuellement des propres paroles de leur maitre. Le premier est intitulé Ta-Hio, ou grande étude ; il roule tout entier sur la nécessité de se régler soi-même avant de chercher à éclairer les peuples ; il fut rédigé par le petit-fils de Confucius, Tseng-Tsée. Le second s'appelle Tchong-Yong, invariable milieu ; il traite principalement du milieu, c'est-à-dire de la vertu par excellence ; il fut rédigé par Tsée-Tzée, un des disciples immédiats de Confucius. Le troisième est le Lun-Iu, qui ne renferme que des discours moraux et des apophthegmes. Le quatrième porte le nom de son auteur Meng-Tsée ou Meng-Tseu ; il a le même objet que les trois autres, qu'il égale à lui seul par son étendue. Cet auteur était né vers la fin du IV. siècle avant Jésus-Christ, et il mourut âgé de 84 ans, l'an 314.

Les commentateurs ou lettrés les plus remarquables :

Lao-Tsée ou Lao-Tseu, Tchouang-Tsée, Kouan-Yun-Tsée, contemporain de Lao-Tseu, Lie-Tsée, vivant vers l'an 585 avant Jésus-Christ ; Hoai-Nan-Tsée, 105 avant l'ère chrétienne ; Sun-Tsée avant la même ère, et plusieurs autres savants

---

(1) M. Abel Rémusat, dans son *Essai sur la certitude historique*, a montré la vanité des objections de Bayle, de Voltaire, de Volney et des autres sceptiques contre les vérités traditionnelles.

qui, peu de temps après les Tsin, s'appliquèrent à éclaircir l'antiquité. Plusieurs de ces philosophes ont vécu avant Confucius, et aucun d'eux n'appartient à son école; la dynastie des Tsin commença à régner l'an 264 de l'ère commune.

Un disciple de Confucius et son contemporain, appelé Tso-Kieou-Ming, passe pour l'auteur du Tso-Tchouen, commentaire sur le Tchun-Tsieou.

Il faut encore mentionner un vieux livre appelé Chan-Hai-King, que les uns attribuent à l'empereur Yu, d'autres à Pey-Y, qui vivait dans le même temps (2,224 ans avant Jésus-Christ).

Il contient une description du monde, qui parait imaginaire; on y place, au milieu de la terre, le mont Kouen-Lun; il y est fait mention de beaucoup de monstres et de plantes extraordinaires. Décrivant le mont Kouen-Lun : « Tout ce « que l'on peut désirer se trouve sur cette montagne; on y voit des arbres admi- « rables et des sources merveilleuses; on l'appelle le jardin fermé et caché, le « jardin suspendu, un ombrage de fleurs. C'est vers le Nord que s'y trouve l'arbre « d'immortalité. »

« Le Kouen Lun, dit-il encore, est la cour inférieure du Seigneur, et il nous « apprend qu'à la porte de ce palais, il y a pour la garder un animal appelé « Kai-Ming. »

Pao-Pou-Tsée, qui vivait sous les Han (qui ont régné avant et après Jésus-Christ), l'appelle un animal spirituel.

Le Choué-Ven est un dictionnaire où sont expliqués cinq cent quarante caractères chinois et leurs dérivés; c'est un monument très-précieux de l'antiquité; son auteur est Hiu-Tching, qui vivait vers l'Incarnation suivant les uns, ou au II\ siècle de l'ère chrétienne, suivant d'autres.

La Religion.

Les vérités primitives se trouvent encore dans les livres chinois : les vestiges des dogmes révélés que présentent les livres chinois se rapportent à Dieu un et trine, à l'état d'innocence, à la nature déchue, et à la nature réparée au moyen des souf- frances d'un Dieu.

Confucius disait : « Les jours de l'homme sont comptés, mais sa félicité est dans le ciel. »

Confucius est l'auteur d'un ouvrage intitulé : Hiao-King, ou le livre de la piété filiale. Ce livre dit : « Le Saint peut seul offrir au Seigneur quelque chose d'agréable. »

Meng-Tseu : « L'homme quoique mauvais, s'il se purifie de ses péchés, peut cepen- « dant servir le Seigneur suprême. »

Hoai-Nan-Tsée : « Le principe de toute doctrine est un. Un en tant qu'un, ne « saurait engendrer; mais il engendre tout, en tant qu'il renferme en soi les deux « principes dont l'accord et l'union produisent tout; c'est dans ce sens qu'on peut « dire : un engendre deux; deux engendrent trois, et de trois toutes choses sont « engendrées. »

Sse-Ma-Tsien *(sic)* nous apprend que tous les trois ans, les anciens empereurs offraient une fois, avec le rit solennel, un sacrifice à l'esprit *trois* et *un.*

Tchouang-tsee : « L'unité parlant à son verbe, forme avec lui deux. »

Lao-tseu : « Celui qui, quoiqu'il frappe l'oreille n'est cependant pas entendu, est
« Hi; celui qui, quoiqu'il ait fait l'œil n'est cependant pas vu, est Y; celui qui, quoique
« touché ne peut cependant être tenu, est Ouei; en vain interrogez-vous vos sens au
« sujet de ces trois..... »

Hoai-nan-vang, ou Hoai-nan-tsee était un lettré chinois et en même temps roi de Hoai-nan ; son palais était une académie de savants, avec lesquels il creusait dans l'antiquité la plus reculée ; c'est pourquoi ses ouvrages sont très-curieux , et son style est très-beau. Il vivait dans le second siècle avant Jésus-Christ, il dit :
« Toutes les choses qui ont une figure et un son tirent leur première origine de l'être
« qui n'a ni figure ni son. »

Hoai-nan-vang parle d'un jardin rafraîchi par les vents caressants, planté d'arbres les plus précieux, au milieu duquel est la fontaine d'immortalité, et d'où sortent quatre fleuves.

Le philosophe Lie-Tsée parle aussi d'une montagne d'où sortent quatre fleuves, qui se répandent dans les quatre parties du monde.

Tchouang-tsee, parlant de l'âge d'or, qu'il appelle le siècle de la vertu parfaite, dit:
« Les chemins n'étaient pas encore creusés dans les montagnes , les navires n'étaient
« pas encore lancés sur les lacs, pour servir à la pêche; tout croissait partout de soi-
« même ; l'homme habitait au milieu des bêtes, et tous les êtres ne formaient qu'une
« seule famille; l'homme , n'ayant aucune science du mal, ne s'éloignait point de la
« vertu , il vivait dans l'innocence. »

L'Y-King dit : « Après qu'il y eut un ciel et une terre , toutes les choses natu-
« relles furent formées ; ensuite il y eut le mâle et la femelle , puis le mari et la
« femme. »

« Le dragon volant , superbe et révolté , souffre maintenant de son orgueil. »

L'histoire chinoise rapporte « que sous l'empereur Han-vou (140 ans avant Jé-
« sus-Christ) , Tchi-yeou apparut en plein jour dans le territoire de Tay-yuen , ca-
« pitale de la province de Chan-si ; il avait des pieds de tortue et une tête de serpent ;
« comme il tourmentait les habitants de cette contrée , on lui éleva un temple pour
« l'appaiser. »

Le livre Kouei-Tsang dit : « Kong-Kong a le visage d'un homme, le corps d'un
« serpent et la chevelure rouge; il n'est que mensonge et tromperie. » Cet ou-
vrage est très-ancien et très-rare ; il reste quelques fragments d'un Y-King de ce nom, qu'on attribue à Chin-Nong, qui est Seth, suivant quelques savants. Le Kouei-Tsang est souvent cité par Lopi , historien écrivant sous les Song, qui ont régné de 956 à 1279 de Jésus-Christ, et auteur de Lou-Tsée où il a rassemblé un grand nombre de chroniques anciennes.

Sun-Tsée attribue au grand Yu la victoire sur Kong-Kong, qui avait causé le déluge pour tout perdre.

Le Chi-King porte : « Le monde est perdu.. nous avions des temps heureux, la
« femme nous les a ravis; tout nous était soumis, la femme nous a jeté dans
« l'esclavage.. C'est l'échelle par où sont descendus tous nos maux ; elle voulait
« savoir; notre perte ne vient point du ciel, c'est la femme qui en est cause.. elle
« a perdu le genre humain.. les champs sont couverts de ronces et d'épines, et
« nous travaillons à purger les champs de ces épines; c'est depuis les premiers
« temps que nous sommes condamnés à ce travail.. »

Le Chi-King parle du Saint dans tous ses symboles : « le règne du Saint, dit-il,
« n'aura point de fin. » Sun-Tsèe : « Le monde entier est comme une seule famille ;
« c'est pourquoi le Saint, fils du ciel, en qualité de père de famille et chef du genre
« humain, offre le sacrifice au Seigneur suprême, pour toute la famille, en forme
« de banquet, comme dit l'Y-King; et il est le seul à pouvoir offrir ce sacrifice
« selon l'expression du Haio-King (ouvrage composé vers l'an 480 avant l'ère
« chrétienne). »

Le Tchong-Yong est presque tout consacré au Saint qui doit venir. Confucius,
quoique zélé partisan des traditions de ses ancêtres, répétait sans cesse que c'était de
l'occident que devait naître un saint, le plus grand des saints, que les justes attendaient depuis plus de 3000 ans : « Tout le monde croira à sa parole ; son nom et sa
« gloire s'étendront sur tout l'empire, se répandront jusque chez les barbares du
« midi et du nord, partout où les vaisseaux et les chars peuvent aborder, où les
« forces de l'homme peuvent pénétrer ; tous les êtres qui ont du sang et qui res-
« pirent l'honoreront et l'aimeront; il est égal du Thian, c'est-à-dire du Dieu su-
« prême (comme le prouve la suite de tout le passage). »

Telles sont les paroles de Confucius et de Tsee-Tzee.

L'y-King dit aussi : « Lorsque le chef du genre humain viendra, tous les royaumes
seront en paix. »

Lie-Tsee assure que Confucius avait dit que le Saint était en occident.

Le Chi-King porte aussi : « Quel est l'homme dont j'occupe ma pensée? c'est
« l'homme beau de l'occident; cet homme beau par dessus tous les autres est
« l'homme de l'occident. »

Kouey-Kou-Tsée, lettré qui vivait avant Jésus-Christ, disait aussi : « Celui qui est
« appelé Tching-Gin est un avec le ciel. » Lao-Tsee confirmait : « Celui en qui le
« ciel et l'homme se tiennent, est également appelé Tching-Gin. » Tching-Gin était
le nom du saint que les Chinois attendaient.

Qu'on examine ce que les lettrés Chinois de toutes les dynasties de cet empire ont
dit, écrit sur le Saint, et tous les préjugés de l'Europe se missent-ils entr'eux et
certains textes, ils seront forcés d'avouer qu'ils en disent des choses qui ne conviennent qu'à un homme-Dieu, roi, sauveur et docteur des hommes (Mém. chinois,
t. I\ér\., p. 487) (1).

---

(1) Le savant Morice a prouvé jusqu'au dernier degré d'évidence que des traditions immémoria t

Nous dirons encore que Kong-Yang-Tsee, le même que Koung-Yang, qui vivait vers le temps de Confucius, 551 ans avant Jésus-Christ, dit que les anciens saints n'ont pas de père, mais qu'ils naissent par l'opération du Tien. Soit qu'on interroge les annales et les Kings, les livres des savants et les fables des poètes, on y voit que la Chine a multiplié le miracle d'une vierge mère d'un libérateur. On connaissait dans l'Orient les paroles du prophète Isaïe : *Voilà qu'une vierge concevra et enfantera un fils..*

Des prêtres bouddhistes, partis de la Chine l'an 399, traversèrent la Tartarie, le pays des Ouigours, les monts Himalaya, l'Indus, parcoururent les hautes régions de la Perse orientale, repassèrent l'Indus, atteignirent le Gange, visitèrent les pays les plus célèbres de l'Inde centrale, descendirent jusqu'au lieu où est maintenant Calcutta, s'embarquèrent pour l'île de Ceylan, et revinrent dans leur pays en touchant à Java. Cette course de plus de 1500 lieues par terre et 800 lieues par mer les occupa 15 ans. Leur but était d'apprendre le sanscrit, de copier les livres sacrés de leur religion, et de s'instruire dans ses dogmes les plus secrets. Ils visitèrent dans cette intention les lieux réputés saints, les temples fameux, les monastères; chemin faisant, ils recueillirent des notions très-curieuses sur la géographie de régions très-peu explorées, et sur l'histoire de plusieurs états de l'Inde, que les indianistes ne nous ont pas encore fait connaître, tels que Oudiana, le pays de Kandara et des Beloutches; sur la rive droite de l'Indus, le Koushala, le Kapila, et plusieurs autres dans l'Inde moyenne.

M. Abel Rémusat a découvert cette relation singulière dans une collection de la Bibliothèque nationale; il l'a traduite en entier du chinois, et s'est appliqué à en éclaircir toutes les particularités; la chose était d'autant plus importante que le récit de ces voyageurs fixe enfin les idées sur les lieux où le Bouddhisme a été prêché et place incontestablement dans le nord de l'Inde l'origine de ce culte.

Des juifs ou bonzes, l'an 248 avant Jésus-Christ, sous le règne de Chi-Hoang-Ti, de la dynastie Tchin, vinrent au nombre de 18 du pays de Sy-Yu, de la Syrie (la langue chinoise n'a pas d'R), et firent connaître leur religion aux Chinois; l'an 65 de notre ère l'empereur Ming-Ti envoya dans le Sy-Yu une ambassade pour y chercher le saint qui devait être apparu dans le Thian-Tcho. Ces ambassadeurs rencontrèrent sur leur route, dans le pays des Yue-Chi, deux chamen, ou religieux de Fo, et croyant que le Dieu qu'ils vénéraient était le saint, objet de leur voyage, ils les emmenèrent avec eux. A l'examen de la doctrine de ces Cha-Men, l'empereur et ses courtisans reconnurent que ce n'était pas celle du saint, qui leur avait été annoncé; ils laissèrent là ces imposteurs, et le seul prince de Tchou se déclara leur

dérivées des patriarches et répandues dans tout l'Orient, touchant la chute de l'homme et la promesse d'un futur rédempteur ou médiateur, avaient appris à tout le monde payen à attendre l'apparition d'un personnage illustre et sacré vers le temps de la venue de J.-Christ (Maurice, hist. of Hindostan, v. III).

partisan ; mais il ne fut plus envoyé d'ambassade à la recherche du Dieu nouveau-né,
et Ming-Tiou Mim-Ti se contenta de recommander à ses sujets l'étude des Kings
et autres livres sacrés. Avec la religion de Fo, la Chine devint idolâtre : c'est le
Bouddhisme.

Le San-Tsay-Tou-Hoey ou encyclopédie chinoise, le dictionnaire le plus authentique parmi tous ceux qui existent à la Chine, porte ce qui suit :

« Le Ta-Tsin-Koue, ou royaume de Ta-Tsin, c'est le lieu où les marchands voya-
« geurs et étrangers des limites occidentales se rassemblent. Son roi se sert, lorsqu'il
« sacrifie, ou lorsqu'il parait en public, d'une bande ou pièce de soie unie, ou de
« taffetas, d'où sortent des lettres d'or, et il en entoure sa tête. Cette terre
« produit du corail précieux, et elle engendre des étoffes de soie brochées de
« fleurs d'or, c'est-à-dire des étoffes de Damas, des pièces de soie unies, des toiles
« fines... »

Tous ces détails conviennent parfaitement à la Judée, où le grand pontife portait
sur son front le nom auguste de Jéhovah, et à la ville de Tyr, dont Ezéchiel nous
détaille les immenses richesses; et quand on se rappelle les étoffes précieuses de
Damas, quand on réfléchit que les flottes de David, d'Hiram et de Salomon allaient
jusqu'à l'île de Ceylan, jusqu'à l'Indo-Chine, chercher de l'or et de la soie brute
que les fabriques de Tyr et de Damas savaient ensuite tisser et marier ensemble,
avec un art admirable, on n'est pas étonné de voir ces curieuses descriptions faites
avant notre ère.

Les vestiges des grandes vérités de la religion révélée dans les livres chinois proviennent de l'enseignement des patriarches, et des communications postérieures avec
les Juifs et avec leurs livres. Il faut aussi se rappeler que le préjugé de la croyance
non explicite au dogme de la Sainte-Trinité chez les Juifs qui vivaient avant Jésus-
Christ, est faux, comme l'a démontré M. Drach, dans ses lettres, il y a peu de
temps.

Le royaume du Japon ne fut fondé que vers l'an 660, avant l'ère chrétienne.
Dans un temple de Méaco, on voyait sur un autel fort large un taureau d'or massif
dont le cou était orné d'un collier très-précieux, qui tenait un œuf entre ses deux
pieds de devant, et le heurtait avec ses cornes.

On sait que Plutarque parle ainsi d'un œuf qui figure dans la religion des Perses :
le bien était sorti de cet œuf auquel Ahriman avait mêlé le mal.

Les Japonais tiennent leur écriture et toutes leurs sciences des Chinois; ils ont les
mêmes livres; dès l'an 54 de l'ère chrétienne, ils envoyèrent des ambassadeurs à la
Chine, mais ce ne fut que vers l'an 286 qu'ils reçurent par des peuples des environs
de la Corée les caractères et les livres des Chinois; ainsi l'on ne peut fixer qu'à cette
époque le commencement de leur application aux sciences.....

NOTE.

L'abbé Guérin affirme que le Tcheou-Chou fut trouvé dans un tombeau au IIIe. siècle de notre ère, et il pense qu'on doit cet ouvrage aux Brammes qui introduisirent dans la Chine avec leur Dieu Fo leur astronomie ; il pense aussi que le juste de l'Occident pourrait bien être Bouddha : mais c'est une erreur ; car Bouddha put être prôné, comme il le dit, au commencement de notre ère dans la Chine, mais tous les ouvrages que nous avons cités, appartiennent à des sectes étrangères au Bouddhisme, appartiennent à des savants chinois qui ne connaissaient pas la religion de Bouddha, qui avaient vécu dans des siècles bien antérieurs, qui ont formé des écoles fort renommées, et n'eurent rien de commun avec le Bouddhisme ; et l'on sait également que le titre de saint ne fut jamais donné à Bouddha, etc., etc., etc.

L'AMÉRIQUE [1].

L'illustre Buffon avait reconnu, comme depuis M. de Humboldt, que les peuples du Nord-Ouest de l'Amérique et même du Mexique, avaient dû y venir de la Tartarie et de l'Asie centrale ; et s'appuyant sur les nouvelles découvertes des Russes, il traçait la route suivie par ces asiatiques, les faisant arriver au Nord-Ouest de la Californie à travers le Kamtchatka et la chaîne des îles Aléoutes [2]. De son côté, M. de Guignes, compulsant les annales de la Chine, y trouvait un fort curieux mémoire sur le pays de Fou-Sang, ou pays de l'*Orient extrême*. Il s'aidait des lumières jetées par les Russes et les géographes les plus modernes, sur les contrées extrêmes du Nord-Est de l'Asie, et dans un savant mémoire, il prouvait que ce pays de Fou-Sang, connu dès l'an 458 de Jésus-Christ, riche en or, en argent, en cuivre, mais où *manquait le fer*, ne pouvait être autre que l'Amérique.

Dans les cartes de la Chine, insérées dans les livres ou recueils anciens de la Chine, on voit à l'Est et au Nord-Est de ce vaste empire, outre le Japon, marqué sous un de ses noms, Gi-Pen (source du soleil), un amas confus de pays, dessinés

[1] Les découvertes faites sur l'ancienne civilisation américaine et sur les rapports entre ces peuples et ceux d'Asie, constituent une partie de la science actuelle dans le domaine de l'histoire, et font disparaître radicalement quelques objections que les savants superficiels du siècle passé avaient élevées contre la véracité de la Bible.

[2] On sait que les Russes ont pénétré en Amérique par le Kamtchatka. Cette partie du monde n'est séparée du cap Tchoukotsk, le plus oriental de l'Asie, que par une mer qui n'a que deux degrés et demi de largeur... (Journal des savants, 1769, juin).

comme de petites îles, sans doute parce qu'on pouvait y aborder par mer, et
parmi ces pays est marqué le célèbre pays de Fou-Sang (l'Europe est marquée
aussi comme un très-petit pays).

L'Amérique, sous le nom de Fou-Sang, fut réellement connue des Bouddhistes
dès l'an 458 de Jésus-Christ. Une relation traduite des grandes annales de la Chine,
sur ce pays de Fou-Sang, le démontre par le calcul exact des distances en lys données dans cette notice. Suivant le Bouddhiste qui fit connaître le Fou-Sang aux
Chinois, en 499 de notre ère, ce pays était alla-fois à l'Est de la Chine, et également à l'Est d'une contrée demi-sauvage connue dans les livres chinois sous le
nom de pays de Tahan; on pouvait aller à ce pays de Tahan, d'après les relations
chinoises, en partant du coude très-prononcé vers le Nord, que fait le grand fleuve
Hoang-Ho dans le pays des Mongols, et passant au Sud du lac Baïkal et se dirigeant
également au Nord-Est; on arrivait nécessairement au Kamtchatka, nommé aussi
en chinois Lieu d'exil; le pays de Tahan a été aussi nommé pays de l'exil Lieou-
Kouey. (Le père Gaubil admet l'identité; c'est aussi dans le Kamtchatka que M. de
Guignes plaçait le pays de Tahan.) Le Bouddhiste Hoel-Chin, venu du pays de
Fou-Sang, rapporta que cette contrée était à la fois à l'Orient de la Chine et à l'Est
du pays de Tahan; cela prouve encore qu'il parlait de l'Amérique qui a seule cette
étendue, et ce qui achève de le démontrer, c'est que ce bouddhiste évalue à
vingt mille lys cette distance, vers l'Est du Ta-han au Fou-Sang; dans l'histoire de
la dynastie des Tang, qui a régné peu de temps après l'époque où les grandes annales ont transcrit ces relations du Ta-Han et du Fou-Sang, il est dit que l'on compte
quinze mille lys entre la Perse et la ville de Sy-Ngan-Fou, alors capitale de la Chine.
La Perse était en ces livres désignée sous le nom de royaume de Po-Sse et sa capitale devait être vers Passagarde et Schiras ou Persépolis; or, vers le Nord-Est, les
géographes de la dynastie Tang comptent aussi quinze mille lys pour la distance de
Sy-Ngan-Fou au pays de Lieou-Kouey; la distance est donc la même de la capitale
de la Perse à Sy-Ngan-Fou que celle de Lieou-Kouey à cette dernière ville, et sur les
cartes cette distance ou cette mesure se porte sur le Kamtchatka; avec un tiers de
plus, vingt mille lys, on doit donc atteindre l'Amérique; c'est ce qui a lieu, avec
une grande exactitude; avec cette mesure donc on atteint du Kamtchatka à la
côte Ouest de l'Amérique.

Voici ce que l'on trouve dans les grandes annales de la Chine, Nian-Eul-Szu, ou
les 22 historiens dont les ouvrages forment une collection de plus de 600 volumes;
et la relation dont nous voulons parler se trouve également répétée dans la célèbre
encyclopédie chinoise intitulée Youen-Kien-Touy-Han, et encore dans le Pian-Y-Tien,
ou géographie des peuples étrangers, trois ouvrages fort estimés; « Dans les pre-
« mières années du règne de Piti (499 de Jésus-Christ) de la dynastie des Thsi, un
« cha-men (ou prêtre bouddhiste) nommé Hoel-Chin arriva du pays de Fou-Sang à
« King-Tchéou, et il raconta ce qui suit : le Fou-Sang est à vingt mille lys à l'Est du
« pays de Tahan et également à l'orient de la Chine. Les habitants n'ont ni armes,

« ni troupes et ne font point la guerre.. Dans ce pays il n'y a ni villes, ni habitations
« murées.. Le nom du roi du pays est Y-Khi (chez les Chinois le livre sacré des rites
« était appelé Ly-Khi).. Les images des esprits sont placées sur une espèce de pié-
« destal, et on leur adresse des prières le matin et le soir.. Autrefois, la religion
« de Bouddha n'existait pas dans cette contrée, ce fut dans la quatrième des
« années Taming , du règne de Hiao-Wouti des Soung (458 de Jésus-Christ),
« que cinq Pi-Khieou , ou religieux du pays de Ki-Pin (Cophène vers l'Indus)
« allèrent au Fou-Sang, et y répandirent la loi de Bouddha; ils apportèrent avec
« eux les livres et les images saintes, le rituel, et instituèrent les habitudes monas-
« tiques, ce qui fit changer les mœurs des habitants. »

C'est ainsi que cinq religieux bouddhistes, partis de la Cophène, contrée indienne,
allèrent porter leur culte proscrit jusque dans l'Amérique; persécutés par les
Brahmanes, à plusieurs reprises, ils cherchèrent au loin un asile.

M. de Humboldt a signalé chez les Muyscas du plateau de Bogota en Amérique
l'usage du cycle de 60 ans, dont le religieux Hoeï-Chin parle aussi dans sa relation,
et des institutions analogues à celles du Bouddhisme du Japon. M. Waldeck a aussi
dessiné dans le Yucatan, sur les ruines d'Uxmal, un temple ou monastère antique,
vaste enceinte carrée, accompagnée de pyramides analogues à celles des Bouddhistes du Pégu, d'Ava, de Siam et de Java, et une figure de Bouddha assis, les
jambes croisées, le front décoré de grossiers rayons..

Des dragons sont figurés en grand sur la façade Ouest du palais d'Uxmal au Yucatan, étant entrelacés, et ayant des plumes au lieu d'écailles, c'est-à-dire que ce
vaste boa était aérien ou spirituel.

Le voyage du Japon en Amérique avait lieu par mer : Ouo, ou le Japon, était
connu dès ce temps des Chinois; on abordait à l'île Saghalien (pays de Wen-Tchin),
puis, cinglant à l'Est, on arrivait au Tahan ou Kamtchatka; à la pointe Sud du
Kamtchatka, latitude élevée, se rencontrent, comme on sait, les vents d'Ouest et du
Nord-Ouest, vents qui poussent tout naturellement vers le Fou-Sang ou l'Amérique.
Dès le IV°. siècle de l'ère chrétienne, dit M. de Gébelin, les Chinois voyageaient
sur les côtes de l'Amérique, allaient jusqu'au Pérou, et parcouraient toutes ces
îles qui sont au milieu de l'Asie, et qui s'étendent dans la Mer du Sud; voyages,
ajoute-t-il, très-curieux, et dont on doit à M. de Guignes un détail fort intéressant.

Bernardin de St.-Pierre avait aussi indiqué ces migrations vers l'Est, et avait indiqué
de nombreux rapports trouvés par un auteur déjà ancien entre le Malais et le Péruvien.

Les Indiens de l'Himalaya tiraient leur lait, nous dit Philostrate, de biches
blanches et privées ; en consultant M. de Humboldt, on voit que le *cervus mexicanus*
de Linnée était moucheté, que cette espèce de cerfs se trouve en Amérique et au
Mexique en troupeaux immenses; la relation de Fou-Sang porte qu'on y faisait du
fromage avec le lait des femelles des cerfs, et les livres chinois qui renferment cette
relation, présentent un indigène occupé à traire une jeune biche à mouchetures
blanches, et son faon est également moucheté.

Il est donc certain que le Bouddhisme et ses sectateurs s'implantèrent sur le sol américain.

On sait qu'au moyen de cordelettes et de nœuds, les Chinois exprimaient différentes choses : cette écriture a aussi été employée et a été en usage, sous le nom de Quipos en Amérique, dans l'empire des Incas; le peuple du Mexique ne possédait pas l'écriture, mais il comptait fort bien au moyen des Quipos. Des établissements étaient fondés dans toutes les villes, et confiés à la garde de six à trente hommes experts, capables d'enregistrer, au moyen de ces Quipos, les principaux événements de l'empire, et tout ce qui concernait son administration. Cette ressemblance extraordinaire dans ce système dénote une école commune entre les Chinois et les peuples de l'Amérique.

Les traditions que les Chipiouyans ou Chépéoñans ont conservées portent qu'ils sont originairement sortis de la Silésie; leurs vêtements en effet et leurs usages sont semblables à ceux des habitants de la Haute-Asie (Mackensie, Voyage dans l'intérieur de l'Amérique septent., t. III).

Les indigènes des deux Amériques, dit un savant, appartiennent à la même famille que les habitans du Nord et du Sud de l'Asie, et il le prouve par la ressemblance de traits et de physionomie, affinité d'idiômes, existence de coutumes semblables, et identité d'espèce du chien de Sibérie en Asie, et du chien d'Amérique; il prouve également que c'était une race malaye qui habita jadis les rives de l'Ohio, du Kentucky et de la Ténessée, où l'on voit encore aujourd'hui les ruines de leurs retranchements et de leurs fortifications (M. Mitchell, docteur en médecine et professeur d'histoire naturelle à New-York).

Qu'il y ait eu entre l'Asie et l'Amérique une communication qui ait porté les peuples d'un continent sur l'autre, c'est un point généralement admis. Ne sait-on pas que les Tchouts-Kis traversent encore annuellement le détroit de Béring pour faire la guerre aux habitants de la côte Nord-Ouest de l'Amérique (1)?...

Les peuples de Bogota avaient les rapports les plus intimes avec ceux du Japon. Comme eux, ils étaient vêtus de toiles de coton; comme eux, ils étaient réunis en communes, soumis à deux souverains à la fois, l'un pontife suprême, et l'autre roi séculier; ils employaient, comme eux, dans leur calendrier hiéroglyphique et d'une composition assez compliquée, des cycles ou séries de jours et de nombres, combinés deux à deux, et notamment ils avaient la période de soixante ans, qui seule suffirait pour dénoter une origine asiatique. Enfin, dans les langues chib-cha, parlées

---

(1) Voyez aussi un ouvrage qui donne les récits des événements de l'Amérique antécolombienne d'après les auteurs scandinaves, « *Antiquitates Americanæ,* » par la Société royale des antiquaires du Nord, éditeur M. Rafn, secrétaire de cette société, 1839, ouvrage où l'on trouve consignée une inscription sur le rocher d'Assonet-Neck dans la province de Bristol, qui sert de témoin de l'occupation de cette contrée par les habitants du Nord de l'Europe, au second siècle; où l'on voit également les preuves des relations continuelles entre ses habitants et ceux de l'Amérique.

par les peuples de Bogota, manquait le son de la lettre L, comme il manque aussi dans la langue du Japon.

Au Japon, comme à la Nouvelle-Grenade, chez les Muyscas, le cinquième jour, dans leur cycle, était exprimé par l'idée fort complexe ou hiéroglyphique de la conjonction du soleil et de la lune. Le quatrième jour offrait, des deux côtés, des idées de portes qui sont précisement la signification du Daleth des Hébreux, sans cesse employé pour le nombre quatre, dont il a même eu la figure: Le second jour offrait des idées d'enclos et d'entourage, comme le présente aussi le Beth des Hébreux, et le symbole du deuxième caractère du cycle au Japon; enfin le nombre un, à la Nouvelle-Grenade comme au Japon, offrait également des idées d'eau et de têtard, de grenouille ou de fils, enfant, qui chez les anciens Egyptiens, nous dit Horapollon, se rendait également par une grenouille naissante. Les noms des jours au Japon et chez les Muyscas sont aussi les mêmes.

Les six signes du Zodiaque tartare, retrouvés dans le calendrier mexicain, suffisent pour prouver que les peuples des deux continents ont puisé dans une source commune leurs idées astronomiques (M. de Humboldt).

ZODIAQUE des TARTARES-MANTCHOUX :		ZODIAQUE des MEXICAINS :	
PARS,	Tigre.	OCELOTL,	Tigre.
TAOULAI,	Lièvre.	TOCHTLI,	Lièvre, lapin.
MOGAI,	Serpent.	COHUATL,	Serpent.
PETCHI,	Singe.	OZOMATLI,	Singe.
NOKAI,	Chien.	ITRZUMTLI,	Chien.
TUKIA,	Oiseau, poule.	QUAUHTLI,	Oiseau, aigle.

La plupart des langues américaines offrent une certaine analogie dans l'ensemble de leur organisation, dans la complication des formes grammaticales, dans les modifications que subit le verbe selon la nature de son régime, dans la multitude des particules additives (affixa et suffixa).. depuis le Groënland jusqu'aux terres Magel-

(207)

laniques. Sur cent soixante-dix, mots communs aux langues des deux continents,
les trois cinquièmes rappellent le Mantchou, le Tungouse, le Mongol et le Samojède.
Tout cela annonce encore une *communauté d'origine* (M. de Humboldt). Cette
commune origine se manifeste d'une manière indubitable dans les cosmogonies, les
monuments, les hiéroglyphes et les institutions des peuples de l'Amérique et de
l'Asie (M. Humboldt).

On tire des ouvrages des autres savants de l'Europe : La proximité des deux
continents dans les régions boréales, les ruines imposantes éparses sur le sol
de l'Amérique septentrionale, les styles asiatique, égyptien et grec accusés
par l'architecture mexicaine, les rapports d'idiomes, de mœurs, de lois, d'usages,
de traditions religieuses, de calendriers, ce qu'on a découvert dans leurs annales, tout démontre que les peuples de l'Amérique ont avec nous une commune
origine.

Tous les jours de nouvelles découvertes viennent confirmer cette observation : le
journal, l'Etoile du Texas, vient de rapporter que plusieurs milliers de momies ont
été découvertes dans les environs de Durango, dans l'ancienne province de Zacatécas
(Mexique) : elles sont dans une position assise, mais les enveloppes, les bandelettes
et les ornements sont les mêmes que pour les momies égyptiennes. Dans le nombre,
on trouve quelques figures sculptées, des poignards en cristal de roche, des ornements de tête en plumes, des colliers de grains coloriés et alternés, des fragments
d'ossements polis comme l'ivoire, des tissus élastiques d'un beau travail, des mocas-
sins ouvrés comme ceux des Indiens modernes, des squelettes de serpents.. ces reliques sont évidemment d'une haute antiquité.

En 1842, M. Uhde, qui avait passé 23 ans au Mexique, occupé entièrement à des
recherches historiques et archéologiques, emporta une riche collection d'antiquités
mexicaines parmi lesquelles figurent cinquante-deux vases en terre cuite, ressemblant
étrangement aux vases étrusques, et recouverts d'un mélange singulier de figures représentant des divinités grecques, romaines, égyptiennes et indiennes.

Parmi les pièces mexicaines que possède M. Franck, on remarque un Dieu disposé
à s'élancer sur le génie du mal.

Au Mexique, dans l'Etat de Puebla de la confédération mexicaine, près d'un village nommé San-Cristoval-Teapantepec, c'est-à-dire maison de Dieu sur la colline,
existe une pyramide quadrangulaire, composée de quatre corps de construction,
en retraite les uns sur les autres. Sa hauteur est de 72 pieds, et sa largeur à sa base
est de 54. Ce monument comme celui des Egyptiens, construit en chaux et en grandes
pierres quadrangulaires, liées ensemble en assises égales, est orienté sur ses faces
vers les quatre points cardinaux ; celle qui regarde l'Ouest offre un chemin en pente
diagonale, destiné à monter d'un étage à l'autre jusqu'au sommet. Le chemin, qui du
village va à la colline où est situé ce monument, est taillé dans le roc. On remarque
une ressemblance parfaite de cette tour avec celle de Bélus à Babylone. (Voyez
celle-ci dans les planches de M. le comte de Caylus, mémoires de l'Académie des

sciences, et l'autre dans les dessins de l'expédition du capitaine Dupaix, ouvrage qui vient de paraître à Paris sous ce titre : *Expéditions du Capitaine Dupaix*, suivies d'un parallèle des monuments découverts, avec ceux de l'Egypte, de l'Indostan et du reste de l'ancien monde par Alexandre Lenoir, etc.) (1).

Dans l'Etat de Vera-Cruz, au milieu d'une savane, une grande pierre nommée Teololinga, d'une grande dureté, d'une figure sphérique, taillée en espèce de facettes, ayant 22 pieds et demi de circonférence, est posée avec un tel équilibre qu'en la touchant avec le bout du doigt elle se meut; il existe plusieurs monuments druidiques en France qui présentent la même circonstance.

A Santiago-Guatusco, à douze lieues de Cordova, à la cime la plus haute d'une colline élevée et couverte de bois, se trouve un palais ou un oratoire couvert, composé de deux corps principaux. Le premier, qui sert de base à l'autre, est composé de trois terre-pleins, d'égale épaisseur, d'assises de pierres à angle droit. Un grand escalier, garni d'une rampe en pierre, mène jusqu'au sommet de ce premier corps d'ouvrage où commence la maison d'habitation qui consiste en trois pièces : la première est une grande salle dont le plan offre un carré-long, et dont les principales solives des planches sont soutenues par trois pilastres intérieurs. Les deux pièces de l'étage supérieur, qui va en retrécissant, paraissent n'avoir pas eu de fenêtres ; l'édifice était terminé par un plan horizontal, ou par une plate-forme de trois pieds d'épaisseur ; le monument entier est élevé de 72 pieds ; sa base a environ 240 pieds en carré. On trouve dans cet oratoire une figure de divinité semblable à celles des Egyptiens ; de plus une tête monstrueuse posant sur un serpent roulé sur lui-même avec symétrie et avec art : le serpent jouait un rôle important dans la mythologie des anciens Mexicains comme dans le culte asiatique.

A San-Antonio, près de Cuernavaca, ville de l'Etat de Mexico, sur le plateau d'une colline entourée de rochers, se trouve un temple de forme pyramidale, composé de quatre corps de constructions en retraite les uns sur les autres. Le premier corps est composé de grandes pierres quadrangulaires posées par assises pareilles ; le deuxième et le troisième étaient couverts d'un enduit blanc et poli ; enfin le quatrième contenait l'oratoire. Comparez encore ce monument avec celui ou ceux des Babyloniens. L'édifice entier, qui tombe en ruine, était haut de 36 pieds et orienté aux quatre points cardinaux ; un large escalier partant de la base, arrivait jusqu'au pied du quatrième corps de bâtiment.

A Cholula, dans l'état de Puebla, on trouva un masque de jaspe vert foncé, un peu plus grand que nature, supérieurement travaillé, et d'un poli parfait. La bouche et les narines sont percées à jour ; deux trous percés aux tempes servaient à le fixer. Les Egyptiens avaient des masques semblables dont ils couvraient la face de leurs momies. Ce masque fut trouvé en creusant la terre auprès d'un grand tertre comparable aux pyramides d'Egypte, ou plutôt aux tours de Babylone ; il est composé de

(1) 40 fr. la livraison, 20 livraisons.

quatre corps de construction en retraite ; les matériaux sont des briques séchées au soleil ; il était orienté et on y montait par un escalier fait, du côté de l'occident, en diagonale ; sa base est de 120 pieds carrés. Au sommet se trouve en ce moment une église chrétienne.

Auprès du village de Chila, sur une éminence nommée La Tortue, se voient encore les restes d'une pyramide quadrangulaire ; la base sur chaque face a 96 pieds sur 60 de hauteur ; on y arrivait par un escalier qui regarde l'orient. A Tetlama (contrée de pierres) se trouve un édifice fameux nommé Xochicalco (maison de fleurs), temple sur une colline dont le pied est défendu par un fossé, et haute de 360 pieds au moins ; elle est revêtue de plusieurs terre-pleins soutenus par des murs en circuit ; le temple, sur cette colline, avait cinq assises superposées les unes sur les autres ; pyramide couverte d'hiéroglyphes, ce qui l'a fait appeler *la maison des fleurs*.

On voit plusieurs idoles et figurines trouvées dans les sépultures zapotèques, semblables aux grossières figures des Isis et Osiris que l'on trouve à côté des momies égyptiennes.

La contrée qu'on va décrire est celle qui était habitée par la nation zapotèque qui fut soumise ou peut-être chassée ou détruite par les Mexicains.

ANTIQUITÉS DE SAN-PUEBLO-MITLAN.

La position topographique présente une sorte de vallée resserrée entre des collines arides, disposées d'une façon demi-circulaire. Le nom primitif de cette contrée était Liuba, ce qui signifie, en langue zapotèque, sépulture. Lorsque les Mexicains s'en emparèrent, ils corrompirent ce nom en celui de Miquitlan, qui signifie dans leur langue, enfer, lieu de tristesse, ou lieu de réunion. C'est au milieu de cette solitude que se trouvent quatre grandes et magnifiques constructions, ou palais, ou temples ou tombeaux. Le plus beau des palais de Mitla se composait de quatre corps de bâtiments, faisant face l'un à l'autre, et formant une grande place intérieure ; le corps principal, situé au nord, subsiste encore presque en entier, ainsi que celui qui est situé à l'est. Le corps situé au nord est assis sur un massif en maçonnerie, d'une hauteur médiocre, qui l'entoure des quatre côtés ; ce massif sert aussi d'aire pour les pièces intérieures. Il y a trois escaliers, l'un au centre de la façade, les deux autres sur les côtés ; les marches sont faites de grandes pierres taillées formant un carré-long. L'escalier donne entrée par les trois portes qui ne présentent aucune trace de fermetures, et qui font face au midi. Elles sont séparées par des pilastres dans le chapiteau desquels il y a une sorte de niche qui contenait une tête, et peut-être une tête de mort ; l'architrave assise sur les trois pilastres est un bloc de granit taillé carrément, d'une grandeur énorme et parfaitement uni ; il y a des compartiments divisés par panneaux oblongs, entourés de moulures carrées et saillantes, et qui renferment dans leur plan des grecques en relief ; cet ornement, une grecque, se retrouve en Egypte très-anciennement, au centre de l'Asie et en Chine. Les portes dont on vient de parler, introduisent dans une salle très-allongée, divisée longitudinalement de l'est à l'ouest par une file de six colonnes en granit d'une seule pierre,

3 pieds de diamètre, 16 à 17 pieds de haut, lisses, sans bases et sans chapiteaux. Les salles des trois autres bâtiments sont de forme allongée, peu larges, et ont des portes correspondantes, placées en face l'une de l'autre.

Le second édifice est moins bien conservé que le précédent, et il est, comme lui, composé de quatre corps de bâtiments orientés aux quatre points cardinaux, en face les uns des autres, ayant trois portes par lesquelles on arrive dans une vaste salle, de cent pieds environ de longueur, sur 10 ou 12 de largeur. Les quatre salles sont exactement semblables entr'elles.

Les deux autres édifices sont assez semblables aux premiers.

A peu près au centre de la place formée par ces quatre édifices, on trouve une ouverture ayant un escalier qui conduit à une magnifique salle sépulcrale, où il y avait des peintures curieuses représentant des trophées de guerre et des sacrifices.

Près de la ville de Mitla, se voient deux de ces oratoires à degrés superposés, dont on retrouve des modèles en plusieurs contrées de l'Asie. Le premier est quadrangulaire, formé de quatre corps en retraite l'un au-dessus de l'autre; on arrivait au sommet par un escalier qui regarde le couchant, et qui prend son commencement sur une place carrée, circonscrite par trois massifs construits aussi en retraite, et en pierre et en brique comme tout le reste; au milieu est un autel de forme carrée sur lequel on arrivait par un escalier; un peu plus loin est une grande dalle qui recouvre probablement un souterrain. Le second oratoire diffère du premier en ce qu'il n'a que trois assises en retraite l'une sur l'autre, et en ce qu'il est construit en briques séchées au soleil, posées à plat, et formant des couches alternatives avec des couches de ciment semblables à celles dont se servaient les Babyloniens.

RUINES DE PALENQUÉ DANS L'ETAT DE CHIAPA.

Dans les villages du vieux Tepexe, de Guilapa et de Tehuantepec, et aux alentours, on trouva des fortifications, de grands bâtiments en ruines, des restes de zodiaques, avec hiéroglyphes, et sur le sommet d'une colline, deux grands édifices carrés, orientés, solides, grandioses, et semblables à ceux qu'on va décrire; une particularité : une pyramide était composée de huit assises parfaitement rondes, et formant comme huit immenses degrés pour arriver au sommet; comparez cette tour avec celle de Babylone!!

On ignore le vrai nom de Palenqué; cette ville est située près du Micol, affluent du Tulija, dont les eaux se dirigent du côté de Tabasco. Le circuit de l'antique Palenqué avait six à sept lieues de tour; c'est là que se trouvent, sur le penchant d'une colline peu élevée, les plus belles ruines de l'Amérique. Ces ruines nous offrent encore des temples, des palais, des tours, des pyramides, des tombeaux, des aquéducs, des souterrains; au milieu on a découvert des vases, des idoles, des médailles, des statues colossales, des bas-reliefs; la plupart des figures des bas-reliefs sont dessinées avec plus de pureté que toutes celles que nous ont laissées les Aztèques ou les Zapotèques. Tout l'édifice du grand temple est assis sur une base ayant la forme d'un carré-long et présentant trois corps de construction s'élevant en talus l'un au-dessus de l'autre ; cette base a 1080 pieds de tour et 60 pieds de haut ; elle est construite en pierre, chaux et sable ; au milieu de la façade qui regarde l'orient, se trouve un grand escalier en pierres taillées qui conduit à l'entrée principale. L'intérieur est divisé en un grand nombre de salles et de cours aussi régulières et aussi compliquées que les édifices grecs et romains. Du milieu de l'édifice s'élève une tour de 75 pieds de haut et de 30 en carré ; il en reste quatre étages ; un escalier diagonal bien construit conduisait au sommet. De grands souterrains existent au-dessous du temple, dans lesquels ou a trouvé quelques tables en pierre qui servaient probablement aux sacrifices.

Un monument de la croix se trouve, non sur le grand temple, comme le dit Balbi, mais dans un temple situé sur une montagne d'un abord difficile et qui n'a que 57 pieds de largeur, sur trente pieds de profondeur et 20 environ de hauteur ; on arrive par douze grands escaliers en pierre sur une esplanade faite de main d'homme, et qui a 120 pieds en carré (comme à Persépolis) ; dans ce temple se trouve un symbole particulier ou une croix ; quatre figures d'hommes, deux de chaque côté, considèrent cet objet avec vénération ; l'un de ces personnages, plus grand que les autres et qui semble être de la classe sacerdotale, offre sur ses bras élevés un enfant nouveau-né !!! l'autre personnage est dans l'attitude de l'admiration ; les deux autres représentent un homme âgé, qui tient dans ses mains une sorte d'instrument à vent dont le bout est placé dans sa bouche et dont il semble tirer des sons, et un autre homme grave et majestueux, dans l'étonnement de ce qu'il contemple ; une quantité innombrable d'hiéroglyphes accompagne cette représentation mystérieuse !! Ce monument a-t-il précédé ou suivi la mission de Jésus-Christ et des apôtres ? les hiéroglyphes ne l'ont pas encore fait connaître.

Voici maintenant un autre monument conservant les souvenirs du déluge, où l'on voit Noé et sa femme sauvés du milieu des eaux, la colombe qui se pose sur un arbre s'élevant au-dessus des flots au sommet de la montagne, les trois fils de Noé, ses quinze petits-fils, ou chefs des peuples, et même présentant la confusion des langues. Il se trouve dans l'ouvrage de M. de Humboldt :

« L'histoire représentée dans ce dessin commence par le déluge de Coxcox ; ce « cataclysme arriva l'an 1417 après le commencement de l'âge de la terre. Parmi « les différents peuples qui habitent le Mexique, des peintures qui représentaient « le déluge de Coxcox se sont trouvées chez les Aztèques, chez les Miztèques, les « Zapotèques, les Tlascaltèques et les Méchoacanèses. Le Noé, Xisuthrus ou Manu « de ces peuples, s'appelle Coxcox, Teo-Cipactli ou Tézpi ; il se sauva conjointement « avec sa femme Xochiquetzal, dans une barque, ou, selon d'autres traditions, dans « un radeau d'Ahuahuète. La peinture représente Coxcox au milieu de l'eau, étendu « dans une barque ; la montagne, dont le sommet couronné d'arbres s'élève au-« dessus des eaux, est l'Ararat des peuples du Mexique, le pic de Colhuacan ; la « corne qui est représentée à gauche est l'hiéroglyphe phonétique de Colhuacan. « Au pied de la montagne paraissent les têtes de Coxcox et de sa femme ; on recon-

« naît cette dernière par les deux tresses en forme de cornes, qui, comme nous
« l'avons observé plusieurs fois, désignent le sexe féminin. Les hommes, après le
« déluge, ne parlaient qu'une langue ; un oiseau, un arbre paraissent en premier
« lieu ; les rameaux de l'arbre présentent la dispersion des hommes, et on voit au-
« près, au commencement du voyage sur terre, de la route de la vie humaine, les
« huit personnes sauvées du déluge, auxquelles un oiseau mystérieux distribue des
« langues, représentées sous la forme de petites virgules. Il ne faut pas confondre
« cette colombe avec l'oiseau qui rapporte à Coxcox la nouvelle que les eaux se sont
« écoulées. Les peuples de Méchoacan conservaient une tradition, d'après laquelle
« Coxcox, qu'ils appellent Tezpi, s'embarqua dans un acalli spacieux, avec sa
« femme, ses enfants, plusieurs animaux, et des graines dont la conservation était
« chère au genre humain. Lorsque le Grand-Esprit, Tezcatlipoca, ordonna que les
« eaux se retirassent, Tezpi fit sortir de sa barque un vautour, le zopilate Vultur Aura.
« L'oiseau, qui se nourrit de chair morte, ne revint pas, à cause du grand nombre
« de cadavres dont était jonchée la terre récemment desséchée. Tezpi envoya d'au-
« tres oiseaux, parmi lesquels le colibri seul revint en tenant dans son bec un ra-
« meau garni de feuilles ; alors Tezpi voyant que le sol commençait à se couvrir
« d'une verdure nouvelle, quitta sa barque près de la montagne de Colhuacan. Ces
« traditions ne rappellent-elles pas celles si vénérables du peuple hébreu ? »

Ainsi parle M. de Humboldt, dont les travaux sont une seconde découverte de
l'Amérique (1).

On voit dans le même tableau, après les huit personnes sauvées du déluge,
qui, d'après la Bible et les traditions orientales, commencent la génération des
hommes, quinze autres personnes, chefs ou fondateurs des nations de l'Amérique,
lesquels s'accordent avec ce que nous dit la Bible des quinze petit-fils de Noé, par
lesquels la terre fut de nouveau peuplée. Que si l'on rapproche ce fait de ce qui
est rapporté dans le Zend-Avesta et dans les Annales chinoises, on sera fondé à
conclure que c'est là une tradition qui avait une source unique, et qui fut conservée
par tous les peuples de la dispersion.

Noah (d'après M. Cahen) ou Noé eut trois fils, Chemie ou Sim, Cham, Chême,
Hem, d'où l'Egypte a été appelée Chemia, Jepheth, Ipheth.

Le dessin aztèque présente en tête, comme les aînés de la migration, cinq chefs
de peuple ; de même Sem ou Sim, qui était l'aîné, eut cinq fils : 1°. Elam, qui,
d'après quelques auteurs, fut le premier qui abandonna les montagnes de l'Arménie,
première demeure de Sem, et descendit jusqu'aux bords du Golfe Persique ; les

____

(1) Voyez les ouvrages de M. de Humboldt, qui partit pour l'Amérique l'an 1799, et y passa six ans
à faire ses recherches, qu'il a étendues à toutes les branches de l'ordre physique et de l'ordre social.
La masse des renseignements curieux qu'il a rapportés du Nouveau-Monde, surpasse tout ce qui a
jamais été le résultat des recherches de tout autre individu ; il a répandu de nouvelles lumières sur
l'histoire de notre espèce, reculé les limites de la géographie mathématique et ajouté une infinité
d'objets nouveaux aux trésors de la botanique, de la zoologie et de la minéralogie.

Elamites, voisins des Mèdes, sont descendus d'Elam; la capitale de leur pays était Elymaïs; 2°. Assur, ou Aschur ou Assour, d'où l'Assyrie a pris son nom; 3°. Arphaxad ou Arpachschad; Joseph dit que les Chaldéens avaient été appelés Arphaxadim, et on sait où depuis peu on a trouvé les restes de cet ancien peuple; 4°. Lud, Loude; Bochard croit qu'il s'établit dans la Lydie, en Asie-Mineure, le long des courbures du Méandre; 5°. Aram, Arame; les Araméens suivant Joseph, ou Ariméens, ou Ariens; Hésiode parle aussi des Araméens que Homère appelle Arymes.

Ne sont-ce pas aussi les peuples qui ont fait le plus de bruit dans le monde? N'est-ce pas la Bible seule qui nous les a fait connaître?

Le dessin qui nous occupe, et qui est reproduit dans le grand ouvrage de M. de Humboldt (non parfaitement) et dans le grand ouvrage de lord Kingsborough, présente ensuite dix personnages dans la route de la vie, ce sont les trois ou quatre fils de Cham, et les sept fils de Japhet.

1°. Chus, Chouche, Cousch; la Vulgate et les Septante traduisent toujours Chus par Ethiopien; mais il a dû signifier encore le pays des Scythes, le pays de Chus dans l'Arabie-Pétrée, et celui des Cuthéens, car on sait que les Chaldéens appelaient Chus du nom de Cuth; 2°. Mesraïm; le fils de Cham a dû être Meser; Mesraïm, et c'était le nom des peuples de la Haute et de la Basse-Egypte; l'Egypte fut aussi nommée Mezer ou Mezor ou Mesraïm; les Arabes l'appellent encore aujourd'hui Mezer ou du moins le Caire qui en est la capitale; Phut, l'Ecriture-Sainte ne nomme pas ses descendants, mais nous les connaissons par quelques monuments qui n'ont pas été répandus en plusieurs lieux, par les monuments de l'Egypte et par les géographes Pline, qui les appelle Phthemphu, et Ptolémée, qui les nomme Phthemphûti et Phthembute; 3°. Chanaan; il peupla le pays de Chanaan dont les peuples principaux furent aussi appelés Phéniciens.

Les sept fils de Japhet : 1°. Gomer fut le père des Cimmériens; 2°. Magog peupla le Caucase, puis à travers la Perse, qui s'appela aussi Magog, il alla fonder les Scythes et les Tartares, où l'on trouve les noms de Mungug, Mongols; et dans Ezéchiel, Magog désigne les contrées septentrionales; 3°. Madaï, Medi, père des Mèdes; 4°. Javan, Ioun, père des Ioniens; les Barbares, selon le scholiaste d'Aristophane, appelaient tous les Grecs du nom d'Ioniens; 5°. Thubal peupla les pays sur les bords de la Mer Noire près de la Colchide, et fut aussi le père des Thessaliens; 6°. et 7°. Mosoch et Thiras peuplèrent la Thrace et d'autres contrées à l'entour de la Mer Caspienne.

Le Boun-Dehesch, ou cosmogonie des Perses, parle d'abord de Meschia et de Meschiané, qui sont évidemment l'Adam et l'Eve des Perses, et puis continue en ces termes : « Il naquit d'eux un couple mâle et femelle, enfants chéris qu'Orsmusd prit « soin d'élever, et qui restèrent sur la terre; d'eux vinrent ensuite sept couples « mâles et femelles; ils engendraient à 50 ans et mouraient à 100 ans; de ces couples « l'un fut Siahmak, nom de l'homme, et Veschak, sa femme. De ce couple naquit « un autre couple, l'homme se nomma Frévak et la femme Frévakein. De ce « dernier couple naquirent quinze couples, et chacun de ces couples forma une

« espèce particulière de peuples, de sorte qu'il faut leur rapporter les générations
« des quinze espèces de peuples qui se sont multipliées sur la terre. De ces quinze
« espèces de peuples, neuf passèrent sur le dos du taureau, Saréseok, par la Zaré-
« Ferakh-Kand, dans six des sept Keschvars (climats) de la terre, et ils s'y
« fixèrent; mais six espèces d'hommes restèrent dans le Khounneretz. De ces six
« espèces un couple fut Taz et Tazé, sa femme, qui se fixèrent dans les déserts des
« Tazians (c'est-à-dire des Arabes, nommés également Ta-Chy en chinois). Un
« autre couple fut Hosching et Gondjeh, nom de sa femme : d'eux vinrent les
« Iranians (c'est-à-dire les Perses, en chinois nommés Ta-Hia); un autre couple
« fut Mazendran, dont les descendants ont habité, l'un les villages de Sourâ (c'est-
» à-dire l'Assyrie), l'autre les villages d'Avir (au bas de l'Albordj), le troisième les
« villages de Tour, un autre le pays de Tchinestan, celui-ci les villages de Dâi,
« celui-là les villages de Satad. Ainsi, dans les sept keschvars ou climats, tous les
« hommes sont issus de Frévak, issu lui-même de Siahmak. Il y avait d'abord eu
« dix espèces d'hommes (ou plutôt dix générations) et quinze espèces étant sorties
« de Frévak, en tout il y eut vingt-cinq espèces, toutes provenues du germe
« de Kaiomortz. Dans le désert, en outre, est l'homme à queue, qui a du poil sur
« le corps; dans les villages de Salem est Aroum (Salem et Aaron rappellent les
« Israélites), et dans les villages du Sind, l'homme à un œil, à une oreille, un
« pied, et celui qui a des ailes comme le Dew. »

Telles sont les traditions des Perses : Anquetil reconnaît que Frévak doit être
Noé, et que Hosching, Taz et Mazendran doivent être les trois fils de Noé, et il
voit dans le Zaré ou mer Férakh-Kand, l'Araxe, l'Euphrate, le Tigre, la mer
Caspienne, le Golfe Persique, et même l'Océan où se dispersèrent dans les îles,
selon la Bible, les fils de Japhet.

La chronologie générale de l'histoire chinoise de Ly-Tay-Ky-Sse commence par
l'empereur Ty-Ko, qui est le patriarche Noé, et l'on voit que ce patriarche Ty-Ko
fut le père ou le grand-père de quinze enfants.

Maintenant il faut revenir à l'explication de M. de Humboldt du monument des
Aztèques : on y voit que les peuples se dispersèrent en quinze chefs de famille, et à
la première station de ces peuples sauvés du déluge, on voit un palmier, étranger
au pays du Nord et qui désigne bien le centre de l'Asie, patrie primitive des peuples
du Mexique; à cette première station se voit encore un téocalli construit avec des
degrés, tels que devaient être la tour de Babel et les autels des premiers adorateurs
de Dieu; on remarque ensuite sur le même tableau la marche des peuples; et sur
leur route indiquée par deux lignes parallèles, et qui, dans leurs courbes, remplissent un assez grand tableau, se trouvent consignés les lieux où les Aztèques ont
fait quelque séjour et les villes qu'ils ont construites. On y remarque plusieurs
téocalli à degrés (1). Il résulte de ce tableau que les peuples qui habitaient Aztlan,

(1) Theotl; on a de tous temps été frappé de l'affinité de ce mot mexicain avec le grec théos, affinité qui est encore plus évidente dans les mots composés tels que Téoyotl, divinité, teiotés; Téo calli
maison de Dieu qui rappelle la forme hellénique Théocalia, même signification.

s'y étaient réunis et arrivés dans des temps qu'ils ont voulu rattacher au déluge ;
mais , d'après les gerbes de joncs liées par des rubans qui y représentent des cycles
ou ligatures de 52 ans, le tableau en entier n'en offre que huit, ce qui fait 416 abs;
et par d'autres renseignements , il est démontré que la sortie des peuples Mexicains
de l'Aztlan a eu lieu l'an 1038 de l'ère chrétienne.

Les Toltèques, les Aztèques, les Tlascaltèques, ont reflué du nord vers le sud de
l'Amérique ; nous connaissons des monuments aztèques jusqu'aux rives du Géla ,
entre le 33ᵉ. et 34ᵉ. de latitude nord ; l'histoire nous montre les Toltèques venant de
régions plus septentrionales encore ; la curieuse histoire des Chichimèques , publiée
dans la collection de M. Ternaux (l'auteur est Ixlilxochitl, américain d'origine),
fait venir les Toltèques par mer, du Japon en Amérique, et il fixait leur émigration
au cinquième siècle de notre ère. Les Olmèques ou Hulmèques et les Xicalanques ,
deux peuples qui ont précédé les Toltèques, et qui se vantaient d'une haute antiquité,
prétendaient avoir trouvé à leur arrivée dans les plaines de Tlalcala ou Tlascala , des
géants et les avoir combattu ; mais on sait qu'on y trouve des dents molaires de
mastodontes et d'éléphants que dans tout le pays le peuple prend encore pour des
dents d'hommes d'une stature colossale (1). Les Péruviens, qui attendaient un fils du
soleil qui devait leur apporter une nouvelle loi, ne comptaient , lorsque les Espagnols arrivèrent dans leur pays, que douze rois; ils s'étaient succédé de père en fils.
Ainsi , la chronologie des Péruviens ne prétendait pas à une antiquité fabuleuse ; le
livre des lois des Péruviens , comme tous les autres, était composé de cordons ; des
nœuds en étaient les caractères.

« En Amérique, il existe encore aujourd'hui parmi les Indiens de Cholula une
« tradition très-remarquable, d'après laquelle une grande pyramide de leur pays
« n'aurait pas été destinée primitivement à servir au culte de Quetzalcoalt , le dieu
« de l'air » (Quetzalcoalt signifie serpent revêtu de plumes vertes, suivant M. de
Humboldt).

Parmi les manuscrits mexicains de la bibliothèque du Vatican , il s'en trouve un de
Pedro de los Rios, qui , en 1566, copia sur les lieux toutes les peintures hiéroglyphiques qu'il put se procurer ; la même tradition s'y trouve consignée : « Avant la
grande inondation, Apachihuiliztli, qui eut lieu après la création du monde, le pays
d'Anahuac était habité par des géants Tzocuillixequè : tous ceux qui ne périrent pas
furent transformés en poissons, à l'exception de sept qui se réfugièrent dans des
cavernes. Lorsque les eaux se furent écoulées, un de ces géants, Xelhua, surnommé
l'architecte, alla à Cholollan, où, en mémoire de la montagne Tlaloc, qui avait

____

(1) Les plus anciens habitants sont ceux de la province ancienne de Tlascala où se trouvent Puebla ,
Cholula, Téhuacan , Cordova, etc. ; ce fut autrefois un état très-peuplé et indépendant des empereurs
de Mexico, qui ne purent jamais les subjuguer ; les habitants aidèrent Cortez à conquérir le Mexique propre. Les Indiens de Chiapa formaient un état indépendant des empereurs de Mexico; cette
république méritait la seconde place après celle de Tlascala ; elle se défendit avec courage contre les
Espagnols. La Nouvelle-Grenade comprend Bogota.

servi d'asile à lui et à six de ses frères, il construisit une colline artificielle en forme
de pyramide; il fit fabriquer les briques dans la province de Tlamanalco, au pied
de la Sierra de Cocolt, et pour les transporter à Cholula, il plaça une file d'hommes
qui se les passaient de main en main. Les dieux virent avec courroux cet édifice,
dont la cime devait atteindre les nues; irrités contre l'audace de Xelhua, ils lancèrent
du feu sur la pyramide; beaucoup d'ouvriers périrent, l'ouvrage ne fut point continué, et on le consacra dans la suite au dieu de l'air Quetzalcoalt » (Humboldt).

Pedro de los Rios, pour prouver la haute antiquité de cette fable de Xelhua,
observe qu'elle était contenue dans un cantique que les Cholulains chantaient dans
leurs fêtes en dansant autour de cette pyramide; et que ce cantique commençait
par les mots *Tulanian hululack*, qui ne sont d'aucune langue actuelle du Mexique.

« Selon les traditions antiques recueillies, le Wodan des Chiapois était petit-fils
« de cet illustre vieillard qui, lors de la grande inondation dans laquelle périt la
« majeure partie du genre humain, fut sauvé dans un radeau lui et sa famille. Wodan
« coopéra à la construction du grand édifice que les hommes entreprirent pour at-
« teindre les cieux; l'exécution de ce projet téméraire fut interrompue; chaque
« famille reçut dès-lors une langue différente, et le grand esprit Teotl ordonna à
« Wodan d'aller peupler le pays d'Anahuac » (Humboldt).

Un groupe représentait chez les Mexicains, suivant l'ouvrage de M. de Humboldt,
la célèbre femme au serpent Cihuacohuatl, appelée aussi Quilaztli ou Tonacacihua,
femme de notre chair; elle est la compagne de Tonacateuctli. Les Mexicains la regardaient comme la mère du genre humain, et après le dieu du paradis céleste,
Ométeuctli, elle occupait le premier rang parmi les divinités d'Anahuac. On la voit
toujours représentée en rapport avec un grand serpent. D'autres peintures nous offrent
une couleuvre panachée, mise en pièces par le grand esprit Tezcatlipoca. Ces allégories rappellent les anciennes traditions de l'Asie.

Derrière le serpent, qui paraît parler à la déesse Cihuacohuatl, ou la première
femme, se trouvent deux figures nues; elles sont de couleur différente, et paraissent
dans l'attitude de se battre; ne rappellent-elles pas Caïn et Abel ? (Humboldt) (1).

(1) Les îles Taïti ont aussi leur histoire diluvienne. Taarou, le premier des Dieux, courroucé un jour
contre le monde, le précipita dans la mer. Taarou, après avoir fait le monde, forma l'homme avec
de la terre rouge, araea. Un jour il plongea l'homme dans un profond sommeil, et tira un
os, ou ivi, dont il fit la femme (Traditions que cite Ellis, et voyages pittoresques autour du
monde par Dumont d'Urville). Quelques-unes des traditions des Taïtiens remontaient jusqu'à
trente générations; ils comptaient le temps par 12 lunes, avec une lune intercalaire de temps
à autre. Dans les îles Caraïbes, on trouve, ainsi que dans plusieurs autres parages, cette particularité
que les femmes parlent une langue différente de celle des hommes: pour exprimer la divinité, les
hommes disent Icheiri ou Ioulouen, et les femmes Chemiin; ce dernier mot est le Chamayim ou
Chemiin hébreux dont les Juifs se servent pour exprimer Dieu; il y a du reste bien d'autres rapports
entre ces peuples et les Juifs.

L'ASIE-MINEURE.

La plaine de Troie (1) ressemble en beaucoup de points aux autres grandes plaines marines de la Grèce et de l'Asie-Mineure; elle est bornée sur trois côtés par des montagnes, et s'ouvre du quatrième, sur la mer. Au milieu de cette plaine, et en direction parallèle avec l'allure générale de la chaîne des montagnes, coule une rivière, le Mendère ou Simoïs, qui tombe dans l'Hellespont, à Koom-Kali, l'ancien promontoire de Sigée. Indépendamment de cette rivière, il y en a deux autres. La première est le Scamandre ou Bounarbashi, à la gauche du Mendère. Il sort d'un grand nombre de sources placées sur la colline de Bounarbashi, emplacement de Troie, coule sur le bord supérieur de la plaine dans une direction occidentale dans une partie de son cours, puis tourne court dans une petite vallée qui sépare les collines de Bounarbashi de la chaîne de Yenicher et se jette dans la mer Sigée par un canal artificiel qui existait avant l'époque d'Homère. L'autre rivière est le Kalifatli-Osmak, à la droite du Mendère. Elle sort d'un lac marécageux appelé Djudan Ghul, ou eau qui ne disparaît jamais, au pied d'une branche des monts Tchiblac, sur le côté opposé de la plaine et vis-à-vis Bounarbashi. Cette rivière, dans la partie supérieure de son cours, c'est-à-dire jusqu'au village de Kalifatli, coule dans une direction parallèle au Mendère, après quoi elle tourne au nord, abandonne les collines sur lesquelles est situé Hissarjik, ou l'Ilium novum, se réunissant, à Koom-Kali, au Doombrek-Sou qui vient de l'est, elle diverge vers le nordouest et tombe dans l'Hellespont par différentes embouchures, dont la plus occidentale se rapproche beaucoup du Mendère. A Koom-Kali il y a un canal artificiel dans lequel une partie des eaux du Kalifatli-Osmak et le Doombrek coulent dans une direction nord jusqu'à la mer dans laquelle ils tombent près du promontoire de Rhétée. Il y a encore quelques autres petites rivières.

De tous ces cours d'eau, il n'y a que le Scamandre qui soit navigable toute l'année.

Les sources du Scamandre, qui naissent au pied même de la colline de Bounar-Bachi (sic), sont recueillies dans les bassins en partie antiques, bien que considérablement dégradés, de manière à servir à l'usage homérique, où il ne manque, au lieu des filles et femmes turques du village actuel, que les femmes des magnanimes

(1) Le scepticisme et l'érudition du dernier siècle et du nôtre ont jeté des soupçons sur l'existence d'Homère; un des premiers qui en ait nié l'existence a été Vico, philosophe napolitain au XVIIe. siècle; depuis, de vives discussions se sont engagées à ce sujet en Allemagne et ensuite en France; on peut lire le résumé de tous ces débats dans le livre de Benjamin Constant sur la religion, ouvrage qui est né et est mort sans faire de bruit.

Troyens et leurs belles-filles. Des deux sources, la plus voisine du village de Bounar-Bachi est renfermée en partie dans un bassin fait par les habitants du pays, avec les débris d'un plus ancien ; deux des côtés de ce bassin sont formés par des pilastres de granite renversés, dont l'un est entier et orné de ses moulures hautes et basses ; le second est plus informe. Les deux autres côtés sont formés par des dalles de marbre blanc jetées l'une sur l'autre, qui proviennent toutes du revêtement d'un bassin beaucoup plus grand que le bassin actuel et du canal qui y aboutissait ; il existe encore, en bon état, à dix toises de ce réservoir, un autre bassin beaucoup plus petit, sorte de regard où une partie des eaux de la première source venait se réunir. La seconde source du Scamandre consiste en un assez grand nombre de filets d'eau qui sortent tout près les uns des autres, du pied d'un roc peu escarpé. Un mur de construction antique suit cette colline dans toutes ses sinuosités, de manière à prouver qu'il avait été destiné à retenir les eaux qui s'échappent dans toute la ligne de sa construction. C'est ce qui résulte aussi de la circonstance que ce mur est revêtu, seulement du côté des eaux, et non pas sur son parement extérieur, d'un enduit très-sain et certainement antique. En beaucoup d'endroits ce mur est encore élevé d'environ 3 pieds au-dessus du sol, et M. Mauduit compta 220 pas de ces constructions en même temps qu'il trouva un massif de maçonnerie d'environ 18 pieds carrés, contre lequel elles s'appuyaient, ainsi qu'une vaste et longue pièce d'eau qui touche ce massif sur un seul point, et qui doit avoir formé le fond d'un bassin de décharge du canal. A l'aspect de ces constructions, M. Mauduit s'écria : Ne sont-ce pas là ces vastes et beaux lavoirs construits en pierre polie, où venaient les femmes et les filles des Troyens laver leurs riches vêtements ! Une particularité homérique se trouve encore dans les eaux d'une de ces sources qui sont chaudes comme celles d'un bain.

La ville de Priam existait sur l'amas de collines au pied desquelles jaillissent ces deux sources reçues dans ces deux bassins, sur le site de Bounar-Bachi. Sur le dos des collines qui dominent au sud la position de Bounar-Bachi, et en suivant, à partir des sources, la pente de l'Erinéos qui conserve encore sa physionomie homérique, on arrive au sommet du mont qui portait le Pergama, la citadelle d'Ilion. A l'extrémité sud-est de cette montagne se trouve une ligne de murs d'enceinte qui se prolonge durant un espace de plus de 80 toises, et dont il existe encore jusqu'à trois et quatre assises de 9 à 10 pouces de hauteur au-dessus du sol ; ce reste si curieux des fortifications de l'antique Pergama, se lie, à l'angle sud-est, dans un endroit où la roche escarpée avance dans le ravin où coule le Simoïs, à une sorte d'éperon du pied duquel se détache une rampe qui dut descendre en serpentant jusqu'au bord du fleuve. Ces constructions appartiennent à la plus haute antiquité. Les lignes de fortifications ne présentent pas un système régulier ; elles suivent les contours des rochers sur les points les plus escarpés ; si quelques parties peuvent être considérées comme des tours, ces tours ont été dessinées par la nature, qui a pour ainsi dire tracé la forme et fourni la base ; leurs angles ne sont pas d'équerre ; leurs courbes n'appartiennent pas au cercle. L'appareil de la construction répond au système du plan ; on n'y voit aucun emploi de mortier; les parements des murs ne sont point dressés : les lits sont horizontaux, mais les joints sont taillés au profil de la pierre, rarement verticaux, presque toujours de biais; ces blocs de pierre sont de hauteur inégale, ce qui offre tous les caractères d'une des constructions dites cyclopéennes, tels qu'on les retrouve dans un autre débris des fortifications du Pergama, découvert et dessiné par M. A. Firmin Didot, vers l'extrémité ouest de la même montagne. Voilà donc, s'écrie M. Raoul Rochette, un témoin authentique et palpable de l'existence de l'ancienne Troie ! désormais il ne manque plus rien à la certitude acquise que la localité qui nous occupe est bien celle du Pergama, conséquemment la colline qui s'abaisse en une pente irrégulière, sur la rive gauche du Simoïs jusqu'au voisinage du point où jaillissent les sources du Scamandre, l'emplacement de la ville de Laomédon et de Priam.

Troie, dans les temps anciens, fut appelée Dardanie :

Dardanus, roi de Troie, régna 31 ans.	
Erichthonius.	75
Tros.	60
Ilus.	54
Laomédon.	36
Priam.	40
	296

« Auctor ille Troïcorum qui cum Iliade parva, aliisque carminibus græcè editus est a Michaele Neandro » prétend que le règne des rois des Troyens dura 300 ans sous ces six rois; on peut croire qu'il a pris le nombre entier au lieu de 296.

Dardanus, selon Diodore de Sicile et Apollodore, était Thrace ou Samothrace d'origine, et non d'Italie, comme l'a inventé Virgile pour flatter les Romains.

Pâris, fils du roi Priam, enleva Hélène à Ménélas pour se venger de ce que les Grecs avaient enlevé Hésione, à leur retour de Colchos, où ils avaient été pour faire la conquête de la Toison-d'Or. En y allant, Laomédon, roi de Troie, ne leur permit pas de s'arrêter au port de Simoïs. Pour se venger de cette insulte, après la conquête de la Toison-d'Or, ils mirent le siège devant la ville de Troie, qu'ils prirent. Télamon, qui entra le premier dans la ville, eut pour sa récompense Hésione, fille de Laomédon.

Priam régnait à Troie lorsque cette ville fut prise une seconde fois par les Grecs ; ce siège dura 40 ans.

« Omnium qui de eo scripserunt, accuratissimus fuit Eratosthenes in commentario « quem *Canones* inscripsit. Hunc Dionysius Halicarnassensis, libro 1°. orig. sequitur « ejusque sententiam declarat. In eodem libro Romam conditam asseverat ex Catone « post annos quadringentos triginta duos ab excidio Trojano, » 3530 de la période Julienne, qui correspond, d'après Ussérius et le père Pétau, à l'an 1184 avant l'ère chrétienne ; voilà donc l'époque de la ruine de Troie d'après Eratosthène et Denys d'Halicarnasse. Le père Petau fait voir que c'est aussi le calcul de Diodore de Sicile et d'Eusèbe.

Ceux qui ont écrit sur l'expédition des Argonautes, comme Darès-le-Phrygien, Diodore, Hygin, assurent qu'aussitôt après leur retour de Colchide, Troie fut prise par Hercule, Laomédon tué, et Priam mis à sa place « cui quidem Anonymus « poeta ·Neandri 40 solos annos tribuit. Hoc si verum est, ejus initium incidet in « annum circiter Julianæ periodi 3490 (1224 avant Jésus-Christ), Argonautarum « vero profectio anno proxime antecedente, vel biennio ante. »

Hélène était sœur de Castor et de Pollux, qui figurent parmi les Argonautes, et alors elle ne pouvait pas être d'un âge avancé et d'une beauté surannée, comme on l'a dit.

« Argonautæ ad Troadem appulerunt ubi Hesionem Laomedontis filiam, Ceto « interfecto, cui erat exposita, liberavit Hercules, eamque sibi ex pacto concessam, « cum equis pernicibus apud patrem reliquit, dum ab expeditione rediens cuncta « reciperet. Jason, ut in Colchidem venit, conciliata sibi Medea, regis Æetæ filia, « voti compos est factus; eamque connubio sibi junctam cum aureo vellere pervexit « in Thessaliam. Hercules ab Laomedonte præmium ex pacto repetens ac perjurio « ejus illusus, Trojam expugnat : Laomedontem interficit, filium ejus Priamum « regem constituit. Quadragesimo id anno gestum esse priusquam Græci Troiam « funditus everterent, Iliados parvæ testis est scriptor » (1226 avant Jésus-Christ).

« Paullo hæc aliter a Darete Phrygio narrantur : Argonautas a Laomedonte Tro-« janis littoribus exclusos, mox ut reversi sunt in Græciam, comparata classe, duce « Hercule, in Troadem profectos, oppidum Ilion cepisse, ac Laomedontem cum « filiis omnibus occidisse, uno excepto, qui tum forte aberat, Priamo. Telamoni « Hesionem in virtutis cedisse præmium. Quam cum Priamus per legatos incassum « reposceret, Alexandrum filium suum cum classe misit in Græciam, a quo abducta « Menelai uxor Helena belli ingentis occasionem attulit. Hæc Dares phrygius » (1).

Nous savons qu'il n'y a chez les anciens presqu'aucune des circonstances de la guerre de Troie qui soit universellement adoptée.

Le plus remarquable des historiens de Troie, c'est Homère, le chantre sublime de l'Iliade et de l'Odyssée; Suidas rapporte qu'il y avait une vingtaine de localités qui se disputaient l'honneur de l'avoir vu naître ; on peut consulter pour son père et sa mère, Hérodote et Charax :

« Scripsit Iliadem non simul neque continua serie, uti nunc cohæret, sed cum

---

(1) « Marsyas vir sapiens, temporibus Judaïcorum judicum vixit. Arte musica invenit tibias e calamis et æneas. Errore mentis affectus se conjecit in fluvium qui ab ejus interitu dictus est Marsyas. Fabula fertur eum periisse quod se Deum fecisset. Iisdem temporibus res Jasonis et Argonautarum gestæ sunt, ut ait Apollonius Rhodius » (Suidas).

« ipse libros singulos scripsisset et ostentasset eo quod quærendi victus causa urbes
« obibat, in iis illos reliquit..... »

Ses poèmes parurent d'abord en pièces détachées, et demeurèrent long-temps en
cet état, suivant Elien, sous divers titres, comme *la bataille près des vaisseaux, la.
mort de Dolon, la vaillance d'Agamemnon, la Patroclie, la grotte de Calypso, le
massacre des amants...* On les appelait les Rhapsodies, et ceux qui les chantaient les
Rhapsodes.

Homère, selon les marbres d'Arondel, fleurit vers l'an 907 et publia ses poèmes.
Lycurgue, après avoir voyagé 10 ans, donne aux Lacédémoniens un corps de lois,
en 884 ; il donne aussi son attention à découvrir et à recueillir les ouvrages d'Homère, à les transcrire avec un grand soin et à les rapporter avec lui dans son pays.

Pisistrate, qui usurpa la souveraineté d'Athènes et la conserva deux ans, en 560,
rassembla les poésies d'Homère, divisa l'Iliade et l'Odyssée, partagea ces différents
poèmes en vingt-quatre livres. Du temps d'Alexandre, l'Iliade était surchargée d'un
grand nombre de fautes ; ce monarque en fit faire une édition exacte par Anaxarque
et Callisthène. Les Ptolémées chargèrent plusieurs savants de revoir avec la plus
grande exactitude l'Iliade et l'Odyssée. Le fameux Aristarque se distingua le plus
dans ce travail.

Il est certain qu'il existe une grande différence entre l'Iliade et l'Odyssée, dans les
mœurs, le perfectionnement des arts, dans tout l'ensemble de la civilisation, que
l'Odyssée a dû bien supporter des remaniments. Il y a aussi des interpolations dans
l'Iliade : la description du bouclier d'Achille, au livre 18ᵉ. de l'Iliade, est une
espèce de hors-d'œuvre qui ne fait point partie de la composition primitive. Zénodote,
ainsi que nous l'apprennent les scholies de Venise, la supprimait tout entière ; il ne
conservait que les cinq premiers vers (478 à 483), qui donnent seulement une idée
sommaire du bouclier. En général, les critiques modernes pensent que ce long
morceau est une interpolation, et ils en donnent des raisons très-plausibles. Cette
description paraît se lier aux grands progrès que fit la toreutique dans les VIᵉ. et
VIIᵉ. siècles avant notre ère. On exerçait cet art surtout sur des boucliers votifs, et
et celui d'Achilles, dans l'Iliade, est comme un modèle de la perfection à laquelle
on pouvait alors parvenir dans ce genre.

La différence de l'Iliade et de l'Odyssée s'explique aussi par cette considération.
qu'Homère travailla dans l'Iliade un sujet donné, et dans l'Odyssée consigna les
observations de ses voyages :

« Corinnus iliensis, poeta heroïcus ante Homerum, ut quibusdam visum est, primus
« Iliadem scripsit, Trojano bello adhuc durante : discipulus Palamedis cujus inventa
« litteris doricis descripsit, Dardani item bellum adversus Paphlagonas : ut ex hoc
« Homerus totum suæ poesis argumentum sumpserit, inque suos libros retulerit
« (Suidas).

« Tryphiodorus, Ægyptius grammaticus et poeta heroïcus, scripsit Ilii excidium,
« Phantasiam aiunt quandam Memphitida, Nicarchi filiam ante Homerum iliacum

« bellum et narrationem de Ulysse composuisse, depositumque opus Memphide
« Homerum ergo profectum eo, a Phanite sacro scriba commodato illud accepisse
« ejusque esse ordinem insecutum » (Ptolemæi Hephæstionis historiæ).

Nous avons vu aussi les corrections des poèmes d'Homère par les savants qui les
recueillirent ; on en connaît encore d'autres qui firent de même :

« Tyrannio Artemidori filius scripsit... *Correctio homérica orthographia*, dissen-
« tire poetas recentiores ab Homero. »

« Palæphatus, Ægyptius aut Atheniensis grammaticus, edidit res trojanas quas
quidam Atheniensi, quidam Pario adscribunt. »

« Crates Timocratis filius Mellotes, philosophus stoïcus, cognomento homericus
« et criticus, ob grammaticarum et poeticarum rerum studium æqualis Aristarchi,
« grammatici, sub Ptolemæo Philometore composuit correctionem Iliadis et Odysseæ
« libris IX. »

L'historien Joseph dit aussi : « Aiunt (Græci) neque Homerum litteris suum poema
« reliquisse, sed cantibus memoria reservatum, postea fuisse compositum, et prop-
« terea multam in eo comperiri dissonantiam. »

Des auteurs très-anciens confirmèrent Homère en cette sorte :

« Polus, Agrigentinus orator, scripsit genealogiam eorum qui ad Ilium militarunt,
« tam barbarorum quam Græcorum et ut eorum quisque obierit (quidam id opus
« Autodamastæ inscribunt) navium catalogum..... »

« Damastes sigeensis e Sigeo promontorio Troadis, Dioxippi filius, ante bellum
« Peloponesiacum vixit, æqualis Herodoti ex antiquissimis historicis. Scripsit de
« rebus in Græcia gestis; de parentibus et majoribus eorum qui ad Trojam mili-
« tarunt libros duos; gentium catalogum et urbium; de poetis et sophistis et alia
« complura. Fuit Hellanici discipulus. »

D'autres contrarièrent les récits d'Homère sur plusieurs points : Dion va jusqu'à
prétendre que les Grecs n'ont pas pris Troie, qu'Achille et Ajax furent tués par
Hector, et que les Grecs, en expiation du dommage qu'ils avaient fait, offrirent à
Minerve un cheval qui donna lieu au conte du cheval de bois.

Darès le phrygien et quelques autres historiens ont une autre opinion pour la
prise de Troie; ils assurent qu'Anténor et Enée trahirent la ville, et le signal qu'ils
donnèrent était de se trouver la nuit à la porte Scée où il y avait l'effigie d'un grand
cheval de bronze ou de pierre; puis firent entrer les Grecs qui saccagèrent la ville,
tuèrent Priam, précipitèrent Astyanax le fils d'Hector, et chassèrent Anténor et
Enée, pour avoir caché l'un Polixène, et l'autre Cassandre.

Dictys de Crète, « scripsit acta diurna prætermissa ab Homero IX libris; res
« italicas; de Trojana republica; de raptu Helenæ et Menelao, et universa trojana
« historia. Cum autem sub Claudio imperatore Creta terræ motu discessisset, multis
« sepulchris apertis, in quodam opus historicum Dictyis est repertum, quod bellum
« trojanum contineret. Quod Claudius descriptum edi jussit » (1).

(1) Nous avons perdu Sisiphe de Cos sur la guerre de Troie, etc., etc.

Les autres royaumes de l'Asie-Mineure n'eurent pas l'importance de celui de Troie.

L'Asie-Mineure dut à Alexandre d'être délivrée de la domination des Perses; et elle devint le partage de plusieurs de ses généraux; ensuite les Romains se contentèrent d'abord d'avoir pour alliés les rois de cette contrée; ils disposèrent ensuite de leurs états en faveur de qui ils jugèrent à propos; enfin ils réduisirent ces royaumes en provinces romaines.

Alexandre-le-Grand ne conquit pas tout entière l'Asie-Mineure ; il n'avait pas soumis la Cappadoce; Perdiccas, un de ses capitaines, s'en empara, mais ce ne fut que pour jusqu'en 301 que Ariarathe, fils du roi que Perdiccas avait détrôné, remonta sur le trône de ses pères. Calas, à qui Alexandre avait confié le gouvernement de la Phrygie et des pays voisins, ne put conquérir la Bithynie. Bas, roi de ce pays, se maintint sur son trône qu'il laissa à Zipétès son fils père de Nicomède 1er. qui fit un traité avec les Gaulois et leur céda cette partie de la Phrygie qui de leur nom fut appelée Gallo-Grèce ou Galatie (Memnon).

Toute l'Asie-Mineure, avant Alexandre, était soumise aux Perses; la Bithynie et la Carie avaient à la vérité des souverains, mais ils dépendaient absolument des rois Persans. Il en était à peu près de même de la Cappadoce que les Perses divisèrent en deux satrapies. De cette division, qui subsista sous les Macédoniens, sont venus les deux royaumes dont l'un a retenu le nom de Cappadoce, l'autre a reçu des Romains celui de Pont.

Il y avait deux cents ans que les Perses étaient maîtres de l'Asie-Mineure.

On place à l'année 562 le commencement du règne de Crésus, et suivant Hérodote il régna 14 ans; Crésus qui possédait presque toute l'Asie-Mineure fut défait par Cyrus et détrôné; à cette époque finit le royaume de Lydie. Crésus fut le dernier roi de la race des Mermnades; voici quelques-uns de ces souverains dont on connaît les dates :

> Crésus,   562
> Halyatès II, 619
> Sadyatès   631
> Ardysus II 680
> Gygès   718.

La dynastie des Mermnades avait été précédée par celle des Héraclides :

> Candaule 735
> Melès   747
> Halyatès 764
> Ardysus 797.

Argon, issu d'Hercule, fonda vers le commencement du XIIe. siècle la dynastie dite des Héraclides : vingt-deux Héraclides se succédèrent sur le trône de Lydie, durant l'espace de cinq siècles.

Avant la dynastie des Héraclides régna celle des Atyades; les Atyades régnèrent environ quatre siècles. On croit que, durant cette époque, des Lydiens établis dans l'Etrurie sous la conduite de Tyrrhène, donnèrent à ce pays le nom de Tyrrhénie.

Dans le VII⁰. siècle, l'an 655, les Phocéens fondèrent la ville de Lampsaque sur l'Hellespont; les Lesbiens, qui avant les Phocéens avaient eu l'empire de la mer, établirent aussi beaucoup de colonies sur l'Hellespont. Avant les Lesbiens, l'empire de la mer avait appartenu aux Milésiens, et nulle ville ne fut plus considérable que Milet par ses colonies. Pline lui en donne plus de quatre-vingt; elle n'eut pas de colonie plus célèbre que celle de Sinope qui fut elle-même fondatrice de plusieurs colonies très-considérables. Les Mégariens fondèrent Chalcédoine sur le Bosphore de Thrace vis-à-vis de Byzance dont ils étaient aussi les fondateurs (Euseb. chron. ; Thucyd. l. 4; Strab., l. 12).

Les Milésiens s'établirent deux fois à Synope; la seconde fois ils en chassèrent les Cimmériens qui s'en étaient emparés, ainsi que de la péninsule où cette ville est située; Strabon répète en divers endroits que les Cimmériens ravagèrent plusieurs fois différentes l'Asie-Mineure.

Les Mèdes conquirent la Cappadoce vers le temps d'Halyate, père de Crésus, et y établirent leurs lois, leurs coutumes et leurs usages religieux.

Selon Strabon, Soli dans la Cilicie doit sa fondation aux Rhodiens dans le temps qu'ils étaient maîtres de la mer, c'est-à-dire dans le cours du IX⁰. siècle. Ce fut dans le XI⁰ siècle que Nelée, fils de Codrus, dernier roi d'Athènes, passa dans l'Asie où il mena une colonie d'Ioniens, et y fonda douze villes : Clazomène, Colophon, Ephèse, Erythrée, Milet, etc...

« Panyasis Polyarchi filius.... Memoriæ traditum Panyasim Herodotii historici esse « patruelem. Scripsit *Heracliada* lib. 4. Sunt autem de Codro et Neleo et ionicis « coloniis versus ad septies mille. »

Sésostris, roi d'Egypte, fit la conquête de l'Asie-Mineure; dans un temps encore antérieur, l'Asie-Mineure était comprise dans l'empire de Sémiramis, reine d'Assyrie; les peuples de l'Asie-Mineure avaient conservé les traditions primitives; Noé se retrouve dans ce que nous savons des Phrygiens, et sous un nom très-reconnaissable. Suidas dit en parlant des Phrygiens : « Nannacus vir priscus quem « ante Deucalionem regnasse ferunt. Is futuræ inundationis præscius omnibus con- « vocatis in templum lacrymans supplicavit. Unde proverbium a Nannaco de rebus « admodum priscis et vetustis. »

Le culte de Mithra était très-répandu dans l'Asie-Mineure.

Par toute la Cappadoce, on voyait des pyrées, selon le témoignage de Strabon, qui était cappadocien. On voit aussi par ce géographe que les Cappadociens adoraient Anaïtis, Mithra.....

Anaïtis, que les Grecs et les Latins appelaient Artbémis, avait beaucoup de temples dans la Cappadoce.

Nous apprenons de l'historien Socrate : « Les habitants de l'île de Rhodes ayant

« consulté l'oracle dans une calamité publique, il leur répondit qu'ils adorassent
« Atys, prêtre des extravagants mystères de Phrygie :

> A Bacchus, à Atys offrez vos sacrifices,
> Et tâchez qu'à vos vœux Adonis soit propice. »

L'Adonis des Grecs, chez les Phéniciens, s'appelait Adon, Adonaï, qui, chez les
Hébreux, exprimait le nom du vrai Dieu; dans l'île de Cypre, il avait le surnom de
Ao, qui l'identifie avec Jao, encore le nom de Dieu. Proclus assimile Atys à
Adonis.

Suivant Apollodore, Ilus bâtit Ilium au lieu appelé *le tombeau d'Até la Phrygienne.* Homère (Iliade, l. 19, v. 91) assure : « Per mulierem, Jovis filiam, omnes
« esse in humanum genus calamitates propagatas :

> Filia prima Jovis, quæque omnes perdidit, Ate
> Perniciosa. . . . . »

Le mot hébreu haché signifie péché. Les Grecs en ont fait la déesse Até qui
signifie également mal et péché. Até était l'épouse d'Adam.

Fréret place dans le XVIe. siècle le règne de Manès sur la Phrygie et la Lydie, et
dit que ce prince établit le culte de Cybèle et d'Atys. Les Dactyles, ministres de
Cybèle ou d'Adrastie, découvrirent le fer dans les vallées du mont Ida. Les fragments
de Phoronide en nomment trois, dont un est appelé Ac-Mon.

Les mystères de Cybèle : dans le sein de la colline Arctas, il y avait des antres
où se célébraient les mystères de Cybèle et d'Atys, et où l'on offrait des tauroboles.

Strabon applique à la célébration des mystères de Phrygie la formule que
Démosthène accusait Eschine d'avoir chanté dans les rues d'Athènes, et qui était
conçue en ces termes : Evohi Saboi, hues attes, attes hues!

Dans la Bithynie le sixième moïs s'appelait Dius ou D'iou; on chantait dans
quelques fêtes un cantique que les Grecs ont appelé Adonimo ai dos; ce qui fait
soupçonner à un savant que le cantique commençait par ces mots Phéniciens :
« Adoni modim anachnou lak, c'est-à-dire, Adonaï ou Seigneur, nous vous
« louons, nous célébrons vos louanges. »

Rien n'égalait le temple que Diane avait à Ephèse : la représentation des monuments
les plus authentiques de cette déesse conserve évidemment une trace de sa première
origine : les ornements qui l'accompagnent, les sphinx, les taureaux, les cercles
prouvent en même temps qu'elle vient d'Egypte; les Grecs y ajoutèrent quelques
ornements conformes à leurs idées religieuses.

Phocée, Pergame et Tralles avaient pour enseigne un veau ou taureau.

A Cyzique Bacchus était honoré sous la forme d'un taureau.

29

LA GRÈCE.

Les traditions poétiques des Grecs ne contredisent en rien les annales des Israélites; au contraire elles s'accordent admirablement avec elles pour la chronologie et les plus grands points historiques.

DEUCALION.

L'hsitoire de Deucalion est la base de la chronologie et de l'histoire grecque.

Ce personnage est très-remarquable par son déluge, par son arche et par sa qualité d'être le père des Grecs ou Hellènes; mais aujourd'hui les mythes et les symboles s'éclaircissent.

Voyons d'abord le récit de Lucien : « La race humaine d'aujourd'hui, dit-il, n'est
« pas la première; elle vient d'une seconde souche qui, issue de Deucalion, devint
« très-nombreuse; les hommes antérieurs à cette seconde race étaient fort téméraires ;
« ils se livraient à tous les crimes et violaient toutes les lois; ils ne respectaient ni
« la sainteté du serment, ni le droit de l'hospitalité ; ils ne recevaient pas l'étranger
« et ne le défendaient pas quand il implorait leur secours. Par là ils s'attirèrent de
« grands maux : de grandes eaux inondèrent la terre; des torrents de pluie tom-
« bèrent du ciel, et la mer s'éleva très-haut, jusqu'à ce que tout périt. De tous les
« hommes, Deucalion seul fut conservé, à cause de sa sagesse et de sa piété, pour
« devenir la tige d'une nouvelle race; il fut conservé de la manière suivante : il
« entra dans un grand coffre, il y fit entrer aussi sa femme et ses enfants; alors
« s'approcha de lui un couple de chaque espèce d'animaux que nourrit la terre, des
« porcs, des chevaux, des lions, des serpents, etc. ; il les reçut tous; ils ne le bles-
« sèrent pas. Zeus mit la paix entr'eux ; c'est ainsi qu'ils flottaient tous dans le coffre,
« tant que dura l'inondation. »

N'est-ce pas là représenter le déluge de Noé !! Il faut savoir aussi que l'étymologie de Deucalion signifie fabricateur de coffres.

Écoutons maintenant Apollodore; voici la tradition grecque telle qu'elle a été recueillie par Apollodore dans sa *Bibliothèque des Dieux* :

« Nuc-Timus, ou Nic-Timus, dit-il, fils de Lycaon puni par Jupiter, était prince
« d'Arcadie, et c'est sous lui qu'arriva le déluge de Deucalion. — Et voici ce qu'ils
« disent de Deucalion : Deucalion, fils de Prométhée et mari de Pyrrha, vivait dans
« le temps que Iou se décida à abolir le siècle d'airain et la race abominable qui
« le formait; mais, par l'inspiration divine, Deucalion construisit une arche de bois
« appelée Larnax, qu'il garnit de toutes les provisions qui lui étaient nécessaires ;
« il n'y fut pas entré qu'il tomba des torrents d'eau qui noyèrent le genre humain ;
« il aborda ensuite sur une haute montagne, sur un Parnasse, et sortant du navire
« après que les pluies eurent cessé, il offrit un sacrifice à Iou Phryxien ou sauveur. »

Ce tableau est celui de la Bible; ce déluge est celui de Noé!!

Le rapport n'est pas seulement dans les récits; il est encore dans les noms : Nic est l'hébreu Nych ou Nuc, le nom même de Noé; Tim est l'Hébreu Tim, le parfait, le juste, surnom de Noé, cette épithète sublime qui lui valut l'avantage d'être excepté de la ruine du genre humain, et d'être le père d'une race meilleure. Il est Arcas ou prince d'Arcadie, parce qu'il fut possesseur de l'Arche, d'Arg, le vaisseau par excellence. Larnax, nom de l'arche de bois, est également le nom de ce vaisseau oriental : L est un article, Arn est le nom de l'arche; Ax le nom du bois. Pyrrha, Pyrr désigne en oriental, la terre nue, sans habitants.

De tout cela les savants du siècle passé ont conclu que ce déluge était celui de Noé; telle a aussi été la conclusion de Cuvier; telle est celle de M. Letronne :

« Selon quelques auteurs, dit-il, les déluges de Noé, d'Ogygès et de Deucalion « seraient les mêmes. Des rapports de circonstances, le nom d'Inachidès (Noachus) « de la constellation de Persée, et l'étymologie de celui de Deucalion (fabricateur « de coffres) semblent donner du poids à ce sentiment. Si l'on considère que les « traditions des premières colonies de la Grèce datant de leur arrivée dans ce pays, « qu'elles se rattachent comme point de départ, et sans transitions intermédiaires, « à une ère commune, celle du déluge, les époques de ces cataclysmes ne diffèrent « qu'en apparence » (*Recherches sur les Zodiaques Egyptiens*).

Ovide, à qui nous avons obligation de nous avoir conservé des traditions précieuses contenues dans de vieux poèmes grecs que nous n'avons plus, décrit au long les crimes de ceux qui vivaient dans les siècles d'airain et de fer; la guerre des géants contre les dieux, les plaintes que Jupiter en porte à l'assemblée des dieux, le déluge universel qui en fut la suite et dans lequel périrent ces géants; il fait ensuite repeupler la terre par Deucalion.

Hésiode dit aussi que Jupiter chassa du ciel les Titans, que la terre produisit ensuite Typhoe, qui se révolte; Jupiter le punit; le ciel mugit au loin, l'océan est soulevé jusque dans ses abimes, le tonnerre, la foudre, les éclairs se mêlent avec les eaux, tout est bouleversé, les flots ne connaissent plus de limites.

On ne peut pas douter qu'Hésiode ne fasse allusion au déluge universel.

Homère raconte aussi dans l'Odyssée qu'Eurymédon régnait sur les superbes géants, qu'il fit périr tous ses sujets dans les guerres qu'il entreprit, et qu'il périt aussi avec eux; qu'après sa mort, Neptune épousa sa fille et eut d'elle Nausithoüs !!

Nausithoüs signifie, mot à mot, celui qui guérit les maux, vrai nom de Noé, qui survécut à la ruine des géants et du premier monde.

A moins que de vouloir le récit de Moyse sur le déluge, il est impossible de trouver des circonstances plus analogues : les passages d'Hésiode et d'Homère sont d'autant plus remarquables qu'ils s'accordent parfaitement avec les livres hébreux qui ont toujours peint comme des géants audacieux la race qu'extermina le déluge.

La terre entière était remplie du récit de ce grand événement, et le temple le plus ancien, le plus respecté de toute la Syrie n'était fondé que sur cet événement:

Un ancien, dont le récit est toujours joint aux ouvrages de Lucien, et qui passe
sous son nom, rapporte au sujet de ce temple des faits très-singuliers :

« L'opinion la plus commune, dit-il, est que Deucalion de Scythie (il veut le
« distinguer de Deucalion de Thessalie qui était plus jeune, et du temps duquel la
« Thessalie, contrée de la Macédoine, fut inondée) en est le fondateur. Car les
« Grecs disent que les premiers hommes étant cruels et insolents, sans foi, périrent
« tous par le déluge, la terre ayant poussé hors de son sein des eaux en abondance
« qui grossirent les fleuves et qui firent déborder la mer à l'aide des pluies, en sorte
« que tout fut inondé. Il ne demeura que Deucalion qui s'était sauvé dans une
« arche. ....

« Mais ceux de la ville, dont je parle, ajoutent à ceci une autre merveille, qu'il
« s'ouvrit un abîme dans leur pays qui engloutit toutes les eaux, et que Deucalion,
« en mémoire de cette aventure, y dressa un autel et y bâtit un temple qui est celui
« dont nous parlons. On y voit encore une ouverture qui est fort petite, mais je ne
« sais si elle n'a point été autrefois plus grande. Pour preuve de ce qu'ils disent, les
« habitants du pays, avec toute la Syrie, l'Arabie et les peuples d'au-delà de l'Eu-
« phrate accourent deux fois l'an à la mer voisine (cette mer est le lac sur les bords
« duquel était la ville) d'où ils puisent de l'eau en quantité qu'ils viennent verser dans
« le temple où elle se perd par ce trou ; et l'origine de cette cérémonie est encore
« attribuée à Deucalion pour faire souvenir de cet événement. Voilà la plus ancienne
« opinion touchant ce temple. »

C'était Hiérapolis en Syrie, ville célèbre par son temple; il était bâti sur cette
ouverture dont on vient de parler, et sur une éminence au milieu de la ville.

Décrivant ensuite les statues qu'on voyait dans le sanctuaire de ce temple, le même
historien en distingue trois en or, celle de Jupiter, en grec Zeus, en latin Ju ou
Jovis, c'est Jéhova, nom de Dieu, qui se trouve pour la première fois au second
chapitre de la Génèse, après le récit des sept jours; elle était portée par des taureaux, symbole des croyances asiatiques.

La seconde était portée par des lions, autre symbole du même culte ; elle tenait
d'une main un sceptre, et de l'autre une quenouille, avait un tambour, et la tête
couronnée de tours; c'était Junon, Yun, qu'on prononce également Iou, Ioh, Jo;
les Latins en firent Juno. C'était la première femme.

« La troisième statue, qui était au milieu, ajoute l'historien, n'a d'autre nom que
« la statue, et d'autre symbole qu'une colombe d'or sur la tête; c'est elle qu'on
« porte deux fois l'an vers la mer, lorsqu'on va puiser de l'eau dont j'ai parlé;
« quelques-uns disent qu'elle représente Deucalion. »

Plutarque observe que, suivant les mythologistes, un pigeon fut lâché de l'Arche,
et que sa sortie fut à Deucalion un signe de beau temps et son retour une marque
de temps orageux.

Nous dirons encore qu'on célébrait à Athènes une fête nommée les Hydrophories, action de porter de l'eau. Les Athéniens portaient avec pompe de l'eau dans des vases : c'était une fête lugubre. On la célébrait en mémoire de ceux qui avaient été submergés par les eaux du déluge ; on allait ensuite verser cette eau dans une ouverture ou gouffre d'environ une coudée de large, qui se trouvait auprès du temple d'Iou, parce que, disait-on, les eaux s'étaient écoulées par là, et que Deucalion y avait élevé un autel qu'il avait dédié à Iou sauveur.

C'est ainsi que les Grecs avaient conservé un souvenir du déluge universel, sous les noms d'Ogygès, de Deucalion : la date, selon Varron, du déluge d'Ogygès, serait 1600 avant la première olympiade, c'est-à-dire à vingt-huit ans près à l'époque fixée pour le déluge universel, selon le calcul d'Ussérius ; mais, Acusilas et Hellanicus le plaçaient du temps de Phoronée, suivant eux, le premier des hommes.

Ils s'accordaient toujours à le fixer à l'origine des temps. Pour Ogygès, les Grecs le faisaient régner à Thèbes avant même sa fondation, et ils avaient conservé un vieux proverbe des malheurs d'Ogygès : « Ogygia mala, id est vetera vel per- « molesta. Cadmus enim, Ogygis filius, ob filias suas in calamitates incidit ; et Ogyges « primus regnavit Thebis. »

« Dyonisius in *Originibus*, Ogygis filias Alalcomeniam, Thelxiniam, Aulidem fuisse « tradit. »

D'autres le font régner à Athènes, avant Cécrops, « sub eodem Phoroneo, Ogyges « in Attica regnabat, cujus tempore magnum diluvium..... »

On voit qu'avant la fondation de leurs monarchies, les Grecs plaçaient un déluge ; tel fut aussi celui de Deucalion, arrivé sous Cranaus, successeur de Cécrops, premier roi d'Athènes, ou placé à l'origine des temps :

« Prometheus cum Atlante fratre quorum ætas in incerto posita est apud Euse- « bium, Prometheum esse Iapeti filium primum hominem luto finxisse poetæ ceci- « nerunt (Suidas). Apollodorus (lib. 1) hunc eundem Pallade antiquiorem facit « et Deucalionis parentem ait fuisse, ut et Ovidius. »

Pindare fait aborder Deucalion sur le Parnasse, s'établir dans la ville de Proto- génie, qui veut dire première naissance, et y reformer son peuple avec des pierres.

L'idée, que l'on se faisait du déluge d'Ogygès et du déluge de Deucalion, était dérivée de l'ancienne tradition du déluge universel ; chaque colonie en avait apporté avec elle le souvenir, le plaçait à son origine ou sa venue, et le localisait près des lieux qu'elle habitait ; et il faut encore considérer que Hérodote, Thucydide, Xénophon, ne font aucune mention du déluge d'Ogygès, ni de Deucalion ; tant il est vrai que ces déluges appartenaient à des temps antérieurs aux Grecs, au déluge universel ; c'est ainsi que dans l'Asie-Mineure on supposait aussi qu'avait eu lieu le déluge, du temps de Nannacus, qui régnait à Iconium, sur le grand plateau de l'Asie-Mineure ; toutefois, il n'aurait pu avoir lieu en cet endroit sans inonder la totalité de la presqu'île. Zénodote ou Zénobius cite pour ce déluge Hermogénès, auteur d'un traité sur les Phrygiens, et Hérode le Jambographe. Et Suidas dit qu'il existait encore un proverbe : « Instar Nannaci lamentabor. »

« Nannacum regem fuisse ante Deucalionem dicunt, qui, cum diluvium futurum « præsciret, omnibus in templum congregatis, plorans vota fecerit. »

Les Grecs par le même principe ont attaché l'origine de leurs rois et de leurs monarchies à Deucalion.

Le quatrième fils de Japhet s'appelait Iou, ou, suivant la lecture postérieure des Massorètes, Iavan ; il est le père des Grecs ; il eut quatre fils : « filii autem Iavan « Elisa et Tharsis, Cetthim et Dodanim ; » ils peuplèrent la Pélagie. Ce pays qu'ils peuplèrent s'appelle encore aujourd'hui Iauna chez les Turcs qui en sont ou en ont été les possesseurs.

La Thrace nous montre de la manière la plus sensible que là s'établit Tharsis ; Ketim ou Cetthim est le pays des Gètes, au nord de la Macédoine ; et la Macédoine elle-même, Maked, est la grande Gétie ; Dodanim, les Doriens, et suivant quelques-uns l'île de Rhodes ; Elisa, l'Elide ou le Péloponèse ; ces peuples, venus par le nord, furent alors connus sous le nom de Pélages : dans la langue des Celtes, pel signifie élevé, et lasg, chaine de montagnes « les habitants d'un pays coupé par des chaînes « de montagnes élevées » (1).

Les Grecs ont voulu suivre à peu près le récit de Moyse, mais en conservant leur Deucalion ; toutefois ils ne sont pas d'accord : Conon (dans Photius) va nous l'apprendre : « Refert de Hellene filio Deucalionis, quidam Jovis esse dicunt, habuit filiös « tres : ex his Æolum natu maximum.... hinc Æolicum genus derivatur ; alter deinde « Dorus., ab hoc Dores dicti ; » le troisième se nommait Xuthus, et il eut deux fils, Achœus, père des Achéens, et Ion, père des Ioniens.

Les révolutions des peuples, surtout les colonies qui descendaient du nord pour se rapprocher du midi, durent effrayer les habitants resserrés dans la Grèce ; ils durent chercher les moyens de se maintenir dans leur état par une étroite confédération ; c'est ce qu'ils ne tardèrent pas à faire ; et l'on vit alors s'unir plusieurs peuples et prendre pour chef-lieu, pour lieu sacré et solennel, la ville de Delphes et son temple, et les Thermopyles avec le temple de Cérès. Ceux qui entrèrent dans cette alliance se distinguèrent du reste des Pélages par le nom d'Hellènes qui se communiqua aux habitants du Péloponèse, lorsque les Doriens Héraclides en eurent fait la conquête ; dès-lors le nom d'Hellènes devint celui des Grecs. Ces confédérés réunirent leurs intérêts dans les mains d'un conseil général nommé conseil des Amphyctions. Les poètes et les historiens ont placé dans la plus haute antiquité l'établissement des assemblées amphyctioniques ; mais de ce que parmi les peuples qui avaient le droit d'amphyctionie, on ne trouve pas les Æoliens, et qu'au contraire il est fait mention des

---

(1) Pelasgium genus : Pelasgus Jove et Niobe Phoronei filia Inachi nepte natus dicitur (Dionis. Halyc. Apoll.).

Pelasgi Lycaon filius 50 liberos habuit qui omnes Nyctimo excepto interfecti feruntur. On voit toujours par ces textes que les Grecs à leur origine se reconnaissaient sous le nom de Pélages.

Thessaliens et des Doriens, ou conclut que ces assemblées et les fêtes qui les accompagnaient, furent instituées dans le XIIe. ou sur la fin du XIIIe. siècle avant
l'ère chrétienne.

Néanmoins, les Grecs ont encore voulu rattacher ce grand événement à Deucalion :

« Acusilaus Cabæ filius argivus e Cercade urbe prope Aulidem, historicus anti-
« quissimus, descripsit genealogias ex æneis tabulis quas pater ejus quendam ædium
« suarum locum fodiens reperit. »

« Amphictyone filio Deucalionis, qui cum rex esset, hos duodecim populos convo-
« cavit : Iones, Dorienses, Perrhœbos, Bœotios, Magnetes, Achæos, Phthiotas, Mo-
« lienses, Dolopes, Amanes, Delphos, Phocenses. »

La chronique de Paros attribue à Amphyction les Panathénées ; mais voilà
Plutarque qui attribue, après la mort d'Egée, à Thésée son fils, la fête commune à tous les habitants de l'Attique, sous le nom de Panathénées ; bien plus, il
affirme positivement que ce fut Thésée qui assembla les Athéniens en une ville,
qui fut nommée de cette réunion Athènes ; auparavant, ils étaient disséminés dans
toute l'Attique ; et l'on voit aussi que les habitants de l'Attique ne paraissent dans
la liste des Hellènes qui formaient le corps des Amphyctions que sous le nom
d'Ioniens (1).

Des colonies étrangères étaient venues se mêler aux habitants de la Grèce ;
elles arrivèrent successivement sur ces côtes, Cécrops à Athènes, Cadmus en
Béotie, Danaus à Argos. Les traditions des Grecs les font sortir d'Egypte : il est
certain que l'ancienne religion des Grecs a une grande analogie avec celle des
Egyptiens. Les Grecs traduisirent les noms des divinités égyptiennes en leur langue ;
on remarque aussi que Homère nomme l'état primitif Océan et non Cahos, façon
de voir empruntée à des Egyptiens, qui envisageaient les premiers éléments comme
détrempés dans les principes humides. Selon le philosophe Thalès, l'eau était le principe de toutes choses.

Hésiode regarde l'Océan comme le premier des êtres qui aient existé. Plutarque
soutient que le cahos des anciens n'était autre que l'eau. C'est l'idée fondamen-
tale de la théogonie des anciens Egyptiens, et c'est ce que la révélation avait
enseigné.

Après avoir mentionné les plus anciens habitants de la Grèce et les colonies qui
étaient venues s'établir dans ce pays, voici maintenant les rois qui, dans les temps
anciens, le gouvernèrent :

(1) On trouve encore une fille de Deucalion, qui préside aussi à l'origine d'un peuple : « Est de
« Endymione qui Aëthno Jovis filio et Protogeneia Deucalionis filia natus binos suscepit liberos
« Eurypilen et Ætolum. Hic e Peloponeso patria ditione excedens in oppositam regionem cum
« sequentium turba, pulsis Curetibus, commigravit ; et pro Curetide Ætolida nominari fecit. Euripiles
« vero et Neptuni filius Elis, mortuo avo materno Endymione, regnum suscepit, conditamque ab
« Endymione urbem Elim nominavit » (Conon).

ROIS DE SPARTE. 1516.	ROIS D'ATHÈNES. 1556 ou 1585	ROIS DE THÈBES. 1493.	ROIS DE SYCIONE. 2079.	ROIS D'ARGOS. 1859 ou 1891.
Eusèbe assure que Sparte fut fondée du temps du règne d'Apis. Elle le fut par une colonie venue d'Egypte. Cependant, on dit que Lélex, premier roi de Lacédémone, était indigène. Du temps de Lycurgue, qui était de la maison royale, 884 avant notre ère, Sparte comptait déjà trente rois de la race des Agides, et 27 de celle des Proclides et Eurytionides, ou Eurypontides. Les Héraclides s'étaient emparés de Sparte, en 1104 avant notre ère. Deux frères jumeaux y établirent une double dynastie, dont les deux branches régnèrent conjointement près de 900 ans ; ses lois furent abolies et ses murailles rasées par Philopœmen, chef de la ligue achéenne, en 186 avant notre ère.	Cécrops. Cranaus. Amphyction. Ericthonius. Pandion, Ericthonii filius. Erectheus, Pandionis filius. Cecrops II, Erecthei frater. Pandion II, Erecthei filius. Ægeus, Pandionis filius. Theseus, Ægei filius. Menestheus. Demophoon, Thesei filius. Oxynthes, Demophoontis filius. Aphidas, Oxyntæ filius. Thymœtes, Aphidantis frater. Melanthus, Andropompi filius. Codrus, Melanthi filius. Ces rois régnèrent pendant 487 ans. Il y fut ensuite des archontes perpétuels au nombre de treize, pendant 316 ans, auxquels succédèrent des archontes décennaux, au nombre de sept, et à ceux-ci des archontes annuels. Athènes, en 404, fut prise par Lysandre, chef des Lacédémoniens. Ses murailles abattues, son gouvernement changé, ce fut un coup dont elle ne se releva jamais.	Cadmus, premier roi de Thèbes, où il établit ses Phéniciens. Polydore, fils de Cadmus et de Harmonie, régna ensuite à Thèbes ; et de Nycteide, fille de Nyctée ou Nyctimus, il eut un fils appelé Labdac : « Qui post Pentheum moriens Laïum filium anniculum reliquit. » C'est pourquoi Lycus, frère de Nyctée, occupe le trône : « Zethus et Amphio nati ex Antiopa filia Nyctei Thebis potiuntur. Laïus fut dans la suite rétabli sur le trône de ses ancêtres, et épousa Jocaste de laquelle il eut OEdipe. Les malheurs de Laïus, de Jocaste, d'OEdipe, d'Etéocle et de Polynice ont rendu Thèbes célèbre dans l'antiquité. Elle dut encore sa célébrité à Pélopidas et à Epaminondas. Tous ses habitants furent vendus sous Alexandre-le-Grand, en 335.	Ægialée est le premier roi de Sycione dans le Péloponèse, et règne 1313 ans avant la première olympiade, suivant la chronique d'Eusèbe. Sycione était une ville située sur une colline, à vingt stades de distance du Golfe de Corinthe. Suivant Apollodore et Castor, des rois y régnèrent pendant 967 ans, et des prêtres pendant 33 ans. Pausanias rapporte que le dernier règne fut celui de Zeuxippe, et qu'à sa mort Agamemnon transporta le siège à Mycènes. Voici le nom des rois de Sycione : Egialée. Apis. Egire. Erate. Plemnée. Arthopolis. Corone. Epopée. Lamédon. Sycione. Polybe, qui régna pendant l'époque d'Hercule et le règne de Thésée.	Inachus ou Enachus. Phoroneus, Inachi filius. Apis, Phoronei filius. Argus, Phoronei natus ex filia. Criasus ou Pirasus. Phorbas ou Phorbus. Triopas. Crotopus. Sthenelus. Gelanore pulso, qui Sthenelo successuruserat, Danaus regnavit. Danaus. Lynceus, Ægypti filius. Abas. Prœtus. Acrisius. Perseus. Acrisius ayant été tué par imprudence par son neveu Persée, celui-ci transféra son siège à Mycènes, dont il fut le fondateur. Le règne de ces rois avait commencé 1080 avant la première olympiade. Ils régnèrent pendant 544 ans jusqu'à Persée. Varron avait dit aussi en parlant de ces rois : « Ad Romuli initium plus mille et centum annorum est. »

(233)

Voilà ce qui résulte des recherches approfondies des anciens, Castor, Conon, Pausanias, Varron, Eusèbe, Tatien, etc., et des modernes Ussérius, Petau, Le Sage, etc.

Il est à propos de faire quelques remarques sur les rois de ce tableau avant de le continuer.

Eusèbe, Pausanias et Apollodore disent que Phoronée était fils d'Inachus et de Mélissa, fille de l'Océan, c'est-à-dire que les Grecs ne reconnaissaient rien au-delà de Inachus et de Phoronée; son fils, Apis, fut tué à cause de sa tyrannie par Thelxion et Thelchinès; le Péloponèse s'appelait alors Apie (Apia), et avait pris ce nom de ce monarque. Phorbas fut le successeur de Pirasus sur le trône d'Argos. La première des prêtresses de Junon dans cette ville était fille de Pirasus; elle est nommée Callithoé ou Callithya. Hellanicus de Lesbos, qui était né en 495 avant l'ère chrétienne et qui ne mourut que vingt ans après Hérodote, avait fait une histoire générale des Grecs, où il marquait la chronologie par les générations qu'il assujettissait à la suite non interrompue des prêtresses de Junon, en rapportant aux années de leur sacerdoce la date de leurs événements.

Thucydide, qui voulait que son histoire fût une continuation de celle de Hellanicus, eut soin de marquer avec la plus grande exactitude l'année de Chrysis, prêtresse de Junon, dans laquelle commença la guerre de Péloponèse; il marque aussi l'année de sa retraite à Phliunte, et nomme la prêtresse qui fut élue pour la remplacer; elle s'appelait Phaënnis. Timée, dont l'histoire ne finissait qu'à la cent vingt-neuvième olympiade, avait employé cette même ère des prêtresses d'Argos. Ainsi, en réunissant les ouvrages de Timée, de Thucydide et d'Hellanicus, on avait la suite continue des prêtresses d'Argos et des années de leur sacerdoce; depuis l'an 264 avant l'ère chrétienne, où l'ouvrage de Timée se terminait, jusqu'au sacerdoce de Callithoé, ce qui donnait une durée de 1442 ans. L'époque de la fondation du temple d'Argos remontait vers l'an 1700; la Junon d'Argos n'était originairement qu'une colonne.

Suivant les calculs de Timée, de Thucydide et d'Hellanicus, il s'écoula depuis Jésus-Christ jusqu'au sacerdoce de la fille de Pirasus 1676 ans. Si l'on admet que la fille de Pirasus ait commencé ses fonctions au commencement du règne de son père, comme il s'écoula à partir de Pirasus jusqu'au règne d'Inachus 215 ans, nous aurons pour l'époque précise d'Inachus l'année 1891. Il s'écoula depuis Inachus jusqu'au commencement du règne de Danaüs 382 ans; Danaüs arriva donc dans la Grèce en 1509. Goguet fait régner Cécrops l'an 1585; Eusèbe le fait contemporain du roi Triopas; or, il s'écoule depuis le commencement du règne de Triopas jusqu'à Inachus inclusivement 304; si l'on ajoute ce nombre d'années à celui de 1585, on obtient 1889, qui ne diffère pas essentiellement de 1891; il résulte donc que · Cécrops commença à régner en 1585.

Cécrops était venu d'Egypte, et régna sur le pays d'Athènes, qui s'appela alors Cécropia.

Hygin appelle Cécrops Diphuès, c'est-à-dire l'homme à deux faces.

30

La première époque de la chronique de Paros, celle avant laquelle les Athéniens ne connaissaient rien dans la Grèce, est le règne de Cécrops. Les Athéniens prétendaient que Cécrops les avait tirés de l'état sauvage, qu'il avait donné des lois, des mœurs, qu'il avait établi le mariage.

Ils le peignaient sous la forme d'un homme jusqu'à la ceinture, et d'un serpent depuis la ceinture jusqu'en bas; ils donnaient Amphyction comme un fils de Deucalion... Tout cela est de la mythologie; ils disaient aussi Ericthonius né de la terre; lorsque Vulcain poursuivait Minerve, Minerve avait confié à une des filles de Cécrops une corbeille, où elle ne trouva qu'un enfant avec des jambes de serpent : cet enfant s'appelait Erichthonius. Décidément les Grecs avaient conservé des idées de la chute originelle!!

Deux siècles s'étaient presqu'entièrement écoulés, selon la même chronique, depuis Cécrops, et cependant les Athéniens n'avaient point encore d'agriculture ; mais les marbres de Paros portent néanmoins : « Depuis que (1398) Orphée publia « ses vers, chanta l'enlèvement de Proserpine, la recherche qu'en fit Cérès, et les « fables qui concernent ceux qui en reçurent les grains sous le règne d'Erichthée, il « s'est écoulé 1185 ans. » Les Grecs regardaient donc comme des fables l'enseignement de l'agriculture à Triptolème; en effet, Cécrops venait d'Egypte où la culture des terres était en usage depuis long-temps, et cette science ne pouvait être inconnue ni à lui ni à ses successeurs.

Cadmus était venu d'Egypte par la Phénicie en Grèce : « Pour les lettres assy- « riennes (chaldaïques), je pense, dit Pline, qu'elles aient été de tout temps; tou- « tefois aucuns, et même Aulu-Gelle dit que Mercure les inventa en Egypte ; d'autres « disent que la première invention vint de Syrie. Pour certain, Cadmus apporta de « Phénicie seize lettres, auxquelles Palamède en ajouta quatre pendant le siége de « Troie; après lui Symonides Melicien en ajouta quatre autres, la prononciation « desquelles se remarque aussi en notre alphabet. Aristote dit que de toute ancien- « neté il y avait dix-huit lettres en l'alphabet grec, et que Epicharme en ajouta deux, « et non Palamède. »

A Thèbes, la capitale de la Béotie, les principales divinités étaient Cadmus, Cérès, Cybèle, Bacchus, Hercule, Osiris, Rhea, Vénus, etc.

Le simulacre de Bacchus n'était originairement qu'une pierre non travaillée. Cybèle y avait un temple et ses mystères; la figure d'Hercule n'était aussi originairement qu'une pierre brute; Cérès y était surnommée Cabira.

Rhea y était représentée par une statue. Il y avait aussi à Thèbes une statue de Vénus Uranie, si ancienne, qu'on la croyait une offrande d'Harmonie.

Les Thébains prétendaient qu'elle avait été faite des éperons des navires qui avaient amené Cadmus. Harmonie, dit Pausanias, imposa elle-même ce nom à cette Vénus, afin d'exprimer son amour honnête et dégagé des sens.

Bacchus, né dans l'Arabie, sauvé des eaux dans un petit coffre, appelé pour cela Misès, instruit des secrets des Dieux, portant une verge qu'il changeait en serpent quand il voulait, passant la Mer Rouge à pied sec, jouissant de la clarté du soleil pendant la nuit, écrivant ses lois sur deux tables de pierre, ayant des cornes ou des rayons qui partaient de sa tête, appelé Osarsiph, qui est le nom de Moyse selon Manéthon.... N'est-ce pas là une traduction de la vie de Moyse !

Le Bacchus des Grecs n'est-il pas Moyse ?

Parmi les hymnes d'Orphée, il en est une très-remarquable, adressée à Bacchus, sous le nom de Misès ; Horace chante les cornes de Bacchus....... ; ce culte de Bacchus fut apporté en Grèce par Danaüs l'égyptien ; d'autres disent qu'il fut apporté par Cadmus, et que Persée, selon Pausanias, s'opposa à l'introduction de ce culte dans le Péloponèse ; il avait livré un combat au prêtre de Bacchus et à ses menades, et plusieurs de celles-ci avaient été tuées ; on montrait encore leurs tombeaux au temps de Pausanias ; cependant, ajoute Pausanias, Persée et Bacchus se réconcilièrent.

Danaus.

Sésostris, roi d'Egypte, avait pour frère Armaïs, comme on le voit dans Manéthon et dans Joseph. Sésostris fut appelé Ægyptus, et son frère Armaïs fut surnommé Danaüs, selon ces deux mêmes historiens. On voit dans Joseph, qui cite Manéthon, que Armaïs gouverna l'Egypte pendant l'absence du conquérant : « Ita Manetho Ægyp-
« tius : simul etiam addens Armaim quidem Danaum, Sethosim vero et Ægyptum
« unde et regioni nomen datum fuisse ait, et Ramessem avi nomine fuisse nuncu-
« patum. » Ce conquérant est appelé par Hérodote Sésostris, et Tacite l'appelle Rhamsès. « Ægyptus quæ prius Æria dicebatur, ab Ægypto tunc ibi regnante nomen
« accepit, cui datum est regnum, ejecto Danao (1484 ou plutôt 1509). »

« Ægyptus qui et Rhamesses et Sesostris, post novem annos in exteris expeditionibus
« insumptos (Diodore de Sicile, l. I), Pelusium rediit ; unde Armaïs, qui et Danaüs,
« quum Ægyptiorum regno novem annis præfuisset, fratrem suum Ramessem sive
« Ægyptum fugiens, Ægyptiaco suo regno excidit, et in Græciam devenit » (ut habet George Le Syncelle, in Græcis Eusebianis Scaligeri, p. 26, 27). Armaïs qui gouverna l'Egypte pendant neuf ans en l'absence de son frère, fut au-devant de lui jusqu'à Péluse, pour le recevoir à son arrivée, et lui préparer un festin, mais dans la réalité pour lui tendre des embûches, comme le rapportent Hérodote et Diodore. N'ayant pas réussi dans ses funestes desseins, il se sauva dans la Grèce.

On rapporte de ce prince qu'il avait cinquante filles que son frère Ægyptus lui demanda en mariage pour ses cinquante fils ; mais il refusa cette union parce qu'il avait dessein de contracter plusieurs alliances avec les princes voisins dans l'espérance qu'ils le favoriseraient dans sa rébellion contre son frère ; celui-ci, qui avait pénétré le véritable motif qui le faisait agir, le força à consentir à ces alliances ; mais Danaüs s'en vengea cruellement ; par ses ordres, ses filles, la première nuit, se défirent de leurs maris, à l'exception de Hypermnestre qui sauva son mari Lyncée. Danaüs retiré en Grèce, à Argos, enleva le trône à Gélanor qui lui avait donné fort humainement un asile dans ses états.

Hérodote dit que ces Danaïdes portèrent d'Egypte dans le Péloponèse le culte de

Cérès ou les Thesmophories, et qu'il y fut ensuite supprimé par les Doriens, hormis dans l'Arcadie où il fut conservé constamment. On trouve que Danaüs pilla le temple de Delphes.

Les dames d'Argos célébraient la fête d'Adonis dans une chapelle près du tombeau de Danaüs; on adorait Apis à Argos. Les Argiens disaient que Danaüs, par la plus noire ingratitude, avait enlevé le royaume d'Argos à Gélanor qui en était possesseur.......... (1).

LE ROYAUME DE MYCÈNES.

3401 de la période Julienne ou 1313 ans avant Jésus-Christ.

Persée, Electre, Taphius } 56 ans.

Sténélée . . . 8

Eurysthée . . 43

LES PÉLOPIDES.

Atrée, Thyeste } 8

Agamemnon. 15

Egisthe . . . 7

Oreste 70

Tisamône, Penthilée, Cométès } 3

Ce royaume dura 209 ans et finit l'an 3608 de la période Julienne, ou 1106 avant Jésus-Christ.

LE ROYAUME DE CORINTHE.

1326 avant Jésus-Christ.

1326. Sisiphe fut son premier roi particulier : « Quod Æolidæ vel Sisyphidæ tenuerant, ut refert Pausanias. » Jusque-là elle avait été soumise à ceux d'Argos et de Mycènes.

Elle demeura long-temps sous cette race : « Qua ex progenie postremi Doridas et Hyantidas ab Alete Hippotæ filio, Phylantis nepote, pronepote Antiochi, Herculis abnepote, exuti regno, in eadem urbe privati constiterunt, ac deinceps Aletæ posteri rerum potiti sunt. Quorum ultimus Telestes a Pausania recensetur. Solet Corinthiorum regum nova familia a Bacchide duci quam Bacchiadarum vocant.

Sous cette nouvelle race les Corinthiens prirent les formes républicaines et établirent des prytanes, magistrats élus par les anciens.

L'an 140 avant Jésus-Christ, Corinthe fut détruite par le consul Mummius, qui y mit le feu et en rasa les murailles. Avec elle expira l'indépendance de la Grèce.

LE ROYAUME DE MACÉDOINE.

Le royaume commença l'an 3900 de la période Julienne, ou 844 avant Jésus-Christ.

Caranus.	28 ans
Cœnus, fils de Caranus.	28
Thurimas, fils de Cœnus.	45
Perdiccas, fils de Thurimas.	48
Argée, fils de Perdiccas.	32
Philippe, fils d'Argée.	38
Aëropas, fils de Philippe.	42
Alcetas, fils d'Aëropas.	28
Amyntas, fils d'Aëropas.	49
Alexandre, fils d'Amyntas.	43
Perdiccas II, fils d'Alexandre.	23
Archélaüs, fils de Perdiccas.	14
Oreste, fils d'Archélaüs.	0
Aëropas, tuteur d'Oreste.	4
Pausanias, fils d'Aëropas.	1
Amyntas, premier règne.	1
Argée.	2
Amyntas, second règne.	21
Alexandre, fils d'Amyntas.	2
Ptolémée Alorites, fils d'Amyntas.	3
Perdiccas, fils d'Amyntas.	5
Philippe, fils d'Amyntas.	24
Alexandre, fils de Philippe.	12
Aridée, fils de Philippe.	7
Cassandre, fils d'Antipater.	19
Philippe, fils de Cassandre.	1
Antipater et Alexandre, } fils de Cassandre.	3
Démétrius Poliorcètes.	6
Pyrrhus.	7 mois.
Lysimaque.	5 ans 6 mois.
Ptolémée, fils de Lagus.	1 5 mois.
Méléager, fils de Lagus.	2 mois.
Antipater.	45 jours.
Sosthènes.	2
Antigonus Gonate, fils de Démétrius Poliorcète.	36
Démétrius, fils de Gonate.	10
Antigone.	12
Philippe, fils de Démétrius.	42
Persée, fils de Philippe.	11

Ce royaume dura environ 647 ans et eut 39 rois.

(1.) Quoique Persée eût tranféré son siège à Mycènes, « Argis interea non minus regnatum est : « nam post Acrisium Megapenthes, Prœti filius, Talaus et Adrastus ejus filius ea in urbe principatum

Caranus était de la race des Héraclides; il habitait Corinthe. Les marbres de Paros portent que son frère Phidon était le onzième descendant d'Hercule, et marquent en l'année 815 qu'il était tyran d'Argos.

Le royaume de Mycènes, commencé par Persée, continué par Pélops, finit par l'arrivée des Héraclides. Vers l'an 1105, des Héraclides ou descendans d'Hercule, changèrent toute la face de la Grèce; il y eut alors des émigrations, la plus célèbre fut celle des Ioniens sur les côtes de l'Asie-Mineure : « Ioniæ sunt urbes XII a Neleo Codri filio conditæ : » Ephèse, Milet, Myos, Priene, Colophon, Téos, Lesbos, Erythrée, Phocée, Clazomène, Chios, Samos.

Diodore, Pausanias et d'autres historiens sont très-précis sur le commencement des règnes des rois de Corinthe et de Lacédémone.

On rapporte communément à l'an 776 le commencement des Olympiades : c'était un cycle qui servait à régler le temps des jeux olympiques, qui servait aussi à régler les années. Ce cycle était composé de quatre ans, et il commençait constamment à la pleine lune qui suivait le solstice d'été.

Nul pays n'a produit autant de grands hommes que la Grèce; on compte parmi eux : Persée, Hercule, Orphée, Castor, Pollux, Jason, Thésée, Homère, Hésiode, les sept sages de la Grèce, c'est-à-dire Solon d'Athènes, Pittacus de Mythilène, Chilon de Lacédémone, Thalès de Milet, Bias de Prienne, Cléobule de Linde, Périande de Corinthe, ou à la place de ces deux derniers, Epiménide de Crète et Anacharsis de Scythie et de la Grèce par sa mère; Pindare, Sophocle, Anacréon, Eschyle, Hérodote, Thucydide, Socrate, Aristophane, Euripide, Pausanias, Périclès, Hippocrate, Xénophon, Platon, Diogène, Iphicrate, Démosthènes, Aristote, Théophraste, Euclide, Aratus, etc., etc..........

Un fragment d'inscription porte : *Aux douze dieux de Solon.*

Aristote fut accusé d'impiété dans la ville d'Athènes; il se retira à Chalcis en Eubée (IVᵉ. siècle avant Jésus-Christ).

Protagore avait été chassé d'Athènes pour avoir révoqué en doute la divinité, dans un écrit qui fut brûlé publiquement (Vᵉ. siècle avant Jésus-Christ).

Diagoras, qui niait la providence et qui rejettait les dieux, se sauva aussi d'Athènes (Vᵉ. siècle).

Anaxagore, surnommé l'Esprit, parce qu'il enseignait que le monde n'avait pu se faire de la matière seule, s'il n'y avait eu ce qu'il appelait *Nous*, c'est-à-dire un esprit ou une intelligence qui en eût arrangé les parties; cependant Anaxagore fut accusé d'irréligion à Athènes. Periclès le soutenait et l'avait eu pour maître.

Onomacrite fut banni d'Athènes (VIᵉ. siècle avant Jésus-Christ); on le croit l'auteur de la plupart des poèmes publiés sous le nom d'Orphée.

« tenuerunt, ac Megapenthi Talaus successit ; quo mortuo, Adrastus, ejus filius, Argis relictis, Sicyo-
« nem migravit ; ibique cum annos aliquot regnasset, Argos repetit, ubi et Tydeum et Polynicem
« profugos excepit ; sane quo tempore Mycenis regnabat Agamemnon, Diomedes Tydei filius Argis
« dominabatur, ut Eustathius observat. »

Apollodore d'Athènes composa la *Bibliothèque des Dieux*, dont il ne nous reste que l'abrégé en trois livres; il vivait sur la fin du second siècle avant l'ère chrétienne.

On connaît les hymnes de Callimaque, poète grec qui florissait vers l'an 280 (avant Jésus-Christ).

Evhémère avait fait une histoire sacrée où il prétendait que tous les dieux adorés dans la Grèce, sous le nom d'Uranus, de Cronos, etc., n'étaient que des hommes, etc. Il vivait sous le règne de Cassandre, roi de Macédoine, à qui Antigone et son fils Démétrius firent la guerre.

Démosthène disait que la Pythie *philippisait*, c'est-à-dire qu'elle favorisait en tout Philippe, roi de Macédoine.

Dans deux des comédies qui nous restent d'Aristophane, on voit qu'il faisait des prédictions de la Sibylle le sujet de ses plaisanteries, ainsi que de la philosophie de Socrate.

Plutarque et Clément d'Alexandrie nous donnent les noms des prêtres Egyptiens qui avaient communiqué aux Grecs les doctrines orientales; ce sont :

Ethimon à Orphée.

Ochlaphus à Aglaophamus.

Sonchis et Psénophis à Solon.

Pérénitès à Pythagore.

Sochoniatès et Sechnuphis à Platon.

La Religion.

Hérodote nous apprend que toute la théologie des Grecs est fondée sur les récits d'Homère et d'Hésiode: « On a long-temps ignoré, dit-il, l'origine de chaque « dieu, leur forme, leur nature, et s'ils avaient tous existé d'un temps; ce n'est, « pour ainsi dire, que d'hier qu'on le sait. Je pense, en effet, qu'Homère et Hé- « siode ne vivaient que 400 ans avant moi. Or, ce sont eux qui, les premiers, ont « décrit en vers la théogonie, qui ont parlé des surnoms des dieux, de leur culte, « de leurs fonctions, et qui ont tracé leurs figures. Les autres poètes, qu'on dit « les avoir précédés, ne sont venus, du moins à mon avis, qu'après eux » (tra- duction de M. Larcher).

Mais, grâce à l'imagination de leurs poètes et même de leurs historiens, le nombre des dieux, des demi-dieux, des héros s'accrut dans la suite; les noms de ces personnages imaginaires et souvent leurs généalogies se retrouvent dans leurs mytho- graphes, leurs historiens, leurs géographes et leurs grammairiens ou scholiastes.

Mais comment trouver la vérité dans cette multitude de dieux, ce ramas de fables? Comment en faire l'histoire? Quelle était la vraie croyance des Grecs, de leurs sages, de leurs philosophes, de leurs initiés dans les mystères?

L'antiquité a, comme on le sait, inventé deux grands systèmes dans le but de trouver la clef de toutes ces fables. Ainsi, Pythagore et les Platoniciens recouraient, pour l'interprétation des mythes, à des allégories morales et à des explications cosmogoniques. Les Epicuriens et les Stoïciens, d'un autre côté, avec leur chef Evhémère, dédaignant les exégèses physico-mystiques, donnèrent à la mythologie grecque une source purement humaine et historique : ils expliquèrent toutes les légendes fabuleuses par l'apothéose; les dieux n'étaient que des rois déifiés; Jupiter était un ancien monarque de l'île de Crète, dont on voyait encore le tombeau (1).

Diodore de Sicile, avec tous les sceptiques du paganisme, accepta cette explication.

Cicéron lui paraît favorable, ou, du moins, ne s'attache pas à la réfuter sérieusement (de natura deorum , l. 1 , c. 12. et lib. III, c. 16).

Un autre système, développé par Hug, fait passer dans la Phénicie d'abord, puis dans la Grèce les dieux de l'Egypte; les habitants de ces contrées se bornèrent à changer les noms de ces divinités, et à leur donner une allure avec leur génie.

Il est certain que les peuples qui ont peuplé la Grèce primitivement y ont apporté les traditions de leurs pères, et il est certain encore qu'il existe une grande ressemblance entre certains récits de Moyse, du livre des Juges, etc. , et les fables payennes poétisées sous la plume élégante d'Orphée , d'Homère et d'Hésiode.

Orphée : « Orpheum, Thracia juxta cacumina Olympi , tumulus habet. Sub « Judæorum judicibus, regno Atheniensium abrogato , ferunt Orpheum claruisse , « virum præstanti sapientia multorumque arcanorum peritum. Ferunt enim ejus « orationes etiam de cognitione Dei e quibus hæc sunt : dixit enim ab initio ætherem a « Deo fabrefactum extitisse et ab utraque parte ætheris fuisse cahos, et noctem « terribilem omnia tenuisse..... de genere humano autem, dixit ipsum etiam ab opifice « rerum omnium Deo formatum esse, et animam accepisse rationis capacem...... »

Hésiode : « Ponit chaos ex quo orta sunt omnia quod et Aristoteles diserte « pronuntiat esse nihil; docet hominem luto formatum, primorum hominum vitam « fuisse nostrâ longe diuturniorem, septimam diem sacram esse. »

Homère: On trouve, dans les ouvriers de la tour de Babel, ces fils de la terre entassant montagnes sur montagnes pour escalader le ciel: le vœu de Jepthé rappelle celui d'Idoménée, et l'échelle de Jacob cette chaîne d'or que, selon le grand poète grec, le roi des dieux laissa descendre sur la terre.

Ce vers d'Homère : *Tout est soumis à une division tripartite*, était connu des payens, et appliqué à la Ste.-Trinité, comme on le voit dans l'ouvrage du diacre Constantin, *Le panégyrique de tous les martyrs*, que le cardinal Mai vient de retrouver. Là-dessus Lactance disait : « Nihil igitur a poetis totum fictum est. Aliquid fortasse « traductum et obliqua figuratione obscuratum quo veritas involuta tegeretur » (de falsa religione).

Il y a un morceau très-remarquable dans Eschyle:

Io, victime d'un courroux céleste, se perd comme Prométhée dans l'obscurité des temps; son père, c'est Inachus, ou Enachus, pris à l'origine des Grecs; Jéhovah en

_____

(1) Callimaque traite de menteurs les habitants de Crète à ce sujet.

hébreu s'écrit par quatre lettres : Jéoa ou Iéoa. Diodore de Sicile a prononcé ce nom Jao ou Iao, Clément d'Alexandrie, Iaou, et Philon de Biblos, Jeuo. Ces variantes rappellent naturellement Io, qui a pu être une prononciation d'Eva, ayant en dernière analyse le même sens et la même racine que Jéhovah, le créateur, et l'essence d'Eva; l'existence et la vie, en outre, est au fond de l'une et de l'autre expression. Eva et Io, signifiant vie, devint chez les Grecs, un symbole de la fécondité représenté par la vache (1).

Io, comme Eve, maudite, malheureuse, poursuivie par la colère céleste, errante de rivage en rivage, baigne la terre de ses larmes qui retentit de ses gémissements; elle rencontre Prométhée : « Dis-moi la fin de mes maux! chassée par une voix divine et
» terrible de la terre paternelle, j'ai perdu ma beauté et mon intelligence !! -- Ecoute,
« fille d'Inachus, répond Prométhée, ce que va dire un infortuné dont les douleurs
« n'auront de terme qu'à la chute de Jupiter. Quelle joie ! s'écria Io, car c'est par
« lui que je suis malheureuse! Sois-en sûre, continue Prométhée, il sera dépouillé de
« son sceptre royal, une femme enfantera un fils qui le détrônera....!!

« Il faut que je sois délivré. — Qui donc te délivrera, lui dit Io? — Femme, un fils de
« ta race. — Que dis-tu, ajoute Io, mon fils te délivrera! — Il est une terre promise,
« reprend Prométhée, par les destins à toi et à moi, et à tes descendants pour de
« longues années; c'est là, dans cette région triangulaire que baigne le Nil sacré,
« que doit s'accomplir la parole prodigieuse de l'Oracle, qui naguère t'appela fran-
« chement future épouse de Dieu; c'est là qu'une main divine te touchera seulement,
« et tu deviendras mère, sans avoir connu l'homme, ô Vierge d'Inachus ! alors enfin
« ton âme aura trouvé la paix ; puis de ta race naîtra un *fort* qui sera mon libérateur ;
« c'est ma mère l'antique *justice* qui m'a dit cet oracle !! »

Le chœur dit que c'est son espérance !!

Il faut l'avouer ; Eschyle, qui parlait ainsi devant toute la Grèce, connaissait par-faitement les vérités primitives. N'aurait-il point aussi connu les livres des Juifs ?

Imposante était l'assemblée des Grecs qui s'élève pour commenter le livre sacré. Oh ! que sont petits ceux qui ne savent point y lire !!!

Macrobe cite un oracle d'Apollon Clarius (ce nom vient de Claros dans l'Ionie où il avait un oracle), dont le vers suivant fait partie : « *Songe que Iaho est le dieu*
« *suprême de toutes choses.* » Cet oracle était fort ancien, puisque Conon et Strabon disent qu'il fut rendu quand vivait le fameux devin Mopsus, contemporain de Calchas et par conséquent du siège de Troie.

Hérodote convient que les anciennes divinités des Grecs n'avaient point de noms personnels, et que ceux qu'on a donnés depuis aux Dieux venaient d'Egypte. Eusèbe assure même, qu'avant le temps de Cadmus, on ne savait en Grèce ce que c'était que des Dieux.

(1) On sait que Isis, chez les Egyptiens, était la même que Io, métamorphosée en vache, et qui, selon un ancien marbre de Capoue, est dite : déesse Isis qui êtes toutes choses, te tibi una quæ es omnia, dea Isis.

(244)

Pausanias nous apprend que , quoiqu'on eût erigé des statues aux Dieux, les pierres brutes, qui en portaient les noms, ne restèrent pas moins en possession du vieux respect dû à leur antiquité.

La Sagesse dit en parlant des payens : « Nomen lapidibus et lignis imposuerunt : » ce rite religieux des pierres remonte au patriarche Jacob.

Dans les siècles reculés , les dieux des nations étaient représentés par des pierres rondes, triangulaires, quadrangulaires et qui étaient autant d'emblêmes de la divinité.

Le temple de Paphos était très-ancien : le simulacre de la déesse était un cône ou pyramide blanche; c'était Vénus-Uranie.

Apollon à Delphes était extrêmement honoré ; sa statue n'était originairement qu'une colonne; il fut honoré sous la figure d'un serpent. Il faut remarquer une première époque pour les Dieux chez les Grecs, et y reconnaître les vérités primitives assez bien conservées.

Mais une seconde époque n'est pas moins frappante ; ce fut l'introduction du culte des Égyptiens : Jupiter est amoureux de Cérès; il se métamorphose en taureau; de cette union naît Proserpine; Jupiter en devient amoureux, et se rend à elle sous la forme d'un serpent, de manière qu'on donnait aux initiés dans les mystères de Cérès cette énigme mystérieuse : *Taurus draconem genuit, et taurum draco.* Clément d'Alexandrie, Eusèbe et Arnobe rapportent tous cette doctrine secrète des initiés.

Théocrite raconte que toutes les dames de Syracuse s'embarquaient pour aller à Alexandrie célébrer la fête de Venus et d'Adonis.

Une inscription trouvée à Délos, dans des temps rapprochés de nous, fait mention d'Anubis, d'Isis et Sérapis. Les Corinthiens avaient élevé des temples à Isis. A Andros, Minerve était honorée sous le surnom de Taurobolos ; et Ammon avait un temple chez les Lacédémoniens.

Dans le XIII°. siècle, Pasiphaé, femme de Minos, d'un taureau que Neptune avait fait sortir de la mer, eut un fils à tête de taureau appelé minotaure. Ce minotaure, ou taureau à tête d'homme , fut le symbole de plusieurs villes de Sicile et d'Italie.

Il est facile de voir que le Tiphoé des Grecs était monté sur le Typhon des Egyptiens. Typhon ou Typhée fut le chef des géants détruits par Jupiter. Chez les Grecs, Typhon est le père de tous les êtres malfaisants; ainsi c'est de lui et d'Echidna (la vipère) que sont nés la chimère que combattit Bellérophon, le lion de Némée, le dragon qui gardait le jardin des Hespérides, le chien Orthros, qui gardait les vaches de Géryon, l'aigle qui dévorait le foie de Prométhée sur le Caucase, enfin le sphinx qui proposait des énigmes aux portes de Thèbes, que OEdipe fit périr (Apollodore).

Apollodore, dans son premier livre, donne avec étendue la lutte souvent incertaine de Typhon, fils de la terre, et du Tartare, avec Jupiter, la fuite des dieux en Egypte devant sa poursuite, et leur métamorphose en animaux.

34

Selon Diodore de Sicile, les prêtres d'Egypte prétendaient que les anciens peuples, philosophes et législateurs grecs, avaient puisé leurs doctrines chez eux.

Orphée, disaient-ils, a rapporté de son voyage, ses mystères, ses orgies et toute la fable des enfers; il n'y a qu'une différence de nom entre les fêtes de Bacchus et celles d'Osiris, entre les fêtes de Cérès et celles d'Isis. Les supplices des méchants dans le Tartare, le séjour des bons dans les Champs-Elysées, et plusieurs autres idées semblables sont visiblement tirées des funérailles des Egyptiens.

Une troisième époque :

La religion acheva de se corrompre chez les Grecs dans le temps où les sciences et les arts auraient dû rectifier chez eux les idées religieuses; Hésiode, Homère rendirent les divinités grandioses, mais stupides; les Grecs perdirent la langue du génie allégorique, des vérités primitives et même des mythes égyptiens.

Ce n'est pas que les payens ne s'aperçussent pas de la profondeur de cet abîme, mais la beauté de la poésie de ces grands poètes les embrasait et leur faisait perdre toute idée d'en sortir. Suidas nous apprend, en parlant de Pythagore : « Tradunt eum « cum ad inferos descendisset, Hesiodi quidem animam æneæ columnæ alligatam, « stridentem; Homeri vero de arbore pendentem serpentibus circumdatam vidisse, « propter ea quæ de Diis dixissent. »

Quelques-uns chez les Grecs eurent recours aux mystères pour se rapprocher de la divinité. Dans les mystères, on parlait du bouleversement de l'ancien monde, des révolutions de la nature, de l'origine du bien et du mal, du pouvoir des génies, etc., objets auxquels se rapportaient toutes les explications allégoriques de l'histoire de Cérès, de Proserpine, d'Inachus, etc. L'homme vertueux, à sa mort, jouissait d'un bonheur inaltérable, dans la société des âmes saintes... Sur ces objets, Thémistius nous a laissé des détails intéressants.

On voit dans Eusèbe que le nom d'Eve s'était conservé dans les mystères grecs. Il était encore un grand village des Argiens et une montagne de Messénie (Pausanias), et une colline située non loin de Sellasie, dans la Laconie (Strabon) qui portaient le nom d'Eve. La ville d'Eleusis était célèbre par le temple de Cérès. Selon Clément d'Alexandrie, ce que l'on y enseignait, dans les grands mystères de cette déesse, concernait l'univers; on y enseignait les choses telles qu'elles sont..... On a conservé un fragment d'une des hymnes qu'on chantait à l'ouverture des mystères : « Considère la nature divine, contemple-la sans cesse; règle ton esprit « et ton cœur; et marchant dans une voie sûre, admire le maître de l'univers. Il est « un, il existe par lui-même; c'est à lui que tous les êtres doivent leur existence; « il opère en tout et partout; invisible aux yeux des mortels, il voit lui-même « toutes choses.... »

On conçoit bien après cela, ce que dit Lucien, qu'il y avait un autel à Athènes avec cette inscription : *Au dieu inconnu* (au singulier).

Nous croyons avoir donné l'explication véritable de la religion des Grecs, peuple si remarquable !

LE NORD DE L'EUROPE.

Moyse dit que les îles des nations furent peuplées par les enfants de Japhet. Par ces îles des nations l'historien hébreu entend l'Europe, qu'une ancienne tradition rapportée par quelques auteurs grecs, désigne sous le nom des îles d'Occident.

Le nom de Japhet est demeuré célèbre dans l'Occident, et en parlant de sa postérité, Horace a dit : *Audax Japeti genus*, et la célébrité et l'ancienneté de Japhet avait donné lieu à un proverbe chez les payens : *Japeto velustior*, plus vieux que Japhet, pour désigner une chose dont on ne connaissait point l'origine (Luc. in dialog).

Japhet eut pour fils Gomer, etc....

Ce nom se retrouve dans les Cimbres, Cimmériens, qui, malgré les dénominations qu'ils ont reçues de Celtes, de Saces, de Scythes, de Cimmériens, de Celti-bériens, ont toujours conservé néanmoins le nom primitif de Gommérites ou descendants de Gomer. Les noms de Comoriens, Camériens, Cymbriens, Cimmériens que leur ont donné Ptolémée, Strabon, Denys de Charax, Méla et d'autres ne sont que leur nom primitif de Gomérites un peu altéré.

Parmi les enfants de Japhet, il faut donc considérer Gomer : la postérité de Gomer, sous le nom de Gomériens, Cimmériens ou Cimbres, paraît avoir peuplé une partie de l'Asie et toute l'Europe occidentale. Diodore de Sicile dit que les Germains tiraient leur origine des Cimmériens, et maintenant encore les Juifs les appellent Ashkenazins, ou descendants d'Ashkenaz, fils de Gomer. Ils conservent même des marques évidentes de leur origine, soit dans leur nom de Cimbres, soit dans leur nom commun Germains, c'est-à-dire Gomériens; l'autre nom Cimbres vient des Cimmériens; et les habitants du nord-ouest de la péninsule de l'ancienne Germanie, maintenant appelée Jutland, étaient connus sous ce nom par les écrivains anciens et le sont encore par les écrivains modernes : c'est ce nom des habitants qui a fait appeler cette péninsule la Chersonèse Cimbrique, et cela fréquemment dans les auteurs modernes.

Annexe de l'Asie, à laquelle la chaîne de l'Oural la lie dans une longueur d'environ quatre cents lieues, et qui, plus bas, a de grandes ouvertures sur elle du côté de la Mer Caspienne et par les portes du Caucase, l'Europe était exposée à l'invasion de ces intarissables tribus errantes de l'Asie, quatre fois plus forte en masse que l'Europe.

L'Europe ne pouvait résister à ce torrent; elle recevait la population nomade de l'Asie sur sa partie la plus ouverte de l'Oural, les bords de la Mer Caspienne et de la Mer Noire, qui s'étend au Nord jusqu'à la Mer Glaciale, à l'Ouest jusqu'aux côtes de l'Océan Germanique, et ne s'arrête au sud qu'à la chaîne des montagnes Hercinio-Carpathiennes. Cette dernière chaîne, ouverte aux deux grandes extrémités de la plaine d'Europe, ne ferme même ni le chemin qui conduit par le Nord dans la vallée du Rhin, ni celui qui conduit par l'Est dans la vallée du Danube. Il y a dès-lors une grande étendue de terres qui ne présente que de faibles élévations, qui n'est coupée que par des cours d'eau, terrain jusqu'à la ligne du Rhin et du Danube.

Aussi voyons-nous l'Asie, par ses populations et par ses ouvertures, peser sur l'Europe et renverser l'empire romain. Les Romains résistèrent long-temps et refoulèrent les populations sur les bords du Rhin, où ils avaient cinquante-trois castra, et sur les bords du Danube où ils en avaient soixante-douze; mais enfin il fallut succomber (1).

Il paraît démontré que tous les mots de la langue germanique se rattachent soit au Zend-soit au Finnois; les peuples germaniques doivent donc être arrivés du plateau de l'Himalaya par les gorges de l'Oural; c'est là et peut-être dans tout le nord de l'Europe qu'habitait primitivement la race finnoise; le mélange du vainqueur Zend et du vaincu Finnois aura donné naissance aux langues tudesques.

Les idiômes Slaves dérivent du sanscrit, langue sœur du Zend et du Caucasien : les peuples Slaves sont venus en Europe, en suivant la côte nord de la mer d'Aral et de la mer Caspienne.

Les anciens Belges, comme les Allemands septentrionaux, les Saxons et les Scandinaves possédaient le mythe d'Odin, divinité que les langues du nord nomment Oden, Woden, Wodan, et qui a des rapports avec le Bouddha de l'Inde et le Votan de l'Amérique.

Les trois fils de Noé paraissent dans l'Edda, livre sacré des payens du Nord. Les trois fils de Boré appelés Odin, Vile ou Vaile et Ve, l'Edda les fait contemporains du déluge. Boré était fils de Bure qui devait son origine très-merveilleuse à la vache Audhumbla. Dans l'histoire du Nord, les deux frères d'Odin disparaissent, Odin figure au premier plan; il est chez les nations Scythes reconnu comme dieu, les poètes l'ont divinisé; il était originairement le même que Japhet, et c'est là une des clefs de la mythologie.

A une époque ensuite difficile à fixer, un conquérant parti des rives du Tanaïs envahit la Scandinavie, et refoula vers le Nord, jusque dans la Laponie, la race

---

(1) Les grandes confédérations des peuples, qui datent du premier siècle de l'ère vulgaire et éteignirent la puissance des Romains, présentent d'abord celle des Suèves-Marcomans s'étendant aux rives du Danube, et signalée surtout dans l'histoire par son chef Marobodicus, contemporain et ami d'Auguste, qui, après avoir passé plusieurs années à Rome, voulut reporter au milieu de ses peuplades les fortes institutions romaines. Nous voyons ensuite la confédération des Alemanni, qui, des bords du Necker, s'avança peu à peu sur les deux rives du Rhin et du Danube; ensuite, les confédérations des Burgundes, des Francs, des Gots et des Saxons, et enfin des Thuringiens et des Frisons, tribus considérables, mais qui ne formèrent pas de ces ligues puissantes et ne jouèrent qu'un rôle secondaire dans la chute de l'empire romain.

(245)

finnoise établie sur les bords de la mer qui actuellement porte le nom de mer
Baltique ; il était fils de Fridulfe, et avait nom Frigge ; pour s'attirer plus de faveur
parmi les Scythes, il prit le nom d'Odin, suivant quelques-uns.

La Religion.

Des souvenirs de la religion primitive : les pierres druidiques en Irlande étaient
appelées dans le principe Bothal, et dans la Genèse des pierres ou monuments en
pierres s'appelaient Bethel (1). L'élément arien sous la formule Khoda, Gott, God,
règne surtout dans l'Iran, et est devenu même en Europe le terme usuel, pour les
langues d'origine teutonique, de la divinité suprême. L'idée qu'il offre (donné de
soi-même) n'est pas indigné de Dieu.

La mythologie des Scandinaves a conservé au fond de ces dogmes, dans les fables
qu'elle raconte, les restes précieux de la tradition primitive ; mais ils passent encore
souvent par les mythes de l'Asie.

Chez ces peuples du Nord, et jusque dans l'Islande, l'aigle figurait sur les
branches de l'arbre sacré, toujours en guerre avec le serpent.

M. Mallet dit : « La religion des Perses différait peu, dans les anciens temps, de
« celle des Scythes et des Celtes ; de tous les systèmes connus sur la création,
« celui des anciens Perses ressemble le mieux à celui qu'on trouve dans l'Edda ; il
« est beaucoup plus sûr de chercher l'origine de la mythologie des peuples du Nord
« dans la religion répandue autrefois en Perse et dans les contrées voisines, d'où
« nos anciennes chroniques nous apprennent que sont sortis Odin et ses compagnons.
« C'est là qu'est né le dogme du bon et du mauvais principe. »

Borlase n'a-t-il pas fait un traité sur la ressemblance entre les Druides et les
Perses ? En Irlande, les habitants, pour désigner leurs prêtres, leur donnaient tout à
la fois des noms perses et des noms celtiques, les appelant indifféremment mages ou
druides ; ainsi les mages que l'on voit, dans les vies de saint Patrice, avertissant le
roi des conséquences funestes de la foi nouvelle, sont appelés Druides dans l'hymne
antique de Fiech sur le même sujet.

Plutarque raconte aussi qu'un ambassadeur, envoyé par l'empereur Claude pour
explorer les îles britanniques, rencontra, dans une île située dans le voisinage de la
Bretagne, un corps de mages considérés comme saints par le peuple.

Il y avait aussi en Irlande une grotte mithraïque, que rappelle le monument de
Newgrange. On a aussi trouvé dans cette île des anciennes figures, ou images
symboliques de Mithra (Voyez l'histoire de l'Irlande par Thomas Moore).

Dans toute l'Europe on a trouvé en divers temps des monuments du culte de
Mithra ; des temples, des grottes, des statues, des autels, des bas-reliefs, des inscriptions, que les anciens peuples avaient consacrés à cette divinité, ont été
retrouvés dans les anciennes provinces connues sous les dénominations de Dacie,

(1) Voyez d'autres analogies entre le culte de l'Asie et celui de l'Irlande ancienne, *Journal des
savants*, mars 1769.

de Pannonie, de Norique, de Rhétie, de Germanie, de Gaule, etc. Frédéric Creuzer (1822) assure que les Romains trouvèrent le culte de Mithra établi dans les provinces du Danube, et qu'il y avait été porté dès le VIIe. siècle avant l'ère chrétienne.

M. Kœppen assure la même chose (1823); (voyez sa notice publiée à Vienne sur quelques antiquités qui se trouvent en Hongrie, en Transylvanie et en Pologne et aussi l'ouvrage de M. Hammer, intitulé *Mithriaca*, 1833).

L'Edda est une esquisse abrégée de la mythologie scandinave, publiée par un savant islandais, le célèbre Snorro Sturleson qui vivait au commencement du XIIIe. siècle de notre ère. Cet extrait avait été composé sur un recueil plus ancien, rédigé par un autre savant islandais, Sœmund Sigfusson, peu de temps après que l'Islande eut été convertie au christianisme. Sœmund avait recueilli les hymnes et les chants sacrés dans lesquels étaient expliqués les dogmes religieux du pays et les aventures des dieux. Ce recueil, à ce qu'il paraît, est perdu; cependant on retrouve dans quelques bibliothèques, en Danemarck et en Suède, quelques-uns des poèmes qui entraient dans la collection de Sœmund, et notamment la Volupsa.

Il est aisé d'observer, en faisant une lecture attentive de l'*Edda*, que ce livre est empreint généralement d'une teinte mythologique, qui ne s'accorde pas avec le sabéisme. Le soleil, la lune, les astres restent dans les objets créés; il y a des intelligences supérieures; le génie du mal y est caractérisé, et on lui donne pour accessoires la mort, la destruction et le péché, figuré dans le serpent; la création, le chaos sont décrits de manière à faire naître des rapprochements dans l'esprit de ceux qui ne songeraient point à comparer les fables de l'Edda avec les récits de la Genèse; enfin apparaît Balder, intermédiaire comme le Mithra des Perses, qui doit succomber dans une lutte contre le pouvoir triomphant des ténèbres, et qui doit sortir victorieux de l'empire de la mort, et au sommet de cette mythologie apparaît la grande figure du Tout-Puissant, qui plane majestueusement au-dessus de ces débris traditionnels.

RELIGION DES DRUIDES.

La religion des Druides de toute la Gaule fut celle de l'Asie; le culte de Mithra fut celui des Druides. Aujourd'hui la religion des Gaulois, enseignée par les Druides, n'est plus un mystère impénétrable; nous avons dévoilé ce culte caché, surpris, le secret des Druides, et le premier nous avons rendu ce service à l'histoire de France, et seul avons combattu les erreurs nouvelles dont on enveloppait ce point historique et religieux, si intéressant et d'une si haute portée (1).

Les types monétaires des anciens Galls sont l'expression des croyances religieuses de ces peuples, et les images qui y sont empreintes sont des emblêmes des mystères des Druides. Tout le monde s'accorde à reconnaître le caractère sacré et religieux

______

(1) Voy. notre dissertation sur les monnaies gauloises en réponse à l'ouvrage de M. Édouard Lambert, sur la Numismatique gauloise.

des monnaies des anciens Galls; mais jusqu'ici les explications données, au lieu de rendre raison des symboles imprimés sur les monnaies Gauloises, les rendaient inintelligibles et faussaient l'histoire de nos antiquités nationales.

Rappelons sommairement l'état de la question : « Le système du monnayage gaulois « est emprunté complètement à la Grèce; la clé du système religieux des monnaies « gauloises se trouve dans le culte du Soleil et la Lune, ou dans le culte Luni-So- « laire ou Soli-Lunaire; ce n'est qu'un culte sidéral; les communications grecques « avaient une influence marquée sur les idées religieuses des Celtes....... »

Telles sont les erreurs des savants qui de nos jours ont traité de la numismatique Gauloise; ils ont établi trois périodes pour les monnaies gauloises; les deux premières présentant des médailles sans légendes, et dont l'origine ne remontait pas plus haut que vers l'an 300 avant l'ère chrétienne; la troisième époque offrant des médailles avec légendes dont l'origine peut remonter à l'an 100 avant Jésus-Christ; enfin le dernier moment de l'existence de l'art monétaire dans les Gaules sous le règne de Tibère.

L'origine des variations du monnayage ainsi fixée, ils affirment que les premiers éléments de l'art de fabriquer les monnaies venaient, vers l'an 300, de la colonie Phocéenne établie à Marseille, et que la théogonie des Galls était le système religieux des Grecs et des Romains.

Ainsi ils attribuent aux Grecs et aux Romains, la civilisation, et la religion et l'art du monnayage des Druides !!

On ne sait pas d'abord si c'est sérieusement qu'on attribue aux Phocéens, à la petite colonie de Marseille, toute la civilisation de la Gaule, de l'Armorique et des autres parties de la Gaule; il suffit de remarquer que les Galls n'avaient pas même la langue des Phocéens ou Grecs de Marseille; il est certain aussi que les Druides, le collége de prêtres ainsi nommé, n'est pas une invention des Grecs, et c'est sur ces prêtres que reposaient la religion, la civilisation, la science et l'art du monnayage des Galls.

D'ailleurs la numismatique gauloise n'a aucun rapport avec le système religieux des Grecs et des Romains, mais avec celui de l'Asie.

Cela résulte de la seule considération des monnaies gauloises : le XIIIᵉ volume de la collection des Mémoires des antiquaires de Normandie, année 1844, offre les empreintes d'une vaste collection de médailles celtiques; il n'en est pas une seule qui ne représente le système religieux asiatique :

1°. On sait que les traditions les plus répandues chez les Grecs et chez les Romains s'accordaient, comme le plus grand nombre de leurs monuments figurés, à donner quatre chevaux au soleil; les médailles anciennes qui représentent le soleil sur un char attelé de deux chevaux sont asiatiques; une tradition conservée par Pline attribue aux Phrygiens l'invention des Biges : « Bigas prima junxit Phrygum natio, quadrigas Erichtonius. » Dès-lors il est certain que l'usage de placer le soleil sur un char attelé de deux chevaux ne peut être considéré comme étant d'origine grecque ou romaine. Or, l'ouvrage que nous citons nous offre toutes médailles celtiques, présentant le soleil sur un char attelé de deux chevaux, des biges en un mot. L'invention de ces pièces qu'on trouve dès la première période (300 ans avant Jésus-Christ) doit donc être reportée aux anciens Galls, sortis de l'Asie, émigration ou colonie de l'Asie, et non aux Grecs de Marseille. Le système de ces savants que nous combattons est si peu fondé, qu'ils ne peuvent pas s'empêcher d'avouer qu'ils ont trouvé des espèces de monnaies, à style particulier, style armoricain, qu'on retrouve même jusqu'en Angleterre. Que devient donc cette civilisation et cette religion empruntées aux Grecs de Marseille?

2°. On sait généralement que les mythes des Druides étaient d'origine asiatique : il ressort d'un passage de Pline que les Romains avaient trouvé une grande analogie entre les rites des Perses et ceux des Gaulois. Saint Clément d'Alexandrie fait la même remarque et dit que, comme celle des Perses, la religion des Gaulois était une religion de Philosophes. En effet, le culte de Mithra était celui des Druides comme celui des Perses; chez les uns comme chez les autres, les leçons ne s'en donnaient que dans le collége des anciens avec le plus grand secret, et cette doctrine ne se transmettait que par l'enseignement oral. On retrouve sur les monnaies gauloises le culte de Mithra ; ces monnaies présentent la manifestation de la pensée religieuse : les Galls imprimèrent les objets principaux de leur culte et de leur adoration sur la monnaie, pour propager les croyances sous une forme emblématique; mais l'explication n'en appartenait qu'aux Druides et à leurs initiés. Le char du soleil, conduit par un seul cheval, se trouve aussi très-fréquemment sur les monnaies gauloises et presque toujours couvert des symboles analogues au culte de Mithra; il marche souvent sur le génie du mal renversé, l'Ahriman des Perses.

Un cheval de grandeur naturelle trouvé près de Sédan, regardé comme un monument mithriaque votif, était aussi revêtu des mêmes symboles, et portait le pied droit sur le symbole de l'S, si fréquent sur les médailles gauloises. Un jeune homme, un être fantastique, l'image du soleil sur les monnaies gauloises, représentaient également aux yeux des initiés le dieu Mithra, qui présidait au mouvement du soleil, de la lune, des planètes, etc. Une statue de Mithra tient une clef dans chacune de ses mains, et dans les médailles gauloises la divinité conductrice tient cet emblême; des monnaies portent des points ou globules au nombre de cinq, et ils rappellent les cinq planètes qui jouent un grand rôle dans les mystères de Mithra; d'autres monnaies présentent des voiles ou nacelles; c'est la nacelle des anciens rois de Perse; plusieurs présentent au revers de la tête laurée du soleil, le cheval courant à droite, conduit par une figure tenant les rênes de la main gauche et supportant de la droite un navire : qui ne voit ici les traditions orientales qui plaçaient le soleil et la lune tantôt dans un navire, tantôt sur un char? Une autre monnaie gauloise offre le buste du soleil et le croissant de la lune environné des sept planètes; dans les mystères de Mithra, les sept planètes étaient les domiciles des sept Amschaspands. Des monnaies gauloises représentent aussi la lune montée

(249)

sur un bige, ou le croissant, deux étoiles, Diane, Séléné, Artémis; des médailles
de Phrygie représentent aussi deux étoiles accompagnant le croissant de la lune,
placées au-dessus du bige de Diane; et deux étoiles sont attachées aux pointes d'un
croissant, au centre duquel est implanté le buste de la lune, sur un bas-relief
qu'Atimétus avait consacré à Mithra. Diane, ou la lune personnifiée, Séléné, Artémis, paraissent aussi dans les monuments consacrés à Mithra chez les Asiatiques et
en Europe. Sur plusieurs médailles gauloises, on trouve au revers de la tête
d'Artémis, un taureau cornupète. Un type de la tête de Diane, où Artémis se présente
sur un drachme du musée de Rouen; on sait qu'Artémis appartenait à l'Asie-
Mineure.

3°. L'analogie de la religion des Druides, exposée sur leurs monnaies, avec les
croyances des peuples de l'Asie et avec les mystères de Mithra, n'est-elle pas
évidente? Parcourons cependant encore le reste des emblêmes des médailles gauloises que nous examinons. L'aigle paraît sur ces médailles, il y tient la place de
conducteur, de Mithra; c'est l'emblême de la divinité, et il est appelé chez les
Perses le gardien des deux portes du monde. Entouré de croissants sur ces médailles, il était alors le gardien de la porte de la lune, ou plutôt il présidait à la
lune. Des médailles gauloises offrent une tête de femme coiffée d'un casque; le
même symbole figure dans les mystères de Mithra; un vase se trouve souvent sur
les monnaies gauloises; Porphyre nous apprend ce que signifiait ce vase; on
plaçait toujours auprès de Mithra un vase ou cratère, comme emblême des sources.
Des personnages des médailles tiennent une lance, une couronne, un cercle, etc.;
Mithra, avec la lance, combattait l'auteur de tous les maux, l'ennemi du genre
humain; la couronne rappelle que Mithra était le roi du ciel mobile, de la terre
et des enfers; le cercle rappelle qu'il parcourait continuellement l'univers. Les
monnaies gauloises représentent très-souvent un monstre ou génie renversé; c'est
toujours Mithra combattant l'ennemi du genre humain. Sur quelques monnaies, la
queue de ce monstre est en spirale; c'est Ahriman, auteur de la mort, des ténèbres,
« serpent infernal qui a deux pieds, ou cette couleuvre ennemie de Mithra, comme
« dit le Zend-Avesta. »

Sur d'autres monnaies, le génie du mal est renversé, ou Mithra combat contre
Ahriman, ou paraissent le bon et le mauvais serpent; le porc figure aussi sur les
médailles et dans les mystères de Mithra; Ahriman est représenté encore par d'autres
monstres ou animaux immondes. Le taureau, rappelé si souvent sur les monnaies
gauloises, à toutes les époques, était l'objet principal du culte des Asiatiques. On
trouva aussi la tête d'un taureau en or dans le tombeau du roi Childéric Ier........

Ne ressort-il pas que le culte asiatique était celui des Druides? N'est-il pas évident
que le culte de Mithra était représenté sur les monnaies gauloises? Peut-on demander
une plus grande concordance?

Ne paraît-il pas clair que les Galls sont venus de l'Asie, et qu'ils ne doivent pas
leur religion, leur civilisation et l'art du monnayage à la petite colonie grecque de

Marseille? Il faut donc rejeter le système de nos savants modernes, que rien d'ailleurs ne favorise dans l'histoire; il faut donc rejeter leurs trois époques assignées pour l'art du monnayage; il faut aussi rejeter leurs explications : ils ne voient rien de philosophique dans le taureau; dans le cheval, ils ne considèrent que la marche du soleil; ils n'y voient que le symbole de la marche du soleil; dans toutes les monnaies gauloises, que l'adoration du soleil et de la lune; ils assurent que le glaive (qui joue un certain rôle dans les mystères de Mithra) tue la lune... En un mot, ils attribuent aux Druides le culte le plus grossier des Grecs!!!

On voit que le sujet que nous venons d'exposer est d'une conséquence extrême ; ce sujet doit paraître à tout le monde de la plus grande importance; il fixe l'origine, la civilisation et la religion des Gaulois! C'est un point de départ pour en écrire l'histoire, et nous croyons avoir rendu service à notre pays par ces recherches.

L'ITALIE.

Les récits historiques, les plus détaillés et les mieux fondés, nous montrent les Liguriens, les Ombriens, les Sicules, les Osques ou Opiques établis les premiers dans la péninsule italique; leurs confédérations s'étendaient depuis les Alpes jusqu'au détroit de Sicile.

Au rapport de Strabon, les Liguriens étaient les plus anciens de tous les peuples italiques ; après avoir lutté pendant long-temps contre les Romains, ils furent assujettis sous le règne d'Auguste (Dion Cassius).

Suivant Pline, les Ombriens: « Umbrorum gens antiquissima Italiæ. »

Varron dit des Sicules : « Siculi ut annales nostri veteres dicunt. » Les Sicules étaient originairement un peuple grec, issus des Œnotriens et Œnotriens eux-mêmes.

Les anciens, sous le nom célèbre des Ausones, des Opiques et des Osques, désignaient une même nation : « antiqui Ausonii, quia qui primi Italiam tenuerunt Ausones.. »

Survinrent les premières colonies des Pélages, auxquelles s'attachent les noms d'Œnotrus et de Pencétius, chefs, ou pour mieux dire, représentants de deux peuplades méridionales, les Œnotriens et les Pencétiens : ces Pélages venus de la Thessalie et de l'Epire, dans les XVIᵉ. et XVIIᵉ. siècles avant notre ère, couvrirent une portion de l'Italie, se mêlant partout aux populations antérieures, ou les refoulant les unes sur les autres; ainsi furent expulsés les Sicules, qui émigrèrent du continent dans l'île dès-lors appelée de leur nom, vers le XIVᵉ. siècle. Les Ombriens aidèrent dans ce conflit à les rejeter de leur côté: « Siculi.. Umbri eos expulere de Etruria. »

Tandis que les Tyrrhéniens, venus des côtes de l'Asie-Mineure sous la conduite d'un certain Tyrrhénus, jetaient dans la Tyrrhénie ou Étrurie les fondements de la puissance étrusque, de nouveaux Pélages-Arcadiens amenés par Évandre et mêlés d'Hellènes occupaient le Latium, en chassaient les premiers habitants ou se fondaient avec eux.

Des traditions nous parlent ensuite d'une colonie d'Hellènes, ayant Hercule à leur tête et qui se fixèrent parmi les Arcadiens d'Évandre, peu avant la prise de Troie, et de l'établissement d'Énée, après la prise de Troie chez les Latins, et de celui d'Anténor, son compatriote, au fond du golfe Adriatique, où il bâtit Patarium.

Pour les Étrusques, c'est la nation la plus importante de l'ancienne Italie, qui brilla d'un grand éclat sous l'empire de ce peuple; les moindres explorations du sol révèlent chaque jour les témoignages sans nombre de sa grandeur et de sa splendeur. Hérodote les fait venir de la Lydie sous la conduite de Tyrrhénus, fils du roi Atys, et nous apprend qu'ils quittèrent leur nom de Lydiens et prirent celui de Tyrrhéniens, de Tyrrhénous, fils de leur roi et le chef de leur colonie. Timée, Strabon, Plutarque, Appien, Velléius Paterculus, Valère Maxime, Justin, Pline, Festus et Servius ont adopté le récit d'Hérodote sur l'établissement des Lydiens en Italie.

L'historien Ephore, antérieur à tous les autres, se déclarait pour l'origine pélagique des Etrusques, et son opinion a été conservée par Scymnus de Chio; Hellanicus de Lesbos était du même sentiment. Servius dit: « Hyginus dixit Pelasgos esse qui « Tyrrheni sunt; hoc etiam Varro commemorat. » M. Raoul Rochette soutient que ce sentiment est au fond le même que celui d'Hérodote, qu'ils ne diffèrent l'un de l'autre que par quelques circonstances indifférentes, et que ces deux traditions, faciles à concilier, se prêtent un mutuel appui. Quelques-uns ajoutent que les Lydiens et les Pélages étaient également originaires d'Asie, et probablement frères. Sénèque dit: « Asia Etruscos sibi vindicat. »

Dans leur idiôme national, les habitants de l'Etrurie s'appelaient Rasena.

A l'époque où les Etrusques tombent dans le domaine de l'histoire, on les trouve établis dans la partie la plus fertile et la plus riche de l'Italie centrale. Partis de ce point et guidés par leur valeur, ils enlevèrent aux Ombriens trois cents villes, et le territoire qu'ils occupaient dans l'Italie supérieure. Les Liguriens, les Osques, les Sabins, etc., furent forcés de se soumettre à ces fiers dominateurs, qui fondèrent un empire vaste et puissant, qui s'étendait depuis les Alpes jusqu'au détroit de Sicile. La nation Etrusque couvrit de ses vaisseaux les deux mers. Les Gaulois au Nord, et les Romains au Sud détruisirent cette puissance.

C'était un des peuples les plus remarquables de l'antiquité, par sa religion et sa législation, sur lesquelles se formèrent celles des Romains, par sa philosophie, ses connaissances astronomiques, physiques et médicales, par ses arts et sa marine, qui rivalisa avec celle des Phéniciens et des Cariens.

Quelques fragments extraits par Varron, les fameuses tables Eugubines qui exercèrent tant la sagacité de Lanzi, la grande inscription de quarante-cinq vers que le savant Vermiglioni vient d'illustrer, et quelques autres monuments écrits sont, avec des ruines de bâtiments, des hypogées, des vases, des statues, des médailles, ce qui nous reste de la littérature et des monuments de ce peuple célèbre.

On ne saurait fixer avec précision l'époque à laquelle l'Etrusque cessa d'être parlé ; on le parlait encore sous le règne d'Auguste et sous celui de Claude ; mais la nation étrusque périt au temps de Sylla avec sa science et sa littérature ; les nobles tombèrent sous le glaive ; dans les villes les plus considérables, on établit des colonies militaires ; la plus grande partie de la nation perdit toute propriété foncière et languit dans la pauvreté.

L'alphabet étrusque, comme l'alphabet primitif des Grecs, n'avait que seize lettres ; on l'écrivait de droite à gauche.

Près des ruines du temple consacré à Iou, chez les Ombriens, on trouva, en 1456, sept tables de bronze chargées d'inscriptions, deux en caractères latins, les cinq autres en ancien caractère italique : elles sont relatives à la république d'Eugubium, très-antérieure à celle de Rome. Le chef de cette république était appelé Poemon ou pasteur ; on y trouve une strophe ainsi composée :

> Prevereir. treblaneir.
> Iuve. grabover.
> Buf. trif. fetu. eso.
> Naratu. vesteis. teio.
> Subocau. suboco dei
> Grabovi. ocriper. fisiu.
> Totaper. iio vina.

c'est-à-dire : offrez le sacrifice en faisant trois tours, au puissant Iou, offrez trois bœufs en sacrifice. Dites, exposant vos maux : à haute voix, je vous invoque, Dieu tout-puissant, dieu des montagnes, pour tout le pays Eugubien.

On voit, dans la seconde table, mandraclo pour mandragore, symbole de l'oubli des choses passées, et offerte à la divinité pour en obtenir l'oubli des fautes. Dans la septième table, on voit un sacrifice où il entre du pain et du vin.

L'histoire Romaine a été écrite par différents auteurs :

L'histoire romaine par Appien : le premier livre traitait des sept rois : « De « septem regibus, Romulo, Numa Pompilio, Anco Hostilio ou Tullo Hostilio « (suivant Tite-Live, Denys d'Halicarnasse et les autres), Anco Marcio, Numæ nepote, « Tarquinio, Servio Tullio, et Lucio Tarquinio. Horum regum primus, auctor licet « urbis Romæ ac conditor fuerit, et paterno potius animo quam tyranice impera- « verit, cæsus tamen est, vel, ut aliis placet, disparuit. Alter nihilo præcedente in « imperando inferior, ac forte præstantior, vitam exacta ætate finivit ; tertius « fulmine ictus est ; quartus morbo vita decessit ; quintus a pastoribus jugulatus « periit ; sextus similiter cæsus vitam morte commutavit ; septimus et urbe et regno « ob tyrannidem exactus est.

« Inde, soluto regno, ad consules imperium translatum.

(253)

« Hæc quidem primus liber Appiani complectitur.

« Historiæ totius initium ducitur ab Ænea, filio Anchisæ, filii Capyis, qui trojano
« bello interfuit, Ilioque capto atque everso fugit » (Appien).

L'histoire de Denys d'Halicarnasse, comme celle d'Appien, commence à l'arrivée
d'Enée en Italie, après la prise de Troie; de même celle de Dion Cassius : « Hic
« inchoando ab Æneæ in Italiam adventu (Dion Cassius). Ab Æneæ, capta jam
« Troja, in italiam adventu » (Denys d'Halicarnasse).

Polybe a écrit depuis la guerre punique jusqu'à la fin du royaume de Macédoine;
Suétone a laissé la vie des douze Césars; Diodore de Sicile, Tacite, Florus, etc.

Les historiens donnent 244 ans de règne aux sept rois de Rome.

Les rois d'Albe, prédécesseurs de Numitor, dont Romulus était le petit-fils,
s'appellent, en remontant les âges :

Procas,	Capetus ou Sylvius Atys,
Aventinus,	Alba Sylvius,
Alladius,	Latinus Sylvius,
Agrippa,	Sylvius Postumus,
Tyberinus,	Ascagne ou Jules,
Calpetus,	Enée,
Capys,	Latinus.

On dit que Albe fut bâtie par Ascagne; le fondateur de Lavinie et le chef des
rois d'Albe fut Enée, parti de la Troade. Denys d'Halicarnasse nous apprend qu'on
montrait en divers lieux le tombeau d'Enée : on n'en sera pas étonné, dit-il, si l'on
fait réflexion qu'il en est de même à l'égard des héros illustres dont la vie a été
errante; chacun des peuples, auxquels ils s'étaient rendus utiles, et qu'ils avaient
comblés de biens, s'empressaient à leur élever des tombeaux pour leur témoigner
leur reconnaissance. Il en conclut que, puisque l'on voit un si grand nombre de
tombeaux d'Enée en Italie, c'est une preuve sans réplique qu'il y a séjourné. Denys
d'Halicarnasse, au sujet des premiers événements de l'histoire romaine, assure que
les traditions sur Enée, sur Rémus et sur Romulus, avaient été puisées dans ces
anciennes histoires, qu'on conservait dans les tables sacrées. Horace parle aussi des
monumenta regis..... Rome sous la République, après les sept rois, eut le gouvernement
le plus glorieux; il dura l'espace de 500 ans; ensuite elle fut gouvernée près de
cinq siècles par les empereurs. La durée de la puissance romaine, ou celle de son
histoire renferme environ douze siècles. Rome fut fondée 753 ans avant Jésus-Christ;
les premiers consuls, et commencement de la république l'an 509; l'an 31 eut lieu
la bataille d'Actium, et l'empire du monde resta à Octave, qui prit le titre d'Auguste.

LA RELIGION :

M. Gori, dans son *Museum etruscum*, veut que les Etrusques aient eu les orgies
ou mystères de Bacchus, ceux de Cérès, de Mithra, où l'on n'était pas initié sans
effusion de sang et sans passer par le feu, pour purifier son âme.

La principale cérémonie des Etrusques était ce que M. Gori appelle leur baptême, et cette initiation se faisait en l'honneur de Mithra.

Parmi les divinités étrusques, Dempster, dans son *Etrurie royale*, a trouvé : Æternitas, Atys, Cérès, Isis, Mithra. Les Etrusques regardaient Iou comme la première cause qui avait donné l'être à tout ce qui existait.

Les Sabins honoraient Sem, et, selon Ælius Gallus, il était fils de Dis.

Arthémise était honorée chez les anciens peuples de l'Italie.

La plupart des fêtes, qui font partie du calendrier romain, étaient très-antérieures aux Romains ; ils les tenaient des Latins, des Sabins, des Etrusques, des Pélages.... comme en conviennent Strabon et Denys d'Halicarnasse.

Dans l'ancien calendrier romain on voit figurer aux kalendes de février, sacrifice d'un agneau à Iou ; le 14 des ides d'avril, course des renards avec de la paille allumée. Bochart et Frédéric Mayer voient dans la fête des Vulpinales un mémorial des renards de Samson, dont l'histoire était parvenue jusqu'à Rome. On célébrait les Vulpinales pour la prospérité des récoltes ; la tradition des Hébreux seule explique cette fête.

Il y a quelques années, dans une excavation qu'on faisait à Rome, on trouva, dans un vieux mur, de grandes pierres, sur l'une desquelles sont écrits les réglements concernant les fonctions des anciens prêtres Arvaliens. Ces réglements sont écrits en idiôme latin très-ancien, et peut-être du temps de Romulus, fondateur de ces prêtres (*Mercure de France*, 15 août 1778).

On a aussi trouvé à Rome la célèbre table héliaque ou du soleil, qui fut publiée pour la première fois avec un commentaire par un savant connu ; c'est un bas-relief en marbre blanc de trois pieds et demi de hauteur et autant en largeur.

Denys d'Halicarnasse nous assure que ni les Romains, ni les Toscans ou Etrusques ne connaissaient aucune des fictions bizarres de la religion poétique des Grecs ; rien n'était plus opposé à l'ancienne religion des Romains, à celle de Numa contenue dans les vers des Saliens, et dans les livres des Pontifes. Dans la suite, le commerce des Romains avec les Hélènes introduisit dans Rome presque toutes leurs divinités ; on assure que dans le collège des pontifes se conserva toujours la simplicité de la religion primitive des Romains.

Numa porta plusieurs lois sur la religion : la première défendait de donner à Dieu la figure d'un homme ou d'un animal : la seconde portait qu'il ne fallait s'approcher des dieux qu'avec pureté et piété. . . . . Ses maximes étaient opposées à l'idolâtrie : et lorsque, par la suite, on fit la découverte de ses ouvrages perdus depuis si long-temps, le sénat les condamna au feu, comme étant trop opposés à la religion du moment.

Pour connaître la religion des Romains, qui succéda à la religion primitive, il faudrait faire assister le lecteur à la religion civile sur les places publiques et dans les temples, à la religion des poètes au théâtre, et à la religion dans les banquets ou entretiens des philosophes ; il faudrait secondement lui faire parcourir les phases de la religion romaine, depuis que ce peuple eut abandonné la simplicité du culte antique, le transporter au siècle de Numa, à celui d'Auguste, et à celui des derniers empereurs ; le paganisme de Rome était une religion de changement.

Varron distinguait : la théologie des poètes, et lui et Scévola en parlent fort librement ; la théologie civile (celle de l'Etat), et fort recommandée au peuple, mais dans leur langage équivoque, saint Augustin a conclu qu'elle ne formait point un système particulier ; enfin la théologie philosophique était enseignée dans les associations secrètes, dans ces mystères que les Grecs avaient transmis aux Romains. Le culte de Mithra eut aussi parmi les Romains de profondes racines. Ils avaient reçu ce culte des Etrusques : au musée étrusque à Rome, on voit, d'après des découvertes faites récemment en Etrurie, à l'ancienne Cerœ, des vases où l'on remarque un mélange des croyances égyptiennes et babylonniennes, par exemple, au fond d'une patère, le sujet éminemment asiatique de deux lions dévorant un taureau, surmonté de l'emblème égyptien de la victoire et du carnage, le vautour tenant une palme ; ou bien une chasse, où le roi symbolique enfonce son épée dans le corps du lion dressé debout devant lui, et à côté, des chars à deux cavaliers, dont les chevaux rappellent, par le caractère du dessin, les bas-reliefs de Karnak et du Memnonium de Thèbes (Le Normand).

On remarque à ce même musée plusieurs autres objets qui appartiennent évidemment à l'art et à la religion asiatiques.

Dans l'Asie-Mineure, on a découvert en 1839, des monuments du culte de Mithra... A Koula, un bas-relief mithriaque, une autre pierre, sur laquelle la représentation du soleil et de la lune semble se rapporter encore au culte de Mithra, fait mention de prières ordonnées périodiquement pendant un certain nombre de mois par deux magistrats, nommés Dyonisius Diodore et Hermogène Valerius. La coïncidence de ces noms romains avec les traces du culte de Mithra fait voir qu'il était pratiqué par les Romains.

Ce culte même était très-répandu parmi les Romains ; on en a trouvé des bas-reliefs, à Rome, dans la Dacie, la Norique, la Rhétie, etc.....

Plutarque fait entendre que, du temps de Pompée, des pirates apportèrent les premiers l'exemple du culte de Mithra, et que les cérémonies en étaient très-secrètes et très-mystérieuses ; alors sans doute ce culte se répandit publiquement parmi les habitants de Rome.

Au milieu de tous ces symboles, de ces erreurs, de ces superstitions, dès les temps les plus reculés, il existait une tradition, qui, depuis plus d'un siècle avant la naissance de Jésus-Christ, était devenue non seulement générale, mais pleine de vie : elle promettait un sauveur au monde ; elle était consignée dans les chants des prêtres, dans les systèmes des philosophes, et dans les mystères du paganisme, et dans les idées générales des peuples ; l'autorité de Suétone, de Tacite, de Cicéron : de Virgile ne permet pas d'en douter.

« Sibyllæ versus observamus, quos illa furens fudisse dicitur. Quorum interpres

« (Cotta) nuper falsa quædam, hominum fama, dicturus in Senatu putabatur : eum
« quem re vera regem habebamus, appellandum quoque esse regem, si salvi esse
« vellemus » (Cicero *de Divinatione*, l. II, n. 54).

« Auctor est Julius Maratus, ante paucos quam (Augustus) nasceretur menses, pro-
« digium Romæ factum publice, quo enuntiabatur regem populo romano Naturam
« parturire; Senatum exterritum sensuisse ne quis illo anno genitus educaretur ; eos ,
« qui gravidas uxores haberent, quo ad se quisque spem traheret, curasse ne Se-
« natús-consultum ad ærarium deferretur » (Suetonius, *Vita Augusti*).

Plutarque, dans la vie de Sylla, rapporte que, comme on s'occupait de toutes parts
d'un prodige, du son lugubre et plaintif d'une trompette, qui avait, disait-on, re-
tenti au milieu des airs dans un ciel serein, les prêtres étrusques en avaient sur-le-
champ fait l'application à la grande année dont le terme allait bientôt s'accomplir.
Censorin écrivait que, dans les rituels étrusques, il avait trouvé l'exposé des mer-
veilles qui avaient indiqué ou devaient indiquer la succession des différents âges.

Si l'on embrasse d'un seul coup-d'œil les diverses parties de l'*Eglogue à Pollion*, de
Virgile, on voit qu'elle atteste que l'homme vivait jadis dans un état de justice et de
félicité, qu'il s'est misérablement précipité dans toutes sortes d'erreurs et de vices;
mais qu'enfin la fatale période de son avilissement touche à son terme; qu'un céleste
et divin enfant va paraître parmi les hommes et ramener avec lui, sur la terre, la
déesse vierge de la justice, qu'il va susciter une sainte et céleste génération, et
recommencer le règne de Saturne, c'est-à-dire le règne de l'abondance et de la
paix ; qu'il combattra les ennemis du genre humain, en triomphera, effacera toute
souillure et régnera en souverain pacifique de l'univers prosterné à ses pieds ; à sa
venue, l'univers se meut, les monts agitent leurs cîmes, le monde crie sur son axe
immense, la terre se pare d'un manteau de verdure qui croît d'elle-même, les
lions paissent avec les agneaux, le serpent disparaît, toute plante vénéneuse
se dessèche et meurt; les arbres, les forêts, les prairies, les fleurs, les troupeaux,
toute la nature environne et embellit le céleste berceau.

C'est ainsi que Virgile peint la tradition universelle qui annonçait le Messie. Poète
devenu plus grand que lui-même, il ne craint plus de défier, dans ces jeux de l'harmonie, le divin Orphée! Il devient pour ainsi dire un autre Isaïe (1)! La pensée de
Virgile était tellement connue dans l'empire romain que l'empereur Constantin-le-
Grand, dans son fameux discours qu'Eusèbe nous a conservé, récitait en grec ce
magnifique témoignage à tous les évêques assemblés de l'empire romain, à Nicée.

On était généralement convaincu, dit Tacite, que les anciens livres des prêtres
annonçaient qu'à cette époque l'Orient deviendrait puissant, et que de la Judée
sortiraient les maîtres du monde (*Histoires*, liv. v, ch. 13).

Suétone dit la même chose : « Percrebuerat Oriente toto vetus et constans opinio

____

(1) On peut voir, dans les notes que Pope a jointes à sa traduction en vers du Pollion, que cette pièce
pourrait passer pour une version d'Isaïe.

« esse in fatis ut eo tempore Judæa profecti rerum potirentur. » Dans tout l'Orient s'était propagée l'antique et constante opinion que les destins avaient arrêté qu'à cette époque la Judée donnerait des maîtres à tout l'univers (*Vita Vespasiani*).

Enfin Horace, dans plusieurs de ses odes, parle de princes, de divinités qui doivent expier les crimes de la terre, et de la vierge qui devait venir : « Jam redit « et virgo. »

C'est un point de l'histoire romaine auquel on n'a pas fait toute l'attention qu'il mérite ; c'est une remarque de l'incrédule Boulanger.

NOTES.

Deux villes d'Italie, Pompéi et Herculanum, furent enfouies dans les cendres du Vésuve.

Ce fut le 23 août 79, qu'une effroyable éruption commença à ensevelir Pompéi. Elle est maintenant révélée à la vue, non plus cachée sous une voûte de cendres et de vignes, et imparfaitement découverte, mais éclairée par ce même soleil qui brillait sur elle lorsqu'elle disparut. Parmi tous les grands monuments de l'antiquité, on ne voit rien de comparable à cet exemple d'architecture domestique, du bien-être intérieur, de l'existence civile des anciens !!

On étudie avec bien plus de succès dans ces ruines que dans tous les livres !!

On entre à Pompéi par une longue avenue pavée, bordée des deux côtés de tombes très-serrées ; ses rues sont des passages étroits, si étroits qu'aucune voiture moderne ne pourrait y passer ; elles portent néanmoins les marques de roues des voitures anciennes ; elles sont bordées par des façades de petits bâtiments très-simples. Quand on a passé chaque porte qui donne sur la rue, on voit une petite cour entourée par une rangée d'édifices divisés en petites chambres séparées ; les murs de ces petits cabinets sont souvent peints à fresques. Le pavé des plus grandes et des plus belles maisons est en mosaïque de plusieurs couleurs. On voit presque toujours au milieu de la cour une fontaine de marbre ou une citerne. Plusieurs des maisons ont des boutiques sur la rue, dont l'enseigne est taillée dans la pierre au-dessus de la porte.

Les lieux publics de Pompéi forment un contraste frappant avec la petitesse et la simplicité des édifices particuliers : plusieurs monuments de la première classe, quoique privés de leur toit, donnent une idée parfaite de leur état et de leur arrangement primitif.

En 1713, un hasard ayant fait trouver à trente pieds sous terre des colonnes et des statues, on commença des fouilles dont le résultat fut la découverte des deux villes souterraines, Herculanum et Pompéi. Depuis cette époque, les travaux ont été abandonnés et repris à différentes époques. Murat, pendant la courte durée de son règne, y employa une légion de soldats, et fit plus, en peu de temps, que tous les princes qui avaient avant lui occupé le trône de Naples. Mais on n'a point laissé une seule maison meublée à Pompéi. Dans le temple d'Isis, un sacrifice semblait venir de s'achever : l'autel était taché du sang des victimes, les instruments épars sur les marches, les niches remplies de statues, le candélabre brillait sur les superbes colonnes doriques, les prêtres étaient à côté de l'autel en habits pontificaux ; tout cela avait été surpris par l'éruption volcanique, avait été scellé hermétiquement et parfaitement conservé. Qu'on se figure les habitants de toute une ville occupés à leurs travaux ordinaires, à leurs occupations domestiques ; les meubles, les ustensiles de ménage, de toilette, les magasins, tous ces souvenirs complets des mœurs, des habitudes et des habitants de Pompéï, ensevelis, conservés, laissés à la postérité !! Mais tout a été enlevé.

Le musée Borbonico, à Naples, contient une suite de pièces spécialement consacrées aux reliques de ces cités englouties par le Vésuve.

L'histoire est plus enseignée par une visite à Pompéï et au musée Borbonico, que par tous les traités des auteurs romains. On peut aussi se convaincre de toute la corruption qui régnait alors par les peintures, les enseignes, tableaux, statues, etc.

On a trouvé à Herculanum un admirable tableau où l'on voit Thésée vainqueur du Minotaure abattu à ses pieds. Le corps de ce monstre est un corps d'homme avec une tête de taureau... C'est toujours la religion asiatique.

HISTOIRE DU CHRISTIANISME [1].

Les Chrétiens.

Nous sommes arrivés à notre dernier chapitre.

Nous avons cherché chez les nations surtout ce qu'elles pouvaient avoir de consolant pour l'humanité, et nous avons vu qu'elles n'offraient que des débris, des ruines, des opinions flottantes, des erreurs, des superstitions, des emblèmes et des symboles qu'elles ne comprenaient plus, quelques vérités éparses mutilées, sans suite, sans motifs, sans autorité, des ténèbres, une nuit profonde ! — une dépravation générale, immense, effrayante.

Nous y avons trouvé la raison humaine semblable à un vaisseau battu de la tempête, sans pilote, sans gouvernail, sur le vaste océan des opinions humaines ! — il fallait une nouvelle création.

Dans ce dessein, la Providence avait choisi, comme on l'a remarqué dans notre premier chapitre, un peuple particulier qu'elle rend dépositaire de ses oracles, de ses promesses, de ses lois, qu'elle charge du soin honorable de conserver la religion et d'instruire le genre humain de toutes les vérités salutaires. Le temps étant arrivé, après quatre ou cinq mille ans d'expérience, le genre humain sans ressource voit la vérité sortir de la Judée, une révélation venir l'éclairer et le sauver.

Le christianisme avait commencé avec le monde ; il s'est développé, sans jamais changer au fond, sans jamais varier, sous Adam, Noé, Abraham, Moyse et Jésus-Christ. Je ne suis pas venu détruire la loi, mais l'accomplir, dit le Messie ; accom-

(1) Raison des sectes, des hérésies modernes, des systèmes impies, des erreurs qui font le malheur de l'humanité et éloignent l'homme de ses destinées éternelles.

plir l'histoire toute prophétique des Juifs, les cérémonies figuratives de son culte, les promesses qui lui avaient été confiées, les écrits des prophètes, l'attente et le besoin des nations.

La loi évangélique n'est que le développement de la loi une et universelle, révélée dès l'origine; le peuple juif, témoin de trois révélations par lui-même et par ses ancêtres, a rejeté la dernière comme ses prophètes le lui avaient prédit et lorsqu'il en avait le plus besoin, car Caïphe et Ananus-le-Jeune, grands-prêtres, étaient sadducéens, et cela fait voir en quel état la religion était chez les Juifs!

Cependant l'Évangile ne tarda pas à être répandu partout, et le Sauveur eut des disciples parmi les Juifs; Nicodême, son disciple secret, était un des principaux docteurs de la synagogue, « princeps Judæorum; » Joseph d'Arimathie, qui se réunit à lui pour donner la sépulture au Sauveur, était un homme de considération, « nobilis decurio; » Jean-Baptiste, précurseur de Jésus-Christ, Lazare et ses amis, Zachée, chef des Publicains, le prince de Capharnaüm, dont Jésus guérit le fils, Jaïre, l'un des chefs de la synagogue, dont il ressuscita la fille, n'étaient point des personnages ordinaires; il est dit dans saint Jean que plusieurs des principaux Juifs crurent en Jésus-Christ après la résurrection de Lazare; l'officier romain, témoin des prodiges arrivés à la mort de Jésus-Christ, confessa qu'il était le fils de Dieu.

Les actes des Apôtres nous apprennent qu'un grand nombre de prêtres juifs embrassa la foi : « Multa etiam turba sacerdotum obediebat fidei; » sous l'épiscopat de saint Jacques-le-Mineur, presque toute la ville de Jérusalem et plusieurs des juifs principaux croyaient en Jésus-Christ : « Multiplicabatur numerus discipulorum « in Jerusalem valde. »

La version grecque du livre de saint Jérôme des hommes illustres faite par Sophrone, son ami, porte que saint Jacques-le-Majeur a prêché l'évangile à toutes les douze tribus des Juifs, dispersées en divers endroits de la terre. On voit que saint Jacques aurait pu aller en Espagne; c'était l'opinion d'un auteur très-ancien qu'on a confondu quelquefois avec Isidore de Séville; il paraît par divers auteurs du IX⁰. siècle que cette opinion s'établissait alors en Occident; rien ne combat ces notions.

Saint Pierre baptisa le centurion Corneille de Césarée avec ses amis; s'il est un fait établi dans l'histoire, c'est le voyage de saint Pierre à Rome, et l'église de Rome est aujourd'hui la seule église fondée par un apôtre qui puisse montrer une succession non interrompue de pasteurs; on remonte du pape actuel à saint Pierre; de saint Pierre, par Jésus-Christ, jusqu'au grand-prêtre Aaron; d'Aaron, frère de Moyse, jusqu'aux patriarches, et des patriarches jusques à Adam; en sorte que l'existence de Dieu et la promesse d'un rédempteur ou la venue de ce rédempteur ont toujours été professées sur la terre par une autorité visiblement établie de Dieu même.

Le proconsul de Cypre, Sergius Paulus fut un des premiers prosélytes de saint Paul; les principaux juifs de Bérée, convertis par ce même apôtre, examinaient avec soin les Ecritures, pour voir si ce qu'on leur avait enseigné, était véritable; dans la ville d'Athènes, Denis, un des juges de l'Aréopage et plusieurs autres embrassèrent le christianisme; à Corinthe, Crispus, chef de la synagogue, se fit baptiser avec toute sa maison; un des principaux disciples de saint Paul était Apollo, homme éloquent et savant dans les Ecritures; à Ephèse, non seulement les ignorants, mais ceux-même qui faisaient profession de science, se convertirent, et brûlèrent leurs livres jusqu'à la valeur de cinquante mille deniers, somme exorbitante; les principaux de l'Asie étaient les amis de saint Paul : « Non solum Ephesi sed pene totius Asiæ Paulus hic « suadens avertit turbam multam., Quidam autem et de Asiæ principibus qui erant « amici ejus... » Le même apôtre, arrivant à Rome, assembla d'abord les principaux d'entre les Juifs , et plusieurs se convertirent; saint Paul eut des prosélytes jusque dans le palais des Césars; on sait par le témoignage des auteurs payens que Flavius Clémens, cousin-germain de Domitien, Domitilla, sa femme, sœur du même empereur, le consul Acilius Glabrion , et d'autres personnes du premier rang chez les Romains étaient chrétiens.

L'apôtre saint Jude, selon saint Paulin, prêcha dans la Libye, et Fortunat enseigne qu'il est enterré dans la Perse, c'est aussi ce que les martyrologes latins confirment. Eusèbe affirme d'après Origène que saint André prêcha dans la Scythie, et Théodoret écrit qu'il a porté dans la Grèce les lumières de la connaissance de Dieu, ce qui est confirmé par saint Paulin, saint Philastre; saint Grégoire de Naziance le dit particulièrement de l'Epire, et saint Jérôme de l'Achaïe.

Rufin et Socrate et d'autres encore écrivent que saint Mathieu a prêché dans l'Ethiopie; saint Mathieu prêcha encore et mourut dans l'empire des Parthes suivant saint Paulin, saint Ambroise et le martyrologe qui porte le nom de saint Jérôme (1). Fortunat, évêque de Poitiers et les martyrologes de saint Jérôme, de Bède, d'Adon et d'Usuard portent que saint Simon souffrit aussi dans l'empire des Parthes. L'apôtre saint Jean prêcha dans l'Asie-Mineure; les Pères et les monuments ecclésiastiques en font foi; il prêcha également aux Parthes; car sa première épître a été quelquefois citée sous le nom d'*Epître aux Parthes* par saint Augustin et par quelques autres. C'est ainsi que l'évangile fut annoncé dans l'empire des Parthes; Sozomène croit néanmoins que ce royaume (c'est-à-dire une partie de ces provinces) avait reçu la foi par la communication qu'il avait avec l'Osrhoène, qui est une partie de la Mésopotamie , et avec l'Arménie, laquelle avait tellement embrassé la foi, qu'elle soutint pour ce sujet la guerre contre Maximin II. En l'an 312, Bardesane, qui fleurissait dans la Mésopotamie vers la fin du IIe. siècle, écrit qu'il y avait des chrétiens dans les pays des Parthes, des Mèdes, des Perses et jusque dans la Bactriane; telle est l'histoire chrétienne authentique. Saint Jacques, au commencement du IVe. siècle,

(1) « Sub Zenone imperatore Barnabæ apostoli et comitis sancti Pauli reliquiæ in Cypro sunt inventæ, « et in pectore Barnabæ evangelium secundum Matthæum , quod folia thyina habebat , preciosi ligni « genus est thyum. »

passa de la Mésopotamie dans la Perse, pour visiter les chrétiens ; Jean, évêque du pays des Perses, assista l'an 325 au grand concile de Nicée. Ce fut peut-être lui qui apprit aux Romains que la religion chrétienne se répandait dans les principaux lieux de ce grand état, et que les peuples se pressaient en foule d'entrer dans la bergerie de Jésus-Christ (Eusèbe, Baronius). Cela se voyait surtout dans l'Adiabène, qui est l'ancienne Assyrie (Ammien-Marcellin), et qui, étant plus voisine de l'empire romain, était presque toute chrétienne. Constantin se rejouit extrêmement d'apprendre de si heureuses nouvelles, et Sapor II lui ayant envoyé des ambassadeurs et des présents vers l'an 332 pour faire alliance avec lui, il lui écrivit une lettre où il le pria de prendre soin des chrétiens qui étaient dans son royaume, et de leur donner des marques de sa bonté. Saint Jacques de Nisibe a écrit sur le royaume des Perses et sur la persécution des chrétiens ; un historien persan, traduit par M. Renaudot, fait monter le nombre des martyrs en Perse à près de deux cent mille, dont les noms et les actes avaient été recueillis par Manète et Agi, qui gouvernèrent l'église de Séleucie peu de temps après ; on voit aussi dans Sozomène le détail des cruautés de Sapor II envers les chrétiens, qui commencèrent en l'année 344.

L'apôtre saint Mathias, selon la tradition des Grecs, prêcha et mourut dans la Colchide ; Eusèbe dit que saint Philippe prêcha la vérité dans la Phrygie et qu'on voyait son tombeau à Hiérapole (connue par ses eaux minérales) ; Hiérapole était alors une des principales villes de la Phrygie qui occupait une grande étendue de pays depuis la Lydie à l'Ouest, jusqu'à la Cappadoce à l'Est. On sait que saint Marc l'évangéliste fonda l'église d'Alexandrie, capitale de l'Egypte, et, qu'au rapport de saint Epiphane, saint Luc prêcha dans les Gaules.

Saint Thomas et saint Barthélemy :

Saint Jérôme parle de la mission de saint Thomas, dans l'Inde comme d'un fait universellement connu à cette époque, *Epist. ad Marcel.* ; voir aussi Fabricius et Assémani ; voir l'*Histoire des Anglo-Saxons* par M. Turner, et surtout sa *Dissertation sur l'ambassade de l'évêque de Shireburn*, envoyé par Alfred-le-Grand au tombeau de saint Thomas dans l'Inde ; voir Rufin, qui assure que son corps fut apporté de l'Inde et déposé à Edesse ; voir saint Grégoire de Tours, qui parle d'un homme respectable appelé Théodore, qui avait visité le tombeau de saint Thomas dans l'Inde. Les deux musulmans, dont on a conservé le voyage et qui visitèrent ce lieu peu de temps après Sigbelm, évêque de Shireburn, qui y avait été envoyé à la suite d'un vœu, font mention de l'église de St.-Thomas, sur la côte de Comorandel, tout aussi bien que Marc-Paul, vers l'an 1292, long-temps avant que les Portugais se fussent frayé un chemin dans l'Inde ; Marc-Paul dit que les Chrétiens et les Musulmans étaient très-nombreux dans la péninsule.

Le lieu où saint Thomas souffrit le martyre, c'est-à-dire le pays de Madras, était rarement visité par les marchands, vu qu'il n'y avait pas de commerce ; son corps, ou du moins sa tombe, était dans une petite ville de ce pays ; des parcelles de terre imprégnées de son sang y étaient conservées, et des pélerins venaient des contrées éloignées visiter ce saint lieu.

En parlant d'Aden en Arabie, Marc-Paul nous apprend que « saint Thomas passait « pour y avoir prêché avant d'aller au Malabar, dans l'Inde, où il souffrit pour le « Christ, et les chrétiens de cette contrée, dit-il, sont bons soldats et remarquables « par leur honnêteté. Ils disent que le saint apôtre était un grand prophète et ils « l'appellent Avariia, ce qui, dans leur langue, signifie un pieux et saint homme. » Comme c'est Marc-Paul qui nous a donné le sens du mot Avariia, il est très-facile de remonter à sa forme pure et première qui est Av-Aryya en sanscrit, et comme il dit que les chrétiens étaient hautement respectés, étant de bons soldats, et par-dessus tout de bons et saints hommes, remarquables par leur intégrité, c'étaient bien certainement des Av-Aryyas ou Aryyas ainsi que leur saint apôtre. Le mot Avariia dérive du composé sanscrit Av-Aryya ou Ava-Aryya, deux mots parfaitement synonymes; le premier, c'est-à-dire Ava, est rendu dans les lexiques par Souddha ou Pavitra, qui implique également sainteté et pureté. Il est fait mention des Aryyas dans le Brahmanda-Pourana comme d'une puissante tribu Mlech'has, vivant dans les montagnes du Décan.

D'après les *Actes* de saint Thomas et d'autres notices, le saint Apôtre s'embarqua à Aden, en Arabie, pour les Indes.

C'était le chemin fréquenté alors.

« Un certain scholastique thébain, pour voir les Brahmanes et converser avec eux, » entreprit le voyage de l'Inde; en compagnie de quelques marchands, il s'em-« barqua sur la mer Erythrée (ou Rouge), traversa d'abord le Golfe Adulique et « visita la capitale des Adulites, puis doubla le promontoire des Aromates et pénétra » jusqu'au comptoir (emporium) des Troglodites; de là il atteignit le pays des « Assumites (d'Axum). C'est de là que se remettant en mer avec des vents favo-« rables, après un grand nombre de jours de navigation, il parvint enfin à Muzirim, « lieu d'échange (emporium) de toute l'Inde en-deçà du Gange. » (Saint Ambroise, *De moribus Brahmanorum*, t. IV, p. 1131, de ses œuvres complètes, éditées par Migne.)

D'après les *Actes* de saint Thomas et d'autres notices, le saint apôtre s'embarqua à Aden, en Arabie, pour les Indes où il débarqua dans un lieu nommé Halabor, plus tard Salo-Patan, synonyme de Salo-Pour, Sala-Bouram, Hala-Bouram et maintenant Cranganor. Long-temps après l'apôtre souffrit le martyre dans un lieu appelé Calamina; Calamina est un nom tamoul et signifie littéralement terre et pierre, par allusion à la nature du sol; Dorothée, évêque, né en 254, assure que saint Thomas mourut à Calamina, ville de l'Inde; le vrai nom est Calamedu, qui signifie colline de pierre. Calamina fut connu plus tard sous le nom de Meliar-Pour, le même qui est nommé Meliar-Pha par Ptolémée; son nom actuel est San-Thomé, et les arabes au moyen-âge l'appelaient Betoma ou Beit-Thoma, la maison, la demeure ou l'église de Thoma.

Saint Thomas fut reçu par le roi Segamus ou Sugama, synonyme de Sugat, et ce mot fait voir que c'était un disciple de Bouddha; le fils du roi s'appelait Sezan, ou Sejana; c'est le nom du père de Bouddha, appelé autrement Ajana par les Pouranas. Les Manichéens corrompirent les anciens récits et inventèrent sur l'apostolat de saint Thomas, dans l'Inde, des fables qu'il est facile de reconnaître.

Divers manuscrits de M. Mackensie, recueillis dans l'Inde, nous donnent encore quelques renseignements : 1°. relation (sur papier) en tamil, de Candapa-Raja de Mallapur (St.-Thomé) avec une légende de saint Thomas; 2°. *Deva Sahaya Sic'hamani Malai*, poème sur un individu surnommé le joyau de la couronne de l'assistance divine. Ce poème, fort goûté des Brahmanes, paraît l'œuvre d'un catholique romain, sur feuilles de palmier, en tamil; 3°. sur feuilles de palmier, en tamil, *Siva-Vacya-Padal*, chant par Siva Vacyar, poème moral didactique; il s'exprime très-sévèrement sur le culte des idoles et sur différents abus du système brahmanique ordinaire, il insiste sur la nécessité de rejeter les noms de Siva et de Vishnu, et de n'adorer qu'un seul Dieu (les chrétiens du pays en font un fréquent usage dans leurs disputes avec leurs concitoyens idolâtres); 4°. sur feuilles de palmier, *Cummi pattu*, poème; fragment d'un voyage de Vedanayak de Tanjore, poète chrétien de beaucoup de mérite et fort instruit, qui récitait ses compositions poétiques sur l'Écriture-Sainte sur les places publiques de Tanjore, comme les Rhapsodes grecs; 5°. en télugu, *Vedanta Rasayanam*, la substance ou l'essence du Vedanta, œuvre d'un brahmane télugu de naissance qui s'était fait chrétien, et qui l'a écrit pour expliquer et défendre la religion chrétienne, en donnant la substance des Saintes-Écritures, et surtout de l'Ancien-Testament.

Il est donc certain que le christianisme fit des progrès dans les Indes dès les premiers temps. Les écrivains ecclésiastiques parlent aussi de saint Pantène et de sa mission dans les Indes; saint Jérôme et Eusèbe nous ont laissé des détails historiques sur saint Pantène; et l'on voit que des députés de cette nation étaient venus demander à Alexandrie des prédicateurs évangéliques; saint Pantène trouva dans les Indes que saint Barthélemi, l'un des douze apôtres, y avait aussi prêché la science de Notre Seigneur Jésus-Christ, selon l'évangile de saint Mathieu qu'il rapporta avec lui, écrit en lettres hébraïques, lors de son retour à Alexandrie. Frumentius, qui avait long-temps résidé dans l'Inde, et en parlait bien remarquablement la langue, prêcha l'évangile dans les parties méridionales de la péninsule; c'est Rufin qui a parlé le premier de l'apostolat de Frumentius dans l'Inde, et il parle de l'Inde citérieure, et de l'Inde ultérieure, c'est-à-dire de l'Inde *intra Gangem*, et de l'Inde *ultra Gangem*; il les distingue fort bien; et il ressort de son récit que pour s'y rendre, on suivait la route dont parle saint Ambroise, citée ci-dessus; et que les évêques d'Alexandrie en ordonnaient les évêques et les prédicateurs. On voit dans Zonare, *Vie de Justinien*, qu'il y avait à Sirhind ou Serinda, au VI°. siècle, un séminaire pour les chrétiens; nous savons aussi que Marutha, hindou de nation et évêque de Suphara, maintenant Sufferdam, assista, en 383, au sinode de Sides, relaté dans le périple de Scyllax et dans Ptolémée ; c'était la métropole de la Pamphilie. La cause de la perte de la foi dans les Indes vint de l'islamisme qui se répandit dans l'Egypte , la Perse et autres pays. On voit dans une lettre d'un patriarche nestorien, écrite au VII*. siècle, qui existe encore selon Turner, que la hiérarchie sacerdotale avait été interrompue depuis les frontières de la Perse jusqu'à Ceylan ; ceci se rapporte avec ce que racontent les écrivains musulmans qui disent que sous le règne du calife Abdulmalec, dans la dernière partie du VII*. siècle , les chrétiens de l'Inde envoyèrent demander à Simon , patriarche jacobite et syrien d'Alexandrie , de vouloir bien leur envoyer un évêque.

Pour ce qui regarde la Chine :

Dans le monument et inscription de Si-Gan-Fóu qui prouve que le christianisme a été florissant à la Chine pendant les VII*. et VIII*. siècles de l'ère chrétienne , le pays de la Judée est encore nommé Taçin. Un prêtre appelé O-Lo-Pen avait porté à la Chine la religion chrétienne. Les caractères de l'inscription étaient étrangers , des caractères stranghelos dont se servaient les anciens Syriens. L'inscription raconte que le christianisme fut persécuté sous l'impératrice Uu-Heu ; l'an 698 ou 699, les sectateurs de Fo, unissant leurs forces, poursuivirent les fidèles de leur haine et de leurs persécutions. L'an 744 , il arriva en Chine un nouveau prêtre chrétien, qui, sur l'observation des étoiles , dit l'inscription , avait dressé sa route vers la Chine. '

Tels sont les monuments authentiques, incontestables, des premiers établissements chrétiens.

À côté s'élevèrent les hérésies : le paganisme oriental fit tous ses efforts pour subsister ; plusieurs virent que les symboles, les mythes, les emblèmes des peuples payens trouvaient leur solution dans le christianisme, dans la réalité de la religion chrétienne ; d'autres s'efforcèrent dans leur aveuglement d'en retenir une partie et de la concilier avec la prédication évangélique, ce qui engendra les hérésies.

Les anciens désignèrent toutes les hérésies primitives sous le nom de *Gnosticisme* ; ce nom désigna les hérésies primitives , comme celui de protestantisme a désigné les hérésies modernes.

« Ce ne fut pas tant une secte particulière, qu'un nom que presque tous les
« anciens hérétiques affectaient de prendre, pour marquer les nouvelles connaissances
« et les lumières extraordinaires qu'ils se vantaient d'apporter au monde, le mot de
« Gnostique signifiant parmi les Grecs un homme savant et éclairé ; c'est ce qui paraît
« parce que nous voyons ce nom attribué à toutes les premières hérésies : les Gnos-
« tiques, dit saint Epiphane , sont des hérétiques extrêmement corrompus dans les
« mœurs, dont les impiétés viennent de Simon , de Ménandre, de Saturnin, de Basi-
« lide, de Nicolas, de Carpocrate et de Valentin ; ils ont trouvé leur commencement
« et leur origine dans Simon-le-magicien , dit le même Père, après saint Irénée,
« et leur accroissement dans les impiétés infâmes des Nicolaïtes, que saint Irénée
« appelle une branche et une portion de Gnostiques. Basilide est nommé Gnostique
« par saint Jérôme, et chef des Gnostiques tant par lui que par la chronique

« d'Eusèbe ; les Carpocratiens se sont aussi glorifiés de ce titre, et Eusèbe dit que
« Carpocrate a été le père de cette secte, sans doute parce qu'il leur a appris de
« nouveaux crimes ; enfin saint Irénée, qui a particulièrement écrit contre les Valen-
« tiniens, et à leur occasion contre tous les autres hérétiques, dont les dogmes
« approchaient des leurs, n'a fait autre chose que réfuter les prétendus Gnostiques,
« comme il dit lui-même, et Eusèbe, après lui, dans son *Histoire de l'Église ;* Marcion,
« qui a bientôt suivi Basilide, n'a fait qu'étendre ou ajouter d'une autre manière ce
« qu'il avait appris de lui, et des autres Gnostiques plus anciens. »

« Mais il faut reconnaître que le nom de Gnostiques était commun à beaucoup de
« sectes toutes différentes ; chacun parmi eux étant bien aise de se rendre le père
« et le chef de quelque opinion nouvelle ; ils reconnaissaient deux principes, l'un
« bon et l'autre mauvais ; ils mettaient huit différents cieux et à chacun un prince
« pour le gouverner.... ils distinguaient le créateur de l'univers du dieu qui s'était
« fait connaître aux hommes par son fils, qu'ils reconnaissaient pour le Christ ; ainsi
« ils établissaient deux dieux, quoique quelques-uns ne donnassent peut-être pas le
« titre de Dieu au créateur ; saint Irénée nous assure aussi que, quoiqu'ils eussent des
« sentiments fort différents sur Jésus-Christ, ils s'accordaient néanmoins à nier ce que
« dit saint Jean, que le Verbe s'est fait chair, voulant tous que le Verbe de Dieu
« et le Christ, qu'ils se figuraient dans leurs premiers degrés de la divinité, eût
« paru sur la terre sans s'incarner, sans naître ni de la Vierge, ni de quelque
« autre manière que ce fût, sans avoir de corps qu'en apparence, sans souffrir
« réellement.....

« Ils s'accordaient tous aussi à avoir la conduite la plus infâme, et saint Épiphane
« dit qu'on n'osait pas même manger un morceau de pain avec eux. »

Tous ces Gnostiques avaient pris leurs opinions dans le paganisme oriental, et
s'efforçaient d'y faire entrer quelques idées chrétiennes ; ils avaient puisé leurs principes dans le culte de Mithra ; Tertulien disait : « Sicut aridæ et ardentis naturæ sa-
« cramenta leones Mithræ philosophantur » (*Adversus Marcion* I,XIII) : et Porphyre
nous apprend : « suo tempore Gnosticos Romæ quosdam vulgâsse libros quos appel-
« larent Zoroastris revelationes ; » Origène n'avait-il point pris chez les sectateurs
de Mithra que Dieu anéantirait les démons ? voyez ce que disait Théopompe.

Saint Clément d'Alexandrie et saint Jean Chrysostôme nous apprennent que saint
Paul voulait condamner les Gnostiques, lorsqu'il exhortait saint Timothée à rejeter
tout ce qu'oppose à la vérité une doctrine qui porte faussement le nom de science ;
c'est le même terme dont saint Irénée a accoutumé de se servir, quand il veut parler
des Gnostiques.

Saint Irénée nous apprend que ce fut contre les Nicolaïtes, qu'il appelle une
branche de Gnostiques, que saint Jean écrivit son évangile, et saint Cyrille de Jérusalem applique à Simon ces paroles de la première épître de saint Jean : « *ils ont
quitté notre compagnie, mais ils n'étaient pas de notre compagnie ;* » saint Pierre et
saint Jude ont combattu les dérèglements de tous ces Gnostiques.

Cependant les hérésies des Gnostiques se répandirent en divers lieux de la terre ; les Juifs eux-mêmes ne furent point étrangers à cette secte ; il nous est parvenu de l'époque de l'Incarnation un livre intitulé : *Livre de la Création* ; et un autre qui renferme le système complet de la secte, ses enseignements, depuis le Ier. siècle jusqu'au VIIe., et qui arrivèrent de la Palestine en Europe vers la fin du XIIIe. ; ce dernier livre se nommait le *Zohar* ; il y a une intime ressemblance pour l'expression comme pour la pensée entre le Gnosticisme et les parties les plus essentielles de la Kabbale, car c'est ainsi que l'on a nommé cette secte des Juifs.

MM. Bruce et Ruppell ont retrouvé en Abyssinie le livre d'Enoch que l'on croyait perdu. Plusieurs pères ont cité ce livre, saint Justin, saint Irénée, Tertulien ; Origène le regarda comme apocryphe ; la Synagogue ne le connaissait pas, ne l'avait pas mis dans son canon ; parmi les historiens juifs, personne n'en parla, il était inconnu à Joseph l'historien ; l'Eglise chrétienne le déclara apocryphe.

« Tout ce qu'il y a d'important à dire sur ce livre d'Enoch, dit Bruce, c'est que « c'est un livre gnostique, contenant l'âge des Emims, des Anakims et des Egrégores, « qui sont appelés les enfants de Dieu. »

« Il y a dans cet ouvrage une imitation assez exacte du passage de l'épître de « saint Jude, dit un savant anglais. »

Les savants français ajoutent : « Origène et saint Jérôme ont observé avec raison « que l'on trouve dans les écrits des Apôtres plusieurs passages tirés de divers « livres apocryphes ; on peut supposer aussi que l'auteur du livre d'Enoch aurait « emprunté ce passage à saint Jude. »

D'ailleurs, quand même c'eût été un livre des Juifs pour conserver leurs anciennes traditions, est-ce que saint Jude ne pouvait pas en tirer quelque chose de bon contre les Juifs ? Est-ce que ces traditions étaient toutes fausses et mauvaises ?

Dans cet ouvrage éthiopien, il y a des preuves qu'il a été traduit en éthiopien d'après un original grec et non sur un texte hébreu ; ce livre parle aussi de la Mer Erythrée, d'une fève grecque ; il parle aussi du Liban, de Caïnan ; on y lit : « Malaleel, fils de Canan, fils d'Enos…. quand les pécheurs seront démasqués, « mieux aurait valu pour ceux-ci n'être pas nés, » allusion aux paroles de Jésus-Christ dans l'Evangile ; on y voit des allusions continuelles à l'Apocalypse. L'auteur voit « l'ancien des jours, le fils de l'homme, » dont il célèbre la grandeur, « le « sang du juste qui a été répandu, les supplications des saints entendues, et le « sang des justes vengé ou apprécié par le Seigneur. »

Nous y avons encore vu que l'auteur fait l'année solaire de trois cent soixante-quatre jours, parle des vents d'Est, Ouest, Sud, Nord, des vents oriental, méridional, nord et occidental ; nous y avons trouvé des rapports avec les sept continents des Hindous, le mont Mérou, une allusion aux semaines de Daniel et une imitation de Job ; encore une allusion aux doctrines hindoues ; il dit les pouvoirs célestes renouvelés briller d'une septuple splendeur ; comme chez les Hindous, les dieux ayant une fin se renouvellent à une grande époque ; la vache joue un grand rôle dans les mystères et la foi des Hindous, et nous la voyons figurer en tête du principal songe d'Enoch, de sa première vision, comme le dit l'auteur; il parle des castes, castes correspondantes à la caste des Brahmanes (1). « O mon fils, dit « Enoch à Noé, lui, le saint placera ton nom parmi les justes.... »

Décidément le livre d'Enoch est un livre oriental et postérieur à la vie du Sauveur (2).

On a trouvé un manuscrit de Philon, et ce manuscrit, en vingt-sept traités de cet écrivain, est venu prouver la fausseté de l'assertion assez commune qui lui attribuait la doctrine du Verbe : dans le traité de la formation du monde, la pensée divine, comme cause du monde, est mise au-dessus de toutes les vertus et de toutes les sciences et même au-dessus du beau et du bon qui en sont des émanations, de façon qu'il ne faut pas songer comme force créatrice à un *Logos* différent de ce *Nous*. Ce *Logos* est le seul type du monde et en est si éloigné pour établir une hypostase particulière qu'il ne peut avoir d'autre qualité que le monde idéal dans l'esprit et l'intelligence divine (1841)... Philon fut un père de l'Eclectisme, qui doit son origine au Gnosticisme.

Ce Gnosticisme, ou culte oriental, se répandit jusque dans l'Inde : la période de Vicrama'ditya et celle de Salivahana sont intimement liées; l'histoire de ces deux personnages, écrite en sanscrit dans le Vicrama-Charitra, a été traduite dans tous les dialectes indiens. Vicrama'ditya fit une grande pénitence pour obtenir une longue vie; une déesse lui apparut et lui assura un règne heureux sur le monde entier pendant mille ans, au bout desquels un enfant divin, né d'une vierge et fils du grand Tacchaca, charpentier, le priverait de l'empire et de la vie; cela devait arriver l'an 3101 du Cali-Youga ou Cali-Youg, correspondant à l'an 1 de l'ère chrétienne. Ce charpentier était père de Salivahana, qui était le chef des Tacchacas, tribu serpentine, fameuse dans les Pouranas; nous voilà retombés dans les idées gnostiques et ophytiques. Salivahana mourut en l'an 79 de notre ère, selon l'histoire de Vicrama'ditya; cependant l'ère de Samvat, depuis la mort de Vicrama'ditya, qui arriva à la nouvelle lune de Mars, commence avant Jésus-Christ 57 ans, selon l'abbé Guérin, et l'ère ou l'an saka de Salivahana, depuis l'équinoxe du printemps, commence après Jésus-Christ l'an 79.

L'idée chez les Hindous que Salivahana était porté sur un arbre, sur une croix, a pu être empruntée aux Manichéens, qui représentent le Christ étendu sur un arbre; la croix, quoiqu'elle ne soit pas un objet d'adoration pour les Bouddhistes, est une devise et un emblème favori pour eux; leur croix est exactement la croix

(1) Et les castes n'ont eu leur origine qu'après l'Incarnation, ce qu'il faut remarquer, et ce qui est une preuve évidente que cet ouvrage est postérieur à l'Evangile.

(2) Parmi les manuscrits recueillis en Egypte et en Abyssinie par le célèbre voyageur Bruce, se trouve un manuscrit antique et extrêmement curieux en papyrus, relatif aux Gnostiques, composé vers le XIe. siècle.

(268)

des Manichéens, parée de fleurs et de feuilles qui en sortent et placée sur un
calvaire.

Les Catholiques ont aussi reconnu cet emblême :

Cette croix peut donc être attribuée à la prédication des Chrétiens ou des Manichéens.

On connaît aussi la prédication de Théophile dans le Guzarat; c'était un fameux
évêque arien, natif de Diabous, maintenant Diu, dans le Gujarat; il fut envoyé en
ambassade par Constance, à Diu; après y avoir réformé quelques pratiques parmi
les Chrétiens et de même dans le reste de l'Inde, il revint, toujours par la voie
commune en ces temps; de la grande Arabie, il revint chez les Axumites, et de là
dans l'empire romain, c'était vers l'an 456. Dans la relation des voyages faits par
les Arabes et les Persans dans le IXe. siècle de l'ère chrétienne, par M. Reinaud,
on voit qu'il y avait à cette époque, à Ceylan, une communauté très-nombreuse de
Juifs, et des personnes des autres religions, notamment des Dualistes ou Manichéens,
et que le roi laissait à chaque communauté professer son culte.

Les Indiens ont inséré dans leurs livres plusieurs choses relatives au Sauveur du
monde; quelques-uns de ses miracles et quelques-unes de ses prophéties sont attribuées à leur dieu Crichna; ces notions sont dues aux premiers prédicateurs chrétiens, ou ont été puisées dans les évangiles apocryphes et ajoutées à la légende de
Crichna, dont la rédaction est postérieure à notre ère; on sait aussi que les Pou-
ranas ont été rédigés dans les IIIe., VIe., XIIe., XIVe. et autres siècles de notre ère,
et il existe encore dans ces livres et dans les autres ouvrages des Indiens, des
interpolations et autres preuves qu'ils ont été remaniés plusieurs fois. Crichna,
divinité incarnée, selon les fictions sanscrites, non seulement naquit, mais fut élevée
parmi les bergers; au moment de sa naissance, un tyran donna l'ordre que tous les
enfants mâles fussent mis à mort; Crichna fit des miracles, ressuscita même des
morts, en descendant à cette fin dans les régions infernales; il lavait les pieds des
Brahmanes; les Yadous, nom des gens de sa propre tribu, étaient destinés à périr
pour leurs péchés, ainsi que les enfants de Yahouda ou Youda, qui est la véritable
prononciation de Juda; ils s'entretuèrent tous de leurs propres mains... Est-ce que
ces fragments d'histoire ne sont pas frappants dans les Pouranas?

L'école d'Alexandrie fut extrêmement célèbre en ces temps; cette académie et
assemblée de gens de lettres avait lieu dans un quartier d'Alexandrie, appelé
Bruchium; cette école eut des maîtres bien remarquables; tel fut Ammone Saccas,
si éloquent et si attaché à la religion chrétienne; mais « il s'opéra bientôt dans
« cette école un mélange confus de doctrines orientales et chrétiennes sur la
« divinité; d'un être principe, ou dieu suprême, on fit sortir par voie de création

« ou de génération, ou plutôt par voie d'émanation, un second principe, inférieur,
« secondaire, qui avait graduellement tout produit, doctrine de la Perse, de
« l'Inde..... Les Basilidiens, les Nicolaïtes, les Valentiniens prirent part à ces
« erreurs; d'autres comme Manès tenaient pour un double principe, ou pour trois
« dieux comme Marcion. Dès le premier siècle, Cérinthe, Ébion, Artémon,
« Théodote déclarèrent Jésus-Christ un pur homme; Praxéas prétendait que Jésus-
« Christ n'était pas distingué du Père; Sabellius, au IIIᵉ. siècle, ne voulut admettre
« qu'une seule personne; le Sabellianisme a reparu avec la Réforme, et avec le
« Rationalisme moderne; les trois personnes divines ne sont plus que trois attributs
« divins. Arius se jeta dans l'excès opposé du Sabellianisme, au lieu de distinguer
« les personnes, il distingua les natures; la Réforme fit renaître l'Arianisme de ses
« cendres sous mille formes contradictoires; le Rationalisme a tendu la main,
« Jésus-Christ n'est plus qu'un pur homme, de même à toutes les erreurs qui avaient
« précédé l'Arianisme, à tout le Gnosticisme: Simon-le-Magicien, Ménandre,
« Saturnin, Basilide n'avaient-ils pas imaginé que Jésus-Christ n'avait eu que
« l'apparence de la chair? Les Monothélites nièrent la double volonté et la double
« opération. Nestorius voulut voir en Jésus-Christ deux personnes. Enfin Abéilard
« nia que le fils de Dieu se fut incarné pour racheter et délivrer l'homme.... »
(Conférences de M. de Ravignan, 1842.)

On vit dans cette école d'Alexandrie un amalgame informe d'oracles, d'apoph-
tegmes, de sentences, d'assertions, de subtilités, d'erreurs grossières, le tout puisé
dans la philosophie chaldéenne, orphique, homérique, platonicienne, pythagoricienne, péripatéticienne, et quelquefois des idées des livres saints ajoutées à ce
banquet grotesque.. L'Eclectisme moderne a tendu à réhabiliter ces enseignements
des libres penseurs du passé. Le projet avoué de l'école d'Alexandrie fut l'Eclectisme;
ces philosophes voulurent unir toutes choses, toutes les parties de la philosophie
entr'elles, la philosophie grecque et la religion, la Grèce et l'Asie; mais dans cette
fusion, ce qui domine est l'esprit oriental, c'est le Gnosticisme; l'Eclectisme actuel
est le fond même de l'école d'Alexandrie.

Le Dieu des Alexandrins fut tout à la fois le Dieu de Platon, le Dieu de Pythagore, et d'Elée, le Dieu d'Aristote, le Dieu d'Héraclite et de Chrysippe; en lui se
résument et se concilient tous les systèmes.

Platon, malgré sa vaste intelligence, n'avait pu s'élever à l'idée véritable de la
divinité; cependant sa doctrine était un grand progrès pour la pensée, si nous la
comparons aux théories de Parménide, d'Héraclite et de Pythagore; il s'appropria
tout ce qu'il trouva de vrai dans leurs systèmes; il profita des leçons de Socrate, il
sut aussi s'inspirer des traditions primitives; un philosophe païen disait de lui :
« Hic est (Numenius Apamensis Syrus, philosophus pythagoricus) qui Platonis sen-
« tentiam coarguerit, tanquam ex mosaïcis scriptis de Deo et ortu mundi surreptam,
« eaque de causa dicit : quid est Plato nisi Moyses attice loquens? »

Le Dieu de Platon était une force efficiente, une providence, mais il n'était pas une cause créatrice; le Dieu d'Aristote n'était qu'une cause finale du monde, et il n'était pas une providence, et voilà le dernier mot de la pensée antique, le résultat de la raison humaine!!

Les disciples de Platon présentèrent comme une hypostase divine, ou du moins comme une subdivision d'hypostase, chaque attribut, chaque opération du Dieu suprême, signalés par leur maître. Au second siècle de notre ère, Alcinoüs prétendit trouver dans Platon une sorte de Trinité : 1°. l'intellect suprême, père du monde; 2°. l'intellect de l'âme, auteur du monde; 3°. l'âme du monde elle-même; seulement il n'est pas clair qu'Alcinoüs considère ces trois personnes comme un seul Dieu. Numénius d'Apamée, au commencement du III°. siècle, distinguait trois personnes divines, savoir : 1°. le père du monde; 2°. l'auteur du monde; 3°. le monde lui-même; mais Proclus nous dit que Numénius considérait ces trois personnes comme trois dieux.

Proclus puisa le plus qu'il put dans les livres d'Homère, d'Orphée, de Zoroastre ; il s'efforça d'y rattacher les institutions de Pythagore, les dogmes de Platon et même quelques-unes des observations d'Aristote, et d'en composer son système; en général il chanta tous les dieux, excepté celui des chrétiens; c'est ce Proclus, dit Suidas, qui, après Porphyre, éleva sa langue impure et calomnieuse contre les chrétiens.

Plotin, au milieu du III°. siècle, admettait : 1°. l'unité absolue; 2°. l'intellect supérieur au monde ; 3°. l'âme universelle du monde intelligible; ce Plotin, qui, comme Celse, comparait nos doctrines et nos livres saints avec les doctrines mithraïques et orphianiques, écrivit contre les Gnostiques, pour satisfaire sa haine contre le Christianisme, car il était plein d'idées analogues à celles des Gnostiques.

Plutarque reconnaissait deux principes ; car il est impossible, disait-il, qu'il y ait une seule cause bonne ou mauvaise, qui soit principe de toutes choses ensemble (*Traité d'Isis et d'Osiris*); il dit que c'est l'opinion de la plupart et des plus sages anciens; d'après lui, Aristote appelait *forme* un de ces deux principes, et l'autre *privation ;* et Empédocles chantait que le principe du bien s'appelait Amour et Amitié, et la cause du mal Combat sanglant.

Tertulien nous apprend que tous ces philosophes furent les auteurs des hérésies : « philosophos extitisse patriarchas hæreticorum. » Et toutes ces hérésies se tiennent par la main et se reproduisent de nos jours.

M. Cousin a dit : « La philosophie de la nature, les premières années du XIX°. siècle « ont vu paraître ce grand système ; l'Europe le doit à l'Allemagne, et l'Allemagne à « Schelling ; ce système est le vrai » (Cousin, *Fragments philosophiques*, 1835). Comme les Gnostiques, dont il emprunte souvent les idées et même le langage, ce Schelling prétend rattacher ses théories les plus bizarres aux textes de nos livres saints ; ce Schelling a un système bizarre sur la Sainte Trinité, qu'on ne retrouve que dans le Gnosticisme.

Tous ces philosophes modernes, comme leurs devanciers, sont les ennemis du Christianisme. On sait que, vers la fin du II°. siècle de notre ère, l'impératrice Julia

(271)

Domna, femme de Septime Sévère, fervent payen, donna l'ordre à Philostrate de composer une vie d'Appollonius de Tyane, et cela dans l'intention d'opposer ce thaumaturge à Jésus-Christ. Les payens voulaient donner à croire par là qu'il avait existé parmi eux un homme d'une vertu accomplie, doué du don des miracles, et digne d'être adoré comme un envoyé de Dieu. Gibbon nie que telle ait été l'intention du biographe, et de sa puissante protectrice; mais il est impossible de se rendre à cette opinion (Letronne). C'est un roman rempli d'absurdités, ou par exemple l'auteur assure gravement qu'en sortant de Babyloue, à la distance d'une journée de marche, se trouvait le pays des Mèdes, et la contrée appelée Cissie, qui faisait partie de la Susiane.......

Une secte qui fit des progrès incroyables dans les premiers siècles du Christianisme, fut la secte des Orphiques ou Ophites ou Bacchiques, et tous les défenseurs du Paganisme, soi-disant pythagoriciens et platoniciens, n'étaient au fond que de véritables Orphiques. Hérodote, après avoir dit que les Egyptiens n'entrent jamais dans les temples et n'enterrent point leurs morts avec des habits de laine, mais avec des vêtements de toile, ajoute : « La même coutume s'observe par ceux « que nous appelons Orphiques ou Bacchiques, et qui suivent les dogmes des Egyptiens « et des Pythagoriciens; ils pensent que ce serait une impiété d'enterrer dans des vê- « tements de laine ceux qui sont initiés à leurs orgies. » Ce passage d'Hérodote nous apprend que les Orphiques étaient singulièrement dévoués au culte de Bacchus, qu'ils formaient une branche de la secte pythagoricienne, qu'ils avaient adopté plusieurs pratiques égyptiennes, enfin, qu'ils formaient un corps de gens unis par des pratiques religieuses et par la participation aux mêmes mystères; les disciples de Pythagore s'attachèrent à la religion de Bacchus, qui était un mythe; ils assujettirent les parfaits à des pratiques égyptiennes, à ne vivre que de fruits et de plantes. Platon dépeint les Orphiques, chargés de leurs livres, attribués à Orphée et à Musée, offrant de purifier les hommes, et souvent réussissant à remplir les villes et les républiques de leurs pratiques religieuses. Théophraste, disciple d'Aristote, parle de ces hommes superstitieux qui vont tous les mois, pour expier leurs crimes, s'adresser aux Orphéotélestes, c'est-à-dire les Orphiques parfaits. Plutarque rapporte qu'un de ces Orphiques, voulant exciter la libéralité d'un Lacédémonien, lui vantait le bonheur destiné dans l'autre vie aux initiés, sur quoi le Lacédémonien lui dit: « Que ne te hâtes-tu de mourir, pour en aller jouir? » Pythagore reconnaissait, selon Jamblique, que c'était dans les mystères d'Orphée, qui se célébraient en Thrace, qu'il avait appris l'unité de la cause première et universelle.

Les Gnostiques des premiers siècles avaient encore des disciples à la fin du IVe. siècle, comme saint Epiphane et saint Jérôme le témoignent, et il paraît par ce dernier qu'ils s'étendaient jusque dans l'Espagne où l'on peut dire qu'ils se renouvelèrent dans les Priscillianistes. Sulpice Sévère dit: « Illa Gnosticorum hæresis « intra Hispanias deprehensa. » Les Gnostiques dans leurs principaux dogmes, furent aussi perpétués par les Manichéens; Manès chassé de Perse, se réfugia en Mésopotamie vers l'an 240, y sema ses erreurs, dont la secte des Yezidis, actuellement encore répandue en cette contrée, offre des traces traditionnelles; ils furent encore perpétués par les Eutychiens : « Eutyches monasterii princeps Constantinopoli, tertius Manetis et Apollinaris impiæ sectæ defensor, alium esse apud sese Christum, et alium deum sermonem annuncians. » On sait aussi que Simon-le-Magicien a été l'inventeur des Eons devenus si célèbres dans l'hérésie des Valentiniens et on croit que c'était comme autant de personnes dont ils composaient leur « plénitude » qui était leur divinité fantastique. Simon en avait huit au moins, et il mettait de ce nombre « une profondeur; » on prétend qu'entre ces Eons il plaçait le verbe au cinquième degré, et qu'il a été ainsi le premier père de l'Arianisme.

M. Hammer, dans les *Mines d'Orient*, a intitulé un mémoire : *Le Mystère du Baphomet révélé, ou les Templiers convaincus par leurs propres monuments d'avoir été des Gnostiques et des Ophites, et, comme tels, coupables d'apostasie, d'idolâtrie et d'impureté* : une douzaine d'idoles de ce genre existent dans le cabinet impérial des antiques à Vienne; la Mété est représentée sur ces idoles sous une figure humaine réunissant les attributs des deux sexes, « Mete germinans, » accompagnée de la croix tronquée ou de la clef de la vie et du Nil des anciens égyptiens qui ressemble à un T (1), du serpent, de la représentation du baptême de feu des anciens Gnostiques, ou plutôt de l'adoration du feu des anciens Persans, du cratère, de la foudre, de l'aigle .... et autres signes du culte de Mithra, et en outre de tous les symboles maçoniques, tels que le soleil, la lune, l'étoile signée, le tablier, la chaîne, le chandelier à sept branches...

Trois vases en pierre, du cabinet des antiques de Vienne portent les mêmes inscriptions, les mêmes symboles, et représentent de plus, en bas-relief, les orgies impures des Gnostiques ou Ophites... dans ces bas-reliefs se trouvent également les scènes d'Adam, d'Eve, du serpent, etc........

Ces idoles, ces hiéroglyphes, ces symboles, ces inscriptions se retrouvent sur les châteaux, les églises et les tombeaux des Templiers. Dans les *Archives de l'histoire et de la géographie*, 1818, nᵒˢ. 44 et 45, on trouve la description d'une église des Templiers à Schœngraben où plusieurs sculptures représentent ce culte, le Mété, son antagoniste le génie du mal, avec son emblème le lion (2) et avec le principal hiéroglyphe le grand serpent... Les mêmes représentations se trouvent dans l'église des Templiers à Ebenfurt et en plusieurs autres endroits; les églises des Templiers à Prague et à Egra en Bohême renferment les mêmes symboles, ainsi que leurs églises à Steinfeld et à Wultendorf en Autriche; le château de Pottenstein en Bohême, jadis appartenant aux Templiers, porte l'inscription suivante : « Signata Metis caritas « extirpat hostes... »

(1) On sait par Tertulien que les sectateurs de Mithra étaient marqués au front, et la croix tronquée est sur celui de quelques idoles des Templiers.

(2) Origène dit : « primum septem dæmonum leonis habere formam. »

La conclusion est que les principaux Templiers étaient réellement des apostats, livrés secrètement à des superstitions, au culte de Mithra et autres pratiques mystérieuses; on sait aussi qu'entre les accusations portées contre ces anciens chevaliers, était celle d'adorer un veau.

Il demeure prouvé à nos yeux que les Templiers avaient le culte de Mithra et qu'ils s'y étaient attachés dans leur séjour en Orient.

Au milieu de toutes les erreurs dont fourmille le Coran, on remarque encore celle des anciens Gnostiques.

Les Musulmans, fondés sur le Coran, pensent que Jésus-Christ n'a pas été crucifié. Les Juifs, disent-ils, crurent le crucifier, mais Dieu l'enleva au ciel et lui substitua un corps fantastique. Il est facile de reconnaître, dans cette opinion, ces grandes erreurs que l'on retrouve dans les hérétiques des premiers siècles de l'Eglise.

Mahomet prit aussi plusieurs pratiques religieuses de l'Orient payen, et s'il y a une religion payenne à laquelle on puisse comparer le Mahométisme, c'est surtout celle de la Perse. Mahomet était d'une moyenne taille; il avait la tête grosse, la barbe épaisse, les paumes des mains et les plantes des pieds fortes et rudes, les os gros et compactes, le teint vermeil, les yeux noirs, le contour des joues gracieux, les cheveux sans frisure, et le cou blanc et uni comme l'ivoire. Il mourut par suite d'un empoisonnement. Personne n'ignore que les Musulmans se divisent en deux principales sectes, celle des Sunnites et celle des Schiites. La dernière, restée fidèle aux héritiers légitimes d'Ali, reproche aux Sunnites d'avoir retranché des sentences de Mahomet celles qui avaient rapport à Ali. On n'ignore pas que c'est au calife Osman qu'on doit l'arrangement du Coran, tel que nous l'avons aujourd'hui; cette sorte d'édition est la seule connue, puisque Osman fit détruire toutes les copies faites précédemment et qui n'y étaient pas conformes, afin d'ôter la possibilité des discussions sur l'authenticité des textes.

Il ne faut pas s'imaginer que le Coran fut reçu par les peuples sans révolte ; on sait qu'il fut imposé par le sabre. On peut distinguer trois époques dans l'histoire des révoltes religieuses ou des combats de l'incrédulité contre le Coran. La première époque commence au VIIIe. siècle de notre ère, le second de l'Hégire, et s'étend jusqu'au Xe.; alors éclatent les révoltes sur tous les points de l'empire; les sectaires s'armaient pour répandre des doctrines contraires à l'Islamisme, c'était ou le tatil, c'est-à-dire la négation des attributs et de l'action de Dieu, ou le tawil, c'est-à-dire l'allégorie, la faculté de transformer tous les dogmes et tous les préceptes positifs de la religion en autant d'images, de symboles. Il est difficile de se faire une idée du nombre immense de sectaires qui succombèrent pendant les IIe. et IIIe. siècles de l'Hégire. Puis au Xe. siècle de notre ère, un certain Abdallah parut et jeta les fondements d'une vaste société, dans laquelle, sous l'apparence d'une fidélité inviolable à la loi de Mahomet, on devait professer et pratiquer en secret les doctrines les plus négatives, les plus hostiles non seulement à l'Islamisme, mais encore à la distinction du bien et du mal, du juste et de l'injuste, à toute loi fondée sur la conscience; c'était le Gnosticisme pur; les califes Fatimides entourèrent de grandes faveurs ses disciples, connus en Orient sous le nom d'Ismaéliens. Enfin, une réaction orthodoxe s'opéra sous les Seljoucides. Togroul, son fils et son petit-fils, se posèrent comme les défenseurs de la doctrine Sunnite. Exposés à leur persécution incessante, et de plus abandonnés par les Fatimides, les Ismaéliens formèrent alors une effrayante association qui a dominé 170 ans dans l'Asie; elle est connue dans l'histoire sous le nom de secte des Assassins, et son chef s'appelait le Vieux de la Montagne; elle fut détruite à la fin du XIII°. siècle; c'étaient les opinions de Manès qui y dominaient.

Le nom d'Albigeois fut généralement donné à tous les hérétiques qui parurent en France vers les XII°. et XIII°. siècles; ils renouvelèrent les erreurs des Manichéens, en admettant deux principes, l'un créateur des choses invisibles, l'autre créateur des corps; ils supposaient deux Christs, dont l'un avait un corps fantastique..........

« Quel est celui chez qui j'ai découvert les doctrines du Protestantisme, dit
« Thomas Moore, l'ami, le confident de Byron? Que l'ombre de Simon-le-Magicien,
« ce père du Calvinisme, apparaisse et réponde. Interrogez les Capharnaïtes, et
« qu'ils vous répètent l'insolente question qu'ils faisaient au Sauveur : Comment
« pourra-t-il nous donner sa chair à manger! Allez demander aux Gnostiques
« qu'avec leur foi au mariage du Saint-Esprit et à ses enfants, ils vous produisent
« leur doctrine de l'élection, de la persévérance, des décrets immuables, etc. ; ils
« seront suivis des Manichéens qui vous apprendront l'entière corruption de la nature
« humaine et la perte du libre arbitre; que les Docètes et les Marcionites vous
« apportent leur eucharistie, où il n'y a ni corps ni sang; appelez Novatien, Arius,
« Vigilance et consorts, ils protesteront contre la tradition, les prières pour les
« morts, l'invocation des saints et le culte des reliques; en un mot, convoquez
« toutes les variétés d'hérétiques et de schismatiques qui, dans les premiers siècles,
« vinrent étaler leurs bigarrures contre l'église; que chacun d'eux arrive avec son
« contingent d'erreurs, et je vous réponds qu'il en sortira un corps de doctrine pro-
« testante si complet, qu'il aurait pu épargner aux réformateurs de Wittemberg et
« de Genève tout l'embarras de leur mission. »

Calvin..... cet homme d'une taille médiocre, pâle et maigre, que l'on voyait quelquefois passer la main sur son front, mais dont le visage ne laissait voir aucune trace de profonde fatigue intellectuelle, et qui portait toujours la tête haute..... Calvin, en effet, était dénué de cette poésie qui dévorait Luther, de cette métaphysique qui s'effraie des profondeurs qu'elle découvre, de cet esprit d'invention qui tourmente sans relâche ceux qui en sont possédés; pas un fait de sa vie qui attendrisse l'âme et fasse couler une larme; pas une sympathie qui de lui à nous rayonne et nous le fasse aimer; on ne peut pas dire qu'il ait répandu le sang à plaisir, mais il était sur la limite; l'histoire de Genève, pendant vingt ans à partir du rappel de Calvin, est un drame bourgeois où la pitié, le rire, la terreur, l'indignation, les larmes viennent tour à tour saisir l'âme. À chaque pas on heurte une chaîne, des courroies, un poteau, des tenailles, de la poix fondue, du feu et du soufre; du sang, il y en a partout; on se croit dans cette cité dolente du Dante, où l'on n'entend résonner que des soupirs, des gémissements et des pleurs!!!

Le Calvinisme n'existe plus que dans l'histoire.

Luther!... Tezel, dominicain, prêche les indulgences; il prêche dans une petite ville de la principauté de Magdebourg, à huit milles de Wittemberg, qui s'émeut vivement et devient bientôt déserte, tant ses habitants avaient hâte d'entourer le moine. Luther essayait en vain de retenir ses pénitents; le confessionnal des pères Augustins (Luther était moine Augustin) était désert, la foule allait à Tezel. Luther n'y peut plus tenir; il annonce qu'il va prêcher sur les indulgences, et toute la vie à venir de Luther est dans ce sermon; un des pères Augustins s'approcha du prédicateur, le tira par sa robe, et hochant la tête, Savez-vous, mon frère, lui dit-il, que vous avez été bien hardi: n'allez pas nous faire de mauvaises affaires au moins; les Dominicains rient déjà dans leur barbe, notre ordre pourrait en souffrir!

Ce réformateur voulut faire prévaloir son autorité sur celle de l'Eglise catholique, et des peuples ont marché à sa lumière!! Il parla, il agit en apôtre, mais on lui demanda en vain de montrer ses titres; il se dit l'envoyé de Dieu, et refusa de déployer les preuves de sa mission; comment voulez-vous qu'ils guérissent, qu'ils illuminent, qu'ils prophétisent, disait Erasme, il n'y a jamais eu parmi eux une personne qui pût guérir un cheval boiteux!! Ayant rejeté tout, le culte, les œuvres méritoires, le jeûne, l'abstinence, la confession, la pénitence, le célibat, ils s'écrièrent: la multitude de nos disciples n'est-elle pas une preuve de notre mission? n'est-ce pas là un miracle? C'en est encore un bien plus grand, leur répondit-on, que le succès du conseil de Balaam, lorsqu'il fit tenter les Israélites par les filles des Madianites!!

A sa mort, on demanda à Luther: un papiste peut-il être sauvé? Je n'en sais rien, ma foi. Mon père, dit Jonas, mourez-vous dans la foi et la doctrine que vous avez prêchées? Oui, murmura Luther, qui se tourna sur le côté gauche; sa poitrine rendit un râle caverneux, et il parut devant Dieu!!

Il reste à choisir aujourd'hui entre les doctrines du Paganisme renouvelées dans les hérésies et dans les systèmes des rationalistes, et entre l'Eglise de Dieu!!

Qu'on choisisse encore entre cet abrégé de l'histoire de l'Ancien-Monde, fruit des travaux des savants d'Europe, et la lutte de l'ignorance qui de tous côtés envoie ses apôtres, publie ses livres et établit ses écoles!!

ADDENDA ET EMENDANDA.

Page 9, ligne 8, effacez le mot *bis.*

Page 10, ligne 3, ajoutez : Les Hébreux étaient fort attentifs à conserver leurs généalogies. Dans Esdras, il est remarqué qu'on ne voulut pas admettre au sacerdoce des prêtres qui n'avaient pu produire une généalogie exacte de leurs familles.

Page 15, lignes 25 et 30, lisez *Ymus* ou *Ymer*, *Belgemer* ou *Bergelmer.*

Page 19, ligne 29, lisez *Johel.*

Page 21, ligne 18, ajoutez : Les Iduméens furent gouvernés par des rois, dont la Genèse et les Paralipomènes donnent la série, puis par des gouverneurs. David les dompta entièrement ; leur pays devint une acquisition importante pour les Israélites, puisqu'elle leur livra deux ports sur la Mer Rouge, Elath et Asiongaber, dont Salomon tira un si grand parti. Moyse se sert du mot hébreu Thebat pour désigner l'arche de Noé et la petite nacelle de jonc, dans laquelle il fut exposé, dans son enfance, sur le Nil. Les anciens nous apprennent que les Egyptiens se servaient de nacelles de jonc pour aller sur le Nil, et qu'elles étaient si légères que quelquefois ils les portaient sur leurs épaules, lorsqu'ils rencontraient des chutes d'eau qui les empêchaient de passer. On voit néanmoins dans les monuments d'autres espèces de navires : le bas-relief de Luxor, représentant un combat naval entre les flottes égyptienne et indienne, donne une idée de l'archéologie navale des anciens peuples. De petits navires égyptiens parfaitement travaillés, munis de leurs rames, de leurs mats et gréement, de tous les accessoires enfin, monument précieux, conservés au musée de Berlin, et disposés autour du cercueil avec lequel on les a trouvés ; cette procession de barques funèbres donne encore une idée des navires des anciens peuples. Enfin un des lazzis d'Aristophanes (*Grenouilles*, vers 1105) prouve que les rames des navires grecs, ceux qui en avaient plusieurs rangs, était disposées en étages superposés les uns aux autres, mais que les rameurs de chaque étage n'étaient point séparés par une couverture de ceux de l'étage supérieur, et qu'ils n'étaient pas même placés au-dessous d'eux de toute la hauteur de la taille. Ces renseignements suffisent pour donner une idée des flottes de Salomon et des anciens peuples.

Page 24, ligne 48, ajoutez : Antonia, forteresse de Jérusalem, élevée sur un rocher à l'angle nord-ouest du Temple, par Hircan et par Hérode, dominait sur tous les bâtiments du Temple, et avait une garnison romaine ; elle renfermait le Prétoire, lieu où se rendait la justice, et le palais qui était quelquefois occupé par le gouverneur de la Judée.

Page 29, ligne 4 de la première colonne et ligne 19 de la dernière colonne ; lisez *aliis*, *Pharsaciæ.*

Page 48, ligne 31, effacez *e.*

Page 54, ligne 14, ajoutez : Moyse de Corène rapporte que du temps d'Arsace le Grand, roi des Parthes, il fut fait des recherches dans la bibliothèque de Ninive, et qu'on y trouva un livre grec, où on lisait : Ce volume a été traduit du Chaldéen en grec par l'ordre d'Alexandre ; il contient l'histoire sincère de l'antiquité qu'il commence à Zervan ou Zerouan, Titan et Yapetosthe, et fait en ordre le dénombrement de tous les hommes célèbres de la lignée de chacun de ces trois princes, durant une longue suite de temps.

Page 59, lignes 4 et 17, ajoutez : Ninus, selon les listes précédentes, eut 38 successeurs.

Page 62, ligne 7, rétablissez ainsi la ponctuation : *très-réelle; jusqu'à Nabopolassar donc l'exactitude.*

Page 69, ligne 24, rétablissez ainsi la ponctuation : 50 *ans, ou 20 suivant.*

Page 79, ligne 33, lisez *ces* au lieu de *ses.*

Page 85, ligne 19, lisez *Mignan* au lieu de *Mignon.*

Page 96, ligne 41, lisez *Osorkon Ier,* au lieu de *Osorkon II.*

Page 108, ligne 27, effacez *ou.*

Page 111, ligne 22, lisez *au-dessous* au lieu de *au-dessus.*

Page 113, ligne 40, lisez *Ægyptii* au lieu de *Ægypti.*

Page 117, ligne 32, lisez *avant* au lieu de *après.*

Page 141, ligne 10, ajoutez : Une preuve de la nouveauté de cette Chronique, c'est sa période astronomique 36,000 ou 24,000 ans, on sait d'où cela est tiré : la révolution entière des fixes à l'Orient est, suivant Ptolémée, de 36,000 ans; dans les tables persiques de Bouillaud, elle est de 24,480 ans; les Arabes la fixent à 24,000; ce fut donc cette révolution céleste qui fut employée pour le règne des dieux, par la Chronique, et cette observation astronomique, employée aussi ridiculement et d'une manière aussi grossière, donne une idée de cette Chronique et de son époque. Il est hors de doute que dès le règne de Saliva'hana, c'est-à-dire dans le premier siècle de l'ère chrétienne, la période de soixante ans fût en usage chez les Brammes (on prononce Bramma, et non Brama ou Brâma, le mot Brahma), d'où l'on peut inférer qu'elle était connue long-temps avant; et, comme cette période dérive du grand cycle de 24,000 fondé sur le mouvement des étoiles de cinquante-quatre secondes par an, on peut en conclure, avec assez de vraisemblance, que la précession des équinoxes était connue anciennement dans les Indes, et qu'on put s'en servir lorsque parut Hipparque, 128 ans avant l'ère chrétienne (M. Le Gentil). Aussi, si l'on en croyait Moyo, 354 ans après Jésus-Christ, il y aurait eu à cette époque bien long-temps que la précession des équinoxes eût été connue chez les Brammes. La chronologie des Égyptiens fut empruntée à d'autres peuples, et doit être aussi expliquée, comme celle des Indiens, par des révolutions du soleil dans le zodiaque, à raison de cinquante-quatre secondes de précession équinoxiale par an; cette chronologie n'est due qu'à des combinaisons astronomiques qui n'étaient point comprises par les Égyptiens : « Ægyptii, dit Le Syncelle, certe de suæ ætatis anti- « quitate jactantius eloquuti, per annorum revolutiones et myriades prorogatam « quamdam seriem ex astrologicis experimentis statuerunt. » Les Egyptiens avaient emprunté la période de 24,000 ans sans la comprendre; cette période divisait encore chez les Brammes leur quatrième âge du monde 432,000 ans, et leur durée entière du monde 4,320,000. Il y avait quatre âges chez les Indiens; le quatrième, qui est le nôtre, devait durer 432,000 ans.

Page 150, ligne 12, lisez *inciso* au lieu de *incisa.*

Page 153, ligne 34, ajoutez : C'est probablement à un Brommo Goupto qu'on doit l'établissement du Kali-Yuga ou Kali-Youg, comme ère chronologique indienne : cette ère fut établie dans l'Inde l'an 500 de Jésus-Christ, et ce Brommo vivait à cette époque. Cet âge, dit Kali-Youg, est emprunté à d'autres peuples; cette époque de 3101, admise entre le déluge et l'ère chrétienne, est adoptée assez généralement d'après le calcul des Septante, par les savants : « Il est certain, dit M. Anquetil, « que, dans les premiers siècles de l'église d'Orient, d'Afrique, d'Occident, le calcul « qui donne environ 5328 ans de la création du monde à l'ère chrétienne, et environ « 3101 du déluge à la même ère, a été en vigueur; il est également certain que ce « calcul a été pris de la version des Septante. »

« M. Anquetil, dit M. de Guignes, entre dans un détail plein de recherches sur « cette époque de 3101, et il cite une foule très-nombreuse d'écrivains. »

Page 159, ligne 38, lisez *Tibétain*, au lieu de *Tihétain*.

Page 165, ligne 26, mettez une virgule après *Tchák*.

Page 189, ligne 1re., lisez *Thamimasades*, au lieu de *Thaminasades*.

Page 193, ligne 5, lisez *Weit*, au lieu de *Wiet*.

Page 193, ligne 38, ajoutez : La première dynastie a subsisté, suivant les uns, pendant 474 ans, suivant d'autres, pendant 432 ou 440; la seconde dynastie, pendant 496, ou 600, ou 645; la troisième dynastie commença vers l'an 1122 avant l'ère chrétienne. Un grand nombre de généraux, qui accompagnaient le nouvel empereur, partagèrent entr'eux toutes les provinces dont ils devinrent comme autant de petits souverains, et leurs descendants régnèrent pendant long-temps dans chaque province. Quelques-unes de ces principautés s'étendaient au-delà du Kiang, mais non jusqu'à la mer du Midi, et ce n'est que depuis l'ère chrétienne que, la Chine s'étant accrue vers le Midi et l'Occident, on a formé les quinze provinces que nous connaissons. La liste de tous ces petits princes, depuis l'an 1122 jusque vers l'an 800, avant l'ère chrétienne, est peu remplie de faits et de dates; la durée du règne des empereurs souffre aussi encore quelques difficultés. Ce n'est précisément qu'à la seconde branche de cette troisième dynastie, sous le règne de Ping-Vang, que les historiens sont d'accord entr'eux; cette époque tombe à l'an 720 ou 722. Sse-Ma-Tsien ne croyait pouvoir remonter avec certitude que jusqu'à l'an 840 avant l'ère chrétienne. On regarde les petites dynasties comme ayant été fondées vers l'an 1122, mais néanmoins le petit royaume de Tçu ne commence à marquer la durée des règnes que depuis l'an 887, et pour la certitude des dates elles remontent toutes vers l'an 800 ou 850 avant l'ère chrétienne; c'est à peu près l'époque assignée par Sse Ma-Tsien pour la certitude de l'histoire générale.

Page 201, ligne 2, écrivez *Ming-Ti*, ou à la place de *Ming-Tiou*.

Page 208, ligne 17, *planches*, lisez *planchers*.

Page 215, ligne 22, ajoutez: Avant le XVe. siècle, on parlait en France de l'Amérique sous les noms d'Ile inconnue, d'Ile perdue, etc. L'histoire même de l'Ile perdue, transmise de siècle en siècle, arriva jusqu'au temps où Christophe Colomb découvrit le Nouveau-Monde. On sait qu'il en avait conçu le dessein d'après une tradition conservée dans les îles Açores, et sur les mémoires d'un vieux marin (*Journal des Savants*, juin 1781). Les anciens historiens, dit M. de Gebelin, citent divers traits qui semblent se rapporter à l'Amérique. Diodore de Sicile dit que les Phéniciens ayant passé le détroit de Gibraltar et voguant le long de l'Afrique, furent repoussés par les vents au milieu de l'Océan, et qu'après une tempête qui dura plusieurs jours, ils furent jetés dans une île très-considérable, très-fertile et très-peuplée; que les Toscans voulurent y envoyer des colonies, mais que les Carthaginois les en empêchèrent, craignant que les charmes de ce pays ne fissent dépeupler le leur, et le regardant comme un asile assuré en cas d'accident. Pausanias raconte un fait pareil, et il y ajoute la description des habitants. Faisant des recherches pour savoir s'il existait des Satyres, Euphémus, Carien de nation, lui dit que, voyageant fort au-delà de l'Italie, il fut poussé, par une tempête des plus violentes, aux extrémités de l'Océan; qu'ils y trouvèrent des îles, appelées par les marins Satyrides, et qu'habitent des hommes sauvages, dont la chair est rougeâtre, et qui ont de grandes queues comme celles des chevaux. On ne peut méconnaître ici, dit le P. Lafiteau, les habitants des îles de l'Amérique, ou les Caraïbes, hommes rouges et qui s'ornent, ainsi que les autres nations sauvages, de queues postiches, surtout lorsqu'ils vont en guerre............ Les rapports frappants, dit M. Le Clerc dans son *Histoire de Russie*, entre les usages, les mœurs, le culte, la manière de vivre des Tchoutchis, des Tatars idolâtres, des Kamtchadales, des Groënlandais et des Eskimaux, etc., semblent prouver jusqu'à l'évidence que l'Amérique était jointe autrefois avec l'Asie-Septentrionale...... Charles Lundius, dans sa *Dissertation sur Zamolxis*, premier législateur des Gètes, assure que le Nord de l'Amérique a été connu anciennement par les Norvégiens et par les Danois.

Le Mexique et le Pérou étaient les deux seules contrées de l'Amérique où il y eût des sociétés civilisées. Pour ce qui est relatif à la religion des Péruviens, on voit dans Acosta que le sang d'agneaux blancs et sans tache coulait sur le pain de la consécration : l'agneau avait quelque chose de mystérieux dans la croyance péruvienne; la piété révérait aussi, en ce pays, des pierres de diverses formes et d'origine très-ancienne......... Manco Capac, leur premier souverain, les avait tirés de barbarie; « Mon, mun, moun, signifie originairement : éclairer, avertir, ou le moniteur, « l'avertisseur; il est appliqué au soleil, à la lune, à l'homme, et il se-trouve dans « toutes les langues... »

Herréa et Solis assurent que tous les peuples du Mexique plaçaient au premier article de leur croyance un Dieu suprême et créateur, mais oisif dans le ciel, pendant que des génies bienfaisants, appelés aussi dieux, régissaient l'univers; à cet article fondamental la religion annexait le dogme d'une vie future, de l'immortalité de l'âme ou d'une résurrection confuse...... A la principale des fêtes religieuses célébrées à l'honneur de la première divinité, les prêtres pétrissaient et consacraient une pâte, dont ils distribuaient ensuite les fragments aux assistants préparés à recevoir cette communion par un jeûne rigoureux; les prières et les purifications..... Toutes les découvertes des savants ne prouvent-elles pas, d'une manière évidente, les rapports entre l'Amérique et l'ancien continent !!!

Page 224, ligne 24, *lib.* 4, lisez *lib.* 14.

Page 252, ligne 1, lisez *Vermiglioli.*

Page 275, ligne 21, ajoutez: Il n'y a rien de plus frappant que le tableau que trace de la Confession Thomas Moore. (On sait que les évêques protestants d'Angleterre veulent aujourd'hui la rétablir.)

Les Israélites avaient la confession des péchés, tant en public qu'en particulier; ils confessaient leurs péchés au Seigneur, et ils les confessaient aux prêtres. Dans la cérémonie de l'expiation solennelle, le grand-prêtre confessait en général ses péchés, ceux des autres ministres du temple, et ceux de tout le peuple; et dans toutes les autres occasions, lorsqu'un israélite venait offrir une victime pour le péché, il mettait les mains sur la tête de l'hostie, et confessait ses fautes. Les Juifs d'aujourd'hui se confessent à peu près comme nous, au lit de la mort; mais c'est à Jésus-Christ que nous devons la confession sacramentelle; et c'est ce pontife invisible qui absout intérieurement le pénitent pendant que le prêtre exerce le ministère extérieur. Dès le premier siècle, où vivait Jésus-Christ, saint Clément enseignait que celui qui a soin du salut de son âme, doit se confesser au prêtre, *ei qui præst*, des mouvements même déréglés, et qu'il faut avoir recours à la confession pendant sa vie, parce qu'on ne peut plus s'en servir après la mort; saint Irénée, disciple de saint Polycarpe, qui avait eu pour maître saint Jean l'Evangéliste, dit, en parlant de Marc hérétique, qu'il y avait des femmes qui s'étaient confessées, et étaient revenues à l'Eglise, et qu'elles avaient avoué qu'ils les avait séduites, et Tertullien enseignait que c'était périr par la honte que ne pas confesser ses péchés les plus secrets. Nous lisons dans Eusèbe que l'empereur Philippe, qui était chrétien, s'étant présenté à l'église pour participer aux prières, fit la confession de ses fautes sur les représentations de l'évêque. Saint Paulin rapporte de saint Ambroise que toutes les fois que quelqu'un se confessait à ce saint évêque de ses chutes et de ses péchés pour en recevoir la pénitence, ce prélat pleurait si fort qu'il forçait le pénitent à pleurer. Le P. Le Cointe, dans ses Annales, raconte que Clovis, le premier roi chrétien de France, avait commis après son baptême un péché que la honte l'empêchait de confesser, et que ce roi l'avoua à saint Eleuthère, évêque de Tournai, et en fit pénitence. Saint Ansbert, archevêque de Rouen, est appelé confesseur du roi Thierry, par le religieux de Fontenelle, qui a composé sa vie, et qui vivait presque au même temps. Pepin, père de Charles Martel, avait pour confesseur saint Viviron ou Wiron, évêque de Ruremonde (apud Bolland.). Saint Martin, moine de Corbie, était le confesseur de Charles

Martel, et un évêque de Fesule, de l'empereur Lothaire ; saint Eloi, évêque de Noyon,
fit une confession générale, ainsi que saint Tillon, vulgairement appelé saint Theau
(Bolland.); Alcuin, qui composa la vie de saint Riquier, rapporte que ce saint en fit
une aussi. Dans le premier concile de Germanie tenu en 742, sous Carloman, dans
le second canon, il est dit que chaque préfet ou colonel ait avec lui un prêtre pour
entendre les confessions. Offa, roi des Merces en Angleterre, avait pour confesseur Bert
ou Humbert (Spelman, t. I. *Concil. d'Angl.*); saint Aldric, évêque du Mans, fut le
confesseur de Louis-le-Débonnaire (Baluze); Rodolphe, disciple de Raban Maur, était
prédicateur et confesseur de Louis, roi d'Allemagne, comme il le paraît par le titre
d'une donation que le même roi fit à l'école de Fulde; sainte Mathilde, femme de
l'empereur Henri surnommé l'Oiseleur, avait pour confesseur Guillaume, archevêque
de Mayence, et l'empereur Othon 1er., saint Udalric, évêque d'Ausbourg (*Ditmar.
chron.*), et Edrède, roi d'Angleterre, saint Dunstan, archevêque de Cantorbéry.
Didacus Fernandus prend la qualité de confesseur du roi, dans une charte donnée
par Ordonie II, roi d'Espagne; saint Romuald fut le confesseur de l'empereur Othon
III (Pierre Damien); un prêtre nommé Etienne, du diocèse d'Orléans, le fut de la
reine Constance, épouse du pieux roi Robert; et Atheldufe, prieur de saint Osvald, de
Henri 1er. roi d'Angleterre, et Thierry, abbé de Saint-Pierre de Chartres, le fut de
Richard, duc de Normandie. Pachymere appelle Joseph le confesseur de l'empereur
Michel Paléologue, et nous apprend que les empereurs grecs avaient leurs confes-
seurs ; saint Raimond de Pennafort était confesseur du pape Grégoire IX ; il fut aussi
le confesseur de Jacques, roi d'Arragon; Grégoire, premier vicaire du patriarche de
Constantinople, était confesseur de l'empereur Jean Paléologue; dans l'empire
d'Allemagne, saint Jean Népomucène mourut martyr de la confession ; Louis XI, roi
de France, eut pour confesseur Jean Boucard, évêque d'Avranches. Au XVIe. siècle
les moines défroqués rejettèrent la confession.

Page 275, ligne 29, ajoutez : Henri VIII, roi d'Angleterre, qui commença le schisme
en ce royaume, s'était montré long-temps très-orthodoxe ; il fit un livre pour montrer
la vérité des sept sacrements contre Martin Luther ; celui-ci voulut lui répondre,
mais tout son écrit n'est qu'un tissu des plus grossières injures; il traite le roi d'Angleterre « d'impudent menteur, de calomniateur, de blasphémateur, d'impertinent
« roitelet; la folie n'est pas plus folle, dit-il, que la tête de notre Henri; il ment
« avec l'impudence d'un valet, et l'effronterie d'une courtisane. Je me plais, continue
« Luther, à devenir orgueilleux en Jésus-Christ contre ces sots et ineptes roitelets. »

Luther voulut se raccommoder avec ce prince, qui lui reprocha la légèreté de son
esprit, ses erreurs et la honte de son mariage : « Rends au cloître, lui dit Henri, ta
« femellette (muliercula), avec laquelle tu vis.... »

Henri ayant tenté inutilement de faire autoriser par le pape Clément VII son
divorce avec Catherine d'Arragon, sa première femme, pour épouser Anne de Boulen,
sa maîtresse, se fit donner le titre de chef souverain de l'Eglise, l'an 1532, et l'an
1533, le parlement détermina que le royaume était indépendant de toutes puissances
étrangères, non seulement pour le temporel, mais aussi pour le spirituel. Le refus
de souscrire au divorce et à la suprématie universelle du roi coûta la tête au
chancelier Morus, et au saint et savant Fischer, évêque de Rochester.

Le roi, déclaré seul souverain de l'Eglise Anglicane, eut besoin d'un vicaire général,
et donna cette juridiction à Cromwel, quoique laïque. Cromwel fit brûler la châsse
de saint Thomas de Cantorbéry qui avait été si opposé à Henri II, et qui était sans
doute d'un mauvais exemple. Henri VIII, devenu sanguinaire, aima Jeanne Seymour,
et fit casser son second mariage avec Anne de Boulen, qui mourut sur l'échafaud;
il aima ensuite Anne de Clèves, Catherine Howard, et Catherine Parr; il les épousa
également.

« Toute cette réforme, disait Erasme, se termine à défroquer des moines,
« marier des prêtres, arracher les images des églises... »

Erasme racontait ce qu'il voyait ; Luther n'avait-il pas commencé son apostolat par débaucher Catherine de Bore? Il fit ensuite un sermon scandaleux où il disait : « comme je ne puis faire que je ne sois pas homme, il ne m'est pas possible d'être « sans femme; » et à la feuille 119 et 123 , il dit des choses auxquelles notre plume refuse de se prêter (Luther, t. V, *Sermo de matrimonio*). OEcolampade sortit aussi de son couvent pour prêcher la Réforme, et se mortifia à la mode des nouveaux réformés en épousant une jeune fille; Luther publia par des écrits imprimés qu'il avait été étranglé par le diable. Carlostad fut le premier prêtre de quelque réputation parmi les Réformés qui se soit marié; il se maria avec des circonstances scandaleuses ; « C'était un homme brutal, dit Luther, sans esprit, qui, bien loin d'avoir quelques « marques de l'esprit de Dieu,......, il paraissait en lui des marques évidentes d'im-« piété..... » On sait que Zwingle accorda le salut aux payens, d'où Luther déses-péra de son salut.

Un autre réformateur célèbre fut Bucer; de Jacobin il se fit protestant, et se maria jusqu'à trois fois. Calvin fut curé deux fois, sans être prêtre. On raconte la bassesse de sa figure et de sa physionomie, la rudesse de ses manières, son amer-tume et son ostentation extrêmes. Un de ses disciples dit qu'il mourut d'une maladie horrible : « Calvinus in desperatione finiens vitam obiit turpissimo et fœdissimo « morbo.. quod ego,. oculis meis præsens aspexi » (Joan. *Haren. apud Petrum Cuisemium*). Calvin envoya en Angleterre Ochin, général des Capucins, qui s'était enfui d'Italie avec une fille qu'il alla épouser à Genève, et Pierre Martyr, autre moine qui en fit autant.

Voilà le Protestantisme et ses Christs.

« Le Protestantisme se détacha du passé pour planter une société sans racines. « Avouant pour père un moine allemand du XVI. siècle, le Réformé renonça à la « magnifique généalogie qui fait remonter le Catholique par une suite de saints et de « grands hommes jusqu'à Jésus-Christ, et de là jusqu'aux patriarches et au berceau « de l'univers » (Châteaubriand).

Ce moine allemand voulut faire prévaloir son autorité sur celle de l'Eglise catho-lique, et des peuples ont marché à sa lumière !!!

Pour les Catholiques la Révélation exclusivement est la source des vérités religieuses; l'Eglise en est l'organe. — Pour les Catholiques, la Révélation est une manifestation extérieure et surnaturelle de Dieu; l'Eglise est une autorité extérieure et divine; la loi, le tribunal, le juge, tout est placé hors des atteintes de l'homme. L'Eglise, par la décision dogmatique, ne crée pas la vérité ; elle ne fait ni le dogme, ni la révé-lation du dogme; la parole de l'Eglise est pour nous la règle, mais elle-même a sa règle dans la parole de Dieu; le dogme, avant la décision de l'Eglise, existait dans sa substance; après la décision , il apparaît avec sa formule et il s'impose.

Voici maintenant le tableau du Protestantisme : Après le dérèglement brutal des moines et des religieuses, et l'appas des richesses du clergé qu'ils surent se partager et distribuer à leurs disciples, les Protestants songèrent alors à établir une forme dans cet amas de bassesses; ce ne fut pas une religion qu'ils établirent ; ils prirent de la religion catholique ce qui leur convenait, et rejettèrent le reste. Je veux cor-riger la doctrine qui m'a été enseignée, dit le Réformé; on m'avait appris ceci, je veux croire et enseigner cela; hier je croyais ainsi, aujourd'hui je veux croire autrement. Mais, leur dirent les Catholiques, la vérité est-elle d'hier ? crée-t-on la vérité? vous êtes d'aujourd'hui, qui vous a envoyé annoncer vos nouveautés? Cessez d'agir et de parler en apôtres, ou montrez-nous vos titres. Si vous êtes les envoyés de Dieu , déployez les preuves de votre mission. Les Réformés ne répondirent pas; ils continuèrent néanmoins de tromper les peuples; la foi ne se doit apprendre , disaient-ils, ni de l'Eglise, ni de l'autorité, ni de la tradition; hommes, femmes, savants , ignorants, enfants, vieillards, doivent suivre leur propre examen, et cher-cher dans la Bible ce que Dieu nous a révélé... Ici on leur demanda ce livre divin.

Vous le trouverez à la ville voisine, répondirent les réformateurs. Mais qui nous a procuré ce livre qui contient seul les instructions nécessaires au salut, leur répliqua un de leurs disciples? Il nous a été donné, dites-vous, par une Eglise tombée dans l'erreur, par là grande prostituée de Babylone; ce livre vient du Pape que vous appelez l'Antéchrist, comment pouvons-nous l'admettre? Les Protestants restèrent muets. Et par où connaîtrons-nous, s'écrièrent d'autres disciples protestants, les livres canoniques? Est-ce par l'autorité de l'Eglise romaine, par notre propre autorité, ou par l'inspiration du Saint-Esprit qu'il faut en juger? D'autres ajoutaient : nous ne savons pas lire; d'autres reprenaient : nous ne savons pas le grec, l'hébreu, le latin pour savoir si la Bible est fidèlement traduite; d'autres répétaient : nous n'avons pas étudié l'histoire des Livres Saints et la critique, pour savoir si les copies grecques, hébraïques et latines n'ont point été corrompues ou altérées par les copistes, ou s'ils n'y ont point inséré quelques passages; avancer que nous pouvons découvrir, s'écriaient toutes les femmes, tous les mystères de la foi dans la Bible, c'est comme si vous disiez qu'il n'y a point d'aveugle qui ne puisse compter, par ses propres yeux, toutes les étoiles du ciel........ Tous les enfants d'un certain âge répétaient que cette religion-là, comme celle de Mahomet, n'était point faite ni pour eux, ni pour leurs mères....... Les hommes de bon sens remarquaient aussi : l'Ecriture Sainte ne prononce pas de jugement; c'est nous, disaient-ils, qui en prononcerons un, en soutenant avoir trouvé dans elle la doctrine que nous suivrons. nous serons donc juges et nous ne sommes pas infaillibles; d'ailleurs n'y a-t-il point diverses manières de lire les passages, et sont-ils clairs? Aucun de notre famille n'y trouve les mêmes articles. Qui a jamais entendu parler d'un tel juge qui fait croire à toutes les parties qu'elles ont gagné leur cause? Toute la société protestante concluait : nous n'avons donc pas de moyen de connaître la vérité et de pouvoir nous sauver!!! Voilà ce qui résulta de l'autorité que choisirent les Protestants. C'est cependant encore celle et la seule que suivent aujourd'hui les Protestants instruits; les autres sont tombés dans l'absurdité. Voyez ce qui vient de se passer dans l'affaire de l'Excester et du ministre Gorram.

NOTE GÉNÉRALE

Souvent, dans la même page, les mêmes noms sont écrits d'une manière différente; cela vient de la diversité des langues dont ils sont traduits.

TABLE.

FIN DE LA TABLE.

www.ingramcontent.com/pod-product-compliance
Lightning Source LLC
Chambersburg PA
CBHW061447060726
47597CB00002B/494